政策執行與公共治理

柯三吉　著

五南圖書出版公司 印行

謹以本書獻給

麗鶯 佳汝

作者序

本書寫作期間，自 1982 年迄今已有 37 年餘，筆者 1982 年自美學成返國，任教於中興大學公共政策研究所，講授「公共政策」課程，即以「政策執行」爲研究主題。1990 年筆者升等爲教授，當時的升等著作爲「政策執行：理論與台灣經驗」。在此著作中歸納出一項重要之政策執行理論架構—即「政策執行循環整合架構」，並以此架構針對五項國內公共政策案例，進行實證分析，本擬再充實並更新資料即出版。

孰料，人生轉了彎，1996 年 5 月擔任第三屆國民大會代表，參與「九七憲政體制」修憲。另於 1997 年 10 月起擔任中興大學副校長，2000 年 2 月擔任台北大學公共事務學院院長、台北大學副校長。筆者在參與修憲之時，不僅擔任行政職與教學工作，尙需赴國外考察、研究，而將自身推向辛苦的最高峰，出版一事就此延宕。筆者在如此忙碌中，仍對學術工作心有所繫，未曾間斷蒐集有關「政策執行」相關文獻與資料，冀望能日後出版。2010 年，曾於開南大學第 5 屆「全球化與行政治理」研討會發表一篇「當代政策執行研究典範之發展趨勢：文獻脈絡分析」長文，即爲本書的雛型。但後來由於個人因素而延宕，終於 3 年前才將自 1970 年至 2019 年所有文獻重新梳理過後，再行撰寫，回顧往事，想想已是多少年多少月！

另應可補充的是，1970 年代至 1980 年代，筆者在美攻讀博士學位期間，正是美國公共政策、發展政治經濟和數量方法全盛時期，筆者就決定博士論文以這三門領域爲題，完成「An Evaluation of Income Distribution Policy in Taiwan: A Synthetical Test of the Growth-With-Equity Approach and World-System Paradigm」。本文曾於 1983 年第 35 屆亞洲學會年會（舊金山）發表，主要結論爲 1980 年代起台灣的所得分配會愈來愈不均等，37 年後回顧過往，當前所得分配不均就非一日之寒！1982 年 9 月，筆者將這篇論文以中文稿發表於中央研究院三民主義研究所舉辦的「第三次社會指標」研討會，但現場的評論人及師長輩都說：不政不經！不是政治學也不是經濟學！然筆者仍以「跨國公司與技術移轉」為主題繼續研究。惟同期間，各級政府公務人員訓練單位，邀約講授「公共政策和行政」，教下來也是 35 個年頭！發展政治經濟的研究又延宕了！所幸在對公務人員訓練時，筆者盡量佐以台灣政治經濟發展過程為補充材料，期使兩項主修能持續研究！

近二、三年來，筆者在撰寫本書時，正逢全球民粹主義再興起之際，無論左派或右派民粹主義，對世界各國國家治理都造成重大衝擊。反全球化、保護主義和民族主義的政治經濟思潮，縱使近來世界主義（cosmopolitanism）的概念主張，皆難以抵擋民粹主義盛行的氣勢。筆者所檢視歸納的政策執行理論，在 1960 年代、1970 年代、1980 年代、1990 年代、2000 年代至 2010 年代，都各有其特定的政治經濟思潮背景，而 2010s 年的執行理論研究趨向，正與民粹主義思潮接軌，使得以國內政經取向的政策執行理論，邁向全球國家治理，而引申出政治強人或非建制派政治領袖之所以盛行，至今仍在發展。

本書的完成首先感謝辭世恩師謝延庚教授，哲人風骨，永難忘懷！謝師講授的「政黨論」和「西洋政治思想史」，至今影響筆者的研究思考，而最感人的是謝師對我在大學和政大碩士班求學的持續關懷，使我能更上一層樓，最後赴美完成博士學位，感激至今！1977 年 8 月，謝師和湯絢章老師（時任中興大學公共政策研究所所長），齊赴松山國際機場送行，諄諄叮嚀，務必完成學位，返回母校任教，時經 42 年，歷歷在目，不敢或忘！1987 年 8 月，筆者接任中興大學公共政策研究所所長，隨即根據美國加州大學 Berkeley 分校的 School of Public Policy 之課程設計，修訂本所課程，而成為當時國內最具政策分析特色的研究所！2000 年 2 月，以中興大學法商學院為主體的國立台北大學成立，依當時中興大學校務會議決議，「公共政策研究所」和「公共行政學系」合併為現今「公共行政暨政策學系」，課程設計分為公共行政和公共政策兩組，以保留公共政策研究所原有特色。本人當時在校務會議主席台上，並未阻擋此一合併案，本以為此後可有更多老師照顧研究生。惟人性自私不理性，更難預測，學校政治宛如政黨初選，執行者使這項「政策」執行失敗！對該系師生來說，實是一大傷害！尤其是博士班的發展更受到很大影響！

國立台北大學公共行政暨政策學系林鍾沂教授、張四明教授、開南大學公共事務管理學系衛民教授及世新大學行政管理學系李有容教授，友情關懷，協助本書潤稿，並提供意見。張四明教授更是在精神上和研究上長年幫忙和鼓勵。另外，台北大學吳秀光教授、羅清俊教授、詹靜芬教授、政治大學張昌吉教授、東海大學魯俊孟教授和文化大學張家春教授、國防大學理工學院洪淑宜教授、元智大學劉宜君教授都於我人生最困頓之際，與我同在，協助甚多。並感謝留學法國的葉奕葭和李振宇同學，在技術上協助及提供意見。開南大學許舒涵小姐多年來協助筆者研究案、論文和本書繕校，才使得本書得以順利完成，五南圖書公司劉靜芬副總編輯在出版行政上的協助，在此一併致謝。

柯三吉

2019. 吉月

臺北・南湖

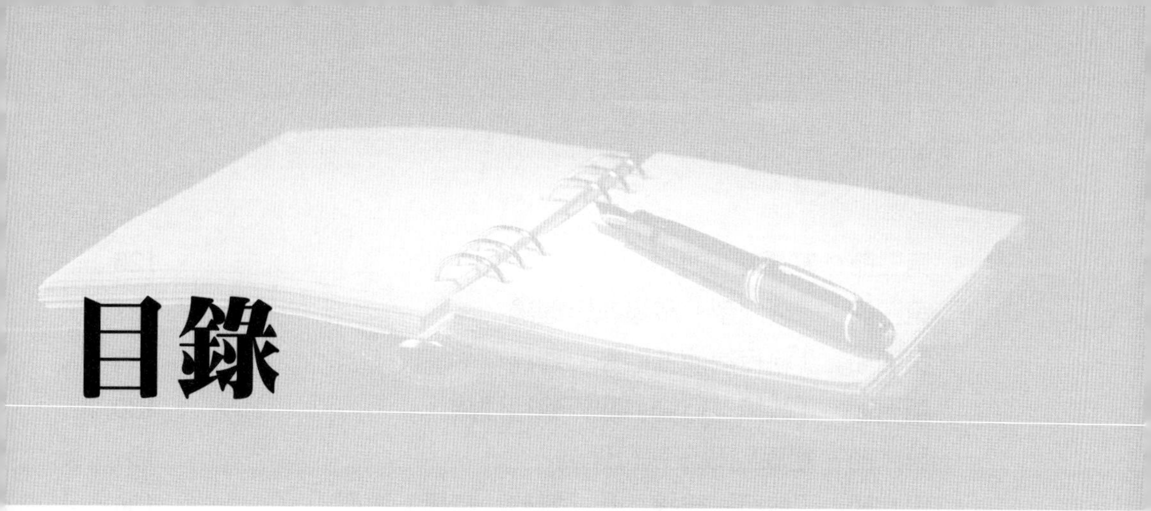

目錄

圖目錄

表目錄

第一章　緒　論

第一節　爲何研究政策執行

1951 年，Harold Lasswell 在「政策科學」（The Policy Sciences）先驅之作中，認爲公共政策科學不僅受期待成爲一門社會科學，更應能夠解決社會問題；作爲創始者，Lasswell 強調政策科學應視爲一種累積努力，去界定政策產出和運用「社會相關知識」（societally relevant knowledge），以解決社會問題。1971 年，Lasswell 進一步提出「政策過程的知識」和「知識應用於政策過程」兩項途徑，而稱爲「民主的政策科學」（the policy science of democracy）。1995 年，Wayne Parsons 則將政策科學界定爲關注於解釋政策制定和政策執行過程，並提供在既定時程內的確定資訊，以解釋相關政策問題。簡言之，知識是爲民主政策過程的核心，政策制定需要設計觀點之知識。然而執行過程更需縝密設計和考量，蓋執行不僅是一項行政工作，其最後所呈現之政策影響，卻是「誰得到什麼？」（Who gets what？）的公眾利益分配問題（Peters, 2015: 83-85; Sapru, 2017: 338-340）。

進而言之，政策執行過程影響全面性政府適當性和政治系統政策能力。國家機關和社會接觸，皆須透過執行過程的公部門官僚，而這些互動提供公眾對公部門官僚廉潔、代表性和責任性之感受，進而反映和接受政治系統合法性。但由於多數研究認爲政策執行是「戰爭的恐怖」「the horrors of war」（Linder and Peters, 1987）（美國電影片名，指二戰期間，希特勒藏有爆發性祕密武器，爲盟軍所不知），即本質上政策執行就已有困難之因素和完全執行先天知識之不足，更有大部分來自法制因素，而公眾難以完全順服。

再者，2001 年美國 911 事件，2008 年金融大海嘯及 2016 年 Donald J. Trump 當選美國總統，掀起全球民粹主義，上述傳統觀點無法因應這些國際事件和政治思潮演變。蓋有的國家走向聯合政府，有的則政權轉移，加上網際網路（the Internet）和其他社會媒體的大眾溝通管道，促使民主理論不斷轉變，出現「審議轉向」（deliberative turn），影響政策執行理論典範轉移，並引發政策執行的持續研究。惟人類生存條件就繫於願望和實現之間，這乃爲政策執行研究的價值基礎。準此，政策執行過程遂轉向治理（government to governance），因可認知影響力多元來源和決策者合法性複雜問題，更必須透過結合各種社會科學研究方法，量化分析和質化分析並重，應運用詮釋建構的分析邏輯，進行實務研究。但「執行」和「治理」並非不同學科，而是與政治學、公共行政並列的獨立學科，這都有待未來研究、教學和實務的結合（Hill & Hupe, 2014: xii-xv）。

然而，隨著 Donald J. Trump 的川普主義（Trumpism）強勢運作，透過反全球化和保護主義治理理念，引發中美貿易大戰，突顯中國對外國企業智慧財產權保護和技術轉移政策執行問題，科技戰和貨幣戰隨之而起，尤其是爭奪五 G 網路、網路裝置和雲端儲存的主導權，這亦正顯現兩國政治強人領導在國家治理的強勢角色。有論者稱川普爲「帝王總統」（Imperial President），習近平爲「Machiavelli」的君王（The Prince）。雖不盡然，但是對於中美兩國國家治理乃呈現截然不同的治理結構。相對地，英國「脫歐公投」（the Brexit）的執行，則因首相 Theresa May（July 2016-July 2019）面對這場「無理之戰」（the Uncivil War）（英國電視影集片名），被要求舉行二次脫歐公投，進退失據。超過百萬人示威，脫歐方案 3 度被下議院否決，只好交出國會主導權，May 雖於 2019 年 5 月 21 日做出讓步，保證她的新版「脫歐協議法案」如獲支持，願意推動二次脫歐公投。惟保守黨內脫歐派不接受，工黨反對，只好於 6 月 7 日辭去保守黨黨魁一職，Boris Johnson 接任後，全力推動脫歐，頗有「英國川普」作風！同時，法國總統 Emnanuel Macron 亦正面臨自 1968 年以來，最大的「黃背心」示威運動（gilets jaunes），反全球化的弱勢民眾藉著反對調漲燃油稅和 Macron 不願恢復徵收富人稅。自 2018 年 11 月以來，暴力行動持續進行。雖 Macron 啓動 2 個月的「全國大辯論」，惟這項審議民主作法，顯然仍未完全使這位法國政治金童脫離國家治理危機。

至於德國總理 Angela Merkel 則因 2015 年開放邊境接納難民決定，引發民怨。2018 年 10 月地方選舉，Hessen 邦和 Bayern 邦議會選舉，執政聯盟基民盟（CDU）和基社盟（CSU）分別丟失 10% 選票，極右派「另類選舉黨」（AFD）和綠黨（Greens）則取得 3 成選票，「德國鐵娘子」Merkel 隨即宣布不連任黨魁，並於本屆總理任滿，退出政壇。德國的國家治理面臨政治強人領導斷層問題，亦可能弱化德國在歐盟（EU）的領導力。然而在亞洲的日本首相安倍晉三則有不同樣貌，自 2012 年以來，安倍連任三屆首相，日本政論家更認爲安倍會修改自民黨黨章，連任第四屆機會大增。蓋 7 年來，在安倍經濟學推動下，採取寬鬆貨幣政策，日本經濟成長率和地方稅收皆創新高，年輕人就業率也是歷年來最高。今（2019）年，日本適逢 12 年一度的參議院和地方選舉，又是日本新年號「令和」顯現的新世代交替，面對「豬年選舉」，安倍宣示學習「豬的柔軟性」，惟志在 2020 年修憲和迎戰 10% 消費稅衝擊。安倍企圖修改第 9 條和平憲法的「放棄戰爭、否認軍備及交戰權」，賦予「自衛隊」正當性和合法性，使日本成爲「正常國家」，惟今（2019）年 7 月 21 日所舉行的參議院改選（124 席），自民黨和公明黨的執政黨聯盟分別取得 57 及 14 席，連同未改選的議席，共取得 141 席，在 245 席參議院中取得過半控制權。但縱使加上贊成修憲的日本維新會（10 席），三黨組成修憲勢力合計爲 157 席，仍無法贏得 164 席（2/3）的修憲門檻。然而，安倍選後表示，期待修憲審查會討論，能有所進展。安倍稱將「用最善意來思考，不被束縛，柔軟的議場來思考修憲」。安倍政治強人領導，除展現安倍的治理能力，但亦將對決「戰後和平主義」和多數民意不贊同，成敗與否，國際間皆高度關注。

無可諱言地，美英法德日領袖的強勢國家治理作爲，可說都受到當前民粹主義（populism），尤其是右派民粹主義影響，其他世界各主要國家亦然（詳第六章第二節）。任何國家政策執行和公共治理的發動、干預、監控和促進，顯然取決於領導者決策風格、魅力權威、反全球化和對世界主義（Cosmopolitanism）（Appiah, 2019）的回應。筆者樂觀以待，國家領袖正向運作民粹主義，將爲國家治理帶來改革的希望，而不是邪惡的存在（水島治郎，2018）！

第二節　政策執行之概念與涵義

壹、政策執行之定義

就方法論觀點來說，任何研究皆應首先釐清基本概念，否則理論探討將可能更不清楚。根據韋氏新大學辭典（Webster's New Collegiate Dictionary）的定義，執行（implement）是（1）去實施、完成採取具體步驟，以達實際效果和確定眞實實現；（2）提供實際表達工具或手段。是而，執行應是意圖（intention）、產出（output）和結果（outcome）的函數關係。準此，政策執行乃可界定爲推動權威性公共政策以達目標，而包括過程（implementation as process）和結果（implementation as outcome）兩項政策概念。基於上述定義和概念，美歐政策執行研究學者就其各自假設前提和架構，乃發展出不同政策執行研究內涵。以下僅就具代表性學者看法加以論述：

一、Jeffrey Pressman 和 Aaron Wildavsky（1973、1979、1984）

這兩位被譽爲「執行研究之父」（the founding fathers of implementation studies），首先於 1973 年**「執行」**（Implementation: How Great Expectations in Washington Are Dashed in Oakland）一書中，認爲「執行」這動詞（行動）應有一個目標（政策），行動和目標間有諸多連結（links），而形成一個「執行鏈結」（an implementation chain）。惟此鏈結需各機構和部門間幾近完全充分（100%）協調合作，否則將造成「執行赤字」（implementation deficits），由小的赤字累積成大的缺口（a large shortfall），並可以數學方式來計算赤字大小。兩氏強調具目的性行動在過程中，將出現「多元參與者」（multiple actors），以致執行目標很難達成。顯然地，這是「理性模式」（rational model），該書係針對 1960 年代間，美國聯邦政府補助各地方政府實施經濟發展方案之執行過程和結果研究，比較傾向悲觀的看法，影響往後政策執行研究相當深遠。

二、C. C. Hood（1976）

C. C. Hood 亦持同樣觀點，認爲執行過程應產出完全政策執行，而這需由完全行政條件（the conditions of perfect administration）來達成。所謂完全行政是指（一）由上而下的單一權威行政系統；（二）一套可執行而明確政策目標；（三）機關間完全協調和資訊；（四）無限多資源；（五）完全的政治接受性。這顯然是理想型（ideal-type）的政策執行涵義，而將執行視爲完全行政（implementation as perfect administration）。

三、Paul Sabatier 和 Daniel Mazmanian（1979）

這兩位認爲成功的政策執行應具備以下條件：（一）適當因果理論；（二）明確政策目標；（三）領導者優越的管理，政治技能和承諾；（四）標的團體支持；（五）有利的社經條件；（六）執行機關層級整合。這顯然亦是理性型（rational）的政策執行涵義，而將執行視爲政策管理（implementation as policy management）。準此，1983 年兩氏提出具影響力的執行定義：執行是實施一項基本政策決定，通常包含於一項法規或使其具體化；而以重要行政命令或法院判決形式來呈現。該決策是爲認定必要處理的問題，設定目標和方式，以構造執行過程。此過程透過幾個階段來運作，先是法規通過、執行機構產出、標的群體順服、這些產出有意和無意的影響、機構決策所知覺之影響和最後法規修正。儘管這項定義是顯現垂直權威，但是兩氏著作被稱爲「由上而下」研究途徑最具貢獻的經驗性著作，並爲開啓執行研究理論模型建構之最重要先驅者。

四、Giandomenico Majone 和 Aaron Wildavsky（1979）

惟在此同時，**Giandomenico Majone 和 Aaron Wildavsky** 卻批評理性模型未能適合分析義大利政府的行政系統，而認爲政策制定和政策執行是「交互運作過程」（an interactive process）；Wiladavsky 再與 Agela Browne 認爲政策執行是學習（learning）、適應（adaptation）和探索（exploration）過程，而提出執行過程應是演進的觀點（implementation as evolution）。因執行過程的每一階段都必須應付新環境因素，以確定是否正在執行原有政策理念（policy ideas）。因此，執行過程和政策規劃應是難以區分目標和結果，是相互為用，政策執行亦是無止境過程（endless）。執行政策同時也在規劃政策，但這項涵義將比較難從政策評估方法來界定政策失敗（policy failure）的責任。

五、Benny Hjern 和 David O. Porter（1981）

這兩位將執行過程視為執行結構（implementation as implementation structures）。所謂執行結構是指由許多政策參與者（actors）在執行組織內形成組合，而對政策方案化（programmed）具高度興趣（primary interest）；但執行結構不只是政府組織，還包括私人部門，參與者則亦涵蓋政府法定決策者、執行者和私部門（民眾）。因此，執行結構應是行政分析的單位（unit for administrative analysis），而不只是組織。這項涵義有異於「由上而下的執行過程」（Top-Down Implementation Process），而提出「由下而上的執行過程」（Bottom-Up Implementation Process）觀點。這將可能使執行過程界定更形困難，然而卻開啓「由下而上」研究途徑的先河。

六、Paul Sabatier

為因應美國政經環境變遷與理論發展，1986 年 Paul Sabatier 認為政策執行是聯盟的支持（implementation as coalition），即執行過程是公私組織參與者具有共同信仰，而尋求達成共同目標，所形成「倡導性聯盟」（Advocacy Coalitions）的運作。聯盟參與者可有政客、官員、利益團體和學者，但都對政策議題的核心概念，具有共同規範和因果信仰；並在任何時程中，每一聯盟都採取若干策略促進政府制度變遷，以達成政策目標，亦即經集體選擇（collective choice）過程，通過法案之制定或修正政府的公共政策或方案；而在操作層次（operational level）執行過程，這些參與者互動將影響標的問題和政策結果。至於如何調和聯盟間互動，Sabatier 則提出「政策掮客」（policy brokers）概念來作為中介者，並在其於 1979 年所界定六項有效執行條件變數的影響下，產出政策或結果。但這些互動過程需要長期學習過程（long term learning in these advocacy coalitions），Sabatier稱這種執行觀點爲整合的政策執行模式（Synthesis Approach）。這種觀點涵蓋較廣，堪稱自1970年代以來，最具整合性觀點的理論架構。

七、Jan-Erik Lane

1987年，Lane則提出和**Eugene Bardach的**「執行博弈」（The Implementation Game: What Happens After a Bill Becomes a law）（1977）一書中之「修正博弈」（fixing the game）相同概念，認爲執行過程應是指在執行博弈過程中各參與者所運用的策略技巧、拖延方式和參與動機，以及支持性聯盟的建立等，來影響執行結果。因此，結果應是目標函數（the goal function）、因果函數（the causal function）和目標達成程度的成就函數（the accomplishment function）。Lane認爲執行過程中所有參與者和時間幅度（time span）也不可忽略，在Lane看來，政策執行應是產出、結果、規劃者（planner）、執行者（implementer）、發動者（initiator）和時間的函數。可以下式簡示之：政策執行 = f(產出，結果，規劃者，執行者，發動者，時間）。

八、柯三吉（1990）

綜上所述，柯三吉認爲無論採「由上而下」或「由下而上」或「整合」的觀點，政策執行的涵義必然要基於過程、結果和參與者或政策次級系統（policy subsystems）的概念。準此，筆者認爲：

政策執行應可界定爲：某項政策、法規或方案付諸實施的各項活動。這些政策或法規目標在政策系絡和內容因素影響下，指導或規範該政策或法規執行過程。然而政策執行環境應和政策制定環境、政策評估環境透過聯結關係形成一個系統政策過程而相互影響。而在政策執行環境中，政策參與者皆依自身利益、意向和策略互相運作以達成政策目標或績效。

九、百家爭鳴的治理概念

1990 至 2000 年代以還，因新公共管理革命興起，公共政策、公共管理和公共行政研究幾乎都在「治理」（governance）或英國學者 Stephen P. Osborne 所稱的「新治理」（new governance）壟罩和影響下，紛紛提出百家爭鳴的治理概念和研究。政策執行研究更受「治理典範」（governance paradigm）興起的影響，而翻轉 1970、1980 及 1990 年代以來執行研究的思維。Michael Hill 和 Peter Hupe 強調治理是在社會系統中，所產生對政府的「集體影響」（collective impacts）。H. G. Frederickson（2007: 282）持相同看法認爲，「治理，治理無所不在」（governance, governance everywhere）。治理幾乎成爲「神奇概念」（magic concept），對現代政府統治和機關運作實務與理論研究，造成重大影響，政策執行研究論戰迄今又是另一個 20 年！

爲釐清治理概念，荷蘭學者 Jan M. Kooiman（2003）對治理一詞定義爲公共治理（public governance），提出十項觀點：（引於 Hill 和 Hupe, 2014:14）

（一）治理是爲最低限度國家（the minimal state）

（二）治理是爲統合性治理（corporate governance）

（三）治理是爲新公共管理（new public management）

（四）治理是爲優質治理（good governance）

（五）治理是爲社會控制治理（governance as social control governance）

（六）治理是爲自我組織網絡（governance as self-organizing networks）

（七）治理是爲導航系統（governance as steering）——指政府與民間社會互相被導航

（八）治理是爲國際秩序（governance as international order）——指全球治理和歐盟（the EU）治理

（九）治理是爲調節政府與民間經濟部門（governing the economy）

（十）治理和政府能力（governance and government ability）——國家和個體交織於同一過程。

綜之，我們正處在「治理時代」（the age of governance），政經環境與思潮皆已從政權統治（regimes rule）轉向社群主義（communitarianism）、審議民主（deliberation）和直接民主（direct democracy），這正是「後現代國家」

（postmodern state）之「超分化」（hyper-differentiation）現象，歐盟的超國家政策制定系統（as supranational policy-making systems）就是著例。而氣候變遷的全球治理亦改變治理邏輯，政府行動（government-action）呈現多元面向（multidimensional），形成 Hill 和 Hupe 所主張的「多元治理架構」（Multiple Governance Framework, MGF）的政策執行典範。這種理性溝通、網絡治理和多層次性的後設概念，將政策執行研究推向「第四代政策執行理論」（a fourth-generation of implementation research），和新公共治理（a new public governance）。

貳、基礎概念

本書所論及的基礎概念釋義如下：（本節另請參閱 Hill 和 Hupe, 2014: 3-18）

一、公共政策循環（Public Policy Cycle）

1980 年代以還，多位公共政策學者對政策循環的階段論（the stages model）提出「破壞性批評」（devastating criticisms），認爲政策執行往往忽略每一階段間模糊的區分（blurred distinctions）（Nakamura, 1987; Sabatier, 1991; Jenkin-Smith, 1993），這種科學理性觀點實難在多元層次政府間，解釋多元性政策提案和法案的互動關係。

儘管如此，Wayne Parsons（1995）仍認爲階段論可提供系統性和啓發性思考來瞭解實務世界的多元性系絡，並可顯現每一階段功能。因而有多數學者還是接受 H. D. Lasswell（1970）的「概念地圖」（a conceptual map），將公共政策過程順序分爲：問題界定（problem identification）、議程設定（agenda formation）、政策制定（formulation）、政策採納（adoption）、政策執行（policy implementation）和政策評估（policy evaluation）（James E. Anderson, 1975）。

本書在概念架構上，雖贊同階段論觀點，但研究焦點爲政策執行，與各階段功能仍形成「系絡化」（contextualization）關係，作爲進行理論典範發展的探討與架構。

二、公共治理（Public Governance）

1972 年，Harland Cleveland 首先提出「治理」一詞，意指控制鬆綁、權力擴散和多元決策中心間緊張的交織網絡系統。此一概念宛如傘型般，將政府部門和非政府部門納入分權式的「網絡結構」（networked structure）系統，涵蓋「多元參與者」（multiactor）和「多元層次」（multilevel）間的協調活動，以執行政府作為或政策的架構。

（一）Lawrence Lynn Jr., Carolyn Heinrich 和 Carolyn Hill（2001）認爲多層次治理是在探討公部門、各機構、政策方案與作爲間，如何組織和管理以達公共利益目標。而多元層次架構的治理邏輯（logic of governance）是指將公民偏好、既有法令、決策者決定、官僚機構作爲和政策產出與結果，層層節制地連結（hierarchically links）在一起，俾進行機關階層（institutions）、管理階層和操作階層間（operations）的治理，並設有反饋機制，以評估產出和結果是否符合民眾偏好與高層決策者的決策選擇。這項治理架構是正式和非正式權威的邏輯函數，包括法令規章、機構自由裁量和第一線工作者互動關係。一般認知是，高層機構因素是否對產出和結果有所影響，這對瞭解執行過程是爲重要環節。換言之，此治理架構不設定政策過程每一階段是不連續，而是要將操作階層人員在執行過程嵌進高層決策過程，這架構雖不是預測理論，但應是啓發性設計。

Elinor Ostrom 則提出「制度分析與發展」架構（the Institutional Analysis and Development, IAD），以認定制度因素在多層次的操作及潛在影響決策和政策結果過程。Ostrom 強調制度因素包括規章、規範和策略，而三層次治理邏輯則爲操作、集體選擇（collective choice）和憲政體制（constitutional choice）的場域間，參與者受限制的集體行爲。再者，Michael Hill 和 Peter Hupe 綜合治理邏輯和 IAD 發展出「多元治理架構」：系統、組織和個人。兩氏主張政策執行焦點在操作治理層次（the operational governance），而因已和其他層次嵌鑲在一起，高層管理當可影響執行者之操作行爲和利益結果。

（二）多元參與者網絡是指在多元層次治理架構，多元參與者表面或深層嵌入組織間網絡互動過程，而網絡可界定為法定自主多元組織合作和協調連結關係。多元網絡架構主要在探討從單一組織至一組參與者的治理結構，藉此可瞭解不同組織在特定政策場域之關係連結，以創造政策或方案變遷，亦即 Benny Hjern 所稱的「執行結構」（Implementation Structure）。網絡架構另可提供在既定市場機制或層級控制，參與者協調行為，市場機制著重在法制規範的交互利益，層級控制強調組織地位互動結構。網絡的分析架構設定相互交易關係之溝通模式，以達成相互利益。1980 年代以來，多元參與者網絡治理蔚為公共事務研究的主流。

（三）治理工具（Governance Tools）：治理工具或政策工具堪稱為政策執行過程的重要工具之一，其主要內容是為協調機制（coordinating mechanisms），即運用特定方法，透過集體行動解決政策問題。1981 年，Lester Salomon 主張政策執行或設計機關和方案研究，應轉向以不同工具（the distinct tools）探討政策目標達成，這是分權化政府必要條件。迨至 1990 年，Helen Ingram 和 Anne Schneider 亦聲稱應運用政策工具、規章和理論，以激發執行機關和標的群體共同決策，採取行動達成直接政策目標。依據 Salomon 等人的說法，政策工具可包括直接補貼、獎勵金、契約、直接管制、財政補助、課稅、使用者付費、連續處罰、提供資訊、都市更新、強制保險和績效指標等，在選擇上當以不同政策類型政經結構和環境因素等為基準，有二元論者（hybrids of the ideal-type tools）、有多元論者，惟皆須視執行系統結構和能力而定。

三、法治治理（the Rule of Law）

對政策執行研究而言，法治是指人民有違失行為或不法情事時，應能預知國家所採取作為的影響，及可獲救濟途徑。美國行政法學者 H. W. R.Wade 認為法治具有四項涵義：

（一）政府權力行為必須依法行政，舉凡影響人民法定權益、義務或自由必須根據嚴格法律體系。受影響個人可訴諸法律途徑，法院應可因法律不完備，而廢止該法律適用，人民權益不受影響。

（二）政府權力作為必須依循經法定程序通過的法律和規章，以限制政府行政裁量適用條件和範圍。

（三）法律紛爭應以獨立於行政以外的司法途徑解決之。

（四）政府和人民間應有衡平的法律關係。

以上涵義所指涉的是政策執行和政府公權力的連結關係，亦是「由上而下」研究途徑主要意涵。而就官僚行爲層面來看，Max Weber 的「合法合理」權威（rational legal authority）雖涵蓋「服從」（obedience）和「合法性」（legitimacy），並強調「非人情化」（impersonality），與層級節制關係，政策執行當可最大效率化，惟和 Wade 的概念差異是在於未積極地以民主程序作爲合法合理的權威基礎。

準此，行政裁量權（administrative discretion）乃成爲法治治理的另一項重要概念。任何政策或方案執行皆期同時具有可行性（feasible）和可欲性（desirable）。行政官員必須依法行政，然亦期適應環境變遷，而對法規可有解釋權力，這就涉及憲政法理上的行政和立法分立關係。英國係爲不成文憲法國家，在歷史上「亨利八世」（Henry Ⅷ）國王爲擴大皇室權力，乃授予內閣部長更大的法律裁量權，這是「委任立法」（delegated legislation）的濫觴，史稱「亨利八世條款」（Henry Ⅷ Clauses）。但卻引起很大的爭論，關鍵點就在法律制定是否經過愼密的國會議決程序。然而法哲學家 Dicey（1905）則認爲集體主義（collectivism）的發展，人民不見得在法律過程擁有可控制政府之權力。換言之，政策制定過程的裁量權是和執行過程裁量權連接一起，冗長的立法過程，不斷地擴大法律適用範圍，基層官僚可能是裁量權實質控制者。

1969 年，K. C. Davis 回應這項論點，認爲對行政官員的裁量權限制，反使其更有可能選擇作爲和不作爲。按照 Davis 的說法，美國政府和法律系統充滿過度裁量權，應加限制以平衡官員和人民之權力關係，甚至應對警察、檢察官和政府官員等基層人員不正義作爲，進行大幅度改革。

以上爭論對於複雜公共政策執行是相當重要的議題，尤其涉及政府對經濟活動管制和社會福利提供。蓋這些公共政策的法律系統相對複雜，而又難以預測權宜性措施之未來結果。準此，Robert A. Kagan（1978）在「管制正義」（Regulatory Justice）一書中，提出「法規應用類型」（styles of rule application）的概念，以「嚴守法規」和「組織目標達成」爲兩個座標面向，認爲美國管制行政機構的裁量權類型可有：司法形式（judicial mode）、法治主義（legalism）、未經授權裁量權（unauthorized discretion）和退縮主義（retreatism）。基於 Kagan 的觀點，R. Knegt（1986）認為裁量權運用可分為：官僚型（bureaucratic style）、政治型（a political style）和實用型（a pragmatic style）。有些公共行政學者（Ringeling, 1978; Van der Veen, 1990）則從「政策裁量權」（policy discretion）的應用分類有：法規本質、執行機關結構、民主控制運用、工作環境特性（尤其是與標的對象互動形式）。這種分類主要是基於制度安排（institutional arrangements）和行政文化（administrative culture）的座標面向。細究之，公共行政學者對於政策裁量權應用是基於政策背景、制度環境、權力型態、政策問題本質、知識應用（如專業主義）等政策成敗因素。因此，基層工作者乃可有相對自主性，應視自己為決策者，對於行政作為須基於規範，而不僅是法規和政策功能性執行官員。

綜之，法治治理應維持民主政治系統的法治運作，而需因應兩個問題，第一、政府官員是否可執行民選首長或主管所支付未經法律授權的裁量權？第二、複雜的政策執行環境是否需更複雜民主機制？

四、民主理念（the Idea of Democracy）

以上兩個問題皆為關於「代議制政府」（representative democracy）的本質，對於現代政策執行議程設定相當重要。E. C. Page（1985）認為官僚行為和民主間關係可有：

（一）代議制官僚體系的民主特性，將和政府高級官員的社經與倫理背景相類似，而影響執行議程設定。

（二）多元民主理論認為不因中央集權影響，公共決策官員可經議價、談判和黨派相互調適，參與政府決策，此亦即所謂漸進主義（incrementalism）。

（三）無論政權體制類型，制度論觀點認為，代議制決策參與，將會是更民主傾向，而焦點就在政務人員和常務官員的連結關係。

Page 的論點顯然強調「權力菁英」（power elite）可影響政策形成，並應控制政策執行過程（should control the implementation process）。但此一論點當依不同國家而異，現代國家政策執行過程，主張「草根型」（grass-roots）參與，只有前民主型態（pre-democratic model）才會體現此種菁英式治理，就如英國地方政府的縣長和法官等是指派任命模式，而和美國多數地方政府官員的民選模式，大有差異。

五、制度主義理論（Institutional Theory）

政策執行研究實不可不論及憲法和制度系絡，此一命題可從經濟學和社會學制度論來分析：前者不同意古典經濟學之市場關係為無結構系絡（context-free），而強調在外部性情形下，市場結構交易關係仍須經訂定法律規則和契約，來降低「交易成本」，這就是制度經濟學派的寇斯定理（Coase Theorem）；後者則認為在制度系絡下，人類行為是被決定之結構，組織活動與執行分析息息相關。蓋 Selznick（1957）主張組織有機體論（organism），組織為有意識協調活動的匯流系統，是受社會需求和壓力調適之有機體系統。另者，Meyer 和 Rowan（1977）主張「文化規則」（cultural rules）的結構同形性（structural isomorphism），組織運作在相似場域常具有相似特徵，可準用相似規則。1995 年，W. R. Scott 總其成為系統制度理論：（一）人們認知社會系統之強制規制權力是奠基於權宜性（expedience）；（二）規範權力是奠基於社會義務；（三）眾所認定的文化假設（cultural assumptions），才是人們的認定基礎。顯然地，這些社會制度主義，主張組織動態與政策執行過程責任，並強調組織間協同作用，以及組織內順服機制（compliance within organizations）。

政治學傳統研究向來著重組織既定論與誰有政策形成特權，以及法治探討，1960 年代，行為科學興起，個人行為研究蔚為主流，制度結構乃不受重視。迨至 1984 年，James March 和 Johan Olsen（1984）重啓新制度主義，探討政治生活的組織因素，政治制度設計是為行政機構、立法部門和司法機關間社會力之競技場，但亦結合標準作業程序和結構，並瞭解這些政治參與者權力結構。P. A. Hall（1986）則認為政策執行過程是規範、價值、關係、權力結構和標準作業程序結合的有組織系絡。在實證研究上，可將這些結構視為影響執行產出和結果之自變項。

綜之，制度主義對於政策過程的研究，是運用「詮釋分析論」（interpretation），但並不意味可從憲政結構或制度系絡，以判讀出政策結果。Immergut（1992）認爲應從博弈分析訂定規則，即可能預測政策執行衝突間的博弈結果。然而，法規和博弈規則之區分應只是詞彙差異，Kiser 和 Ostrom（1982）提出三個不同的「行動世界」（worlds of action）：操作層次（the operational level）是直接行動，集體選擇層次（the collective choice level）是權威決策，憲政層次（the constitutional level）是解釋集體選擇機制的設計。由此可知，制度主義分析堅持特定制度情境和參與者的構造。

六、後現代主義論（Postmodernist Theory）

後現代論（postmodern）是指人們觀察當代社會現象或事務，而後現代主義（postmodernist）則意指接近現實的某個特定方式（a certain way of approaching reality）。進言之，後者是一種打破規範和慣例之因果方式或思考，任何事務應審愼進行（anything goes deliberately）而不是「做」與「不做」的區分。本質上兩者可區分爲：科學取向和規範取向。後現代論基於科學實證主義的認識論，或在某種差異程度上的詮釋（interpretative）或解釋學派（hermeneutics）。就科學角度以觀，A. Zuurmod（1994）曾以新資訊科技改善荷蘭政府社會服務工作流程，資通科技影響組織運作，而稱爲「資通型組織」（inforacy）。另者，後現代論並不積極傳播直接民主參與問題，Popper 和 Steenbok（1999）認爲荷蘭政策過程的民眾參與，就充滿「敘述一分析」特性（descriptive-analytical character）。準此，後現代論探討當代公共行政現象，多少皆具實證學派的觀點。

後現代主義則強調「傾聽型官僚」（the listening bureaucrat）的開放、尊重意見和反思性（Stivers,1994），而這些觀念就直接意指某種思考和概念。在「政治一行政」過程中，這些觀念應是一種「懇求」（plea），以增進官員和民眾間更大參與，彼此間相互傾訴，並解決紛爭，形成「由下而上」之民主參與。惟語言和敘述故事（telling tales）皆須具說服性、批判性和連接性，在公共行政上的應用，尙須「詞語再造」（verbal renewal）。然這些後現代主義雖未直接論及執行過程基本組織構造，但已更擴大公共政策決策過程之概念思考。

七、民粹主義（Populism）

民粹主義的定義或概念，本書採用以下兩種觀點：

（一）Michael Kazin（引於 John B. Judis 著，李隱生、張逸安譯，「民粹大爆炸」，頁 22）認爲民粹主義是一種語言，使用這種語言是一般民眾。他們是不受限於狹義階級的高貴集合體，將他們的對手—菁英—視爲追逐私利和反民主的群體，並且尋求動員一般民眾來對抗這些菁英。Kazin 稱右派民粹主義者是支持民眾對抗某些菁英，因這些菁英被控過於偏袒諸如移民、穆斯林或美國激進黑人等第三團體；左派民粹主義則指支持民眾對抗菁英或建制派，垂直整合下（階）層和中產階層對抗上層階級。但右派民粹主義是主張在民主脈絡下運作，左派民粹主義則假設民眾和菁英之間存在根本性對立。

（二）Margaret Canovan（引於水島治郎著，「民粹時代：是邪惡的存在，還是改革的希望？」，頁 16-18）將民粹主義視爲站在「人民」的立場，批判舊有政治與菁英的政治運動。換句話說，民粹主義指的是以政治改革爲目標的勢力，批判舊有的權力結構與菁英階級，以及社會的支配性價值觀，並訴諸「人民」以實現其主張的運動。換言之，多數都以批判菁英爲中心，受到「下（階）層」群眾對於現有菁英階級與建制派的強烈反彈，就像附在民主身後的陰影。

八、研究方法論（Methodology）

本書所論及的研究方法論，當然因時代背景和研究假設而有差異，然基本上是和社會科學方法論發展過程相同，大致略分就是邏輯實證論（Logical Positivism）和後邏輯實證論（Post-Logical Positivism），兩者間互有論證基礎，而皆影響政策執行研究途徑的演進，各有貢獻，亦有其限制（Yanow, 1994: 423-432）。

邏輯實證論者認爲 19 世紀以來，自然科學的實證科學方法可適用至社會科學研究，超越「形而上學的解釋」（metaphysical explanations），並增進科學思考，以進行理性推理，透過普遍法則發現既定存在事實，而使研究者可認知、解釋、預測和控制人類的現實世界。在科學程序上，運用調查和實驗方法發現客觀事實，不斷地重複調查和實驗程序步驟，發展各種調查方法和工具，尤其是以量化資料爲基礎的統計方法，進行人類行爲解釋與歸納，而進入「科學進步場域」（the arena of scientific progress）。1970 年代迄今，政策執行研究途徑皆受其影響，由上而下研究途徑成就，更是有目共睹，並引發美歐學者的論戰，而影響第三代政策執行研究，當前行爲科學再運用於政策執行研究勢將影響未來研究走向。

相對地，後邏輯實證論則認爲人類行動皆有其涵義（meanings），而且不斷地解釋他自己和別人行爲。研究者不能以外在觀察者「看」（sees）別人行爲之物理性表達，而應理解（understanding）其行爲的主觀意義（subjective meaning）。基於不同的認識論，後邏輯實證論就發展出，有別於「維也納實證學派」（the Vienna School）的「詮釋分析學派」（Interpretive Analysis）。依據 Dvora Yanow 的論點，此學派包括「法蘭克福學派」（the Frankfurt School），其他則爲「解釋學派」（the Hermeneutic School）、「現象主義學派」（the Phenomenological School）、「批判理論」（Critical Theory）以及「符號互動學派」（the School of Symbolic Interactionism）。其中，Jurgen Habermas 爲典型批判理論學者，影響第四代政策執行研究途徑的理論建構甚鉅。

詮釋分析學派的要旨爲：我們行動（we act）；我們的行動是有意圖（we have intentions about our actions）；我們詮釋他人行動（we interpret others' action）。因此，社會制度和政策或機構是人類行爲產物，不是客觀獨立存在於我們之外。我們需要「人文科學」（a human science），理解人類所產生的各種現象、行動、互動和他人的意圖，理解我們的組織和社會，質疑知識產生和知識本質。在 Yanow 看來，以上這些問題就構成「詮釋典範」（the interpretive paradim），成爲構建由下而上研究途徑、第三代和第四代政策執行研究途徑理論之方法論基礎。

進言之，詮釋分析哲學家聲稱人類行爲的意義、價值和信仰是體現在其創造物（creation），並以語言、衣物、行爲互動形式、文學和雕刻來表達，而爲研究對象。價值和意義或涵義的抽象性，很難直接發現。然我們作爲又常顯現出信念、價值和想法，亦想望他人認知我們的價值，但又可能不是在我們行爲中顯現，這就是「做我所說，不是我做什麼」（do what I say, not what I do）。（Yanow 的論述，另請詳見本書第四章第三節）

第三節　政策執行之理論根源

就美國經驗來說，雖然政策執行研究是在 1970 年代初期才發展成爲一特定研究領域，尤其是 Jeffrey L. Pressman 和 Aaron Wildavsky 的「Implementation」（1973）一書，被公認爲是政策執行系統性研究的先驅經典之作。然而，就理論根源而言，政策執行研究至少受到三項理論和一些個案實證研究的影響：一爲公共行政理論，次爲政治系統論和政府間關係理論。

壹、古典公共行政理論與政策執行

在概念上，執行和行政應是同義語，無論古典或現代行政學理論都與「執行」概念意涵相關。就發展歷史而言，1887 年 Woodrow Wilson 在「行政研究」（The Study of Administration）一文指出（參閱 Shafritz and Hyde, eds. Classics of Public Administration, 1987: 19），政治和行政應是分立的活動，行政活動是基於科學理性原則專業和非政治性活動；政府行動計畫不是行政活動，政府計畫執行（execution）才是行政活動。準此，執行在政策過程中應不是重要因素。這項看法受到 Frank J. Goodnow（1900），W. F. Willoughby（1915）和 Leonard D. White（1926）等公共行政學界先驅學者的呼應，咸認爲雖然在某種意義上，執行活動是具政治性，但執行只是技術過程，應免於政治干預陰影（參閱轉引於 Andrew Dunsire, 1978: 3-6）。1911 年，Frederick W. Taylor 的「科學管理原則」（The Principles of Scientific Management）強調效率、分工和團隊合作，而認爲管理者和被管理者雙方，應體認密切合作才能使衝突減至最低，可達成組織目標（參閱 Shafritz and Hyde, Ibid.: 29-32）。Taylor 的這些原則應用於行政過程，執行應也不是問題。

Henri Fayol 等強調行政過程階段（stages of the administrative process）的古典組織理論學者亦持相同看法。在其「一般和工業行政」（General and

Industrial Administration）（1929）一文中，Fayol 認為行政或管理是為組合計畫、組織、命令、協調和控制的活動，但其並不分析良好管理者的意念轉換成生產操作過程，而 Luther Gulick 在「組織理論註解」（Notes on The Theory of Organization）（1937）一文中所提出的 POSDCORB（計畫、組織、用人、指揮、協調、報告和預算）等七項行政功能，即被 Victor A. Thompson 稱為一元論模型（monistic model），意指權威層級是主管對部屬下命令，由上而下以達目標。這種論點，配合 Gulick 和 Lyndall F. Urwick 所合著「行政科學論文集」（Papers on The Science of Administration）（1937）及 Urwick 所著「行政要素」（The Elements of Administration）（1943）來觀察更為瞭然。Urwick 是首先將立法權威（legislative）、統治權威（governing authority）、連結政策和操作間權威（liaison between policy and operation）、操作權威（operation）等行政過程做明顯區分。以當前公共政策的術語來說，即透過政策形成立法，透過立法訂定規章，而依規章去執行的行政過程。綜之，這些古典組織理論學者都假設組織管理或行政過程是基於控制幅度原則，在金字塔形層級結構下，由權威中心（各級主管）控制整個組織運作，部屬不得有政治態度，也無多大自由裁量權。誠如 T. B. Smith（1973: 197-198）所言：「這是假設只要政策作成，政策將被執行，而政策執行結果亦將如決策者所預期」。因此，執行在政策過程中是可忽略的要素。

既使是第二次世界大戰後，仍有行政學者持此看法。1956 年，Edward H. Litchfield 在「行政的一般理論註解」（Notes on a General Theory of Administration）中，將行政過程分為：決策、決策規劃（programming）、溝通、控制和再評估等五項功能。在 Litchfield 看來，決策規劃是行動或操作的指引，還須進一步作規劃設計（programmed planning）以涵蓋許多特定方法和技巧去執行決策。比諸其他學者，Litchfield 對行政過程看法應是最具執行的概念，但與現代執行理論內涵則有相當差距，蓋其未討論執行的動態過程（參閱 Dunsire, Idem.）。

至 1968 年，公共政策分析學界先驅學者 Yehezkel Dror 於「公共政策制定再審視」（Public Policy-making Reexamined）一書中，提出公共政策制定的最適模型（Optimal Model of Public Policymaking）。在此模型中，Dror 將政策制定分成後設政策制定（meta policymaking），政策制定（policymaking）

和後政策制定（post policy making）等三個主要階段，並列出十八項步驟。執行政策（executing the policy）則列在後政策制定階段（第 16 項）。與 Litchfield 不同的是，Dror 強調一項政策如在執行中再調整，必能使政策目標不致有所偏差，然他認爲由於執行而須改變或調整政策內容，並非政策制定者所願。因此，Dror 對執行在政策過程中角色著墨最少（Dror, 1986: 191-192）。而 Gerald Caiden 所倡導的行政改革（administrative reform）階段，雖在過程上仍劃分爲需求認知（awareness of need），目標和目的制定（formulation of goals and objectives），策略和技巧（strategy and tactics），改革執行（implementation of reforms）和評估（evaluation）。然也未深入探討執行過程動態（參閱 Dunsire, Idem.）。又如 Theodore J. Lowi（引於 Nakamura 和 Smallwood, 1980: 11-12）檢視美國國會自 1887 年起近百年內所通過的法案，結果發現美國法案內容由具體和特定，而具體和一般至抽象和一般，愈來愈使得行政責任模糊不清而造成公權力危機，此乃受利益團體多元主義（interest group liberalism）影響。因此，Lowi 認爲，一項好的法案應設定嚴格立法標準，以消除政治過程，減少利益團體影響。換言之，只要立法周全，行政執行必不是問題。

綜合上述，這些持行政過程觀點的公共行政學者和當代公共政策學者，雖都將執行列爲行政或政策過程的環節。然而皆認爲執行階段應不爲政治因素影響，而只是技術過程，不可使執行者有自由裁量權運用，對政策執行理論的建構並無貢獻。

其次，在公共行政理論領域裡，運用社會學和社會心理學觀點探討組織動態的行政學者，則和上述持行政過程論者對執行看法大有不同。但遺憾的是，持這種觀點的先驅者 Max Weber（1922）在其「論官僚體制」（On Bureaucracy）一文中，描述理想型官僚體系應是高度理性，少數決策者控制最高法定權威，部屬相當負責任且自動而無疑問地執行政策，這些部屬都具相當工作能力（參閱 Shafritz and Hyde, Ibid.: 50-55），對執行過程而言，也應無問題。

然而，Mary P. Follett（1926）在「命令給予」（The Giving of Orders）一文中，強調情境法則（law of situation）之運用，認爲權力運用應是互有（power with），不是下達（power over）。這種今日參與管理概念，是影響

後來政策執行理論建構的組織因素之一。另者，霍桑實驗學派（The Hawthone Experiments）的 Elton Mayo（1933）所提出的非正式組織理論和社會心理因素，更是組織理論研究途徑探討政策執行理論基石之一。

但更值得注意的是，Chester I. Barnard 的「主管人員功能」（The Functions of The Executive）（1938）。Barnard 在該書中認爲組織運作不是強制性結構安排（coercive arrangements），而是協調系統（cooperative systems）。因此，任何組織皆需使成員的貢獻和所得均衡（equilibrium），而爲使成員順服，上級和下級間應對權威有相互認知（cognitive reciprocity of authority），且爲下級部屬所接受。在 Barnard 看來，下級接受權威的條件是：（1）瞭解命令；（2）符合組織目標；（3）合乎其自身利益；（4）部屬有能力去執行。然而，這都有賴溝通來進行，若溝通不被瞭解就不具權威性。

早期的 Herbert Simon（1944）在「決策和行政組織」（Decision Making and Administrative Organization）一文中也指出，執行組織目標工作應是在下級部屬手中，而主管下達命令必須在部屬默認區域（zone of acquiescence），否則其有和上級衝突的權利，這和 Barnard 冷漠區域（zone of indifference）涵義相同。這種觀點影響 Eugene Bardach（1977）運用博弈（game）概念和 Milbrey McLaughlin（1975）運用「相互調適」（mutual adaptation）概念來解釋政策執行過程。這一途徑對政策執行研究貢獻較大者則是 James G. March 和 Herbert A. Simon（1958）合著的「組織論」（Organizations）。March 和 Simon 對執行過程的假設來自兩項主要概念：一爲組織活動可以是程式化（programmed）或非程式化（non-programmed）；一爲方案（program），彼此間是「手段—目的」連鎖關係，而形成複雜組合。然因組織中方案並非孤立存在，外在因素和過去活動的刺激，將使方案間運作相互競爭而有分配問題。因此必須採取適當運作策略（performance strategy）以促使方案執行。這些方案無論高階（higher-level）或低階（lower-level），彼此互動又都是人的活動（activities of persons），此勢必涉及人際和組織間溝通。在他們看來，這些溝通並非是長官和部屬關係，而是相互協調和反饋。可是這些溝通活動必須考量理性認知限制（cognitive limit on rationality），亦即組織結構和功能應是人類解決問題過程（human problem-solving process）和理性抉擇（rational human choice），而人的認知必然受其期望和驅力影響，進而影響溝通能力。

綜之，March 和 Simon 運用組織溝通的認知面（the cognitive aspects）、資訊處理（the information-processing）和形式認定（pattern-recognizing aspects）來說明一項計畫或政策執行。他們認爲執行一項計畫不應視爲不可避免地是由上而下的層級結構，而應是組合或再組合組織形式（organizational pattern），使這項計畫順利運作。換言之，當組織接收到一項指令、計畫或政策，組織必先認定其類型，如不爲組織所接受，則應尋求可用資源、技術和設備，轉換這些指令、計畫和政策，使被接受而易於執行。而組織在認定，計畫或政策類型主要是基於溝通完全與否，溝通不完全將使一項計畫或政策雖能被下級組織接到（received），但不被認知（recognized）而接受（引於 Dunsire, Idem.）。當前政策執行研究所須考量組織溝通、標的行爲和資源轉換等因素，實與 March 和 Simon 的執行概念有關（Mazmanian 和 Sabatier, 1989: 20）。

再次，Gordon Tullock（1965）的「官僚政治」（The Politics of Bureaucracy）和 Anthony Downs（1967）的「官僚探索」（Inside Bureaucracy）對執行研究影響亦有其歷史根源。基本上，Tullock 的研究途徑是經濟學家研究法，如果說 March 和 Simon 是強調組織內在關係之認知層面，而 Tullock 則著重在動機層面（motivational aspects），認爲在行政組織中每一個人都是經濟人，皆關心其自我利益，是而每一位部屬往往只著重上級長官，所作有利於其期望的政策目標，亦即執行官員可能並不重視眞實世界反應，而只重視其上司主管對眞實世界的意象（image），蓋這些部屬爲的是升遷至更高職位。

然而，這種經濟理性的動機因素運用於上司與部屬間溝通，卻出現官僚過程的脫軌現象（outgrowth of the bureaucracy's own processes）。即當上司 A 下達指令給部屬 B 時，此時 B 會透過動機考慮，以其認爲可達成 A 所定目標相關的部分，指示其部屬 C1，C2 和 C3，而陸續如此傳下去。這種官僚階層可能多至 10 個階層以上，而在每一個階段 A 的指令可能都被修正和變動。因此，在 Tullock 看來，政策執行應是獲得部屬同意計畫或政策的策略和技巧，而不在上司對部屬之控制過程。

這項概念和 Simon 的溝通概念頗爲接近，只是更強調在和官僚接觸過程中的扭曲（distortion）因素。至於 Downs 則仍基於組織理論的理性概念，而不論行政官僚是屬於逢迎型（climbers）、保守型（conservers）、凡是型（advocates）、狂熱型（zealots）或是政治家型（statesman），每位官僚都會將權力、所得、名聲、安全和舒適作爲追求目標，而形成組織的不同層級。但也因這些目標層次的追求，而造成組織溝通問題。Downs 將溝通的扭曲分成兩類型：一爲篩選過程（winnowing process），使由下而上的資訊流通不完全；二爲權威的滴漏（leakage of authority），上級指令難以完全下達。因此乃造成資訊不確定性，而愈不確定，扭曲的程度就愈嚴重，進而累積更多被扭曲資訊，形成惡性循環。是故，執行者可能在扭曲上級指令情況下去執行公共政策。基本上，Downs 和 Tullock 都強調組織溝通對執行影響，而和 Simon 觀點相輔相成，此即爲 Andrew Dunsire（1978: 87）所稱溝通網路模式（network model）的涵義。

然而，在古典公共行政理論中，另有持政治層面（political perspective）觀點者，也和持行政過程觀點的行政學者對執行看法，大有不同。E. Pendleton Herring 在「公共行政和公眾利益」（Public Administration and the Public Interest）（1937）一書中，認爲達妥協目的，國會所通過法規，往往是模稜兩可，而有待行政人員運用行政裁量權，進一步釐清，其方式乃由這些行政人員去訂定執行規章和要點。因此，官僚大部分責任乃在調和社會各團體間不同意見和使不同經濟和社會條件變爲可行。換言之，官僚的責任就在界定公眾利益本質和範圍。事實上，Herring 的理論就是影響往後政策規劃和執行的團體理論（group theory），即視政府爲代表各團體利益而對政策結果進行討價還價，而政府行政人員基本任務，即在建立與調和各利益團體的工作關係（working relationships）。這項論點大不同於行政過程的看法，顯然是後來「由下而上」政策執行研究途徑的概念基礎。

另者，Philip Selznick 則是最早提出同化或吸納（cooptation）概念來解釋在政策形成過程包含新的要素（subsume new elements），使這些要素不會對組織及其任務推動構成威脅。Selznick 運用此概念在「美國田納西河谷管理局和草根民眾」（TVA and The Grass Roots）（1944）一書中，提出同化機能，強調有力人士（powers）固然會對行政機關產生影響，但也應考量民眾參與（public participation）在政策形成過程之功能。因此，政府當局（formal authority）和社會力（social power）間的緊張關係，則有賴領導者透過訓練和討價還價管道，去界定機構運作新方向。Selznick 的民眾參與觀點顯然是「由上而下」和「由下而上」研究途徑中政策參與者（policy actors）互動之概念。然應注意的是，Norton Long 在 1947 年發表「權力和行政」（Power and Administration）一文，更明言公共行政的政治層面（political dimensions of public administration），認為行政人員應運用政治技巧（political tactics）協調內部事物運作，之後則應考量外在因素（external dimensions），諸如戰爭或自然災害，對行政過程的影響。但要緊的是，他接受 Herring 的觀念，認為行政和立法部門的權力均衡須由民眾和團體支持來主導，兩者間權力消長應建立在民眾才是政府老闆之基礎上。以上這三位代表性學者，所提出行政過程的政治面觀點，和 Lowi 及其他行政過程學派學者，對行政（即執行）過程看法大有不同，對往後政策執行理論的發展有深遠影響。（以上三位學者的論點，請參閱 Shafritz Hyde, Ibid.:chapter II 和III）

貳、政治系統論與政策執行

第二項理論根源應是 David Easton（1953）的《政治系統論》（the Political System）。Easton 使公共行政學者開始思考環境因素輸入，立法和抉擇過程及政策輸出間的關係。政治系統論者所關心的是：行政機關的政策產出如何？這些政策產出執行結果，是否符合原定政策目標？這些政策結果反應對政策再制定影響如何？誠如 Easton（Ibid.: 128-130）所言：

> 政治生活關心所有影響社會中權威性政策活動和付諸行動方式。人們參與政治生活是指在某種方式上去制定和執行政策……。一項政策……包括決策和行動以分配價值……達成一項決策是制定政策首要階段……當執行這項決策時，我們就進入政策第二階段。

Charles O. Jones 乃是將此概念用來分析公共政策過程的先驅學者。在「公共政策研究導論」（An Introduction to The Study of the Publicly Policy）中，Jones（1970: 11）首先將公共政策過程分為：認知（perception）—

界定（definition）—匯集／組織（aggregation/organization）—代表（representation）—形成（formulation）—合法化（legitimating）—應用／行政（application/administration）—反應（reaction）—評估／評價（evaluation/appraisal）—解決／終止（resolution/termination）。在應用／行政階段（即執行階段），Jones（Ibid.: 96-104）提出行政的兩面向因素來解釋執行過程：一爲行政裁量（administrative discretion），另一則爲行政象徵主義（symbolism in administration），並舉 1954-69 年的美國學校反種族隔離（school desegregation）作爲個案分析。因此，Jones 應可說是影響往後政策執行研究的系統論者。

Thomas R. Dye（1972）的「瞭解公共政策」（Understanding Public Policy），分析政策輸入（inputs）、輸出（outputs）和決策黑箱（black boxes）關係，即顯然亦運用 Easton 的系統概念。Dye 運用多變數分析結果，認爲環境因素（所得、都市化、教育、經濟發展）和政治系統因素（多元主義、改革主義）爲影響許多公共政策結果之決定因素。Dye 強調總體因素對政策輸入、輸出和轉換過程的影響。雖並未如 Jones 指出特定執行過程因素。然而，Dye 已然影響 1973 年以後所有政策執行學者在建構理論模型時，都加入社經環境變數（socio-economic conditions）的考量。

參、政府間關係

以上所述乃是政策執行研究的兩大理論根源，是 1970 至 1980 年代間政策執行理論發展的基礎。然而，Paul A. Sabatier 和 Daniel A. Mazmanian（1983: 144）認爲美國聯邦與州與地方政府間關係（intergovernmental relations）亦爲政策執行理論基礎之一。這當以 Morton Grodzins（1966）的「美國制度：美國政府的新觀點」（The American System: A New View of Government in the United State）爲代表。Grodzins 運用「糕餅式聯邦主義」（Marble-Cake Federalism）的概念來描述美國各級政府間的合作關係和混合活動，而和傳統上認爲美國三級政府體系是分立的「夾心蛋糕式聯邦主義」（Layer-Cake Federalism）有別。Grodzins 發現美國政府職掌和所要處理問題間關聯性不大，各項公共政策運作應是各級政府間混亂（chaos）和合作（cooperation）交織而達成的結果（參閱刊於 Shafritz 和 Hyde, Ibid.: 319-325）。這項概念和美國詹森總統（Lyndon B. Johnson）（1963-1969）的「創造性聯邦主義」（Creative Federalism）相同，當然關係往後政策執行學者討論政府間關係，或組織間關係對政策執行過程的主要影響因素之一。

無可置疑的，上述古典公共行政理論、政治系統論和政府間關係的文獻探討，可說為當前政策執行研究提供概念和實證的基礎。但對於政策執行進行系統性的研究，則應是從 1960 年代美國詹森總統所推動的「大社會計畫」（The Great Society）和反種族隔離政策，經評估後發現其政策結果都並不符合原定政策目標，乃引起美國政治、公共行政、教育和社會等學界研究興趣，其中以 F. M. Wirt（1970）的「南方種族平等的政治」（Politics of Southern Equality），M. Derthick（1972）的「城鎮更新」（New Towns In-Town），Jeffrey Pressman & Aaron Wildavsky（1973）的「執行」（Implementation）和 Jerome Murphy（1971）的「初等及中等教育法案第一款」（Title I of ESEA）等個案研究為最著名，乃開啓對 Erwin C. Hargrove 所稱政策執行為「失落聯結」（the missing link）的系統性研究。從此自 1970 年代至今，許多學者企圖將「政策執行」作為特定研究領域，予以有系統概念化，並企圖建構政策執行的一般理論，成就斐然。

第四節　政策執行途徑之發展趨勢

就理論系絡發展時程和假設前提而言，無論美國或歐洲的政策執行研究學者都將 1970 年代至 2000 年代間的政策執行研究，分成兩大學派：研究途徑（approach）和世代論（generation）。持三項研究途徑者（即由上而下、由下而上和整合研究途徑）和主張三世代論者（第一代、第二代和第三代），各以其後設概念（meta concept）、分析單元和方法論，論戰 30 年，現擇要說明如後：

壹、三項途徑：由上而下、由下而上和整合途徑

Paul A.Sabatier（1986）將 1970 至 1980 年代間的政策執行理論，歸納爲三種研究途徑：一爲由上而下研究途徑（Top-Down Approach）；二爲由下而上研究途徑（Bottom-Up Approach）；三爲整合研究途徑（Synthesis or Integrated Approach）。由上而下研究途徑的主要理論要點爲探討一項公共政策目標達成程度，以及哪些主要因素影響政策產出和影響。主要學者爲 Sabatier 和 Mazmanian（1983）的「Implementationand Public Policy」，D.S.Van Meter 和 C.E.Van Horn（1975）的「The Policy Implementation Process: A Conceptual Framework」，G. C. Edwards III（1980）的「Implementing Public Policy」，以及 Pressman 和 Wildavsky（1973）的「Implementation」。

由下而上研究途徑的主要理論要點爲運用多元參與者（包括政府機關、私人部門、執行者、民眾）的策略互動所形成政策網絡（policy networks），解釋政策執行成敗應是地方執行結構（local implementation structures）中各個參與者技巧和策略運用之故，而不一定是中央政府官員的投入。主要學者有 Richard Elmore（1979）的「Backward Mapping」、Kenneth Hanf（1982）的「The Implementation of Regulatory Policy: Enforcement as Bargaining」，Benny Hjern 和 David Porter（1981）的「Implementation Structures: A New Unit of Administrative Analysis」以及 Chris Hu11 和 Benny Hjern（1987）的「Helping Small Firms Grow: An Implementation Approach」。

整合研究途徑主要理論要點爲綜合運用「由上而下」和「由下而上」兩種研究途徑的變數和概念，來解釋政策執行過程和結果，但有的強調互動觀點，有的著重權變觀點，理論重點不同。主要學者爲 Richard Elmore（1985）的「Forward and Backward Mapping: Reversible Logic in the Analysis of Public Policy」、Sabatier（1986）「Top-down and Bottom-up Approaches to Implementation Research: A Critical Analysis and Suggested Synthesis」、Goggin et.al.（1987）「Theory Construction and Testing in Implementation Research: A Comparative State Diachronic Analysis」以及 Robert T. Nakamura 和 Frank Smallwood（1980）的「The Politics of Policy Implementation」。

貳、三世代論：第一代、第二代和第三代

Malcolm L. Goggin（1986）則將這段政策執行理論的發展期間分爲三世代。Goggin 所謂第一代政策執行研究是指著重一項權威性政策或計畫，如何在某一地或幾個地方執行的個案研究，最主要著作莫過於 Martha Derthick 的 New Towns In-Town（1972）、Jeffrey L. Pressman 和 Aaron Wildavsky 的 Implementation（1973）及 Eugene Bardach 的 The Implementation Game（1977）。而第二代政策執行研究，是指探討影響政策執行成敗變數，強調理論模型建立，企圖建構影響政策執行過程和結果的一般性理論，以及運用這些理論去解釋爲何 X 政策會成功，而 Y 政策則遭失敗。這樣分類簡潔明瞭，而可看出未來可能的發展趨勢。最主要著作爲 Paul A. Sabatier 和 Daniel Mazmanian（1979）的 The Conditions of Effective Implementation：A Guide to Accomplishing Policy Objectives；Helen Ingram 和 Dean E. Mann（1980）的 Why Policies Succeed or Fail 以及 Mazmanian 和 Sabatier（1983）的 Implementation and Public Policy。

第三代論者則雖承認「由上而下」（第二代）理論建構之成就，但從方法論觀點，強力批判第一代（個案研究）和第二代研究途徑的實證調查方法，缺乏不同政策領域和後實證學派之方法論，無法歸納個案分析並驗證成爲一般理論。第三代執行研究主要代表學者當是 Goggin 等人（1987；1990a）所提出「府際間政策執行模式」（Model of Intergovernmental Policy Implementation）（1987）和「Studying The Dynamics of Public Policy Implementation: A Third-Generation Approach」（1990）。Goggin 等人認爲第三代執行理論可以「排除解釋或預測執行行爲限制」和驗證執行過程模式，其特點則在於能進行系統性「多層次政府間行動」執行動態分析（examining systematically the dynamics of implementation in settings of multilevel intergovernmental action），以及運用比較不同時期方法（comparative, diachronic methods），結合實證和理論研究，來探討在幾個地方，許多時期和許多個案的政策執行（make observations at several locations over many time points regarding a number of cases）。

參、第四代執行理論與治理典範

1990 年代以來，新公共管理革命在全球化趨勢引領下，掀起世界各國政府再造運動，契約性國家與企業性政府成為各國政府公共政策制定和執行典範，委託經營、民營化、BOT、機構員額減肥和行政法人等成為主要政策工具。在此期間，市場導向、公私夥伴、成本更少、工作更好和政府角色再定位等自由市場主義價值，無不被世界各國奉為圭臬，全力進行政府改造。英國西敏寺模式（the Westminster model）、美國模式和日本模式，逐漸掩蓋曾為顯學的政策執行研究，而似使成為「昨日議題」（yesterday's issue）。儘管如此，自 1990 年代末和千禧年以來，理論界仍有政策執行學者認為，應將政策執行研究視為「今日議題」（today's issue），而實務上，英國政府亦再度重視「政策執行和服務傳送」議題（Schofield 和 Sausman, 2004），咸認為應是政策執行研究再啓動的時機。

Peter deLeon 和 Linda deLeon（1999 和 2002）在檢討過去 30 年政策執行研究缺失後，認為理論界應將執行研究導向第四代政策執行理論研究（a fourth generation of implementation research），主張應重視執行過程的動態，應將溝通和對談作為治理之共識基礎。從此政策執行研究結合治理典範的興起，展現多元性、網絡性、多層次性和跨域性，研究方法亦隨之更具周延性。其他學者，則有 O'Toole Jr.（2000）的治理與網絡管理、Hill 和 Hupe（2009，2014）的多元治理架構、Schofield 和 Sausman（2004）的統合性公共治理以及 Sandfort 和 Moulton（2015）的策略行動場域。

第五節　本書章節安排

本書寫作架構是採「編年史」（chronicle）的論述，所運用資料期間自 1970 年至 2019 年，共分成「由上而下」途徑、「由下而上」途徑（第二代）、「整合途徑」、第三代政策執行理論、第四代執行理論和「治理典範」等理論典範轉移，並儘量以原文原意為主，以瞭解每一時代理論典範結構同異之處。全書主要以 Michael Hill 和 Peter Hupe（2014）所著「Implementing Public

Policy」爲參考架構，並配合筆者多年研究心得，使形成系統體系一貫的理論與典範轉移論述，而演繹出「民粹主義」的國家治理意涵及對臺灣未來重建國家執行治理體系的結論。因此，本書各章節，除另有注釋外，請逕參閱該文和該書中的夾註，不另逐一注釋。

本書全文共分爲六章節：

第一章爲緒論，首先論述爲何研究政策執行的理論性觀點及其基本概念與涵義。除了「由上而下」、「由下而上」和「整合研究途徑」外，並界定「公共治理」的定義。其次爲本書所涉及基礎概念的闡釋：公共政策循環、公共治理、法治治理、民主理念、制度主義理論、後現代主義論、民粹主義和研究方法論。次而探究政策執行研究之理論根源：古典公共行政理論、政治系統論和政府間關係。最後則釐清三項研究途徑和四世代論之發展趨勢。

第二章爲由上而下研究途徑和第一代政策執行理論的內容。首先論述這項理論典範的環境系絡背景，即社會干預主義，主要爲美國介入越戰期間，詹森總統所推動「大社會計畫」的執行評估，及同期間的個案探討，最著名個案爲 Pressman 和 Wildavsky 的「奧克蘭方案」（The Oakland Project）執行研究。爾後則是政策執行研究者以其各自概念，建構發展各項理論架構，並有研究者將這些理論模式，進行實證應用，成就斐然，堪稱公共政策過程研究領域的顯學，此期間美國學者貢獻卓著。

第三章爲由下而上研究途徑和第二代政策執行理論的內容。首先論述這項理論典範的環境系絡背景，即市場和新公共管理，主要爲英國柴契爾夫人和美國總統雷根的新右派政治和經濟主張，強調企業性政府的理念與價值。因此，英國創設「執行機構」（類行政法人），美國則後由柯林頓總統（Bill Clinton, 1993-2001）啓動大規模的「政府再造」運動，重新界定政府角色，放權地方政府或社區，強化基層官僚能力。此一環境系絡促動由下而上的網絡結構理論，連結非政府部門，協助結構成爲執行研究焦點。西歐國家的協合式民主型態，使得這些國家開始致力政策執行的研究。

第四章爲整合研究途徑與第三代政策執行理論的內容。首先論述這項理論典範的環境系絡背景，即後新公共管理與新社會干預主義，後新公共管理主張全局型政府途徑，而美國 911 事件和 2008 金融大海嘯，使各國重行強化政治控制，顯現後現代論思潮對各國公共管理的影響。其次，整合途徑興起，出現「倡導性」聯盟的執行架構，而世代論則出現第三代論，強調多數政策執行皆涉及多個行政和政治機構，以及多元層級的官僚環境對執行過程的影響，次而，第三代論者批判實證論，主張要結合後實證論，進行詮釋和建構論，對政策執行過程的探討。

第五章爲第四代政策執行理論與公共治理理論的內容。首先論述這項理論典範的環境系絡背景，即治理典範的發展。1990 年代末期，因受新公共管理革命的影響，執行研究出現失落現象，但隨即因「政府轉移至治理」的政治思潮轉變，審議式民主與治理典範興起，政策執行理論走向第四代和公共治理，後者成爲當今顯學。然而 2010 年代，美國再度出現行爲科學對政策執行研究的影響，尤其是執行科學，以及「由上而下」途徑再興起，而印證後公共管理意識型態的延伸發展。

第六章爲結論。首先論述政策執行的學科定位，由於方法論已臻成熟，「多元層次治理」成爲執行研究最重要的理論架構，是可稱爲「新執行研究」。其次爲民粹主義對國家治理的影響，Trump 的保護主義掀起全球民粹主義，影響民主治理的可塑性，強人領導重返世界政治舞臺，執行力成爲國家治理的核心價值。最後爲對我國國家治理之啓示，本書主張重建臺灣區域治理的執行機制，實踐一九九七憲政體制的「二級政府」修憲精神與意旨。總統和行政院長的政治信任關係，在未修憲前，宜將總統府原設的「執政決策協調會議」機制化，並「由上而下」啓動「遷都中部」，將臺灣的行政區域整合爲 7 個行政區，以強化臺灣的國際競爭力和執行力。

第二章　由上而下途徑和第一代政策執行

第一節　理論系絡背景（1960s 至 1970s）：社會干預主義

為因應美國經濟大蕭條（the Great Depression），1933 年羅斯福總統（Franklin D. Roosevelt, 1933-1945）提出「新政」（The New Deal）計畫，借自凱因斯學派（Keynesian School）的新古典經濟學理論，設置許多國家管制機構（national regulatory agencies），強化政府對經濟干預，陸續推動興建公共工程，整頓銀行業和傳播業，保障勞工就業權益和建立社會安全體系。羅斯福總統更透過提名對其友善的大法官（more friendly justices），最高法院（the Supreme Court）成為「新政」各項法案支持者，在憲法解釋上等同擴大國家權力，諸如「社會安全法」（the Social Security Act），和「國家勞動關係法」（the National Labor Relations Act）等，最高法院的角色扮演影響 1960 年代的美國國家計畫和法案訂定至鉅。

然而，第二次世界大戰期間，聯邦政府權力不斷擴張，影響社會各個部門，包括私營企業。羅斯福總統的「大政府」（Big Government）雖曾受到 Arthur Schlesinger Jr. 和 W. E. Leuchtenburg 等人的挑戰，認為應將美國行政從美國政治限制脫離（liberate），但在戰後杜魯門和艾森豪總統期間（Truman, 1945-1953 和 Eisenhower, 1953-1961），民眾對公部門運作仍具高度信心，惟艾森豪總統於 1954 年中應法國之請，開始加入越南戰爭。

1961 年，甘迺迪總統（John F. Kennady, 1961-1963）提出「新境界」（the New Frontier）計畫，以自由主義的積極正向精神，解決古巴飛彈危機，建造柏林圍牆，開啓冷戰時代，積極介入越南戰爭，雖被認為美國偉大總統之一，卻從此使美國陷入越戰危機，美國綜合國力逐漸受到影響。1963 年，詹森總統再擴大越戰的規模，惟美國社會問題逐漸惡化，失業貧窮，反越戰示威，造成所得分配嚴重不均，黑白種族間衝突日益嚴重。1965 年詹森總統乃向國會提出「大社會計畫」，旨在反貧窮作戰、提高就業、實施「老人醫療保險」（Medicare）、擴建國民住宅和看護與安全設施等，並於 1968 年提出「公民權利法」（the Civil Rights Act），消除購屋置產的種族歧視。

甘迺迪和詹森總統在任期間，美國聯邦政府引進「設計計畫預算制度」（Program Planning Budgeting System, PPBS），並設置政策分析師（policy analysts），負責聯邦政府的政策規劃和分析。美國各主要大學亦紛紛設立政府實例研究和公共政策分析研究學院或公共政策研究所，諸如：哈佛大學甘迺迪政府學院和加州大學 Berkeley 分校的公共政策研究所等，對研究生施予嚴格之政策分析訓練。1973 年，Pressman 和 Wildavsky 經典之作「**執行**」就在探討「大社會計畫」中的「Oakland Project」執行失敗實例，從此美歐公共行政和政策學者，大量投入政策執行研究。

一般說來，政策執行研究學者都將 1970 年作爲政策執行系統性研究的起點。James P. Lester et.al.（1987: 201）就將 1970 年至 1987 年間政策執行研究分爲：（1）個案研究期（generation of case studies），時程爲 1970-1975 年；（2）政策執行理論架構發展期（development of policy implementation frameworks），時程爲 1975-1980 年；（3）政策執行理論架構應用期（applications of the framework），時程爲 1980-1985 年；（4）政策執行理論架構整合和修正期（synthesis and revisions），時程爲 1985-1987 年。這樣的時程分段是符合三項研究途徑論述，但不適合與三世代論進行比較分析。因此，筆者乃將兩者併合論述：個案研究期與第一代（1970-1973），理論架構發展期和應用期與第二代（1972-1985），理論架構整合修正期與第三代（1985-1987）。

第二節　個案研究期

在這期間，主要的學者和著作有 F. M. Wirt（1970）的「南方種族平等政治」（Politics of Southern Equality），Jerome T. Murphy（1971）的「初等及中

等教育法案第一條款：執行聯邦教育改革政治」（Title I of ESEA: The Politics of Implementing Federal Education Reform），Martha Derthik（1972）的「城鎮更新」（New Towns In-Town）及 Jeffrey L. Pressman 和 Aaron Wildavsky（1973）的「執行：奧克蘭方案」（Implementation: How Great Expectations in Washington Are Dashed in Oakland）。絕大多數的這些個案研究結果都指出，美國政府所制定的計畫很少達成其目標，幾乎都失敗，這些作者也似乎並未發展任何理論模型。這其中當以 Pressman 和 Wildavsky 的經典之作最爲著名。以下乃就這本著作的重要內容及結論，導出這時期政策執行的理論內涵。

壹、「執行：奧克蘭方案」（Implementation：The Oakland Project）的重要內容

Pressman 和 Wildavsky 的這本經典之作是在探討美國詹森總統「大社會計畫」中第一個企圖挽救都市危機所推出的「奧克蘭方案」之執行過程和結果。這項方案由美國聯邦政府商務部（Department of Commerce）的經濟發展局（Economic Development Administration, EDA）負責策劃和推動。該方案的目的是希望透過公共工程興建和企業貸款兩種途徑，來創造就業機會以解決奧克蘭市嚴重失業問題（特別是黑人失業問題）和種族間衝突。時任商務部副部長並主管 EDA 的是 Eugene P. Foley，熱心有幹勁。該方案自 1966 年開始執行，預算 23,000,000 美元，創造 3,000 個就業機會的目標。在執行方案上爲確保失業者能獲得就業機會，Foley 提出一創新作法是，每位雇主爲獲得 EDA 貸款或租用 EDA 支持興建的公共設施，都必須提出「就業計畫」（employment plan），內容必須預測將來該廠商獲得貸款後可創造多少就業機會。程序上在送到 EDA 同意前，應先經由當地企業家、勞工和貧民代表所組成的「就業審議委員會」（Employment Review Board）審查，雇主需按月向該委員會提出僱用報告，如 EDA 發現有不符情事，可交付仲裁，並停止補助。

時經 1966、1967 和 1968 年上半年，奧克蘭市都未發生任何暴亂，Foley 的特別助理 Amory Bradford 認爲這當然是該方案內容確實符合貧民就業需求，而奧克蘭市政府及地方人士和民眾對這項聯邦政府新措施亦做出有效反應。因

此，至 1968 年底，奧克蘭實驗方案聲名遠播全美國，蓋這項方案似乎已打破奧克蘭市貧民、地方企業家和政府間長期以來不合作的困境。

然而，好的開始到 1969 年卻有不同反應和結果。在 1969 年 3 月 16 日，洛杉磯時報（Los Angeles Times）卻報導，該方案只創造 20 個新的工作機會，而政府部門間爲少數民族僱用問題發生爭執。在同一週間，洛杉磯時報又報導，在奧克蘭的 EDA 官員向市議會報告，聯邦政府在當地已投入 100 多萬美元的企業貸款，卻只有創造 43 個工作機會。

這是一個政策失敗的例子，即雖然有足夠資源，也獲上級主管機關和國會支持，但因執行過程的困難和拖延，使政府承諾和績效出現差距（gap between promise and performance），原因爲何深值探討。

一、奧克蘭方案的形成（formulating policy）

（一）背景分析

從問題認定觀點來說，聯邦政府係因鑒於美國某些區域、縣和社區正遭到實質而持續失業和低度就業問題，乃思結合 1961 年「區域再發展法」（Area Redevelopment Act），1962 年「加速公共工程法」（Accelerated Public Works）和 1962 年「阿帕拉契區域發展法」（Appalachian Regional Development Act），於 1965 年 8 月 26 日訂定「公共工程和經濟發展法」（Public Works and Economic Development Act，PWEDA），其立法宗旨爲提供財政支援，包括對公共工程和發展設備補助款給上述需要地區的社區、工廠、企業和個人，以解決這些地區失業問題。爲因應這項業務新發展，遂將商務部的區域再發展局（Area Redevelopment Administration, ARA），改組爲 EDA。

根據「公共工程和經濟發展法」第 401 條規定，接受 EDA 財政補助的再發展區域或縣或市，必須符合下列條件：（1）最近若干年內失業率必須達 6% 以上；（2）最近 4 年內，需有 3 年超過全國平均失業率的 50%，或是最近 4 年內有 2 年超過全國平均失業率的 75%，或在最近 2 年內，有一年超過全國平均失業的 100%。根據這項標準，符合 EDA 補助條件，且人口在 25 萬以上之都市，計有 Oakland, San Diego, Philadelphia, Newark, Miami, Cleveland, Toledo

和 Buffalo。

然而，事實上聯邦政府預算局官員嗣後（1970 年）指出，以 EDA 每年的預算而言，並不適合將業務放在這些大都市失業問題上，譬如單爲奧克蘭方案就占了 EDA 預算的 10%；當時商務部長 Connor 也認爲 EDA 應將業務重點放在鄉村。爲何 Foley 仍堅持解決都市失業問題，並將方案優先集中在一個都市？個中原因除是因 Foley 對這些都市中的失業者和低度就業者，有強烈的關懷信念，預算執行期限是另一主因，即 EDA 如未能在 1966 年 6 月 30 日將既有預算全部執行完畢，下一會計年度預算必遭刪減；同時，Foley 也希望以一個方案作爲實驗成功的案例，使 EDA 成爲解決都市中不幸者的救星。

但是，爲何選擇 Oakland 作爲實驗？原因有四：（1）奧克蘭市曾在區域再發展法（ARA）支援下，進行少數民族成人就業方案，而且當地部分廠商亦曾獲 ARA 的貸款，顯然該市已有類似經驗；（2）奧克蘭市種族衝突嚴重，有潛在暴動傾向；（3）該市失業率高達 8.4%，爲全國平均失業率 4.1% 的兩倍；（4）奧克蘭市長爲共和黨，民主黨主政的聯邦政府比較不會反對，以示政治公平。

（二）好的開始（1965-66 年）

1. 奧克蘭市的政經結構

1966 年該市的人口結構是，白人占 56%，西班牙裔白人占 10%，黑人占 30%，非白人有 5%，這種結構當然較易造成種族衝突。要緊的是，黑人的貧窮人口占全市貧窮人口 45%，西班牙裔（黑裔）白人的貧窮人口占全市貧窮人口 14%，換言之，這兩類少數民族貧民就占了全市貧民一半，失業率更高達 12%，住在該市西區和東區貧民區的失業率更分別高達 14.3% 和 14.4%，可見，這些少數民族貧窮和失業問題相當嚴重。

除了上述社經環境問題外，該市行政和政治結構也同樣有問題。在行政組織上，該市採議會經理制（the council manager form），即議會決定政策，經理執行政策，市長爲虛位市長，爲九位民選議員之一。由於薪資待遇相差懸殊，市長和議員並未全心投入工作，只有市經理在優厚薪資加上助理人員的協助和資訊取得方便之下，擁有絕對優勢可瞭解市政府運作過程，民選議員很難進入狀況。而在政治結構上，該市缺乏政治取向利益團體和政黨活動，使得市長很難獲得對公共政策的支持和資訊來源。

2. Foley 決定推動奧克蘭方案

在瞭解上述該市的政治、行政、社會和經濟問題後，Foley 和其特別助理 Amory Bradford 於 1965 年 12 月 9 日到奧克蘭做第一次訪問。但他們並不拜訪市政府或奧克蘭港務局（Port of Oakland），卻參加由東奧克蘭教區（East Oakland Parish）John Frykman 神父和黑人代表 Curtis L. Baker 所召集的民眾集會，訴說黑人困境。在同一天，Foley 和 Bradford 又往返在 Teamsters 就業服務處求職的黑人，併赴西奧克蘭貧民區，使兩人更瞭解貧民區黑人的失業，貧窮和居住情況。

一個月後，即 1966 年 1 月 7 日，Foley 和 Bradford 又回到奧克蘭，翌日上午出席由 Baker 所召集的群眾大會，和黑人懇切地交換意見，發現那些黑人和貧民相當瞭解他們自身問題，以及造成問題的社會結構因素。基於這兩次經驗，Foley 就宣布決定推動奧克蘭方案，期以聯邦預算創造新工作機會，並停止黑人就業歧視待遇，責成 Bradford 協調所有相關政府機構及廠商、團體談判，期使這項方案順利推動。

3. 奧克蘭工作小組和行政革新

同年，1 月 13 日 Bradford 同意擔任該方案主持工作，乃著手成立工作小組，共有九人，年輕而能幹，對這方案都有承諾感。為提高效率，Foley 打破正常官僚程序，要求 EDA 所有人員皆以該方案為最優先。卻因此造成 EDA 內部其他單位對工作小組反感，因書面作業、審查和分析工作還是須其他單位配合。

為求時效，Foley 乃決定於 1 月 28 日在 Dunsmuir House 召開會議，說明奧克蘭方案詳細內容。該會議由市長 Houlihan 召集，參加人員有企業界和政界代表 40 人，會中市經理 Keithley 提出質疑，認為無法保證能讓求職者找到合適工作。但翌日，Foley 宣布提供 15,000,000 美元以進行該方案，其中與會企業界似乎較關心企業貸款。

4. 就業計畫決定和方案內容

就 EDA 構想而言，該項方案主要目的在促進就業，因此如何將企業發展和解決該市長期失業問題相結合，是為 Bradford 規劃這方案主要原則。然而有人認為現有法規，無法規制受補助或貸款廠商必須僱用長期失業者。但

Bradford 堅持主張其就業計畫應包括下列內容：1. 申請 EDA 補助者都應說明工作性質；2. 每位雇主都應告知 EDA 要僱用哪些失業者和訓練內容；3. 所有申請案都要經「就業審議委員會」（成員大都爲貧民代表）通過；4. 經審核通過的補助業者，和 EDA 訂定契約關係；5. 若業者未履行約定，EDA 可終止補助和貸款。就上述看來，這項就業計畫在目標上相當理想。然而，聯邦政府 EDA 官員則持懷疑態度，認爲將使此一方案管理更形複雜，尤其是機關間協調問題。

可是，方案內容又如何？當 1966 年 2 月起，已開始有廠商申請，而在 6 月 30 日以前必須將預算執行完畢，時間對 EDA 來說已形成一種壓力，因此必須在 5 月底完成方案內容，而此時已有奧克蘭港務局、市政府和世界航空公司（World Airway，WA）提出申請。儘管各單位有不同意見，最後仍獲得協議，於 4 月 29 日宣布，奧克蘭方案總預算爲 23,289,000 美元，其中 60% 爲補助款，40% 爲貸款，目標爲創造 3,000 個就業機會，此方案內容如下：

（1）飛機庫（租給世界航空公司）10,650,000 美元

（2）海軍碼頭（給港務局）10,125,000 美元

（3）港口工業區（給港務局）2,100,000 美元

（4）通往體育館道路（給市政府）414,000 美元

然而，有此現象在此時發生，成爲接下來執行失敗的因素：①除了工作小組外，EDA 官員大多對這方案內容不甚瞭解，導致在協調上有所困難；② Foley 在 1966 年 10 月 5 日辭職，由 Ross Davis 接替，如其本人所言：商務部要刻意壓制 EDA，白宮仍將重點放在越戰上，EDA 不宜將資源放在都市問題上。Foley 的去職必然使後繼者不會且不必全心全力於此方案的執行。

儘管如此，在工作小組和熱心的市長 Reading（Houlihan 因案去職）共同推動下，方案仍續繼推動，並於 9 月 8 日，10 月 8 日和 12 月 8 日陸續召開會議，分別組織審議委員會和討論企業貸款和就業計畫。

（三）奧克蘭方案的執行過程和成果（trials of implementation）（1966-68）

1. 海軍碼頭的執行（implementation: marine terminal）

這項工程一開始就碰到將廢土塡入舊金山灣的爭論，港務局和 EDA 就在

1966年下半年都為此問題爭執不休。接著而來是追加預算的爭論，港務局要求在緊急情況或小項目內部工程（in house engineering），應由EDA在奧克蘭方案外預算支付，但EDA不同意。直到1967年1月底，港務局提出改變施工地點要求，這期間都未動工，但EDA雖於4月12日同意地點改變和6月25日同意港務局所提出的建築工程（architect engineer），卻一直至當年秋天才開始動工（因港務局還在進行其他工程）。

麻煩的是，1967年11月，海軍工程司令官Champ Corsen認為這項工程將危及航道，但在西雅圖的EDA西部區域分處（Western Area Office,WAO）John Davidson不同意奧克蘭EDA方案經理Cliff Holden的看法（Holden於1967年11月22日送一項備忘錄給Davidson說明海軍單位意見）。可是，港務局在1968年1月17日要求碼頭工程改變為兩階段：疏浚填土和工程建造；西雅圖公共工程處（Public Works Office）也同意這項改變。至4月1日，海軍准將Jannoy又提出海軍艦艇飛機飛航安全問題；4月7日，港務局又提出修改計畫要建一家旋轉式餐廳，而WAO認為只能動支因海軍反對興建起重機的630,000美元預算。最後，到8月1日，聯邦政府會計總署（General Accounting Office, GAO）認為EDA所提供給港務局6比4比例的補助款／貸款太優惠。

總之，這項工程在執行過程所遭遇問題，就非規劃時所能考慮，諸如：疏浚和填土技術問題，追加預算，變更設計以及政府間關係（海軍，GAO和WAO等）。

2. 世界航空公司停機庫工程的執行問題（Implementation: World Airways (WA) Hangar）

這項工程在1966年4月29日批准後，因港務局和WA在談判租約和就業計畫問題，經過幾個月都沒動工，直到1967年8月14日，港務局才通知Luckman公司開始作業。但因港務局不斷要求貸款援助製圖作業要符合WA的要求，而至1968年4月2日，Luckwan公司才完成先期計畫，可是卻基於下列理由，要求EDA和港務局增加建設經費，由9,262,000美元（1966）增至目前的13,425,840美元，其因是：(1) 建築成本增加13.5%；(2) 防火設備要符合保險公司要求；(3) WA要求改良建築設備；(4) 增置機場柵欄和跑道舖砌。可是，到5月27日，港務局又要求增加2,214,000美元，以發行公債支援超出的預算。此後經幾個月雙方對工程問題爭論，至 8 月 30 日，EDA 認爲只要 WA 就業和訓練計畫，能保證奧克蘭貧民就業，當可接受經費增加的要求。

然而，聯邦政府 EDA 官員則抱懷疑態度，因 WA 的 1968 年報告指出，WA 就業人數雖增加 98 人，但少數民族就業人數則由 129 人減至 111 人。因此，EDA 主管都市事務官員認爲 WA 應修改計畫，至少應包括僱用奧克蘭東灣區技藝中心（East Bay Skill Center）學員和支持訓練計畫的發展，否則不予同意。如此又經幾個月僵持，至 12 月 31 日，港務局長 Ben Nutter 和 WA 總裁 Edward J. Daly 再保證致力於奧克蘭少數民族就業。可是 EDA 還是持懷疑態度，因擔心同意增加經費是否保證沒有下一次，但如不答應，這項工程將面臨停擺或預算繳庫命運，進退兩難。

3. 訓練計畫的執行（implementation: training program）

在 EDA 官員想法中，停機庫工程方案必須配合訓練失業者。因此，EDA 於 1966 年 10 月同意 WA 進行，由政府負擔經費的訓練飛機維修人員訓練計畫，但此項計畫須受「人力發展和訓練法案」（Manpower Development and Training Act, MDTA）第 241 條規定限制。這項規定是任何團體提出訓練計畫必須說明某一產業對員工類別的需求，而加州政府就業處（Department of Employment）必須評估這項需求，如屬需要則送地方 MDTA 顧問委員會（Local MDTA Advisory Committee），經同意再送加州職業教育處（Department of Vocationale Education），認定是否可接受，最後送地方首長（此方案是指奧克蘭市長）批准。完成上述程序後，還須送至加州政府就業處和職業教育處同意（前階段程序，這兩者只表示意見），如獲同意再送至聯邦政府勞工部和衛生教育福利部（Department of Health Education and Welfare, HEW）的分處，後再送至華府。在華府又須經 EDA，勞工部和 HEW 的共同同意，蓋 EDA 未能直接控制 MDTA 第 241 條經費運用，必須獲得勞工部和 HEW 的同意。

就 WA 訓練計畫來說，MDTA 顧問委員會在 1966 年 11 月 30 日同意這項計畫，但在地方政府各機關間公文往返許久，至 1967 年 5 月才送至華府。然而，EDA 認爲每單位訓練成本太高，HEW 則認爲有獨厚 WA 之嫌，而 MDTA 顧問委員會（屬勞工部）認爲東灣技藝中心屬於 HEW，應建立其他訓練中心以相互競爭。最後，到 1968 年，三個聯邦政府機構仍無法達成共識，WA 只好撤回這項計畫，而這項屬於 EDA 奧克蘭方案中的主要計畫也就終止。

4. 參與者互動關係與令人失望的期中成果（1968 年 10 月）

以上此方案執行過程的困難，在 1966 年秋天，Foley 和工作小組成員陸續離職後，奧克蘭方案在 EDA 就成為一項例行性的工作，而使執行更加艱困，其因是：（1）EDA 的資深官員因未能參與而引起反感；（2）商務部和白宮並不支持；（3）Foley 個人過分熱衷，誤認為聯邦政府機構會給予不斷支持。其次，Bradford 離職後（1966 年 11 月），由 Doug Costle 接替，卻熱衷於籌組聯邦機關間主管委員會的工作小組，不久又由（1967 年 1 月）Charles Patterson 接替，但 Patterson 認為奧克蘭貧民問題實非 EDA 能力所可及。因此和 Bradford 作風不同，雖然他是黑人，但卻不願和黑人討價還價，以致在工作推動上也就愈來愈困難。再加上，西雅圖的 WAO 一直強調其對方案執行之有限度職權（limited program authority），雖沒有同意權但應有被告知權，時常表示意見。後來，Patterson 也於 1968 年 12 月離職由 Hugh Taylor 接任，人事變動顯然過於頻繁。

在這期間，加州大學 Berkeley 分校社會學教授 Floyd Hunter 也完成一份奧克蘭市的權力結構報告，期找出影響政治過程的主要決策者，EDA 相當不滿調查結果，也沒有發揮效果。唯一有利的因素是市長 Reading 全力協助，但好景不常，該市「社區行動局」（Community Action Agency）由黑人 Percy Moore 執掌，黑人團體不斷地對市政府採敵對態度，而聯邦政府在經費上也沒很支持 Reading，使當地的政治對立情況嚴重，Reading 乃宣布不再於 1969 年競選連任，EDA 乃失去一位工作夥伴。

如此一來，期中成果當然令人失望。根據 1968 年 10 月 EDA 調查，只有工業區工程創造 10 個新工作機會，海軍碼頭和飛機停機庫甚至都還沒有動工，距離 1966 年 1 月已有 2 年，當然也有些進展，譬如小的停機庫工程將於 12 月 3 日完工，航空貨運站也將於幾個月後興建。但整體來說，這樣績效令人失望，這顯然是當初設計未能預測這些執行過程的拖延因素（delays）。

5. EDA 的基本態度和局長再異動

時序轉入 1969 年，EDA 態度轉趨強硬。1 月 27 日，局長 Davis 重申 EDA 主要任務在解決奧克蘭失業和低度就業問題，並責怪港務局和 WA 沒有履行承諾，但認為可協助港務局和 WA 設計可被接受的計畫。惟港務局反應表示，任何進一步計畫修正都必須先通過預算追加。為達共識，乃於 2 月 14

日，由 EDA，港務局，WA，Reading 和二位國會議員共同集會商討。但可能因 Davis 馬上要離職，各方各持己見。儘管如此，港務局乃擬定「暫行就業政策草案」（Tentative Statement of Employment Policy）（2 月 18 日），仍堅持增加 100 萬美元經費；相對地，WA 則較冷淡，但也提出一修正計畫，只是不保證特定就業人數。至 1969 年 2 月 26 日，Davis 雖仍堅持不准提高經費，並批評港務局和 WA，重申 EDA 是爲在奧克蘭黑人和墨裔美國人失業問題而努力。

所幸，到 3 月 24 日有了進展，港務局同意協助市政府僱用人力專家，來處理少數民族就業問題。此時也正是尼克森（Richard M. Nixon）（1969-1974）當選爲美國總統，旋即任命 Robert A. Podesta 爲 EDA 局長，Podesta 也派 Richard L. Sinnott 主管奧克蘭方案，那時預算雖仍爲 3,000 萬美元，但只支出 700 萬美元。Podesta 和其助理們用心研究該方案，仍堅持僱用少數民族失業者爲接受補助必須條件。

6. 1969 年後的工作進展

在海軍碼頭工程方面，港務局於 1969 年 9 月同意一項新的平權政策（new affirmative action policy），以僱請一位就業服務官員負責尋求失業者，使在港務局工程工作，至 1970 年 4 月，海軍也不再反對這項工程，疏濬和填土工程也由 Umpqua 公司得標，在 7 月中旬開始動工。Podesta 也採變通作法，將原來作爲旋轉餐廳經費，移轉作爲港務局要求增加的建造成本。但 EDA 不必對餐廳經費負責，12 月又有兩項工程發包，至 1970 年，第七街的海軍碼頭終於開始興建，只是時間已然過去四年半！

在 WA 停機庫方面，1969 年 8 月 29 日，港務局要求 EDA 將兩階段設計和建造分開的招標合爲一，但 EDA 爲恐有失制衡，並不同意。而在 1970 年 2 月，EDA 還堅持 WA 履行下列條件：建造成本必須低於 9,550,000 美元，原來設定就業機會應滿足，而且最後計畫內容必須在 1970 年 12 月 31 日完成，港務局在這條件下，只好轉包給 Strobel and Rongved 公司（原來是 Luckman 公司），在設計上也縮了水（譬如沒有具體計畫訓練得使少數民族從事專業性工作）。這其間 EDA 和 WA，港務局和 WA 關係，一直不佳，直到 1971 年 6 月，港務局才將停機庫建造工程發包。

在奧克蘭當地的情況方面，1968 年 12 月，Taylor 接任 EDA 奧克蘭分處時，即盡力要建造工程工作，交給少數民族的失業者，更運用「聯邦契約守則處」（Office of Federal Contract Compliance）的規定，要求承包商必須遵守僱用少數民族工作者規定，有些公司如 Rothschied and Raffin 公司和 E. H. Morrill 公司都信守僱用約定。Taylor 更將一些技術援助方案直接交給少數民族團體。然而，這些努力成果已是 EDA 制定奧克蘭方案 5 年後才發生。

7. 執行績效評估（Progress Report: December 1970）

1970 年 12 月 1 日，EDA 發表奧克蘭方案進度報告（表 2-1），如下：

表 2-1　奧克蘭方案執行績效（公共工程部分）

方案名稱	同意		支付		就業人數		進度狀況
	補助款	貸款	補助款	貸款	預期	實際	
（第七街）海軍碼頭	6,075,000	4,050,000	4,284,200	4,050,000	175	1,000	完成 78%；二個汽車停車棚，第七街鋪路，貨櫃區和一些排水溝尚未完成
工業區	1,260,000	840,000	962,521	700,000	420	30	完成 100%
飛機停機庫	6,390,000	4,206,000	0	675,000	1,276	-	先期計畫完成，在 EDA 的顧問審查中
小飛機停機庫	76,000	76,000	74,497	76,000	12	0	完成 100%
機場貨運站	244,000	184,000	219,000	184,000	20	250（由別處轉移）	工程完成；港務局和包商正為延期確認打官司
通往體育館道路	414,000	0	414,000	0	-	-	完成 100%
飛機控制塔臺	133,800	89,000	0	10,000	間接創造工作	-	設計完成；要等飛機停機庫建造完工才施工
西奧克蘭衛生中心	765,000	765,000	742,451	737,208	130	160	完成 100%，但有兩筆土地沒有移轉；EDA 補助款將於移轉完後再支付

資料時間：1970 年 12 月 1 日。

資料來源：Pressman 和 Wildavsky, 1984: 67.

由表 2-1 可知，表面上，海軍碼頭工程提供 1,000 人就業機會，工業區工程提供 30 人就業機會，機場貨運站工程有 250 人和西奧克蘭健康中心 160 人（其中有 10 人不是少數民族），似乎成果還好。但如細究之則不然，在海軍碼頭工程就業 1,000 人中，包括有三分之二碼頭工程是不在 EDA 補助款內，而在這 1,000 人中有 350 人爲少數民族，但其中只有 180 人是爲海軍碼頭工程工作。至於機場貨運站工程 250 人是 Universal 航空公司工人，而且不是新的工作，工業區 30 人爲美國玩具公司工人，這兩項就業人數無法證實是少數民族。因此，實際上，由這些公共工程，所創造少數民族工作機會應只有 330 人，即海軍碼頭 180 人和西奧克蘭健康中心 150 人（這 150 人中約有 65 人是來自貧民區）。但通常都號稱 500 人，即海軍碼頭 350 人和西奧克蘭健康中心 150 人。這距離 3,000 人政策目標是有很大差距，而且長達近 5 年的時間。

8. 西奧克蘭衛生中心執行成果（the West Oakland Health Center）

如表 2-1 所示，這項工程預計創造 130 個就業機會，但卻創造 160 個就業機會，這是奧克蘭方案中最成功例子。這項工程計畫源自 1966 年下半年，12 名西奧克蘭婦女，一位社會工作研究生，一位西奧克蘭教區和一位醫生爲改善西奧克蘭區的醫療衛生，乃於 1967 年初組成「西奧克蘭衛生委員會」（the West Oakland Health Council, Inc., WOHCI）。嗣後，WOHCI 發表一項報告指出，雖然西奧克蘭地區人口僅爲 Alameda County 衛生局管轄人口 9%，但有 20% 痲疹病例，30% 肺結核病例，50% 淋病病例和 51% 梅毒病例，而且嬰兒死亡率爲 1,000 人中有 38 人（全美國是 1,000 人中有 19.2 人），衛生狀況極差，而且嚴重缺乏醫護人員。

因此，乃由 WOHCI 和全美公共衛生服務處（the United States Public Health）向 EDA 提出補助款（60%）和貸款（40%）的申請，後由 EDA 於 1968 年 6 月批准 1,300,000 美元，以興建一個 26,000 平方英呎的醫療中心，即西奧克蘭衛生中心，至 1969 年 8 月 20 日完工。在興建過程値得注意的是，EDA 讓承建單位身兼設計和建造工作，而且也准增加預算，並由 EDA 直接付款給承建單位，這些作法有異於 EDA 一般工作程序。最後至 1970 年 12 月，總共增加 160 個就業機會。其中有 150 個是少數民族。

9. 企業貸款和健康中心執行成果（business loans and the health center）

（1）企業貸款

奧克蘭方案內容另一部分是企業貸款，1966 年 4 月，Foley 宣布企業貸款將創造 800 個新工作機會。企業貸款的基本理論是強調私人企業爲改善貧民區就業問題關鍵，並強調公共工程專款補助是爲刺激私人企業發展手段。在這項理論基礎下，有幾項道德觀：①藉吸引新工業成績來幫助低度就業的貧民；②唯 EDA 的貸款不能補助競爭者；③貧民居住地區，因透過公共建設以吸引私人企業。因此，1965 年的「公共工程和經濟發展法」（PWEDA）認爲任何方案必須具足夠需求（sufficient demand）和有效能力（efficient capacity），而能刺激生產活動才可獲得補助。綜之，EDA 企業貸款所設定的條件爲：不能和其他廠商競爭，不能從其他地區搶工作，能創造新工作機會，以及繳稅能力。

但如根據 PWEDA，貸款申請程序相當複雜，至少需經 8 或 9 道程序。因此，EDA 乃將整個申請程序做相當程度改變，即由各地 EDA 代表提出方案→華府 EDA 審查委員會→華府中小企業處（SBA）審查委員會（做信用調查）→各地 EDA（做該申請者生產能力調查）→決定與否。既使這項簡化程序平均也費時約六個月。因此針對 Oakland 方案，再作簡化，即不經奧克蘭 EDA 代表和 SBA-EDA 在華府的審查委員會，而由 EDA 貸款專家 Daschbach（在奧克蘭）和舊金山 SBA 提出調查報告，再送至華府 EDA 審查。換言之，只有兩道手續，減省人力。審查標準爲：①每一工作少於 15,000 美元；②增加工作機會可能性；③鼓勵申請者從他處找資金等。然而合乎標準的還是不多，不幸的是，在 1965 年市長 Houlihan 成立奧克蘭經濟發展基金（OEDF），協助進行貸款計畫，結果 OEDF 處處掣肘，反而成爲障礙者，所幸，EDA 爲免拖延和麻煩，所有申請案就不再經這所謂公民參與象徵的 OEDF。

（2）企業貸款執行績效（the outcome of business loans）

如此的貸款過程，成果必然不理想。由表 2-2 可知：

① Colombo Baking 公司預計創造 158 個工作機會，但實際上只有 8 個（其中只有 3 個爲新僱黑人）；每單位就業機會成本原來預計 4,114 美元，但實際上則爲 81,250 美元，此乃因該公司只爲擴展自動化而不是爲增加就業。

② Bennie's Candies 爲一家黑人經營的公司，雖增加 10 個工作機會。但所購買的糖果製造機器卻不能有效運轉，因 SBA 評估有誤。

③ Rainbow Car Wash 算是較爲成功的例子，創造 25 個就業機會，每單位成本爲 5,400 元。其他的公司不是倒閉就是撤回申請。

總之，1969 年奧克蘭論壇報（Oakland Tribune）報導：投資 1,085,000 美元卻只創造 43 個就業機會。

表 2-2　奧克蘭方案執行績效（企業貸款部分）

公司名稱	總方案成本（$）	EDA 貸款金額（$）	預計就業數目	預計就業機會的單位成本（$）	EDA 預計就業機會的單位成本（$）	實際就業數	實際就業機會的單位成本（$）	EDA 實際就業機會的單位成本（$）
Colombo Baking Co.（被 OEDF 拒絕）	650,000	423,000	158	4,114	2,677	8	81,250	52,875
Bennie's Candies	99,000	73,000	25	3,960	2,920	10	9,900	7,300
Rainbow Car Wash	207,000	135,000	35	5,914	3,857	25	8,280	5,400
Sierra Cotton Mills（被 OEDF 拒絕）	-	376,000	66	-	5,697	倒閉		
Berkeley Instruments（電子搖桿勘測製造商）	120,000	78,000	25	4,500	3,120	倒閉		
National Play（製造碎紙機）	-	45,000（未支付）	25	-	1,800	撤回		
Value Engineering（製造煙斗）	450,000	280,000（未支付）	26	17,308	10,769	撤回		
Hyatt Hotel Corporation	13,000,000	4,000,000（未支付）	763	17,038	5.242	處理中		

資料時間：1968 年。

資料來源：Pressman 和 Wildavsky, 1984: 80.

二、奧克蘭方案失敗原因分析：聯合行動複雜性（the complexity of joint action）

根據 Pressman 和 Wildavsky 說法，奧克蘭方案失敗原因，在大方向上應有：1. 參與者所採行動和觀點多元性，即聯合行動複雜性；2. 缺乏組織學習，即缺乏學習類似案例經驗；3. 經濟理論不正確；4. 但最為關鍵的是美國聯邦體制之分權結構。

至於聯合行動複雜性乃指：1. 參與者和觀點多元性；2. 多元決策點減少方案成功機率；3. 兩項目標和兩條決策途徑；4. 非預期決策點出現；以及 5. 拖延等因素，以下乃引述兩氏的解釋。

（一）參與者和觀點多元性（a multiplicity of participants and perspectives）

如上所述，歸結來說，本方案參與者應包括 Foley-Bradford 工作小組、華府 EDA、Foley 繼任者、Seattle EDA 區辦事處、Oakland EDA 辦事處、會計總署（GAO）、衛生教育福利部（HEW）、勞工部、海軍、市長、行政人員、港務局、WA、黑人領袖、環保團體和港務局租賃者。這些參與者，有的是對該方案有裁決權（如勞工部、HEW），有的是利害關係人（如海軍），有的則是 EDA 有意要他參與以支持計畫團體（如黑人）。參與者雖多，但幾乎沒有參與者不同意，為失業少數民族創造就業機會之政策，也沒有人對透過公共工程創造就業機會表示懷疑，而之所以會遭遇困難，當然和彼此觀點不一致與缺乏危機意識感有關。

EDA 工作小組希望在短期內為失業少數民族創造就業機會，而且有很高（very high）危機意識感；但華府 EDA 則強調方案實施的行政和財務是否健全，雖不滿 EDA 工作小組，惟仍見其還有高度（high）危機意識感。至於 Foley 繼任者雖也致力維持這方案的創造就業機會目標，然個人並不對此一項方案有強烈認同，以致只有中度（moderate）危機意識感。EDA 的 WAO（在西雅圖）則旨在增加其對此方案的行政地位，故也只有中度危機意識感；Oakland 的 EDA 辦事處當然希望完成此方案，挽救此方案創造就業機會，其危機意識感則因人而異。GAO 只關心聯邦預算支付標準，危機意識感不高

（low）; HEW 雖支持此方案但更關心設立技藝中心，危機意識感也不高；勞工部主要興趣在就業訓練，危機意識感也低。海軍更只關心碼頭工程是否會影響其海軍飛機基地使用，危機意識感就更低。幸好的是，奧克蘭市長都有高度危機意識感，強烈支持 EDA 就業機會創造目標；然而，市府行政人員只是認為可利用 EDA 補助款來興建其他市府公共工程，危機意識感也不高。至於港務局則將 EDA 方案視為支持奧克蘭港建造計畫，危機意識感也不高。惟奧克蘭黑人領袖則相當堅持為少數民族創造就業機會，是最具高度的危機意識感。環保團體只關心而且反對填土工程，港務局的租借廠商也只關心企業營運，這兩者危機意識感都低。由這些參與者不同目的可知，有的將目的視為手段，而有的參與者則試圖將其偏好與方案連結，而其偏好又和他人不同，衝突乃由此而生。以下再進一步分析原因：

1. **參與者間的承諾（目標）直接衝突**：譬如，EDA 的航空維修人員訓練計畫就和 HEW 東灣技藝中心在經費運用上有所衝突；又如港務局雖表示支持 EDA 的就業目標，但也強調其財產行銷（to market its property），顯然目的相同，作法有異。
2. **參與者間非直接衝突卻偏好其他方案**：譬如許多 EDA 官員認為這項方案應運用於鄉村地區小城鎮，而不是在都市地區。
3. **參與者同時致力於其他方案進行**：譬如港務局工程拖延就因為該局工作人員忙於其他工程。
4. **依賴缺乏危機意識感參與者**：如上所述，在 15 個參與者中，具有高度危機意識感者只有 EDA 工作小組、華府 EDA 官員、市長和黑人領袖，其他參與者不具危機意識感就難共赴目標。
5. **領導階層意見和組織角色不同**：譬如華府 EDA 官員對 EDA 工作小組特殊地位就感到不滿，在 Foley 和 Bradford 離職後，商務部對 EDA 方案就顯得不積極，而且商務部長和 Davis 都認為該方案為 Foley 個人方案，在 Seattle 的 EDA 區辦事處更極力爭取行政權，希望經費運用應經其辦事處審查。
6. **法令和程序不一致**：譬如在公共工程計畫執行之初，就因為填土技術和增加經費問題，就使 EDA 和港務局關係相當敵對，各持己見。1969 年夏天，填土和疏浚問題就因港務局律師以法令理由，而遭拖延。其他則如 GAO 對 EDA 方案政策表示懷疑，海軍則杯葛飛機起降安全問題。

7. **缺乏資源或權威承諾**：譬如 Reading 對方案很支持，但他卻沒有政治或行政權力使其他參與者遵行；黑人領袖雖也熱烈支持，但缺乏可用資源。

（二）多元決策點減少方案成功的機率（the multiplicity of decisions and the decreasing probability of program success）

由上述參與者和觀點多元化可知，一項方案如須依賴許多參與者，彼此不一致和拖延可能性就相當高。如表 2-3 所示，奧克蘭方案自決定以解決都市問題爲政策目標起，除與 EDA 內部成員激烈辯論外，尙須和其他參與者博弈。在這之中從第 1 個決策點起到將停機庫工程發包的第 30 個決策點止，總共因參與者形成 70 個過濾點或同意程序或許可手續（points of clearance），而且每一過濾點參與者又是彼此具高度爭論性和相互敵對性，如此預期決策成功可能性就很低。

表 2-3　EDA 完成公共工程所需的決策和過濾點

決策點	參與者	過濾點總數（累積計算）
決定EDA解決都市問題（1965年秋天）	Eugene Foley	1
選擇 Oakland 作為實驗地（1965 冬天）	Foley，華府 EDA	3
不經市長而直接和 Oakland 黑人社區接觸（1965 年 12 月）	Foley-Bradford，華府 EDA	5
決定 Oakland 工作小組（1966 年 2 月）	Foley	6
選擇就業計畫為僱用失業者（1966 年 2 月）	Bradford-Foley，EDA 工作小組	8
選擇奧克蘭當地公共工程參與者（1966 年春天）	Foley，EDA 工作小組，華府 EDA	11
就業計畫談判和同意（1966 年 4 月~11 月）	EDA 工作小組，華府 EDA，WA，其他租賃者，就業計畫審議委員會	16
決定在 WA 設置訓練計畫，而不是在技藝中心（1966 年夏天 - 秋天）	EDA 工作小組，華府 EDA，WA	19

表 2-3　EDA 完成公共工程所需的決策和過濾點（續）

決策點	參與者	過濾點總數（累積計算）
同意執行就業計畫（1967-68）	地方 MDTA 委員會，市長，州就業處，州聯業教育處，聯邦區勞工辦事處，聯邦區 HEW 辦事處，華府 EDA	28
同意灣區填土（1966 年夏天 - 秋天）	華府 EDA，EDA 顧問，港務局	31
同意期中撥款（1966 年夏天 - 秋天）	華府 EDA，港務局	33
WA 承租停機庫條件談判（1966 年夏天 - 秋天）	華府 EDA，WA	35
決定港務局碼頭地點變更（1967 年 1 月至 7 月）	華府 EDA（Davis）	36
同意碼頭和停機庫建築工程（1967 年 3 月、6 月）	華府 EDA	37
同意建造碼頭初步計畫	華府 EDA	38
決定港務局所要求碼頭變更計畫和增加預算（1968 年 1 月至 2 月）	Oakland EDA, Seattle EDA, 華府 EDA	41
尋求海軍同意（1968 年 4 月至 1969 年 4 月）	海軍、港務局，華府 EDA	44
決定同意港務局要求增加建造停機庫經費（1968 年 4 月至 1969 年 2 月）	港務局，WA，建築工程師，Oakland EDA, Seattle EDA, 華府 EDA	50
決定同意港務局要求建造旋轉式餐廳經費（1968 年 4 月至 1969 年 12 月）	Seattle EDA, 華府 EDA	52
同意公共工程計畫補助款 / 貸款的比例（1968 年 4 月）	GAO，港務局	54
決定不增加停機庫建造經費，堅持港務局和 WA 應履行就業條件（1968 年 2 月）	華府 EDA（Davis）	55

表 2-3 EDA 完成公共工程所需的決策和過濾點（續）

決策點	參與者	過濾點總數（累積計算）
同意疏浚和填土的碼頭承包工程（1969 年 6 月）	港務局，華府 EDA	57
同意港務局就業計畫和僱請就業專家（1969 年 1 月至 9 月）	華府 EDA，港務局	59
決定反對碼頭旋轉餐廳和同意將建造餐廳經費移作為停機庫工程所增加經費（1969 年秋天）	華府 EDA（Podesta-Sinnott），港務局	61
選擇建造碼頭工程承包商（1969 年 12 月）	港務局，Oakland EDA, 華府 EDA	64
否決港務局要求一家公司同時為設計者和建造吊掛工程（1969 年 2 月）	華府 EDA	65
決定繼續興建吊掛工程，但成本減少和嚴格就業規範	華府 EDA（Podesta-Sinnott）	66
選擇建造吊掛工程的替代方案（1970 年 4 月）	Oakland 港務局	67
同意長期計畫和確定建造吊掛工程方案（1970 年 6 月）	華府 EDA	68
同意建造吊掛工程方案契約	Oakland 港務局，華府 EDA	70

資料來源：Pressman 和 Wildavsky, 1984: 103-106.

Pressman 和 Wildavsky 爲進一步說明多元決策點減少方案成功可能性，特以表 2-4 加以說明。表 2-4 顯示，假設有一過濾點，參與者間支持此一方案的機率是 80%，則在經過 70 個過濾點後，該方案成功機率只有 0.000000125，而只要經過 4 個過濾點後，該方案成功機率就減至 0.5 以下（應是 0.4）；而如支持機率提高至 90%，則在經過 70 個過濾點後，該方案成功機率只有 0.000644，而只要經過 7 個過濾點後，該方案成功機率就減至 0.5 以下（應是 0.47），但如支持機率提高至 95%，則在經過 70 個過濾點後，該方案成功機率有 0.00395，而只要再經過 14 個過濾點後，該方案成功機率就減至 0.48。可是如支持機率提高至 99%，則在經過 70 個過濾點後，該方案成功機率應有

表 2-4　奧克蘭方案成功機率

每一過濾點同意機率（%）	70 個過濾點後的成功機率	減少機率低於 50% 的過濾點數
80	.000000125	4
90	.000644	7
95	.00395	14
99	.489	68

資料來源：Pressman 和 Wildavsky, 1984: 107.

0.489，而如要其成功機率降為 0.5 以下，則需經過 68 個過濾點。然而，0.489 的機率還是不高，因此只要過濾點多，方案執行成功可能性必然不高。

然而，事實上，我們仍需考量參與者是個別獨立或相互影響。就美國的分權制度來講，每一政府單位幾乎都是相互獨立的，政策方案成功的機率是相當低（terribly low）。換言之，即使聯邦政府各單位都支持 EDA，固然可增加在聯邦政府成功機率，但仍無法控制地方參與者。再者，即使不只是聯邦政府和地方政府間有衝突，無法在共同利益下，甚而彼此對利益看法也會因不同時期而有不同，方案執行拖延仍不可免。綜之，整個奧克蘭方案執行，每一過濾點都有不同而且相互獨立參與者，有多元目標，有兩條決策路線，而每條決策路線都發生未經計畫的決策點。

（三）兩項目標和兩條決策途徑（two goals and two decision paths）

EDA 對奧克蘭方案設計上是分為兩項主要目標，即公共工程建設和創造就業機會，並以訓練計畫來連接創造就業機會目標，即以訓練計畫所訓練人力支援公共工程進行。雖然聯邦政府堅持兩項目標齊頭並進，但事實上總是有些工程已完成，而有些則停頓下來；再者，訓練計畫中有些參與者如 HEW，勞工部和州就業處由於未參與和瞭解奧克蘭方案的其他部分，也就缺乏危機意識感。到了 1968 年，事實證明訓練計畫已無法產生預期效果，以致於即使 WA 已完成停機庫，卻苦無可信任的技術人員來擔任工作，就業訓練這項目標無法配合。

因此，EDA 只好把重點放在公共工程上，國會也懷疑 EDA 未克盡職責。

後雖繼任者 Davis 和 Podesta 力挽兩項目標同時並進，卻使因聯邦和地方的兩條決策途徑之爭而拖得更長。

（四）非預期決策點出現（the emergence of unexpected decisions）

上述兩條決策途徑，在整個方案運作過程中又產生許多非預期決策點，比預期決策點多，而且都不是直接朝向目標達成。譬如在公共工程建造決策途徑就有：不經市長而直接和眾人接觸，成立工作小組，塡土爭論，要求增加經費，港務局要求變更地點和計畫內容，海軍反對，GAO 反對，要求增加停機庫建造經費等不下 13 項非預期決策點，比預期 10 項要多。至於就業計畫則在決定運用就業計畫，和雇主討價還價，以及決定設置訓練計畫等 3 項預期決策後就中斷。這當然都和參與者不同觀點和缺乏危機意識感有關。

（五）拖延（delay）實為主因

然而，解釋奧克蘭方案執行失敗主因應是拖延所致。在任何方案的許多決策點上，每一位參與者都有贊成或反對權力。最常見的是，在某一時間有部分參與者會同意，但卻很少有所有參與者一直都持同意的情況。亦即當一位參與者對一個決策點持否定看法，並不表示此方案就完結，它還可以再受評估。因而，否決權並不是永久而是有條件，可以調適，討價還價會使抗拒力減弱，然而其代價卻是使方案執行一再拖延或修正。

準此，應瞭解每一參與者與方案關係，而此可從三方面來思考：1. 參與者對方案偏好方向（direction）（支持或反對）；2. 參與者偏好強度（intensity）；3. 參與者所能運用的資源（resources），而資源是指參與者願意承諾可用資源。因此，資源運用應是偏好強度直接函數。爲簡化說明起見，先以前兩者來說明拖延現象。如表 2-5 所示，現象 1 表示參與者對方案持正面態度而且強度高，幾乎沒有拖延；現象 2 表示參與者對方案雖持正面而強度低，造成低度拖延，還好沒有討價還價；現象 3 表示參與者對方案持負面態度且強度低，而因其對方案的邊際事務討價還價，乃造成中度拖延；至於現象 4 表示參與者對方案持負面態度但強度高，而且對方案主要事項討價還價，乃造成最大拖延，可能會延遲相當長的時間。

表 2-5　拖延的類型（Type of Delay）

方向	強度	
	高度	低度
正面	1. 最小拖延，沒有討價還價	2. 低度拖延，沒有討價還價
負面	4. 最大拖延，對主要事務討價還價	3. 中度拖延，對邊際事務討價還價

資料來源：Pressman 和 Wildavsky, 1984: 117.

奧克蘭方案就業計畫目標並沒有人強烈反對，然實際上卻有低度和中度拖延，而使無法達成目標。假設在 1966 年至 1970 年間，並無最大拖延發生，只有其他 3 種拖延，而假設最小拖延是 1 個禮拜，低度拖延是 3 個禮拜，中度拖延是 6 個禮拜，且每種拖延各占過濾點總數 1/3，則將拖延 233 又 1/3 禮拜，即 4 又 1/2（1×70/3）+（3×70/3）+（6×70/3）= 233 又 1/3 禮拜，也就是 4 又 1/2 年。但實際上，很可能是兩個以上過濾點同時發生，也可能經由討價還價或妥協而減少，因此，適當假設數目應該是 30 個決策點，且假設中度拖延需討價還價 3 次，則需 220 個禮拜（10×1 + 10×3 + 10×6×3 = 220），仍然超過 4 年。此為粗略之計算方式，有必要再將資源變數加入考量。

如圖 2-1 所示，那些對方案持正面態度，高度強度，又有強（多）資源參與者行為往往會導致最小拖延，這樣的參與者如持負面態度，則會導致最大拖

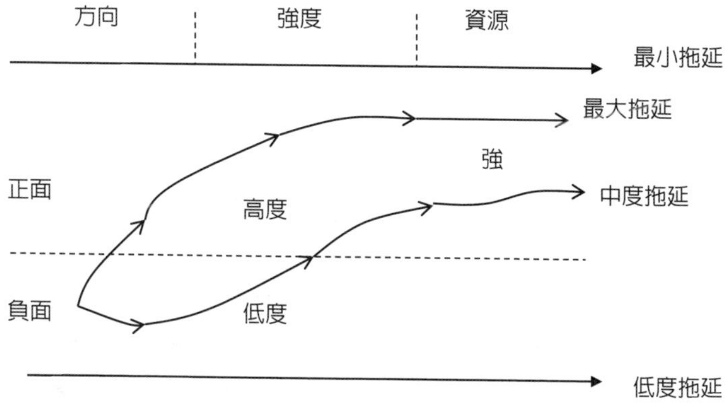

圖 2-1　拖延的解剖學（the anatomy of delay）

資料來源：Pressman 和 Wildavsky, 1984: 119.

延。而在奧克蘭這方案中發現例子是，持正面態度而有強（多）資源但強度低的參與者，那些少數民族失業者雇主就是此例，他們認爲應該僱用少數民族，但強度不高。因此，我們所應面對問題應是：如何提供誘因使低強度變高，或如何維持高而正面強度。蓋拖延愈長，強度會下降。

以上的論證可以圖 2-2 來補充說明。即當資源假設不變（Rl），則參與者對方案持正面態度，拖延也將由高度拖延而中度至低度；反之，如持負面態度，則由低度拖延而中度至高度。

時間就是金錢，拖延就是失去機會，時間亦爲稀有資源，其分配狀況應與財物分配受到同樣重視。假如一項政策在幾週內就形成，而少於 19 天內就決定，決策和執行過程無法相配合，當然造成拖延。尤其如不檢視問題對參與者重要性是主要（central）或次要（peripheral），雖然參與者皆肯定方案的價値，但對時間優先順序（time priority）卻有不同看法，雖也會有進展，但很多拖延必然產生，奧克蘭方案的執行就是如此。

首先是，在奧克蘭方案執行過程中，有些拖延是有意造成的問題，即是爲終止不希望的行動或再評估，這種有意拖延（blocking delay）即發生於 1966 年 EDA 反對港灣填土和 1970 年 EDA 拒絕港務局將設計和施工交由一家公司來承包。再評估拖延（delays for reassessment）則發生於 EDA 考慮港務局要求 1968-69 停機庫增加預算和尼克森政府再評估整個奧克蘭方案。另一種拖延則是程序拖延（procedural delays），如計畫流程和資金要求須經 EDA 在 Seattle

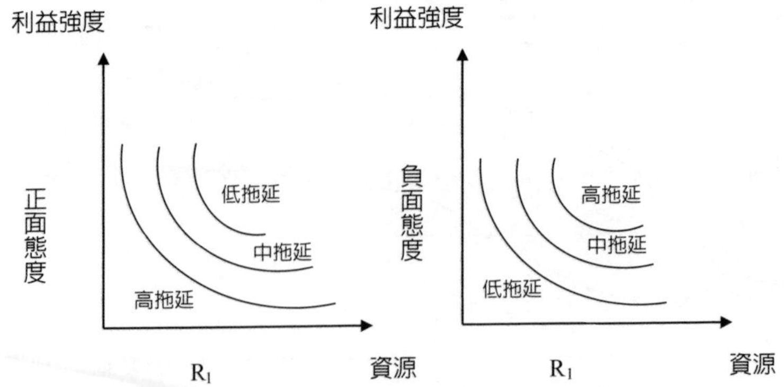

圖 2-2　拖延的函數（the function of delay）

資料來源：Pressman 和 Wildavsky, 1984: 120.

的 WAO 同意。還有是時間優先順序拖延（delays resulted from alternative time priorities），即參與者同時參與其他工作，而不只是進行 EDA 工作。譬如 EDA 對停機庫增加經費的要求，一直延長 11 個月才給予答覆，就表示奧克蘭方案在 EDA 心目中已是低順位的方案。又如港務局和 WA 自身也有其他工作在進行，而聯邦政府也有許多有關人力運用的方案在進行。再如 Foley 和 Bradford 離職之前，EDA 就缺乏那樣熱心的主管。由此可知，雖沒人有計畫地拖延一項計畫，但拖延還是發生。

最後必須指出的是，計畫拖延和失敗很難區分。如果一項計畫完成，卻拖延相當時日，則此方案是否成功？另還有賴決策者標準而定。就奧克蘭方案而言，Foley 要求標準是快速提供就業機會給少數民族，因此，上述的方案拖延乃意味著政策失敗。

綜之，奧克蘭方案是一典型執行失敗例子，參與者觀點衝突，資源的提供不足，決策者無法控制參與者，無法預估成功機率。但上述等等更反應時代精神（詹森總統的大社會計畫），即聯邦政府和地方分立而治，但又須在追求社會目標中合作，結果困局一再出現。

三、奧克蘭方案失敗原因分析：從經驗中學習（learning from experience）

奧克蘭方案失敗主要原因乃在於將其規劃爲一項都市計畫實驗。EDA 可說相當冒險，即將一個引人注目的社會實驗在以「最小拖延」爲原規則環境下來執行，在短短 4 個月內必須用掉 23,000,000 美元，在如此短促的期間內，沒有研究也沒有實驗，就如在下棋對弈，必須在 0.5 秒中做決定。此外，此一方案失敗亦有行政因素，如阻礙、拖延、公文旅行、重複、重疊、決策搖擺不定和猶疑等，但有兩項經驗更值得借鏡：

（一）成立官僚系統外組織（going outside the bureaucracy）

任何行政首長在推動一項政策之時，通常會考慮至少下列三種方式：1. 成立一個新組織（a new organization），可僱用新人，設定新規則和運作方式。每位美國總統都如此採行過，即限定幾個組織可直接向總統報告，結果往往造成白宮內部的齟齬；2. 成立獨立委員會（independent commission）或半獨立委員會（semi-independent board）這當然會造成多元行政首長制，結果是原有觀點受到扭曲，內部不和，做事拖延；乃成立新機構（a new bureau），而不是原有機關組織，有更大自主權，但仍須受原有行政和人事規章限制。久而久之，也和原有機關一樣老化。無論採取哪一種方式，只要是給予新組織或新機構或獨立委員會成員特權，不受正常規章限制，問題乃隨之而生，EDA 奧克蘭工作小組受到華府 EDA 官員的排擠和敵對即爲明例。另一種方式是分權化（decentralization），分權化可打破官僚化窠臼，不受法規規定僵化限制。在奧克蘭案例中，1966 年西雅圖 EDA 西部區域辦事處（WAO）是爲分權化的代表機構，企圖參與此方案運作，但遭反官僚化工作小組拒絕；蓋 WAO 並未參與規劃，缺乏經驗，恐將造成另一種拖延（程序拖延）。在此方案中，分權化又行不通。

儘管如此，反官僚化組織或個人在方案開始運作後，通常不可能長期指導方案執行。EDA 奧克蘭工作小組在設立之初，工作表現可圈可點，訂定就業計畫又與雇主談判，但這些起步工作似乎不夠。種族問題在美國已是長期慢性病，欲期一夜間改變，想像力固然必要，但更需要耐心。因此，尋求參與者合作，應是奧克蘭方案成功前提，這些技巧應有：**需要多元而具共識過濾點，標準作業程序和提升參與者預測其他參與者未來行動能力等**。

（二）缺乏協調（coordination）

EDA 在奧克蘭方案執行創傷經驗中，缺乏協調應是造成阻礙和拖延主因。然而協調並不容易，先決條件是政策應該相互支持而不矛盾，參與者不應從事不一致的政策目標，應致力於共同目標，並即時而恰如其分地達成協調目的。否則，當 A 和 B 對目標 C 不同意時，他們只能被協調去做什麼和如何做，協調乃變成一種權力的形式（a form of power）。當一位官員告訴另一位去協調一項政策，其意乃使其他參與者對這項政策賦有利害關係，萬一政策失敗則可擔負責任。而可預期的是，要取得每個人同意，將需要進一步行動，然由於不能強迫其他參與者，就必須獲得他們同意，也必須透過討價還價才能調和歧異，甚至修正原來的政策目標，此時協調乃變成同意（consent）的涵義。

因此，告訴一個人去協調並非指示他要做什麼，只是每個人希望從他的觀點來協調，但並不需要對問題提出答案，而只表示協調可得到你所沒有的結果。在奧克蘭方案中，協調即指在一個不團結的都市中創造團結，表示力有未逮但可強制雇主同意，也表示聯邦其他機構和分支單位達到 EDA 所不能達到的目的。然而，一個參與者可認爲這方案立意甚佳，但認爲其他方案也很好，而他同意這方案，卻認爲決策者或控制程序有缺陷，譬如華府商務部就認爲 EDA 應從事鄉村問題的解決，而不是都市問題，又如 EDA 的 WAO（在西雅圖）處則認爲，其應扮演重要的決策角色。最後結果是，EDA 公共工程計畫初期發動者，雖然花了很多年時間，才和其他參與者取得共識，然仍無法確定他們能否成功。

再者，協調達成也意指按照你的方式去做，但如果只是重覆問題，那將沒有誰能從中學習任何經驗。如上所述，EDA 的公共工程計畫缺失乃是缺乏組織學習（lack of organizational learning）實驗。蓋奧克蘭方案最大失敗是在執行和政策分開（the divorce of implementation from policy）。這項經驗已發生在許多事件和組織，美國對外援助已是眾所週知，執行和政策分開而失敗的例子。對接受美國援助國家而言，美國援助是機會也是問題。如是機會當然是可克服長久以來投資不足問題；如是問題則指不易決定要支持哪一個計畫，因包括地方經費在內的支出永遠超過供給。再者，這些國家不一定有強而有力的中央單位，各部會和自主組織或機構對提供援助國家都有不同的處理方式。援助款項送到這些機構，將可能印發大量精美推動計畫小冊子，而這些計畫就被閒置一旁。然這些被援助國家領袖，總想自己訂好步驟後，下位官員就會去執行，事實上這不一定有實際關聯。更何況這些國家政權常不安定，新政府是否會同意以前政府安排。因此，最後評估標準就是在指定時間內將經費用掉。

比較美國對外援助和奧克蘭方案，危機氣氛和需要很快把經費用完就有相似之處。前者指必須在奧克蘭做些事情，否則下一個種族暴亂都市就是奧克蘭，因而其他參與者如不能和 Foley、Bradfbrd 有相同感受，就無法瞭解 Foley 的政策意圖；後者只在一個月內必須用完預算，這種情況提升馬上行動感覺，至於是否眞正瞭解「如何增加少數民族就業機會」就變得較不相干，而是行動（action）乃成爲主要方向。

但面臨馬上行動需要，EDA 就發現和奧克蘭港務局關係有所困難。因港務局是一個自治機構，它控制自己經費來源，而無須他機關同意，便能自行安排，港務局也擁有能幹的幕僚人員，能抵擋壓力，而不必以本身不喜歡方式去行動。況且，EDA 並不是奧克蘭唯一能獲得補助的聯邦機構，經濟機會局（OEO）有其貧窮計畫，住宅和都市發展部（HUD）有地方再發展計畫，衛生教育福利部（HEW）可建立技藝中心，勞工部也和加州就業服務單位一向有聯繫。而主要是這些機構與 Oakland 關係都比 EDA 深，EDA 很難攻占這些聯邦機構已經占據的地盤。再者，EDA 也無法完全處理奧克蘭市的情況變動，即市府也不只爲創造就業計畫而設。再加上奧克蘭市政府的型態，市長和市經理的關係，使此方案更難協調。

然而要緊的是聯邦政府決策者不可高估地方支持力量，EDA 就認爲就業計畫是港務局和 WA 對僱用少數民族承諾之一。然當地方成員在面對壓力時，卻以自己想法來處理事務，而 Foley 和 Bradford 希望 EDA 本身能強迫同意就業計畫，不意後來地方壓力反而凌駕於 EDA 之上，對港務局實無用武之地。誠如 Derthick（1972：94；引於 Pressman and Wildavsky, 1984: 142）所言：

> 當聯邦計畫是依賴地方政治參與者而進行，則無論地方人員能力上有何缺點，對聯邦政府而言，都是一種負擔。

但「執行不應和政策分離」（implementation should not be divorced from policy）的主要結論是如何將執行時的困難和技術問題，在政策制定之初就應納入考慮。在作法上可有：1. 由於執行過程不可預測性，就應考量更直接方法來達成目的，因每一個過濾點都有增加中止或拖延可能，和公共工程計畫與企業貸款相比，奧克蘭衛生中心計畫直接由黑人社區成員來主持，成功機率就較大；2. 使政策和執行更緊密結合，而必須重視組織原先意圖。但事實上，在 1966 年後，EDA 本身對方案也失去興趣，反觀衛生中心的例子，最熱心支持者 George Karras 就一直保持每天執行監督，使規劃與執行相結合。

四、奧克蘭方案失敗原因分析：經濟理論（economic theory）不正確

奧克蘭和其他經濟蕭條地區不同，雖有嚴重失業問題卻是繁榮地區，因

此，Foley 知道刺激經濟成長應是不夠，還必須保證少數民族就業。然在理論策略上卻不採取雇主僱用少數民族後再提補助款，而且也未考慮適用經濟蕭條地區的公共工程計畫並不見得適用繁榮地區，乃使此方案顯得承諾重於績效。

在產業結構方面，奧克蘭正由製造業轉向服務業，即製造業逐漸轉移至 Alalmeda 縣（奧克蘭市所在地），而金融、房地產等服務業則留在奧克蘭市中心。根據統計資料，在 1958 至 1966 年間，Alameda 縣就業率增加 28%，而奧克蘭在同期間只增加 5%；而以製造業、貿易、服務業和政府部門就業機會來說，奧克蘭外圍成長率就比奧克蘭市中心高。單以製造業而言，自 1958 年以來，奧克蘭市就失去 9,000 個就業機會，而 Alameda 縣則增加 139,000 個就業機會，這樣的產業結構當然會影響理論策略。

就勞工特性來說，良好訓練勞工對於工作地點轉移也較容易。但奧克蘭市中心少數民族大多為黑人，缺乏技術又貧窮，就業管道不通，資訊也不足，不比白人在就業晤談上優勢，而且經濟不許可通勤到郊區工作，教育程度低難以學習新技術，還須克服種族歧視問題。結果，奧克蘭市中心變成是黑人住家，卻是白人工作處所。

在以上分析和比較下，奧克蘭市創業就業措施應是如何使失業者得到工作（get job）而不只是提供就業機會給需要的人（rather than bring jobs to those who need them）。因此，這也是為什麼當建造通往體育館道路時，工人皆來自繁榮東灣區（工人移動能力高），而不是市中心。結果，並沒有創造任何工作機會給市中心少數民族，此乃因 EDA 一直偏好製造業和工業基本建設，而不是服務業。

從就業理論來說，提供資金給廠商，其營運結果必可增加就業機會，但前提是這些廠商必須是勞力密集產業。EDA 提供便宜資金足以吸引資本密集產業的發展，接受貸款的 Colombo Baking 和 Bennie`s Candies 都是高度資本密集產業，實不可能創造更多就業機會，因這兩家廠商將這些貸款拿來購買自動化生產設備。進一步說來，如能採取如 John Kain 所建議策略，情況可能又改觀，即先由就業服務單位確定失業者失業期間。而如雇主僱用這些失業者，尤其是長期失業者，可依失業者期間訂定遞增補助（increasing scale），但隨著工作和訓練經驗累積，則可遞減補助，這項補助是指對薪資補助（wage subsidy），然而，遞減補助可能會適得其反（counter productive）。尤其是，大企業如 GM 對這方案並無興趣，其因是美國在戰後，大公司的五分之三資金來自利潤和折舊所得，五分之一來自證券市場，其他才來自短期資本市場，EDA 所提供貸款對這些大企業來說，並無吸引力。

職是之故，以績效爲補助指標（payment on performance）應爲奧克蘭方案規劃和執行最佳經濟理論策略，即沒有僱用失業者就沒有補助金，這是最簡單（simple）且最直接（direct）的途徑。可是這項建議事實上有兩項困難：

（一）根據 Michael Piore 和 Peter Doeringer（1971，引於 Pressman 和 Wildavsky，1984: 160）的雙元勞動市場（dual labor market）理論，窮人因技術不足就只限於低工資工作，轉業率就高，而雇主也不願依賴這些不安定的勞動力，更不願投資來訓練這些員工。另一方面這些員工也想雇主認爲他不可靠，也就自暴自棄，不準時上工，如此互不信任乃形成惡性循環，這類員工實無意願長期從事同一工作，這就是「自我實現預言」（self-fulfilling prophecy）。因此，就行政處理過程來說，如何能運用遞增或遞減的補助工資策略來促進就業就大有疑問。

（二）就政治結構而言，美國政府的聯邦體制應是有效執行的障礙因素。誠如 Jerome T. Murphy（1971: 60）所言（引於 Pressman and Wildavsky, Ibid., 161）：

> 責備膽小，能力不足……問題……。（不如）說是許多原因造成的：改革者不是執行者；不適當工作人員；對監測不感興趣；法令和傳統傾向地方控制；和缺乏來自窮人壓力。然而，主要原因還是政治制度。聯邦政府系統—分權與控制—不僅准許而且鼓勵逃避聯邦政府改革，使聯邦政府行政人員不可能要求方案的優先順序；……。

在這種的架構下，州和地方政府反對，拖延和拒絕聯邦改革也就不足爲奇。總而言之，執行困難可以減輕，但如果認爲聯邦政府體制會消失，那將令人懷疑，如此將使政策執行研究永遠都是美國政治研究課題之一。

五、「執行」（Implementatiion）一書的主要結論

綜合以上對「執行」一書內容的敘述，雖然 Pressman 和 Wildavsky 並沒有歸納出政策執行理論模型，但書中所討論執行失敗原因應具相當理論意涵，而廣被 1970 年代以後政策執行研究學者所引用。以下乃歸納一些主要結論：

（一）執行不應和政策分離，亦即應將執行時困難和技術問題在政策制定執行之初就應納入考慮。

（二）政策設計者必須考量運用直接手段來達到目的，不可有太多中介者，使造成決策點和決策程序多元化，而形成聯合行動複雜性，以致會出現非預期決策點，參與者對方案目標觀點不同和不同決策途徑以及拖延等問題，最後減少方案執行成功的機率。

（三）從類似案例中學習執行經驗，成立官僚系統外組織和缺乏協調，已出現在美國政府其他行政事務運作和對外援助個案中，應避免重蹈覆轍。

（四）本方案執行經驗顯示，政策制定時顯然所運用經濟理論和策略不適當。對於一個產業結構已漸轉向服務業都市，而少數民族爲不受信任勞工，在理論策略上實應不同於落後地區，不應將方案重點放在製造業和基本建設上，且應直接補貼薪資可能比較有效率。

（五）任何方案執行領導者和繼任者都應有延續原先政策目標理念，不可認爲該方案是某個人所推動就缺乏熱誠，蓋政府責任乃在滿足民眾需求。

（六）就本個案而言，美國聯邦政府分權體制確是執行公共政策障礙因素，聯邦政府實難以直接控制地方政府。

貳、結語

在這個案研究期間（1970-1973 年），Martha Derthick 的「城鎮更新」個案研究也獲得和奧克蘭方案某些相同結論，譬如聯邦政府的 HUD 熱衷於開發國民住宅給貧民，但地方官員則反對，因會影響稅收。這當然又和聯邦政府官員昧於地方政府的政治結構和民情有關，又是聯邦體制分權化問題。Murphy 的「聯邦教育改革研究」主要結論亦然。總之，在這期間有關政策執行研究，

應有如下理論涵義：

一、美國聯邦政府分權制度，往往造成聯邦政府在尋求地方政府合作的困難。同時，機關間缺乏協調也是主要因素。

二、各級政府間因為目標、利益和觀點不同，往往造成敵對現象（antagonisms），而這種現象在政策推動之初往往顯現不出，但經一段時期則引發衝突問題。

三、參與者太多，引發觀點和目標不同，對政策偏好有異，有些參與者危機意識感不高，決策點增加，導致執行拖延現象，這是參與者互動問題。

四、缺乏有效的理論策略，如奧克蘭方案「以績效作為補助指標」和「補助薪資」策略，未能於執行之初充分考慮。

五、政策資源（權力和預算）是為障礙因素，如「城鎮更新」也部分因缺乏財政支持，使模範社區理想目標難以達成。

六、然而，如 Murphy 在研究「初等及中等教育法案」執行時所指出，組織仍是執行的重要變數。不同組織文化就會有相互衝突需求，和不同討價還價型態，以及不同組織運作程序，這是造成參與者間同意政策目標混亂（massing of assent）的結構因素。

筆者按：隨著資通科技的普及運用，數位政府和電子化治理，對於政府內部的行政管理和對外公共服務，僅就行政效率而言，必然快速提升。「執行」書中所歸納的拖延現象，當可因而大幅度改善。惟行政過程的「官僚化」，無論美國或其他國家，都還需進一步強化「後官僚化」的治理角色

第三節　理論架構發展期

在這期間，主要的學者和著作可說不勝枚舉。為瞭解其間因時間演進而有不同理論涵義，本節乃擬依時間順序，依每位學者著作發表先後加以論述。

壹、1972 年的 Douglas R. Bunker

在時間歸類上，這年的著作應屬個案研究，但筆者在檢視執行文獻中發現 Douglas R. Bunker 的「Policy Sciences Perspectives On Implementation Processes」卻是最早非個案研究，而具理論架構意涵的文獻，因此，筆者乃決定列入理論架構發展期。

在 Bunker 看來，政策執行過程不是行政和技術計畫過程，而是一組政治社會互動過程（a set of socio-political processes）。因此，簡單組合同意（simple massing of assent）是爲成功執行必要條件。但如何取得組合同意，他認爲應考量三項向量特徵：（1）議題顯著性（issue salience），即一項政策或方案被參與者注意和視爲重要的程度；（2）權力資源（power resources），即參與者擁有政治資源的程度，這些資源包括合法制度權力（legitimate institutional power）、經濟利益（economic benefits）、獎勵（patronage）、聲望（prestige）和好的意志（good will）；（3）同意程度（agreement dimension），即參與者對某項政策執行持正面或反面反應程度。這三項向量特徵所組成的座標模式，可分類出許多有利和不利執行狀況，譬如，參與者擁有高職位權力地位，對議題高度關注，對執行過程就有正向的態度，是否形成有效聯盟（effective coalition），均有助於達成政策執行目標。

Bunker 最後提出一項聯邦體制的政策執行架構，認爲政策執行需要由聯邦而州至地方政府的垂直協調（vertical coordination）和多元功能投入的整合（integration of multiple functional inputs）。更具體的說：

一、聯邦政府：在行政和官僚方面應有政策解釋、運作設計和方案控制的功能；在政治領導方面應有資源分配，人員配置和政治責任功能；在理性分析方面應有可行性研究，評估和監測功能；以及在對標的對象方面應考慮利益團體的利益，和相關的管制功能。

二、州或區域政府：在行政和官僚方面應有方案協調和檢查功能；在政治領導方面應有資源分配功能；在理性分析方面應有系統解釋（systems explication）功能；在對標的對象方面應有動員懲罰功能。

三、地方政府：在行政和官僚方面應有績效管理（performance management）和組織設計功能；在政治領導方面應有訂定政策順位，人員配置，懲罰和政治責任功能；在理性分析方面應有方案評估功能；在對標的對象方面應有地方參與和拒絕或支持功能。

由以上敘述可知，Bunker 早在 1972 年就對政策執行理論提出一具體的架構，從過程和制度分別探討影響政策執行因素，雖然架構內容並不完整，但顯然對往後各種政策執行理論架構建構提供先驅基礎。

貳、1973 年的 Thomas B. Smith

Smith 可說是繼 Bunker 後首位企圖建構政策執行模型來解釋第三世界和西方國家的政策執行過程。但顯然 Smith 並未受到上述個案研究影響，而是以社會和政治變遷作為理論建構起點，在「The Policy Implementation Process」文中，認為政府政策設計就是藉著政策執行修正或廢除舊制度和社會互動關係，以導致社會變遷。但 Smith 則受系統論影響，並引用 Walter Buckley 社會系統變遷觀點，認為社會系統動態變遷過程是各個互動要素（interacting component），內部或之間的緊張（tension）連續產生過程；並運用 George K. Zollschan 的社會緊張（societal tensions）概念，建構社會變遷模型，認為法定要求型態（legitimate pattern）和實際情況，預期情況和實際觀察，期望目標和實際達成程度間之差距（discrepancy），被認知而聚匯（articulation）後，政府乃採取行動（action），而改變舊有互動型態變成新互動型態而制度化（institutionalization）。但 Smith 認為社會差距被認知而採取行動，不一定會促進制度化，有時只是未完成行動型態（uncrystallized action patterns）。因此，Smith 認為應將認知和行動理解為交易互動（transactions）階段，而形成圖 2-3 的政策執行過程模型：

此模型涵義是指一旦公共政策被認為發動社會緊張後，就必須考慮執行機關（the implementing organization），理想化政策（the idealized policy），標的團體（the target group）和環境因素（environmental factors）間所形成緊張矩陣（tension generation matrix），即在政策執行過程，這四個要素內部和之間的互動將造成差距和緊張。緊張造成處理型態，而其可能或不一定會造成制度化，促進制度化則可消除緊張（relieved tensions），如未促進制度化則會增

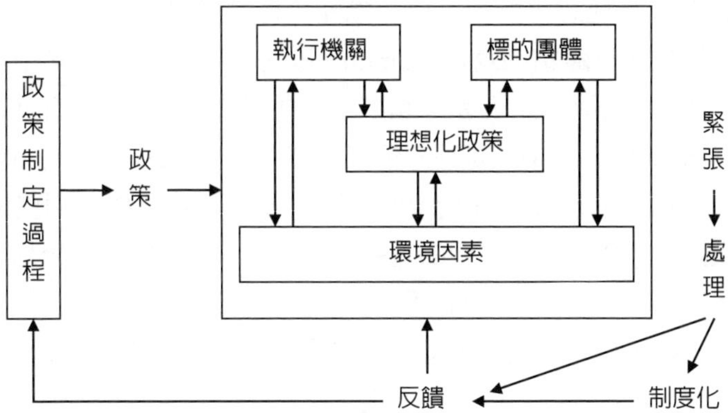

圖 2-3　Smith 的政策執行過程模型

加緊張（increased tensions），而兩者都會反饋（feedback）至執行過程或政策制定過程，進一步地造成社會系統變遷，再制定政策，再執行，再造成另一緊張矩陣，如此循環不已。

至於此模型中每一要素的操作性定義，根據 Smith 的說法是：

一、理想化政策：理想化政策有四種範疇（categories），即（一）法定政策（the formal policy），如決策者指令和法規等；（二）政策類型（type of policy），如複雜或簡單，漸進或非漸進，分配性（distributive），再分配性（redistributive），規制性（regulatory）等類型政策；（三）方案（program），指政府支持程度，政府滿足社會需求資源（resource），和政策涵蓋範圍（區域或項目）；（四）政策形象（images of the policy），指這項政策影響標的對象或執行者形象，以及在社會上所造成的形象。

二、標的團體：指因政策執行而被要求採取新互動型態的團體或民眾。但這須涉及該標的團體組織化或制度化程度、領導型態和早期的政策經驗（prior policy experience）。

三、執行機關：指負責執行政策的政府官僚組織，其特徵是機關結構、人員、領導型態、執行意願和能力。

四、環境因素：指影響政策執行的文化、社會、政治和經濟條件。譬如第三世界國家在地方政府執行政策時，必然受到鄉村基本文化和社會生活型態的影響。

五、緊張：指發生在理想化政策、執行機關、標的團體和環境因素內部和之間的理想目標和實際結果差距。Smith 將緊張型態分爲十個類型：類型一是理想狀態和實際情況的差距，類型二是理想狀態和認知情況（perceived situation）的差距，類型三是理想情況和期望情況（expected situation）的差距，類型四是實際和認知情況的差距，類型五是實際和期望情況的差距，類型六是期望和認知情況的差距，至於七、八、九和十分別是理想、實際、認知和期望情況內部的差距。

六、處理型態：指未具體化的互動型態，這些互動型態是對上述要素之間或內部緊張狀態反應，而未能促進制度化。

七、制度化：指具體化（crystallized）互動型態。其指標有：機關在環境中生存能力，執行機關被其他社會要素（指標的團體）所認定自主和影響程度，以及規範社會要素的型態（如民眾願意遵守法令及行爲模式）。

八、反饋：指在執行要素間緊張，在經處理型態而未促進制度化或制度化發生後，再形成的另一緊張型態，以進一步促進社會變遷反應。

Smith 爲政策執行理論模型的建構劃下第一刀，運用社會系統和緊張概念來解釋執行過程，顯然雖是延續系統論概念，但緊張概念卻影響後來許多學者解釋政策參與者間互動的關係，只是其所界定影響政策執行變數，過於簡略。再者，Smith 認爲只有第三世界國家才有執行問題，在觀點上實有偏失，蓋已開發國家亦有相同問題，即只要是在複雜組織體系內（complex organizations）運作，執行問題應是難以避免。

參、1975 年的 Donld S. Van Meter、Carl E. Van Horn 和 Walter Williams

一、Van Meter 和 Van Horn 的「The Policy Implementation Process: A Conceptual Framework」

Van Meter 和 Van Horn 在本文所建構的理論模型係基於以下幾項理論

根源：（一）組織理論，尤其是組織變遷和控制（organizational change and control）；（二）公共政策的影響，尤其是司法判決；（三）政府間關係研究。然而兩氏受影響較大者爲組織變遷和控制。

Van Meter 和 Van Horn 引用 H. Kaufman 探討組織結構和行動創新障礙因素，如資源限制，沉沒成本（sunk cost），安定的共同利益（collective benefits of stability），精神成本（psychic costs），和行爲上正式與非正式限制（official and unofficial constrainson behaviors），作爲其模型外生變項的思考；兩氏還從 Wilensky，Anthony Down 和 Etzioni 等所提出的組織控制理論，解釋控制乃是透過組織規章以獲得順服（compliance）而完成組織任務。對不同類型組織應有不同型態順服系統（compliance systems），譬如對組織成員疏離感較重者則應採強制權力（coercive power），反之則採規範性權力（normative power），較重視利益的組織，則可採物質獎勵權力（remunerative power），以此作爲其模型中介變項的思考。但 Van Meter 和 Van Horn 更引用一些個案研究發現，基層工作者可運用權力影響複雜性組織績效，而認爲層級節制控制並不完美，因政策執行者可能擁有更大權力，尤其當主管對部屬工作內容並不清楚時更是如此。

其次，兩氏引用司法判決實際案例（最高法院和地方法院間關係）說明順服的理論，他們引用 Krislov 的看法，認爲順服程度高者必然是個人利益高（personal advantages），組織懲罰（organizational sanctions）嚴厲，和權威合法性被認定；又引用 Dolbeare 和 Harnmond 的美國最高法院對美國中小學宗教儀式判決的影響，認爲下列因素影響中小學順服程度：決策本質，制度和程序，政治與文化因素和政治參與者的利益、偏好與行爲。最後，Van Meter 和 Van Horn 又引用一些政府間關係研究，認爲組織間不整合關係和聯邦與地方政府官員間衝突皆對執行造成負面影響。

Van Meter 和 Van Horn 根據以上理論基礎，乃發展出圖 2-4 的政策執行過程模型。在這模型中，兩氏提出六項變數及連接政策和績效間的連結（linkage），此模型不僅顯示自變數和依變數關係，更說明自變數間關係，以下逐項說明各項變數及連結關係涵義。

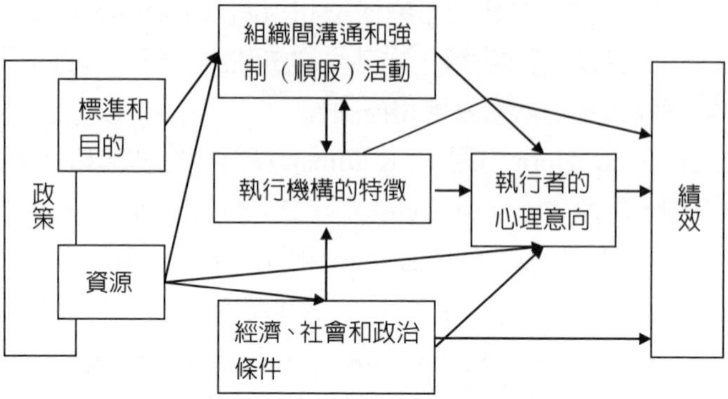

圖 2-4 Van Meter 和 Van Horn 的政策執行過程模型

（一）政策標準和目的（policy standard and objectives）

標準和目的是政策決定的全面目標（goals），但應是明確且可測量，如奧克蘭計畫所定的就業人數。然有時決策者爲尋求政治聯盟和支持，而定出模糊不清，甚至相互矛盾的標準和目的。

（二）政策資源（policy resources）

政策資源是指促進有效執行資金和誘因。譬如 Derthick 分析詹森總統的都市更新計畫之所以失敗，就是美國聯邦政府所提供成本低的國有土地誘因不足。

（三）組織間溝通和強制活動（interorganizational communication and enforce-ment activities）

組織間溝通是指執行過程中應將明確政策標準和目的正確地溝通給執行者，俾使執行者充分瞭解。然因決策者，傳送者和執行者往往有意或無意扭曲政策內容、指令、標準和目的。因此，還須有政策行動的強制機能（action-forcing mechanism）。如只是在一個組織內，這些強制機能可採人事管理措施：選才途徑，調職，升遷和解職等。但如涉及機關間關係則可有：1. 技術援助，尤其是上級政府對下級政府；2. 積極或消極處罰，如上述強制權力，規範性權力和物質獎勵權力；3. 擴大參與途徑，如使（美國）聯邦政府運用電費誘因，使州和地方政府參與聯邦計畫；4. 直接提供補助款；5. 運用定期報表和會計系統監測地方政府是否達成政策目的；6. 採取直接監測方式，如實地查訪，方案評估，行政檢查和事後審計等；7. 取消補助款，這是順服機能的最後武器。

（四）執行機構的特徵（the characteristics of the implementing agencies）

執行機構特徵是指正式（法定）組織結構和工作人員非正式特徵。其指標是：執行機構人員能力和多寡，執行機構內部層級控制程度，執行機構的政治資源（如立法機關支持），執行機構活力，執行機構內部溝通開放程度以及執行機構與決策單位的正式和非正式連結關係。

（五）經濟，社會和政治條件（economic,social and political conditions）

這些政經條件是指：1. 執行機構內部可用的經濟資源（economic resources）；2. 政策執行對現有經濟和社會條件的影響；3. 民意反應；4. 菁英分子對該項政策執行的贊成或反對態度；5. 執行機構之黨派特性（對支持政策執行影響），和 6. 利益團體支持或反對等。

（六）執行者心理意向（the disposition of implementers）

執行者心理意向是指執行者對政策認知，對政策反應方向（接受、中性或拒絕）和反應強度。這些指標如都是正面，當可促進執行有效性，但如政策目標與執行者認知不協調（cognitive dissonance），或執行者對政策目標產生負面價值系統，自我利益感和超組織忠誠感（extra organizational loyalties），則將不利政策執行。

以上是 Van Meter 和 Van Horn 模型變數的操作化定義，其次應論及模型中變數間的連結（linkages）關係。先論政策標準和目的與績效間連結，依兩氏說法，標準和目的對績效是間接影響，兩者透過組織間溝通活動，間接影響執行者心理意向，而必須基於執行者對目標認知，解釋及瞭解程度，進而影響績效；同時標準和目的透過提供上級政府的順服機能（如上述誘因和懲罰措施），間接影響執行者心理意向。

次之，政策設計所提供的政策資源或類型和範圍，可透過組織間溝通和強制活動，間接或直接影響執行者意向。同時，政策資源也可創造民眾和利益團體需求，以參與政策執行，但如資源不足，則可能產生負面影響。至於社經條件則可影響執行機構能力和結構，而如民眾和利益團體支持，則可能使執行者接受政策標準、目的和目標，蓋可減低公眾敵意而影響執行者行為，當然，這些社經條件對執行績效更有直接影響。

再者，上述執行機構特徵當然直接影響執行者心理意向。但要緊的是強制或順服機能可提供執行機構活力和專業權力，以促進其能力而有利執行。同樣的，執行機構如擁有能幹人員和領導者，其政治資源就更厚實，而大有利於運用順服機能以直接影響執行績效。

綜之，Van Meter 和 Van Horn 的模型至少可有三點顯著特點：第一，強調有效溝通過程，第二，認為成功執行是執行機構能力的函數，第三，然如果執行者心理意向不同意政策目標，政策將可能失敗。平實而論，這個模型對政策執行過程中變數關係的描述，一目了然，且頗為動態，但顯然較偏重組織理論，而較忽略社會變遷和政治結構與互動因素。

二、Walter Williams 的「Implementation Analysis and Assessment」

Williams 的這篇論文雖未提出「架構圖」，但卻從政治和官僚因素（political and bureaucratic factors）來探討在政府各不同層級官僚和標的對象的互動關係，但也未忽略執行技術因素。依據 Williams 的執行範型（Implementation paradigm）說法，在政策發動者或制定者（proposer/initiator/funder）與第一線管理者（first-line managers），措施執行者（treatment deliverers）和標的對象（recipients）之間，有許多官僚和政治互動層級（bureaucratic/political layers）。

由於在官僚／政治互動層中有太多參與者介入，往往使得基層官員為保護勢力範圍，而使政策制定者的政策指令受到扭曲。他引用 Gross 研究發現，認為部屬或基層官員有權利要求決策者或上級官員釐清工作權責，調整組織結構，提供足夠資源和支持，使部屬有執行政策意願。至於標的對象則應使其從政策執行獲得利益，願意接納，而且其需求能充分被措施傳送者所瞭解，如能使執行者和標的對象處在如此執行情境，將可有利執行，否則將發生上下推諉情事，上級官員（higher-ups）認爲執行不力是執行者責任，而執行者則認爲這是上級官員指令不明確或領導不力。因此，高層管理者（top manager）態度，能力和權威對促進執行，就無比重要。蓋這些高層管理者必須經常做困難抉擇使執行制度化。另者，在這些參與者中，政策分析家因可運用其政策分析報告擬定指導原則或綱領，對執行運作應有責任。總之，這些參與者政治互動關係對執行影響是本文的理論要旨。

其次，Williams 認爲執行技術和策略亦應同時考慮。執行分析首應考量如何定出明確、正確、廣博而合理的政策目標，這則須視規劃人員技巧而定。然後，執行分析應考慮：

（一）執行技術能力（technical capacity）：即執行機關應具溝通能力，健全行政結構和具有技能且足夠的工作人員。

（二）政治可行性（political feasibility）：指標的個人或團體反對的確定行動如何？

（三）執行技術和政治策略（technical and political strategies for implementation）：指發展避免可能錯誤的技術和降低政治反對策略。

此外，Williams 認爲示範方案（demonstration projects）和監測（monitoring）也是重要的執行技巧。所謂監測是指上級政府官員或外來顧問至現場訪問，以瞭解執行過程行政和財務措施。總之，Williams 的執行範型觀點，提出參與者政治互動關係，正可彌補 Van Meter 和 Van Horn 模型的缺點，至於執行技術和策略雖和上述兩者稍有不同，但並不具特別顯著意義。

肆、1976年的 Milbrey McLaughlin、Christopher C. Hood 與 Van Horn 和 Van Meter

一、McLaughlin 的「Implementation as Mutual Adaptation」

1970 年初，美國聯邦政府爲因應在 1950 年代和 1960 年代初期所推動的教育革新失敗後，再執行各州「教室組織改革方案」（Classroom Organization Projects），希望藉開放教學，分齡團體教學（multiage grouping）和因材施教（differentiating staffing）等措施，促進教學創新，並隨後因蘭德公司（Rand Corporation）進行「機構變遷研究」（Change Agent Study），結果發現只是採取好的教學措施（better practice）不一定會產生好的教學效果（better outcomes），而認爲無論資源多寡或聯邦補助款策略如何，執行過程問題才是主因，並作成結論：**成功執行有賴相互調適（mutual adaptation）過程**。

McLaughlin 運用這項研究資料，重新解釋和分析，認爲政策制定者和執行者的關係應是方案執行成功主要因素，亦即執行者的興趣、利益、承諾和支持是爲促進政策變遷（policy change）主因之一。執行者接受性（the implementers receptivity）乃爲影響政策執行成功要因。她並提出三種決策者和執行者互動類型，不同的類型說明不同政策執行結果：

（一）相互調適（mutual adaptation）：這種關係方能促成成功執行，蓋方案制定者或決策者和執行者雙方都要作修正，以適應對方條件，即決策者應修正方案目標和方法以符合執行者需求和利益，而相對地執行者也應作調整以符方案運作要求。

（二）單方調整（co-optation）：這種關係是指決策者或方案制定者已作修正，但執行者可能因抗拒變遷或不適當作法，並未改變其條件，致使執行並不順利。

（三）不執行（no implementation）：這種關係是指執行者在執行過程，根本就忽略政策或方案內容，而不願執行。

基於各州「教室組織改革方案」的經驗和上述政策執行過程中決策者和

執行者關係概念，McLaughlin 乃對「教室組織改革方案」提出三項調適執行策略（adaptive implementation strategy）以改進該方案執行：即（1）鼓勵地方教育人員自編教材（local material development），培養教師的經驗學習（experience-based learning），使具所有感（sense of ownership）、成就感和參與感；（2）教育人員再訓練（staff training），但不可限於改革方案執行之初，執行中的教學觀摩和專家諮詢案應再活動作用（remobilization），使其發展新的態度、行爲和技巧；（3）調適設計和工作人員會議（adaptive planning and staff meetings），即要建立持續溝通管道，並時時調整方案內容，更要定期召集工作人員會議，檢討執行問題。

綜之，McLaughlin 藉 1970 年初美國各州執行「教室組織改革方案」的經驗，提出「相互調適」的執行策略爲執行成功要件，和上述 Williams 的看法相近，但政策概念和方法上，較爲具體，只是如以這三類互動類型作爲一項政策執行的理論架構，則又太簡略。

二、Christopher C. Hood 的「The Limits of Administration」

Hood 從政策過程中行政要素（administrative element）觀點，認爲有四種類型限制（limit on policy implementation），使政策執行往往遭到失敗：（一）資源限制（resource limits），主要是指經費；（二）政治限制（political limits），指政治權力運用，如增稅政策常遭納稅人進行政治反對；（三）行政限制（administrative limits），指行政技術困難，如逃稅不易稽查；（四）準行政限制（quasi-administrative limits），指運用政治手段使政策目標模糊不清，形成象徵主義（tokenism），使目標不易達成。Hood 乃從這些行政要素檢討「英國發包採購制度」（the British Contracting System），課徵土地投機稅（taxing land speculators）和課徵賭博稅（taxing the gambler）等三個案例，結果發現對於政策執行問題，應給予高度關切，而發展出「完全行政」（perfect administration）的政策執行理論，認爲只要不符合下列理想行政系統（ideal administrative system）的主要條件，政策執行必然會出現問題：

（一）行政系統應是由上而下單一權威體系，如同軍隊命令指揮系統。

（二）行政系統所執行的規章或命令應是單方向，而且目標應明確，並使執行官員瞭解法令內容。

（三）下級政府官員應完全順從，並受完全行政控制。

（四）行政系統內各單位間應有完全溝通和協調。

（五）執行過程不應有時間壓力，應給予執行者適當時間。

Hood 的這項理論和 Francis E. Rourke（1973: 33）在「官僚、政治和公共政策」（Bureaucracy, Politics and public policy）一書中所提出觀點相同：

> 美國傳統公共行政理論是假設行政人員自由裁量權僅及於行政手段，而行政行爲目標或目的是被賦有政治責任的決策者所固定。

這種古典政策執行理論（classical implementation）觀點，總認爲決策者和執行者應明確分工，前者有能力制定政策，而後者亦擁有技術能力，服從和意願去執行政策，政策執行應是非政治性、中性、客觀和理性活動。這項觀點顯然來自 Wilson 和 Goodnow 等學者理論，但證諸上述個案分析和理論架構，這項理論頗不切實際，然這不更反應出 Hood 理論中所提各項變數，正是解釋政策執行過程的重要變數？

三、Van Horn 和 Van Meter 的「The Implementation of Intergovernmental Policy」

Van Horn 和 Van Meter 這篇論文在基本架構上和 1975 年「The Policy Implementation Process」相同，所差的是 1976 年的模型是以政府間關係（intergovernmental relationship）爲架構，尤其以聯邦制度來說明對政策執行過程影響。

兩文的差別乃在將溝通和強制順服分爲兩項變數，而政治和經社條件也分爲兩項變數。但主要的仍在本文著重美國聯邦政府和地方政府間關係，就美國憲法規範層面來看，地方政府須受聯邦政府規制，但各別又都擁有相當自主權，即所謂的「雙元聯邦主義」（dual federalism）。譬如，溝通（communication）變數如以政府間關係來觀察，則較著重地方政府執行聯邦政府政策，是否正確、明確、一致和又有時效，或地方政府對聯邦政府政策是否充分瞭解。又如政治條件變數可能較著重：聯邦政府的強制活動可能因州和地方政府反對而受影響。至於其他變數操作性定義應和 1975 年架構相同，茲不贅述。令人不解的是，兩氏未能在本文中說明爲何將溝通和強制（順服），以及政治和經社條件等兩項變數分開，而使模型顯得更複雜。

伍、1977 年的 Eugene Bardach 和 Helen Ingram

一、Eugene Bardach 的「The Implementation Game」

Bardach 的「執行博弈」一書主要在運用「博弈系統」（system of games）架構來探討 1967 年美國加州州議會所通過 The Lanterman-Petris-Short 法（簡稱 L-P-S）之執行過程和結果。但在解釋分析過程，Bardach 也引用如美國奧克蘭計畫，美國城鎮更新計畫和美國初等及中等教育法案的執行個案，來配合說明。因此並不全然只是一本關於政策執行的個案研究，而有企圖建構一項執行博弈理論架構。

L-P-S 的政策目標有兩項：一爲保護精神病患人權；另一則爲以社區醫療型態代替州政府精神醫療機構，來治療精神病患。本法案最大特色是當時加州州議會眾議院議員 Frank Lanterman 大力促成這項法案通過，其本人意志力比奧克蘭計畫的 Foley 實有過之。Lanterman 年高德劭，更有專業素養，本身更擁有幾項有利條件：（一）他是州眾議員，因此在 L-P-S 通過後 7 年內，又陸續促使州議會通過 40 項相關配合執行法規，譬如在 1968 年立即成立 L-P-S 基金會；1971 年他又支持立法，要求社區私人精神病患醫療院所，支援 Short-Doyle Act（美國加州社區心理衛生法）轄下的各精神病患醫療機構，以及使這些私人精神醫療院所，以契約方式參與 Short-Doyle 計畫；（二）Lanterman 擁有雄厚政治資源，他是資深共和黨議員，獲得當時雷根州長相當支持，並主掌議會歲入委員會，普獲議員、州政府各部門主管和精神病學專家的支持；（三）Lanterman 在 L-P-S 實施時，即和其助理積極地介入各縣業務執行，並參與州政府各部門有關精神病患醫療會議，甚至告知 Short-Doyle 方案各部門主管如何處理和服務，連私人精神病患醫療院所的抱怨也要經過他處理；（四）Lanterman 更是 L-P-S 偉大保護者（the great protector）。譬如當加州勞工協會（the California State Employees' Association, CSEA）批評 L-P-S 使州醫院工作人員失業，他立即修改法規使這些工作人員轉至地方醫療機構，並公開駁斥 CSEA 的指控；（五）Lanterman 也擔任執行者，在 L-P-S 執行過程中，不斷修正（fix）工作人員各種博弈行爲偏差，Bardach 稱他爲修正者（fixer）。

L-P-S 就在 Lanterman 扮演各種角色（立法，執行和行動）的情況下，有如下執行績效。保護精神病患人權方面，非志願長期（超過六個星期）居留在州精神病院人數於 1969-1973 年期間，減少 53%；Sacramento，舊金山和洛杉磯三縣由法院命令居留州精神病院人數，1969-70 年間，也分別減少 98%，86% 和 92%。此外，L-P-S 准許病患可每天會客，可穿自己的衣服和可拒絕電擊治療（shock treatment）。病患轉由社區服務治療方面，根據 1972 年加州州政府統計，1969-71 年間，州精神醫院的病患減少 33%，縣的門診服務增加一倍而住院病患增加 18%，部分醫療和復健服務增加 50%。但 Larry Sowsky 研究發現，全加州最進步的社區精神病患醫療系統 San Mateo 縣，於 1972 年 6 月由州醫院和 1973 年 12 月由 Napa 州立醫院轉來 260 位病患中，只有 107 位繼續接受治療，另外 66 位接受公共救助，但仍有接受精神醫療服務。因此，有些論者雖仍持政策失敗觀點，然至少比起詹森總統時代各項計畫，是相對比較成功。

Bardach 解釋此個案執行過程是運用「博弈」概念，他認爲執行過程如組合機器使其運轉以產出特定結果，過程是參與者運用各種博弈策略，在不確定情況下，透過討價還價，說服和操縱等技巧來控制對方。因此，博弈比喻是使執行人員注意博弈者（player）、利害關係何在（stakes），策略和技巧如何，所有資源、博弈規則和公平性如何，博弈者間溝通和可能結果不確定程度。這項概念可使我們瞭解執行者，爲何不願參與博弈以及變更博弈條件如何。Bardach 這項概念架構使執行者在政策執行過程中角色，比諸 Williams, Van Meter 和 Van Horn，以及 McLaughlin 概念，都來得突出。

Bardach 在書中提出許多博弈型態及其可能造成四種反效果，而影響執行過程：（一）資源分散（the diversion of resources）；（二）目標偏差（the deflection of goals）；（三）行政困境（the dilemmas of administration）；（四）

能力浪費（the dissipation of energies）。每一種反效果都由各種博弈型態所造成，玆分別說明如後。

（一）影響資源分散博弈型態

Bardach 提出四種博弈型態造成政策資源分散，影響執行結果：

1.「浪費公帑」之博弈（easy money game），大多數個人或團體從政府得到補助款，如承包工程，則不斷要求提高經費，但並未有相對績效。而這些個人或團體對手博弈者是政府，政府常是輸家。

2.「爭取預算」之博弈（the budget game），幾乎每個機關首長和官員都是希望爭取最多預算（budget maximizers），蓋皆靠控制預算使下級機關執行政策。但執行機關往往不願執行績效良好，以便還有許多工作可做，因而可增加預算擴大組織。在 L-P-S 個案中，加州州政府心理衛生保健處（the California State Department of Mental Hygiene）的預算人員，就不知道哪些縣政府和私人精神病院所，從聯邦政府獲得多少補助款，只知道州政府爲許多方案支付 90% 補助款，推算而得這些地方精神醫療機構，所獲得用來做相同業務補助款應是雙倍。

3.「推拖工作」之博弈（easy life），大多數公務員待遇不高，因而乃改善環境以求工作舒適，並藉程序上或手續上需要，以拖延無辜民眾要求。Derthick 訪談美國麻州 1,974 位社會福利工作者，發現有 22% 受訪者認爲 1962 年以後其服務工作質量低於 1962 年以前的服務工作質量。

4.「政治分贓」之博弈（pork barrel），稀少的政策資源常因議員分贓，而使執行者或管理者無法集中資源在預定項目上，這種博弈行爲乃使政策執行偏重政治分配，而非政策問題。

（二）影響目標偏差博弈型態

Bardach 提出三種博弈行爲造成政策目標偏差，影響執行結果：

1.「漸進累積」之博弈（piling on），這種博弈行爲是一項新方案在執行初始，就被參與者視爲新的政治資源，而逐漸將他們目的加入已有的政策目標和內容，結果原有政策執行負擔加重，分散政治支持，使原定目標偏差。

2.「爭取高位」之博弈（up for grabs），即各種潛在團體或參與者，爲使其政治資源影響政策指令（policy mandate）執行，乃運用策略控制各主管官員任命過程，或再教育高職位官員以影響執行結果。

3.「保持安定」之博弈（keeping the peace），這種博弈行爲最常出現在行政部門，因許多重要政策莫不爲消除社會中不良現象，乃有改革派主張。但在行政部門立即就會出現反抗勢力，期使維持既得利益，事事以保持安定爲先，甚至透過政治聯盟（political coalition）和妥協，維護安定和合法性，使其在執行博弈過程中得勝，尤其是一些管制性法規執行，更是如此。

（三）影響行政困境博弈型態

Bardach 提出四種博弈行爲造成行政困境，影響執行結果：

1.「表面主義」之博弈（tokenism），這種博弈行爲是指表面上雖對方案進行做出重大貢獻，但事實上很少，換言之，只對政策執行做出表面努力（token efforts）。然而，方案各項項目（program elements）或內容如能獲得其他來源支持，亦應可有利政策推動，只是這些方案項目，總掌握在政府機關或專業人員手中，而形成獨占性或準獨占性權力（monopolistic or quasi-monopolistic power），更增加其政治力量（the political strength），結果乃排除其他單位或團體競爭，而獨厚於某一單位或團體。譬如，L-P-S 給予加州各地方政府精神病醫療院所，主管獨占權力，以處理各縣醫療業務，而這些醫療業務又由加州醫師協會（the California Medical Association）所獨占。爲防止這種表面主義所造成獨占行爲，Bardach 提出幾項設計策略：（1）什麼都不做（do without），訴之自由競爭；（2）創造可控制的替代獨占權力，如成立新機構或新方案；（3）培養競爭（foster competition），尤其是提供給私部門競爭者；（4）換取合作（buy it off），提供經費換取另一機關對某項政策執行的合作；（5）儘快合併（co-opt it early），在執行開始可能應考慮合併或尋求某些參與者合併，使具參與感，將有利執行；（6）運用反對力量建立和維持機關運作（build and maintain institutions exercising countervailing power），例如消費者組織，專業組織和監督團體（watchdog groups）。

2.「全面抵制」之博弈（massive resistance），這種博弈行爲是政策指令要求執行者執行項目超出其能力範圍，乃使執行者逃避責任，而不受上級行政控制和懲罰，無論是協調或單獨行動，都將影響政策執行。為防止這種全面抵制所造成行政困境，Bardach 提出幾項策略：（1）指示（prescription），即告知執行者如何做，不必由其斟酌如何去做；（2）使其能做（enabling），即給予執行者所需求資源，如 L-P-S 的個案，即由州政府提供足夠，甚至更多資源給地方機構；（3）提供誘因（incentives），這應包括執行投入和執行績效誘因系統；（4）嚇阻（deterrence），這種策略包括解僱，撤銷補助，處罰，檢查和要求提出報告等。

3.「社會熵化」之博弈（social entropy），這種博弈型態和上述兩項博弈行為不同，其意是指社會結構中出現能力不足問題（the problem of incompetence），對標的對象控制充滿著變動性（the problem of variability in the objects of control）和缺乏協調問題（the problem of coordination）。第一型態的能力不足問題是指執行人員能力不足或異動率太高，如 L-P-S 個案中，地方政府醫療人員專業能力不足，使成果不如理想；第二型態的變動性是指行政人員自由裁量和標的對象行為差異性。如 L-P-S 個案中，Orange 縣民眾對由政府提供精神病患醫療服務持保守看法，以致 6 年後才開始執行。第三型態的缺乏協調是指執行者缺乏資源，工作拖延和人格衝突所引起博弈行為。

4.「管理」博弈（the management game），這種型態是指雖然可運用管理科學方法，諸如資訊系統和預算審計制度等來控制某些社會熵化現象，但無論保守或自由派人士，事實上都不願行政控制出現集權化情況。因此可知，科學方法是有其限度。

（四）影響能力浪費博弈型態

Bardach 提出五種博弈型態造成執行者能力浪費，影響執行結果。

1.「頑固堅持」之博弈（tenacity），指每位參與者運用其能力和意願阻礙方案進行，而直到其特定條件被接受為止。

2.「職權重疊」之博弈（territory），指行政管轄權重疊，機關間互相干預執行過程，如參與者各方都沒有輸贏則可能產生正面結果，因彼此有競爭效果。但如有輸有贏，則勢必產生負面效果。如 L-P-S 個案，加州州政府社會福利處社區服務科（the Community Services Division, CSD）負責精神病患從州醫院轉至社區醫療院所工作，但 CSD 一直想擴充職權以監督社區醫療工作，則遭心理衛生處和 Short-Doyle 方案主管反對。

3.「推卸責任」之博弈（not our problem），這是指雖然每一機關都想爭取更多預算和擴張職權，但只要這機關認爲要加重責任或工作，就會推來推去不願接納更多工作和服務，甚至是規制性業務也不願意，而使民眾在各單位間如被踢皮球般，轉來轉去。

4.「算計別人」之博弈（odd man out），這是指執行過程既是方案項目組合過程，則參與者就會衡量其貢獻成功機率，如不確定則會退出以減少損失，並策動其他參與者去執行。如 L-P-S 個案，許多中途之家（halfway houses）雖參與 L-P-S 的 Short-Doyle 方案執行，然一直得不到補助，因各縣心理衛生單位規劃人員，都認爲要等他們有績效才給予補助。

5.「追逐名聲」之博弈（reputation），這種博弈行爲和上述不同，其爲參與者心理上內在的衝突，譬如前述 Downs 所提出的五種類型官僚，逢迎型和政治家型官員的人格特質必然不同，野心也就有別。如以執行過程中各類參與者來說，議員比較傾向採取「政治分贓」博弈行爲，而行政人員比較傾向採取「爭取預算」和「爭取高位」等博弈行爲。然無論如何，其野心都以提高名聲爲目的，執行結果如何就顯得較不重要。

以上這 16 項博弈行爲所造成資源分散，目標偏差，行政困境和能力浪費等負面影響，將造成在政策執行過程或方案項目或要素組成過程（assembling program elements），以及達成集體決策過程（reaching collective decisions）的拖延（delays）現象，而致政策失敗。

進言之，在方案項目組成的執行過程中所造成拖延，往往是資源提供者（provider）和需求者（solicitor）雙方交易（transaction）關係所造成，其因可有：

（一）需求者爲尋找合適資源提供者做出許多努力（efforts）。

（二）提供者決定是否提供在其控制和在何條件下花費相當時日（time）。

（三）雙方必要交易次數相當多（number）。

結果雙方都付出許多時間代價，執行程度和任務愈困難，參與者須花費更長時間來運作，拖延時間也就愈長。雙方的尋找活動（search activity）所採取方式總不外開會，會談和簡便公文來往，譬如，在 L-P-S 個案中，就有 9 個不同單位為 San Joaquin 縣的州立 Stockton 醫院，每週定期討論，花了 3 個月時間擬定 15 項原則，決定參與該縣的社區心理衛生方案。但 L-P-S 案頒布之前，已為該縣社區心理衛生方案花費好幾個月時間。另者，一些機關組織面對工作壓力，就通常會採取推拖工作的博弈行為，除非本身有充裕資源，結果就形成民眾等候問題（queuing problem），因各單位必須再行協調，拖延症候就必然發生。還有一種拖延原因是各單位提供者進行是逐次，不是同時，乃必須經過許多決策程序，有如生產製造過程中間產品一樣，但這都是政治因素所造成。

針對這些方案組成執行過程之拖延問題，Bardach 提出三項策略以求減輕：（1）確定需求者優先順序（assign priority status），可能可以避免上述等候問題和例行作業協調問題，但如何使優先順序低者接受是問題；（2）代替方案中失去或不完全項目或要素（work around missing or imperfect program elements），這當然可降低拖延機率，但執行者需具備相當能力、技巧和擔當才能代替原有已定工作項目或方案內容；（3）運用計畫管理方法（try project management），即不經正常功能組織管理程序，採取由一管理者全權負責一項計畫，運用電腦、計畫評核術和其他管理科學方法，來執行政策或方案。

其次，執行政策的集體決策過程，由於雙方或二方以上參與者為達共同目標，乃不斷透過談判，操縱或反操縱博弈行為，而彼此都要考量最後成功機率。因此，決策者對參與者意圖和可信度（reliability）就會相當敏感，拖延乃因這些不確定因素而產生。細究之，應有下列原因：（1）參與者通常不願在未來控制有困難情況下，付出其資源；（2）參與者通常都會受難以掌握未來事件的影響；（3）參與者對達成大規模共識或共同目標，都有不確定感。基於此，參與者大都採取「算計別人」的博弈行為，而不願公開表示其意圖。換言之，整個政策執行過程和規劃過程是相當政治性，每位參與者都運用說服和討價還價策略來組合方案的項目和要素。所以執行者乃不願投身於一項新方案，或只願意致力於規劃，蓋執行過程總是緩慢，而且困難。Bardach 乃將這種情況稱為「未來檢定」（future-testing），而視為執行拖延原因。

然其解決之道，在 Bardach 看來主要是透過「談判」途徑（negotiations）。但無論談判的方式是絕對優勢式（positive-sum game），或多邊方式，或溝通式，或須經過幾個回合，或只是小型，如欲減少因「未來檢定」所造成拖延應是相當沒有效率，其因不外：（1）參加談判參與者不一定是真正決策權者；（2）

很難要求談判對方遵守談判結果；(3) 社會條件如尚未能夠使政府運用可行和法定懲罰作法，就很難使標的完全順服。儘管如此，執行過程談判博弈行爲，至少可紓解參與者憂慮和相互敵視（ambivalence）與消除緊張，更可發揮工具性功能（instrumental function），使不合法或不合理參與者有溝通機會。再者，可留下歷史紀錄，使以後參與者避免重蹈覆轍。但 Bardach 也提出兩種策略以有利談判過程進行：(1) 利用中介者（intermediaries）來使談判過程順利進行，此有如組織發展（organization development）的 OD 專家所扮演諮詢角色；(2) 運用策略預先處理或調整方案（foreclose options by maneuvering），使參與者不得不接受。其方式有，創造一優勢或形勢看好措施（stimulation bandwagon movement），即創造從眾效應使參與者不得不參加；或排除參與者原有條件而安排其執行另一新方案；或運用「算計別人」博弈行爲，使居劣勢參與者可因參與執行而獲益，算計別人的博弈行爲有時也可有正面效果。

最後，Bardach 提出幾項建議期使執行機器（implementation game）運作得更好：

（一）任何政策設計所依據的經濟學或社會學理論都應健全而良好，執行過程即使成功如無好的理論配合，仍無法達成政策目標。

（二）任何政策設計策略應力求簡單而直接，儘量運用市場法則，減少管理措施。

（三）任何政策設計應運用「情節構造」（scenario-writing）技巧，透過設計者想像力和直覺，寫出未來政策執行過程步驟和情境，以瞭解哪些博弈行爲將會影響執行過程，而可避免。

（四）然最要緊的是，任何政策設計者應設計如何「修正博弈行爲」（fixing the game）。修正意指修理（repairing）潛在不良執行行爲和調整（adjusting）。換言之，修正涵義應具有隱蔽（covertness）和強制（coerciveness）兩個層面。但這些運作都需這些「修正者」擁有和運用足夠政治、經濟和社會資源，以形成聯盟，使執行過程順利推展。質言之，執行博弈就是政治博弈（political games）。

綜之，Bardach 的博弈概念比較接近心理學家 Eric Berne 所著 Games People Play 中的博弈概念，而不是 Van Neumann 和 Morgenstern 的博弈理論（Game Theory）。他所提出的這些執行者在執行過程中互動層面顯然比 Van

Meter 和 Van Horn 及 Walter William 等人所提出概念，更能突出執行者的政治角色，對於執行過程解釋可和 Pressman 和 Wildavsky 分析相提並論，是一本必讀的政策執行著作。然也因其過於重視博弈行爲，而顯然忽略這些行爲大都發生於複雜而且廣大的組織體系中，組織和社會因素被忽略，則無法尋求總體因素考量和解釋，是爲其理論的缺失。

二、Helen Ingram 的「Policy Implementation Through Bargaining: The Case of Federal Grants-in-Aid」

Ingram 在本文中提出一項概念架構來解釋美國聯邦政府補助款（Federal Grants-in-Aid）的執行。在她看來，美國聯邦政府對各州政府補助款的執行，不能從聯邦優勢（federal dominance）來解釋，亦即不可認爲透過補助款的執行，州政府就會順服聯邦政府所定政策目標，或認爲聯邦政府可改變州政府的實質政策，除非聯邦政府所定政策目標爲州政府所認同。

Ingram 認爲過去美國學者進行政府間關係分析時，都著重結構特徵和權力分配層面上，而沒掌握聯邦政府和州政府間的討價還價過程（a process of bargaining）。因此，她乃發展出一項討價還價架構（a bargaining framework）用來解釋補助款的執行，而對政策執行理論發展提供一項和 Bardach 很接近的觀點，只是 Ingrarn 是以聯邦政府和州政府爲參與者。

事實上，討價還價之所以發生，乃因參與者雖對某項政策目標具有共同利益，但卻有不同價值判斷。結果，政策執行過程變成是在聯邦政府和州政府間複雜的要求和反要求之延續過程。進言之，雖然兩者間有「隸屬」關係，但每州皆有其獨特政治文化，「州權」意識型態相當強烈，而視聯邦政府爲外來勢力，各州政府並不願意聯邦政府干涉其治理事務，兩者間往往是短兵相接（bargaining at arms length）。再者，聯邦政府雖掌握資源分配的有力誘因，州政府卻可透過州選出的國會議員，在國會中運用法規訂定和預算分配手段，杯葛聯邦政府。因此，州政府參與討價還價過程愈深，聯邦政府則愈難達成其所要的目的。

基於上述概念，Ingram 發展出「政策執行的討價還價架構」（Policy Implementation Through Bargaining），其主要理論命題是：

（一）當國會選用補助款作爲在立法過程中，支持與緩和反對力量時，聯邦行政部門原有討價還價地位就可能降低。

（二）在運用補助款的討價還價過程，既使不運用補助款作爲使州政府順服手段，聯邦政府各行政部門，通常還是會將贏得國會支持，放在最優先考量。

（三）運用補助款的討價還價過程，聯邦政府各行政部門，比較可能去贏得改進州政府的組織基本結構（organizational infrastructure）（如成立新機構），而不是去改變州政府的政策行動。

（四）在運用補助款的討價還價過程，聯邦政府各行政部門比較可能去達成改進州政府管理措施，而不是其政策制定過程。

（五）結果是，聯邦政府各行政部門只能使願意改變的州政府促進政策改變，但只要州政府不承諾，聯邦政府實不能促使其做政策變動。

綜之，聯邦政府補助款的運用，不是使州政府順服聯邦的政策，而只是創造聯邦和州之間討價還價機會，而不一定是誰占優勢。但因國會介入，往往使州政府可利用聯邦補助款來達成政策目標。因此，如將補助款作爲執行策略，則只能在某些州達成某些目標。

這項架構正好和 Bardach 的理論相輔相成，甚至可將博弈概念延伸至美國聯邦政府和州政府間之政策執行。但很顯然地，Ingram 的觀點可能在適用上較合乎聯邦體制國家，外在效度較低。

陸、1978 年的 Paul Berman、Richard F. Elmore 和 Martin Rein & Francine F. Rabinovitz

一、Paul Berman 的「The Study of Macro-and Micro-Implementation」

Berman 認爲稍早政策執行的個案研究固然頗爲深入，然其外在效度運用比較困難，而 Bunker，Smith 和 Van Meter & Van Horn（1975 年）等學者的概念架構著重在執行過程中，如何調整影響政策產出至政策結果間的變數關係，又缺乏一個大的部門系絡（1arger sectoral context）或制度系絡概念架構。雖然 Pressman 和 Wildavsky 以及 Van Horn 和 Van Meter（1976 年）和 Ingram 都也認定聯邦體制是影響美國政策執行主要變數，但在概念架構的連結上，都不夠嚴謹。因此，Berman 乃從政策制度背景（the policy institutional setting）和執行問題本質（the nature of the implementation problem）著手，並引用認定執行過程的主要政策執行者（identifying key policy levers）之概念，而建構其「總體一個體」政策執行理論（Macro-and Micro-Implementation），亦即政策執行應分爲聯邦政府層次的總體執行過程和地方政府層次的個體執行過程。

Berman 首先在本文中界定執行的涵義是：權威性決策的實施（the carrying out of an authoritative decision）。但他認爲執行分析不是探究政策目標是否適當，因那是價值問題，而是假定政策（P）並不一定導致結果（O）。換言之，政策執行是探討何種條件下權威性決策可導致可欲的結果（desired outcomes）。因此 Berman 認爲，執行並不一定是嚴重問題，如農業和衛生科技的運用，經 R & D 後，如科技本身沒問題，自然而然執行後就會產生預期結果。可是，依據他的研究，教育革新計畫則不是如此，相同的科技（指教材和教法）在不同制度下就會產生不同結果。亦即對社會性政策而言，執行還是掌握結果的主要變數。Berman 以方程式來表示：$I=f(P, Inst.)$，方程式中 I 表示執行（implementation）是政策（policy）和制度（institution）互動的函數。以下分就文中總體執行和個體執行涵義加以說明。

（一）總體執行

總體執行是指美國聯邦政府執行政策，以影響地方執行機關（local delivery organizations），使依聯邦政府期望去推動，亦即其層面涵蓋聯邦到地方。因此參與者乃包括各種政府機關、行政官員、法院、利益團體、地方傳送服務系統（local delivery systems）和標的對象等，這些參與者的互動行爲型態就影響總體執行過程，Berman 將這過程稱之爲「糕餅式的聯邦主義」，而非層級節制的「夾心蛋糕式的聯邦主義」。因此乃形成鬆散的結合結構（loosely coupled structure），意指每個參與者有其特定的結構和文化，且有相當自主性，是而執行一項政策所需組織間同意程度愈高，則執行過程也就更不確定和困難。而追究其因，這些互動行爲乃受下列因素影響：目標差距（goal discrepancies），影響力和權威不均（influence and authority differentials），資源不足（resource deficiencies）和溝通困難（communication difficulties among organizations）。綜之，在執行過程中，所需階段（passages）愈長，則執行失敗可能性就愈大。

Berman 將總體執行分爲四階段：行政（administration），採行（adoption），個體執行（micro-implementation）和技術效度（technical validity）。所謂行政階段是指將一項政策決定化爲特定和政府方案。在此階段，政府的政策意圖愈模糊（ambiguity in intention），執行機構就愈有自由裁量權，執行機構和人員的動機對執行過程影響就愈大。其次是採行階段，此階段是指聯邦方案爲地方政府所採行，但地方反應和聯邦方案綱領則因下列因素而產生脫節現象（slippage）：對地方政府所運用的誘因，執行者或地方政府特性（attributes），地方政治、社會和經濟條件，和地方政府或參與者所處之執行網路系統（network system）。這些因素如屬負面，將導致地方採行者不順服和不協調（即上述目標差距以及權威不同的現象之一），而只是象徵性的執行。因此，脫節程度須視聯邦政府要求地方政府順服的影響力和權威大小而定。至於個體執行階段詳如下述，而技術效度則指地方執行情況對政策結果的影響程度。

（二）個體執行

個體執行是指地方執行機關採行一項聯邦方案，對地方組織背景的調適，換言之，有效的個體執行則有賴方案和組織背景相互調適。Berman 認爲這項個體執行應有如下特徵：

1. **持續互動性**（the continuing interactions）：即在執行者（指社會服務的傳送者）和標的之間是雙方互動關係（bilateral interactions），而不是單向的順服關係。
2. **官僚與政治調整性**（bureaucratic and political adjustments）：由於缺乏基本的傳送理論（lack of basic delivery theory），加上價值判斷問題（question about value），使衡量政策產出有困難，即技術效度不高，乃使在執行過程，方案調適不是因方案產出或結果，而是爲官僚和政治目的而調整。

3. **地方環境關係開放性（extradinarily open to local environments）**：由於執行社會服務機構和地方環境關係是相當開放。因此，執行方向往往會受到不可控制和不確定事件影響，這些特徵乃影響個體執行的三階段過程，但概念上這三階段應非斷續，而是整體性：

（1）動員階段（mobilization phase）：事實上這階段是指地方政府決定採行聯邦方案而計劃其執行過程（plan for its execution）。其功能一方面發動傳送組織內部政治、官僚和人員的支持（generation of political, bureaucratic, and personal support within delivery organization），即擴大參與計畫和尋求聯盟支持；另一方面則採取適當步驟使執行過程制度化，如訂定組織標準作業程序（standard operating procedures, SOP）。

（2）傳送者執行（deliverer implementation）或調適階段：此階段是指將上述計畫付諸實施。通常有四種途徑：①不執行（no implementation）；②單方調整（cooptation），指執行計畫者或傳送者單方調整；③技術學習（technological learning），指執行計畫者不調整，而傳送者調整其例行的執行行爲；④相互調適，即雙方都調整其執行行爲。

（3）制度化階段（institutionalization），地方執行者必須使執行系統例行化，即制度化才可能產生預期而連續結果，換言之，使其成爲組織的內部程序。

總之，Berman 在本文中提出總體執行，個體執行，鬆散的結合結構，執行階段（passages），相互調適，個體執行階段，以及政策和制度相互運作等概念，對政策執行解釋是比前述幾位學者，來得更細膩。他同時提醒聯邦政府決策者注意：第一，總體執行不可避免地會牽涉到政治問題；第二，聯邦政府對地方執行者影響應是有限；第三，個體執行過程除非經過調適，否則很難有效地達成目標。Berman 的理論模式特點乃在對個體執行層面探討，是目前爲政策執行學者所忽略的概念。只是其提出的概念重於變數界定，解釋變數不足是爲缺點，但 1985 年則由 Ernest R. Alexander 作進一步的引申（下詳）。

二、Richard F. Elmore 的「Orgaizational Models of Social Program Implementation」

Elmore 是繼 Van Meter 和 Van Horn 之後，以組織理論來解釋組織對政策執行最具貢獻的學者。Elmore 認爲本質上，公共政策既是由公共組織來執行，組織原理就應成爲政策分析重要因素。然而組織理論過於龐雜，實無法整合成單一概念架構，來解釋政策執行過程。經過分析，Elmore 整合出四個組織模型來分析政策執行：即系統管理模式（systems management model），官僚過程模式（bureaucratic process model），組織發展模式（organizational development model）和衝突與討價還價模式（conflict and bargaining model）。

（一）系統管理模式

系統管理模式的基本理論假設是：

1. 組織運作應是理性價值最大化者（rational value maximizes），組織理性主要特徵是目標取向行爲，即爲達成目標而須使績效最大化；
2. 組織結構應基於層級控制原則，高層管理者負責分配特定任務和工作目標給部屬，並監測部屬績效；
3. 對於每一項任務，組織有最適分配責任使組織績效最大化；決策者爲找出和維持這項最適責任，乃必須不斷地調整內部責任分配，以適應環境變遷；
4. 執行是一連串確定目標，界定責任，監測績效和內部調整的達成組織目標過程。這項過程是動態，環境不斷地提出新的需求。儘管如此，執行通常是目標取向和價值最大化行爲。

系統管理模式用來分析執行過程事實上有兩項困難：一是它是反聯邦制（anti-federalist），亦即在聯邦體制的分權化結構，這模式無法分析；二是這模式和 Hood 所提出「完全行政」模式相同，它是規範性，很難用來描述眞實世界，但也和 Hood 的模式一樣，如依此模式所提出假設和組織運作，政策執行必然成功。

（二）官僚過程模式

官僚過程模式的基本理論假設是：

1. 此模式的兩項組織特徵是自由裁量和例行化，這些組織行爲是經由個別工作者，在每天決策和操作例行工作所培養出來的自主行爲。
2. 因上述特徵，組織權力乃因而分化和分散在各單位，而當組織變得愈複雜，各單位就愈高度專業化，而對內部運作控制力就愈強。
3. 因此，任何改變各單位既有自由裁量權和例行化決策，都必須爲其所接受，組織決策乃因而傾向「漸進」方法。
4. 執行乃在認定自由裁量權所在和組織例行化需改變之處，以設計一套方案促使各單位改變舊有的例行化工作。

官僚過程模式主要在強調部屬運用自由裁量權和例行化工作，對抗上級的控制，亦即抗拒變遷（resistance to change）。Donald Schon 的動態保守主義（dynamic conservatism），乃爲此模式特點。如以 Michael Lipsky 的用語來說，這模式對執行影響，應考慮基層官僚的自主性（autonomy），基層官僚畢竟占據服務傳送或政策執行的主要地位，在標的對象看來，基層官僚就是政府（the street-level bureaucrat is the government），不瞭解這些人員對政策變遷看法，政策執行就必然會失敗。

（三）組織發展模式

組織發展模式的基本假設是：
1. 組織功能應滿足成員基本心理和社會需求，使其對工作有自主權和控制權，參與決策和對組織的承諾感。
2. 最好的組織結構是使層級節制控制降至最低，並使決策分權化。
3. 組織有效決策須依賴有效工作團體。有效工作團體是指成員間對目標有共識，開放溝通，相互支持，充分運用部屬技能和有效衝突管理。
4. 執行過程是決策者和執行者的共識和調適過程。執行問題不在是否執行者順服政策，而是執行過程是否可造成目標共識，個人主義和執行承諾。

如果說前兩個模式是上級決定政策交由下級單位去執行，則組織發展模式應不是如此明顯區分。由此模式推知，執行失敗不在管理不好和抗拒變遷，而是執行者間缺乏共識和承諾，執行過程應是促進執行者動機和合作，而不是增進層級控制。而其影響因素則有：資源發展（materials development），執行者的良好人際關係和專業技能，上級給予非操縱性支持和執行者對執行承諾感。這些因素和 Van Meter 及 Van Horn 所指出的變數部分相同。換言之，美國聯邦政府對州和地方政府不應強迫其順服，而是協助州和地方政府去發展獨立能力以及執行者的創新行爲。果然如此，政策執行過程和績效必將都是正面影響。

（四）衝突與討價還價模式

衝突與討價還價模式的主要理論假設是：

1. 組織是成員和各單位爲特定利益，而運用權力爭取稀少資源分配的衝突場合。
2. 組織中權力分配是永不穩定，因其成員或各單位莫不動員足夠資源去操縱別人的行爲。而法定職位只是決定權力分配的一項因素，其他因素還應包括專業知識，對資源控制和動員外界支持能力。
3. 組織決策應是各單位內部之間討價還價。討價還價不是聚合各參與者的偏好和資源，也不是要各方同意共同目標。它只是要求各參與者相互調整其行爲，以作爲分配資源的手段。
4. 執行是反應參與者偏好和資源的討價還價複雜過程。因此，執行成敗不是以某單一項政策意圖的結果來衡量，其實沒有單一項目可滿足所有參與討價還價過程的參與者。

依此模式看來，政策之所以失敗是因爲沒有單一政府機構有足夠權力，使其他單位或成員順服於某單一政策概念（conception of policy），衝突和討價還價於焉而生，此和 Charles Lindblom 的「黨派相互調整」（partisan mutual adjustment）概念相近。此模式最大貢獻在使我們瞭解，執行過程應是討價還價，聚合（convergence），調整（adjustment）和排除（closure）過程。但其缺點也在如何界定政策成功或失敗？

綜之，我們應運用這四種模式來檢視相同事件或政策執行過程，以瞭解不同解釋特徵，或運用不同模式解釋不同執行過程，而不要認爲哪一模式比另一模式好。只是如何決定運用，恐大有困難，更進一步說，各模式中的解釋變數界定亦不明確，很難找出變數間因果關係，以「修正」（fix）執行過程。

三、Martin Rein 和 Francine F. Rabinovitz 的「Implementation: A Theoretical Perspective」

Rein 和 Rabinovitz 受系統論的影響較深，對政策執行理論演繹乃採取循環觀點（principle of circularity），而對政策執行理論發展有突破性的發現。這由他們對政策執行的定義可知，Rein 和 Rabinovitz 認為政策執行為（1）政府偏好選擇的宣稱；（2）經過許多參與者；（3）以相互權力關係和談判來創造一個循環過程。因此，政策執行過程：

> 不是一優雅的單向傳遞過程，即從立法到指令，再到審核和評估，而是循環或環狀過程。……過程中沒有任一參與者會因其階段已過，而願意停止去介入過程中的其他部分。

在這循環過程，他們將政策執行分為三個階段：綱領發展（guideline development），資源分配（resource distribution）和監督過程（oversight process）。但在每一階段都受到三項執行原則相互運作影響，即合法原則（legal imperative），理性原則（rational imperative）和共識原則（consensual imperative）。這執行循環過程運作又受到環境條件（environmental conditions）的影響，使執行過程顯得動態而複雜。以下乃分述這些理論要點：

（一）執行原則：合法、理性和共識

事實上，執行原則和民主理論密切相關。民主理論基本前提是民眾透過投票控制政治系統和消費者主權控制經濟系統，而在工具上則以法令（laws）來表達民眾的意志。因此，官僚或行政人員必須而且必要順服地執行這些法令，此即所謂執行的合法原則。然而，強勢而有組織的利益團體，往往為擴張其利益和組織，不斷地展現影響力，使立法和行政人員無法正確地反應民眾和這些利益團體的不同利益，而又另定新法或政策（new policies）以符合利益團體要求。這就是所謂政策目的往往在執行過程中，每一階段不斷地再界定（purposes are redefined at each stage of the implementation）。儘管如此，政策執行乃是行政官員解決問題的過程，其對法令反應往往也會從道德、理性和行

政效能來考量，此即爲理性原則。因此，執行過程就變成立法—政治的討價還價過程（the legislative-political bargaining process），如何調和決策者或制定政策綱領者（guideline developer），利益團體和執行人員所各自抱持的法令規定，行政理性和政治可行性等相互衝突的要求，則相當影響政策執行過程，此即爲共識原則。

1. 合法原則：如上述合法原則是指行政人員必須服從法令規定，但其須視下列因素而定——（1）議員的權力和聲望地位；（2）議員或國會中各委員會委員的專業能力；（3）立法爭議的範圍和釐清程度；（4）立法者和執行者支持法令程度。這些因素，如是正面的，當可使執行過程順利。
2.「理性——官僚」原則——此項原則是指下列因素：（1）原則一致性（consistency of principles），即執行標準前後必須一致；（2）可執行性（workability），即要避免支持雙方或資源的直接對抗；（3）制度維持（institutional mainteance），保護和成長（protection and growth），即爲維持國家制度，有時可能必須改變政策（correct policy）。這些因素，如是正面的，執行過程當可順利成功。
3. 共識原則——此項原則是指在執行過程中，必須考量利益團體偏好和壓力，而合法和官僚理性原則都受到挑戰。即當行政機關地位較弱或資源較差時，其執行過程就易受利益團體控制。因此，執行者必須衡量和妥協共同看法，以利政策執行。

（二）執行階段：制定綱領、資源分配和監督

這三項原則必然要放在執行階段來討論才能看出動態過程。根據 Rein 和 Rabinovitz 的循環原則，政策執行階段應可分爲：制定綱領（guideline development），資源分配（resource distribution）和監督（oversight）。

1. **制定綱領**：這階段爲將立法機關意圖（legislative intent）或所通過的法律轉化爲行政機關的執行規章或綱領（administrative prescriptions or regulations for action），但這些規章或綱領一旦頒布後，各利益團體都會運用各種管道來挑戰和修正。
2. **資源分配**：這階段是將資源分配給負責執行法規的行政機關。但經費的「授權—撥款—支付」過程（authorization-appropriation-disbursement split）將影

響執行過程，尤其是有時間拖延（time delays）情事時，常使原有目標難於在期限內達成。更要緊的是，如經費未能如期執行完畢，可能會被上級機關認爲過度編列預算，而影響下年度資源分配。

3. **監督過程**：這階段是指透過監督途徑或方式，來提升基層或執行人員的行政課責（accountability），方式通常有三：（1）監測，即透過資訊系統監測各單位執行預算或程序；（2）審計，即透過內在和外在審計制度和程序（internal and external audit），檢視各單位運作和立法意圖差距；（3）評估（evaluation），即評鑑方案達成目標程度或最近趨勢，評估工作較爲著重執行程序的適當性。

然而，如上述，這三階段應是循環的過程，依政策或立法透過綱領制定和資源分配後去執行，再經監督過程，評估結果以作爲改變立法意圖或行政措施，如此循環不已。儘管如此，這一動態循環過程必須受三項重要環境條件影響：目標顯著性（goals saliency），過程複雜性（complexity of process）和可用資源本質和層次（nature and level of available resources）。

1. 目標顯著性：指政策或立法目標如是模糊、象徵性（symbolic）和不顯著（low-saliency），則政策執行可能採用複雜而循環模式；相反的，目標愈明確、工具性（instrumental）和急迫性，則政策執行可能採取階層式和集權式。一般說來，後者較易執行。
2. 過程複雜性：這項環境因素是指參與政策執行的各級政府單位和參與者愈多，決策否決點就愈多，利益愈分歧，執行就較不易成功，但有時也因此而有保護功能（protection）。另者，政策環境如缺乏單一而連貫目標和原則而致法令如毛，將使方案之間執行效果相互抵銷。
3. 可用資源的本質和層次：執行型態必然和所需資源本質有關。規制性政策或法規執行就需提供現金或服務誘因，否則難以推動。再者，該項政策或法規執行如利害關係高（the stakes are high），則資源運用層次（level）就必須高，蓋因壓力重。

綜之，政策執行的政治過程是基於合法原則，理性原則和共識原則，由參與者共同運作以解決這些原則衝突，而衝突解決又取決於目標明確、顯著性和一致性，資源種類和層次以及執行過程複雜性。這種政策執行循環模式比諸上述理論模式是重大突破，誠如 Nakamura 和 Smallwood（1980: 18）所指出的，打破以往政策執行的單向概念，再一次突出執行者的角色，可說是「由下而上」研究途徑的理論概念，但因兩氏仍較著重制定綱領，再分配資源，而後再監督的「由上而下」過程，因此，分類上仍歸入「由上而下」的研究途徑。

柒、1979 年的 Robert S. Montjoy 和 Laurence J. O'Toole, Jr. 與 Paul Sabatier 和 Daniel Mazmanian

一、Montjoy 和 O'Toole, Jr. 的「Toward a Theory of Policy Implementation: An Organizational Perspective」

Montjoy 和 O'Toole, Jr. 在本文中，將執行概念化爲組織問題，而企圖建構一以組織爲導向的政策執行理論，在層面上分爲：組織內政策執行（intraorganizational policy implementation）和組織間政策執行（interorganizational policy implementation）。前者是本文重點，後者則發表於 1984 年的「Interorganizational Policy Implementation: A Theoretical Perspective」，但筆者將其列爲「整合」的研究途徑，容後論述。兩氏假定所有機構成員以其自身價值理念，在人類能力限度內去處理和運用資訊，以達組織目標。因此，組織乃甄補背景和訓練相似的成員，使具同樣偏好和信仰，透過「共同聯盟」關係（dominant coalition），而形成該組織目標和世界觀。然而這些成員的聯盟關係則至少受到兩項因素限制：一是外在法令、規章和指令；一是現有作業例行程序（existing routines）。外在法令、規章當然會對組織運作造成實質影響；現有例行程序則往往會導致缺乏彈性，使組織變遷成本提高，新的經費、人員和專業知識乃成爲促進變遷的可貴資源，而這些新的資源還是需從外在環境引入。因此，這些外在法令和資源將對組織造成不同的影響，試以下圖的座標說明之：

（法令）

（新資源）		模糊（Vague）	特定（Specific）
	是	A	B
	否	C	D

在上圖中，類型 A 組織表示外在法令不特定，給予相當裁量空間，但有新資源支持，將可克服現有例行作業程序障礙，領導者也會有更堅定目標和世界觀。類型 B 組織是指雖有新的資源，但因外在法令特定性，在自由裁量上受到限制。因而只能運用這些新資源，建立新例行工作程序，或新機構來達成組織目標，領導者的世界觀和所期望的組織目標，比類型 A 就稍不重要（less important）。類型 C 組織雖對外在法令解釋有自由裁量空間，但都沒有新資源支持，組織變遷就缺乏動力，自然地這類組織也就缺乏新活力。類型 D 組織則指外在法令具特定性，惟缺乏新資源支持，雖然例行工作程序不易變更，新法令不可取代舊有法令，只能以現有能力滿足新法令需求。

在兩氏看來，這些類型組織對政策執行具有不同涵義。最能避免組織內執行問題應是訂定特定法令和提供充分資源的類型 B 組織，亦即設立新單位以執行新方案，可是這可能會引起組織間執行問題。至於在類型 A 的情況，決策者將注意集中於組織目標和世界觀，而常發生法令所給予裁量權未能充分發揮，而因時間壓力未能採取行動，甚至將自由裁量權轉移給其他單位，而使執行因之拖延。類型 C 組織則常陷於現有例行工作困境。而類型 D 因受法令和資源所限，常須處理超出能力的執行工作。因此，對任何組織而言，新工作當然須配合某些新資源，才能確保執行順利。

綜之，兩氏企圖發展組織內執行理論，而將組織分類，提醒實務界，欲期政策執行順利必須從法令和資源配合，使轉換成類型A的組織，頗有啓發性。然未能深入討論各類型組織的結構，很難瞭解單憑法令和資源的配合就能促進執行的成功。

二、Paul Sabatier 和 Daniel Mazmanian 的「The Implementation of Public Policy: A Framework of Analysis」（1980）、「The Conditions of Effective Implementation: A Guide to Accomplishing Policy Objectives」（1979）和 Implementation and Public Policy（專書）（1983）

Sabatier 和 Mazmanian 所建構的政策執行理論模型，可說是在「由上而下」研究途徑中最具廣博性，無論在概念上和影響變數界定方面，都比其他任何理論模型來得週延。兩氏首先肯定 Rein & Rabinovitz 和 Berman，以及 Bardach 和 Van Meter & Van Horn 對理論建構的貢獻。但他認爲有幾項概念應做進一步思考：

（一）應充分考量執行的社會結構特徵和制度因素，決策者和執行者影響範圍，執行者資源基礎以及對象不順服行爲的強制懲罰；

（二）應基於 Richard Hofferbert 的過濾器（filters）概念，考量一項政策結果解釋應由廣遠歷史和地理背景，而當前社經條件，再至民眾信念和政治行爲，後及憲政結構；

（三）當然組織和官僚理論更不可或缺，藉此瞭解各級政府機構間運作；

（四）應考量「政策次級系統」（policy subsystem）概念，以瞭解所有參與者相互運作情況；

（五）然而政策執行所面臨的問題是其可處理或易於處理程度，往往影響執行過程和結果。

基於上述的概念基礎，Sabatier 和 Mazmanian 對政策執行的界定是：

> 執行是法規、行政命令或法院判決等政策決定的實施活動。理想地說，這些政策決定是在認定問題，界定目標和規範執行過程。這執行過程應是始於法規通過，而由執行機構執行政策決定或法規，再視標的團體順服這些政策決定程度，及這些決定的有意和無意實際影響，最後則是修正這些法規。

根據這項定義，兩氏將影響政策執行的自變項（independent variables）分爲三類：（一）問題可處理性（tractability of the problem）；（二）法規規範執行過程能力（ability of statute to structure implementation）；（三）非法規因素（no statutory variables affecting implementation）；將定義中所述的執行過程視爲依變項（dependent variables），而建構成如圖 2-5。

Sabatier 和 Mazmanian 自認爲此模型比較適合對管制性政策（regulatory policy）解釋，但事實上對其他類型政策的解釋亦可適用。在此模型中，第一類自變項是問題可處理性，其意是指有些社會問題比其他易於處理或解決，而這須以下述變數爲指標：（1）技術困難程度（technical difficulties）；（2）標的團體行爲的分殊性（diversity of prescribed behavior）；（3）標的團體數目（target group as a percentage of the population）；（4）標的團體行爲需要改變

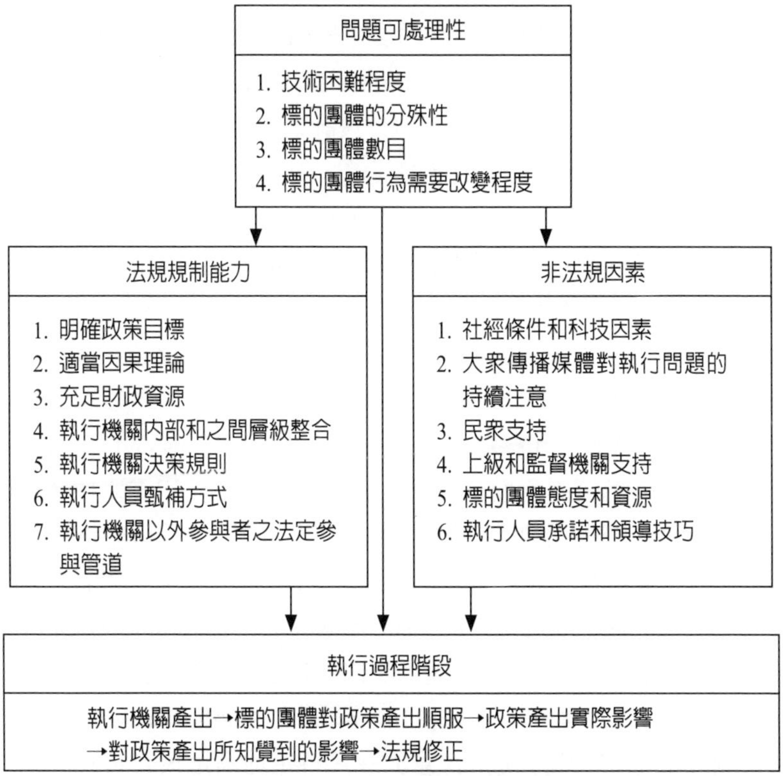

圖 2-5　Mazmanian 和 Sabatier 的政策執行過程模型

程度（extent of behavioral change required）。以上這些變數運作如是正面，當然有利於執行，只是不可太強調問題可處理性，蓋政策分析的目標就是要透過發展有效政策執行工具，以解決異質性高的問題。

第二類自變項是法規規制能力，其意是指透過法規促進標的團體行爲改變以達成政策目標，而這須以下述變數爲指標：（1）明確政策目標（precision and clear anking of legal objectives），指目標清晰而優先順序清楚；（2）適當因果理論（incorporation of adequate causal theory），指政府行動和目標達成具因果關係；（3）充足財政資源（initial allocation of financial resources）：充足額度的經費爲管制方案所必須，應可僱用專人來做技術分析和監測，如國會撥款能高於此一額度，應可等比例增加達成目標的結果；（4）執行機關內部和之間層級整合（hierarchical integration within and among implementing institutions）；（5）執行機關決策規則（decision rules of implementing agencies），即執行機關處理事務時的法定規則，如程序手續或通過的人數比例等；（6）執行人員甄補方式（recruitment of implementing officials），執行人員因受文官制度保障，以致決策者難以設計或限定承諾感高的官員來執行；（7）執行機關以外參與者的法定參與管道（formal access by outsiders），即指訴訟程序、請願等管道。以上這些變數運作如是正面，當然有利於執行過程，只是這並不容易，尤其是美國憲政結構所造成多元決策否決點和過濾點，利益異質性往往是障礙因素。

第三類自變項是非法規因素，其意是指任何政策執行必然是法規結構和政治過程的互動函數，非法規因素乃成爲影響執行成敗之直接或間接因素，其變數爲：（1）社經條件和科技（socioeconomic conditions and technology）。社會和經濟條件隨環境因素而變動，將影響問題被認知和重要性，政治支持程度就不同；而科技是指執行法制法規的可用科技，如爲取締汽車排放廢氣污染空氣，但汽車是否已裝置觸媒轉化器？（2）大眾傳播媒體對執行問題的持續注意（amount and continuity of media attention to the problem addressed by a statute），政策問題如能被特殊報導而超出「議題注意幅度」（issue-attention span），則比較可能被有效執行；（3）民眾支持（public support），民眾影響政策執行過程常是循下列管道：民意表達、特定地區選民對特定問題的關切和民意調查；（4）上級和監督機關支持（support from sovereigns）；（5）標的團體態度和資源（attitudes and resources of constituency groups），所謂標的團體資源是指如其反對政府政策執行，是否能提出其他誘因或專業知識以表示意見或干預執行的過程；(6) 執行人員承諾和領導技巧（commitment and leadership skill of implementing officials）。

次之，兩氏將依變項的執行過程分為五階段，可說是概念上的一大突破。以往政策執行學者所提出的理論模型，都很籠統將依變項界定為執行或過程或結果，往往混淆影響自變項和依變項的因果關係。兩氏認為有兩項理由必須分開這些階段：(一) 如我們關切政策執行實際影響範圍是否符合方案目標，則應將執行過程界定在前三階段，即執行機關產出→標的團體對政策產出順服→政策產出實際影響；(二) 如我們關切政治系統對法規的評估，則應注意後兩階段，即對政策產出所知覺到的影響→法規修正。

所謂執行機關產出是指執行機關是否將法規或政策轉化為具體可行規章（substantive regulations），標準作業程序，或法院判決（adjudicatory），這將可減少執行者自由裁量權。而「標的團體對政策產出順服」（target group compliance with policy outputs）指標是法規對不順服標的團體之懲罰，監測不順服的可用資源，以及標的團體不順服的成本效益考量。至於「政策產出實際影響」（actual impacts of policy outputs）指標是政策產出和法規目標符合程度，政策產出被相衝突法規抵銷程度，和標的團體行為變遷與目標達成之因果關係。後兩階設「對政策產出所知覺到的影響」（perceived impacts of policy outputs）之指標是指在政策次級系統中標的團體和政府對政策產出知覺程度；而「主要修訂法規」（major revision in statute）是指在執行過程再修訂和再制定。

最後，兩氏提出有效政策執行的六項條件作為結語：

(一) 法律或法令規章應明確而一致或至少應提供實質標準以解決目標衝突。

(二) 任何法規應具健全因果理論以認定主要因素，和影響政策目標的因果關係，並給執行官員對標的團體之充分裁量和其他權力以達可欲目標。

(三) 任何法規應規範執行過程，使執行者願意執行，和標的團體願意配合機率最大。這就必須使執行機關之間和內部層級能整合，機關決策規則獲支持，有充足經費和適當參與管道。

（四）執行機關領導者應擁有足夠管理和政治技巧，以及達成法規目標的承諾感。

（五）政策方案必須獲組織、選民團體和主要立法人員支持，而法院角色應是中性或支持性。

（六）法規所定目標優先順序不應經過一段時間後，使目標相衝突的其他公共政策有所混淆，或因社經條件變遷而弱化法規的因果理論或政治支持。

在 Mazmanian 和 Sabatier 看來，以上理論變數的界定只是提供一靜態的圖像（static picture），而事實上，政策執行過程應是多面向動態過程（dynamic process）。譬如，期望標的團體行為改變的程度將影響政策指令明確性，需要適當的因果理論，民眾的支持和懲罰的程度等等。因此，兩氏乃再將上述模型中的變數以兩面向方式提出圖 2-6，雖然這只是建議性、啓發性，但應足夠使

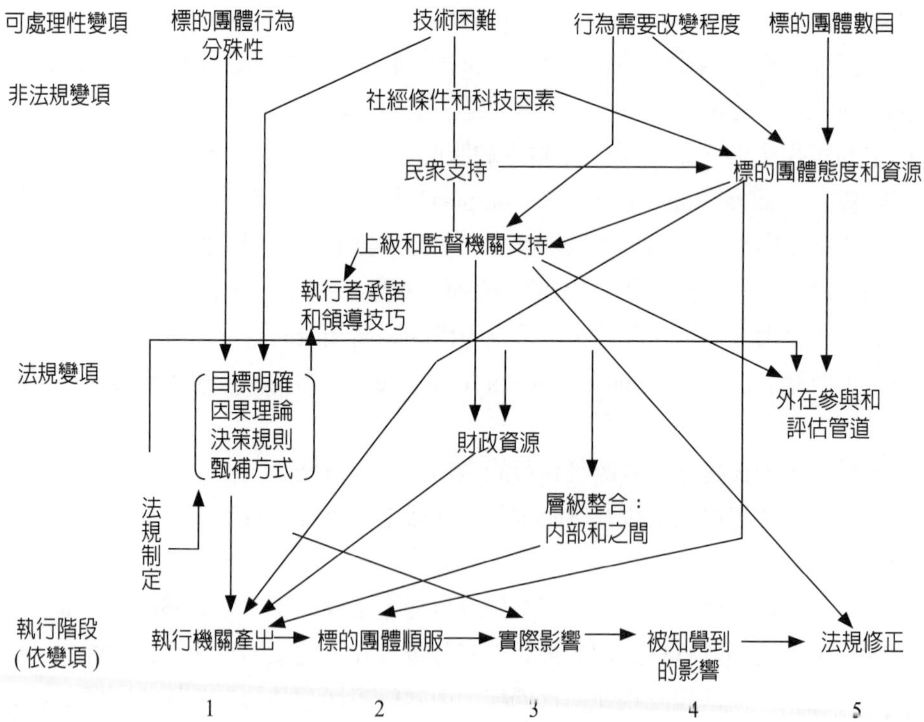

圖 2-6　Mazmanion 和 Sabatier 的法規執行變項流程圖

資料來源：同圖 2-5。

理論界和實際界瞭解變數間的因果關係；即以問題可處理性的各變數爲外生變項，而以非法規因素的各變數爲中介變項，及以法規法制能力的各變數爲內生變項，當然仍以執行過程的各階段爲依變項。圖中的箭頭方向即表示因果關係和影響方向，應足夠瞭解執行過程的複雜性，只是在實證檢定上應有困難度。

捌、1980 年的 George C. Edwards III 和 Merilee S. Grindle

一、Edwards III 的「Implementing Public Policy」

Edwards 在本書一開始，就認爲決策者應重視公共政策執行，因其爲政策制定的重要因素，隨即批評過去對政策執行研究過於著重個案研究，無法通則化；並認爲 Graham Allison 的理性、組織過程和官僚政治模型，是著重在政策制定，而非政策執行；接者又批評 Bardach 的博弈概念雖然有趣，但對研究執行過程則不完全，而 Van Meter 和 Van Horn，以及 Sabatier 和 Mazmanian 的架構所提供的影響政策執行變數很有解釋力。因此，Edwards 乃從成功政策執行應具備先決條件和障礙因素著手，而提出圖 2-7 的影響政策或法規因果變項圖

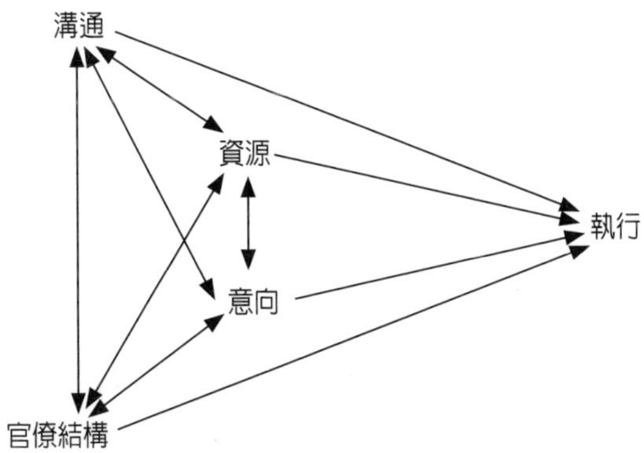

圖 2-7　Edwards III 的直接和間接影響執行模型

資料來源：Edwards III, Ibid.: 148.

（direct and indirect impacts on implementation）。

在此模型中，他認為溝通（communication）、資源（resources）、意向或態度（dispositions or attitudes）和官僚結構（bureaucratic structure）為四項影響政策執行重要變數。而這四項變數是同時和相互運作，以影響政策執行。同時運作（operating simultaneously）可以圖中的單向因果關係（即直接關係）來表示，而相互運作（interacting with each other）可以圖中的雙向因果關係（即間接影響）來表示。以下乃就此模型中 4 個變項，加以論述。

（一）溝通

有效政策執行首要條件是執行者必須知道他要做什麼，因此傳達（transmission）必須正確，而且接受傳遞者也不能有偏差的選擇性注意（selective perception）。為達此必須注意兩項要件：（1）執行指令必須明確（clarity）：欠缺明確指令可能使執行者對原有意圖做相反解釋，如此則不僅阻礙有意變遷（intended change），更也可能導致未預期變遷（unanticipated change），而失去執行目的。至於導致政策欠缺明確之因有：制定過程過於複雜（complexity of policymaking），為避免引起民眾反對（public opposition），對相互競爭目標不易達成共識，新方案頒布後總有一段時間落差使民眾不易理解，制定機關為逃避責任不願使條文內容過於明確和法院判決有些是原則性；（2）執行指令必須具一致性（consistency）—即使指令或法規明確，但卻相互矛盾仍將影響執行。導致欠缺一致性和明確性原因應是相同，利益團體的影響往往使政策指令欠缺一致性。

（二）資源

缺乏足夠資源往往可能使執行無法達成目標，而誠如 Edwards 引述 Jones 評斷空氣污染控制所言：「想達到什麼目標就看掌握什麼資源」。所謂資源是指：（1）充足而適任人員，並具備適當技能；（2）適時而充分資訊可使執行者知道他該如何執行或執行什麼，更可使執行者監測哪些參與者有不順服行為（monitoring noncompliance）；（3）權威（authority）的運用，Edward 認為執行機關權威為：下達傳票移送法辦，下達命令撤銷補助款，提供經費、人員和技術援助給下級政府購買財貨和服務等。但在這些權威中，並不是強制性就有效，蓋往往受制於壓力團體或傳播媒體干預。因此，對於一些比較欠缺權威機關，只好採取服務取向而不是管制取向（a service rather than a regulatory orientation），提供協助以求配合執行；（4）設備要足夠，執行者雖擁有足夠人員、權威和資訊，但如缺乏建築、設備和物品，執行功能也難發揮。譬如學校欠缺教學器材，監獄過分擁擠和公園綠地不夠等等，都會使教育、司法和都市發展等方案執行受到阻礙。

（三）意向或態度（dispositions or attitude）

Edward 認為，執行者如對某項政策有正面意向或態度，當然可能如決策者所期望目標去執行；反之，則會造成反效果。至於影響執行者意向因素，則不外本位主義（parochialism），即任何行政機關甄選人員時，皆喜歡採用思考相似的人（like-minded personnel），以發展同質性態度（homogeneous attitudes）或歸屬感，乃形成派系，並造就一群具有相似參考架構（similar frames of reference）的官僚，對執行過程影響甚鉅。就負面效果來說，這些執行者可能因政策利益相競爭（competing policy interests）而反對執行；也可能因選擇性知覺與政策目標不符而反對執行；也可能因組織間彼此觀點不同而不願合作執行；也可能因價值和態度而反對執行。因此，Edwards 認為可採用人事（staffing）和激勵（incentives）方式來防止。在人事運用方面可有：（1）控制任命方式，不可只憑政治因素考量；（2）審慎運用調職或升遷等人事行政方式，但文官制度對執行者保障，有時也可發揮自由裁量作用；（3）改善法官任命方式（指美國）；（4）另外任用贊成執行人員（bypassing personnel），即不以現有反對執行人員為主要執行者，將有利政策執行。在激勵運用方式可有：（1）提高薪資；（2）提高職等；（3）提供補助款或基金給下級政府；（4）以賦稅獎勵私人企業協助執行。但這些激勵方式應注意目標轉換（goal displacement）的負作用。

（四）官僚結構（bureaucratic structure）

Edwards 的官僚結構包括：標準作業程序（standard operating procedure, SOP）和分散化（fragmentation）。SOP 是指在複雜組織中執行官員每日工作例行化，其優點是可節省時間，可處理更多日常事務，使不因人員調職而影響工作，更可公平地運用各種規章；此外，因例行化後，可節省資源重覆使用，但也可能一旦建立例行化程序後，執行者就寧可保持現狀，抵抗變遷，而對新情況變化反應缺乏彈性。因此，SOP 缺點乃在有時很難採取適當行動（appropriate actions），或資深者不願採取新作法，資淺者比較可以接受，而造成組織內部衝突。總之，一項政策執行改變原有機關例行程序愈大，SOP 阻礙執行過程機率也就愈大。

至於組織結構分散化是指一項政策執行責任分散於政府不同部門，而由各部門作分權化處理以達成政策目標。這種組織設計對政策執行影響是：(1) 因各機關所重視優先順序不同，執行人員通常不常和其他機關協調，乃造成一項政策執行需要協調程度愈多，執行成功機會就愈小；(2) 因重疊（overlap）和重覆（duplication）處理相同事務，乃導致人力和經費浪費；(3) 由於各機關間往返協調，往往使某些創新意見因之被忽略。但是結構分散化則因有些政策屬多面向（multidimensional），如農業、交通和能源等，必須分散執行責任，共同達成目標。

嚴格說來，Edwards 所提出的模型可說是簡明扼要，完全以行政功能為概念基礎。雖然這些變數概念來自 Van Meter 和 Van Horn，以及 Sabatier 和 Mazmanian，但 Edwards 對這些變數影響政策執行的解釋和分析則最深入，而且所舉案例廣及美國各種公共政策，頗具周延性。只是，此模型對環境因素和參與者互動關係的論證付之闕如，顯然是模型設定（model specification）不足。

二、Merilee S. Grindle (ed.)「Politics and Policy Implementation In The Third Word」

在本節所論述的各種政策執行理論，至目前為止，只有 T. B. Smith 理論自認為可適用於開發中國家，其他理論模型可說都是美國經驗，直到 1980 年，Grindle 所編此書，比較分析尚比亞的「意識型態」方案執行（Indeological Program Implementation），秘魯的「政府改革」政策執行（Reform Governments），印度的「社區發展」執行策略（Community Development），哥倫比亞的「住宅政策」執行（Implementation of Housing Policy）和「農村電氣化」政策執行（Rural Electrification），墨西哥的「農村發展」（Rural

Development），肯亞的「國民住宅」（Public Housing）和巴西的「新開墾地的消除」（Squatter Eradication）等國政策執行經驗，首開對開發中國家政策執行研究先河。

Grindle 認爲，過去對開發中國家政策執行研究，都著重在行政組織和官僚程序或官僚特徵，而未注意政治體制特徵（characteristics of the political regimes）和執行問題間之關係，以及執行本質問題（the general nature of implementation）。因此，她認爲應從政策內容（content），即政策內容因素對執行影響，以及行政行爲的政治系絡（context）對執行影響來著手。蓋開發中國家的政黨結構，利益團體型態，政治領袖和國家官僚（state bureaucracies）結構，都無法和先進國家相比，難以發揮影響政策制定功能。職是之故，開發中國家政策執行過程，就變成是政策標的團體爲追求利益和競爭稀有資源的競技場合，亦即形成政府和民眾，官員和選民的互動關係型態。準此，Grindle 乃建構——「視執行爲政治和行政過程」（implementation as a political and administrative process）的理論模型（圖 2-8）。

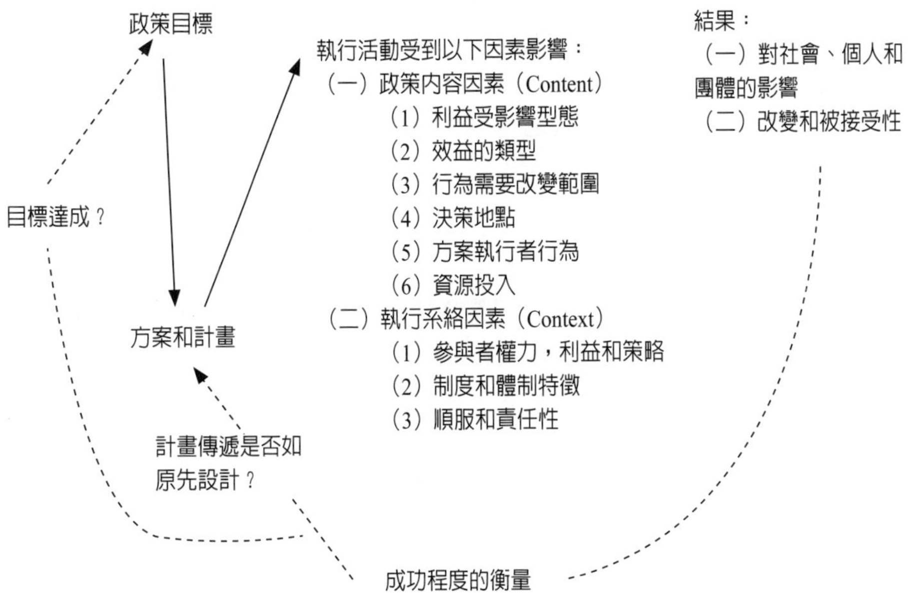

圖 2-8　Grindle 的「視執行為政治和行政過程」的理論模型

在本模型中，Grindle 仍認爲執行是由上級政府制定政策，再轉化成具體方案和計畫，而後訴諸執行，執行活動則受內容因素和系絡因素影響，至於執行結果衡量是否達成政策目標，以及計畫和執行傳送是否符合原先設計，皆爲政策執行成敗指標。但這由「政策→方案→結果」過程，是由執行活動所主導，其影響變數就很重要。

在內容因素方面，Grindle 引述 Lowi 的政策類型涵義，認爲政府政策作爲必然導致社會，政治和經濟關係變遷，而使標的有的受益或受害，有的則引起效益爭奪，此即在模型中的利益受影響型態（interests affected）和效益類型（type of benefits）兩項變數概念，對執行當有正反面影響。其次，行爲需要改變範圍（extent of change envisioned），方案執行者行爲（program implementors）和資源投入（resource committed）等三個變數和前述理論模型解釋對執行影響相近，不再贅述。而決策地點（the site of decision making）是指由決策者至各地方執行間如組織過於分散，則將使方案執行更加困難。

至於系絡因素的第 1 項變數是參與者權力，利益和策略（power, interests, and strategies of actors involved）。這項變數是指每位參與者對政府所執行的公共政策可能有特定利益，爲達其需求和目標，乃運用策略，資源和權力地位等政治算術（political calculus），在執行過程中去影響稀少資源爭取和執行。但這些政治菁英分子互動和執行人員反應，必然是在制度和政治體制環境中來運作（interacting within given institutional contexts and regime characteristics），而這些又影響參與者的「權力能力」（power capabilities），勢必影響執行過程型態。這項變數類似美國憲政結構對政策執行的影響型態。其次，順服是指爲達順服政策的執行，必須贏得政治菁英分子支持，執行機構順服和執行人員、利害關係人配合；而責任性（responsiveness）是指執行人員必須熟悉政治藝術和環境因素，使能滿足標的團體需求，才能達成政策目標。

綜觀 Grindle 的理論模型，的確和上述學者觀點有所不同，所提出變數中，如政策類型，決策地點和政治系統結構等皆有創意，尤其將影響因素二分爲內容和系絡，簡明清楚，只是如能將 Sabatier 和 Mazmaian 的變數納入則更爲周延。

第四節　理論架構應用期

依照 James P. Lester 等人（1987: 205）的說法，上述的理論架構都被用來檢定各種法案的執行，尤其是 Sabatier 和 Mazmaian 的理論架構，今試舉其要者有（Sabatier, 1986: 26）

（一）Sabatier 和 Mazmaian（1983）的「加州海岸保育法」（California Coastal Conservation Act, 1972-80）。

（二）Sabatier（1984）的「法國海岸法」（French Coastal Decrees of 1976 and 1979）。

（三）Cerhch 和 Sabatier（1986）和「英國空中大學」（British Open University，1969-79）。

（四）Bowman 和 Lester（1986）的「美國廢棄物政策」（U.S. Hazardous Waste Policy）。

根據 Carl Van Horn（1987，引於 Lester, Idem.）對這期間實證研究歸納得到四點結論：（1）在 1980-1985 年間並未出現新的理論架構取代 1973-80 年間的理論架構，而這些架構已相當能對政策執行成功和失敗提出一般性解釋（general explanations）；（2）這些執行研究顯示出，時間長短是一項重要變數，亦即政策執行結果會因是橫斷面（cross-sectional）或縱貫面（longitudinal）的研究而有不同；（3）雖然 1980 年以前政策執行個案或比較研究，大都強調失敗經驗，但在這期間則有比較樂觀發現，可參考 Mazmanian 和 Sabatier（1983）的「Implementation and PublicPolicy」書中所分析的個案，以及 Lester 等人（1987）對美國各州有害廢棄物執行的比較分析「Hazadous Wastes, Politics and Public Policy: A Comparative State Analysis」；（4）但也發現即使是簡單而不複雜的方案也會執行失敗。

然而，這些經驗並未能告訴我們哪些變數對哪些個案執行成功或失敗，可有區別的解釋其因又如何。因此，就方法論的角度來說，過去的理論架構在運用上可能要更進一步設定因果模型（causal pattern），並進行多變項分析（multivariable analysis），才能瞭解不同的自變項會產生哪些獨特影響。大致說來，在這理論應用期間，「由上而下」研究途徑的研究發現就如上述。但事實上，在這期間，有幾項研究雖屬「由上而下」研究途徑的理論應用，但理論建構的涵義亦相當顯著，而稍有別於 1973-1980 年間的理論模型，有必要簡要論述。

壹、1981 年的 Mary Ann Scheirer

Scheirer 在「Program Implementation: The Organizational Context」的一項應用研究是企圖透過建構「視執行組織為社會系統」（viewing the implementing organization as a social system）的政策執行理論，來解釋美國紐約州兩個心理衛生中心（對象是小孩和成人心智殘障者）的執行功能，在方法上質化和量化分析都被作為研究工具，雖以組織為取向，卻以社會變遷（social change）作為研究的定向概念。

Scheifer 頗受 Elmore（1978）理論模型的影響，但卻另有創見。在檢視理性計畫模式（rational planning），結構分析（structural analysis），組織發展（organizational development），創新擴散（diffusion of innovations），個人變遷心理學（individual psychology），以及官僚和政治模式（bureaucratic and political models）等六項理論後，認為都只對組織變遷，影響執行提供特定觀點解釋，實應透過將執行組織視為社會系統觀點加以整合。因此，她乃運用 Katz 和 Kahn 的「開放系統組織模式」（open system organizational model），強調組織應分為三層面，即總體層面（macro-level components），中間層面（medium-level process）和個人層面（individual-level variables），而分別將上述六項理論的變數分別納入這三個層面，探討每項變數對政策執行的影響，其分析架構如圖 2-9 所示。

總體層面要素是指組織和環境相互變遷層面，在這層面，決策是由合法的組織權威當局所制定，以指揮員工特定行為，但必須承受來自環境壓力。其分析變數是：（一）決策過程（decision procedure）：即（1）決策者如較傾向解決問題也不是尋求個人或組織私利，則政策執行將較為順利；（2）決策者決策如擁有高強制地位（high enforcement positions），則政策執行亦將較順利。（二）控制過程（control process）：即（1）執行者若能參與決策過程，則政策執行將較為順利；（2）中央政府官員若強烈地支持計畫，則政策

總體層面要素

決策過程

控制過程

資源取得

環境關係

中間層面過程

監督者期望

標準作業程序

創新技術要件

溝通流程

工作團體規範

個人層面變數

行為技巧

激勵

認知支持

圖 2-9　Scheirer 的政策執行分析架構

執行將較爲順利；（3）創新方案執行者自主性，如和組織內部控制過程（法定監督和協調管道）相調和，則執行將較順利。（三）資源取得（obtaining resources）：即（1）適當財政和人員資源是政策執行要件，但只是增加財源和人員不一定會達到目標；（2）若能將計畫時間納入執行者工作時程和長期目標期望，則執行較爲順利，因須避免執行者以時間不充裕爲藉口；（3）組織經常性資源，愈須靠外來支持，則對政策長期執行必愈困難。（四）環境關係：即（1）來自受益者，支持者，競爭性服務團體和法規管制者新形成的環境影響力（environmental influences），可支持或不利於政策執行，換言之，視不同情況而定；（2）外在聯盟支持社會方案愈分歧，愈易透過政治過程採行這項方案，但也愈難執行；（3）影響某一特定組織的法令管制體系愈龐大，對方案執行也愈形困難。

中間層面過程是指一個組織內部過程及其次級單位運作，次級單位通常有一清楚監督結構和不同工作單位。其分析變數是：（一）監督者期望（supervision expectations）：即（1）各次級單位監督者背景和信念，如和方案創新目標一致，那執行就會愈順利；（2）監督者對創新方案的有利期望，如能被部屬正確認知，則執行就會愈順利；（3）監督者如接受適當訓練而瞭解創新方案哲學和行為，則執行就會愈順利。（二）標準作業程序（SOP）：即（1）工作內容如充分標準化，使責任明確可期，則執行就會愈順利；（2）工作職責改變，如採取變動步驟愈徹底迅速，而非漸進式，則執行就會愈順利。（三）創新技術要件（technical requirements of the innovation）：即執行一項創新方案既需溝通和訓練媒介，將視其所須技術而有不同，而如這項方案加入許多新內容，或將使成員角色有很大改變，執行者必須接受積極參與學習（active participatory learning），以有利方案推動。（四）溝通流程（communication flow）：即（1）組織各部門如有充足垂直和平行溝通，則執行愈順利；（2）對於創新方案如有直接溝通，則執行愈順利。（五）工作團體規範（work group norms）：即（1）組織各部門的工作團體，如愈能凝聚而協調一致地推動方案，則執行將會愈順利；（2）各部門工作團體的規範，如能培養成員對執行方案認同，則執行將會愈順利。

個人層面變數是指如何增進執行人員對計畫或方案瞭解，承諾和行為改變，以利政策執行。其分析變數是：（一）行為技巧（behavioral skills）：即（1）教育程度高的執行者和方案執行成功呈正相關；（2）執行者所受教育內容與方案相關，對政策執行應是有利；（3）執行者具長期執行經驗，應與方案執行成功呈正相關；（4）執行者具長期或密集訓練以運用方案的經驗，應對方案執行有利。（二）誘因（incentives）：即（1）具專業工作取向的執行者，較易於執行新方案；（2）個人執行工作表現與其工作滿足感有正向相關；（3）方案或計畫所呈現問題的數目或強度，如被認為是高成本或不具誘因，則其將不執行。（三）認知支持（cognitive supports）：即（1）執行人員對方案認知明確或認為有利，則將使執行較為順利；（2）執行人員參與決策過程，其贊成和執行方案當然較為順利；（3）執行者勇於擔當，並有機會改正，將使個人執行成效提高。

以上這些變數和假設，中間層面過程和個人層面變數經迴歸分析後，被解釋變異量（R2）分別是 40% 和 60%，兩者分別達 5% 和 1% 顯著水準，前者的樣本是兩個中心的人員，後者是執行「一般目標計畫系統」（the Generalized Goal Planning System）特定方案的人員。在總體層面要素方面，

Scheirer 是針對其中之一的「精神病治療」中心（Psychiatric Center）執行「象徵經濟方案」（Token Economy Progrtam）的人員，進行質化調查分析，她認爲上述模式也得到很有用的解釋。總之，在筆者看來，Scheirer 的模式是對 Van Meter &Van Horn 和 Elmore 的模型，提出不同組織觀點（社會系統）之政策執行理論，值得重視。如有缺點應是其分析單元的組織型態同質性太高，外在效度令人存疑。

貳、1983 年的 G. Shabbir Cheema 和 Dennis A. Rondinelli

如一般發展經濟學者所指出，1950 和 1960 年代開發中國家的經濟發展傾向中央集權（central control）型態的發展政策（development policies）。但自 1970 年代以來，「均富成長」策略（growth-with-equity policies）成爲這些國家發展政策的導向，因而傾向分權化政策設計（decentralization policies），將中央規劃權力分權至區域或地方政府，來執行各種發展計畫（development plan）。然執行成效如何？Cheema 和 Rondinelli 認爲，應從政策執行觀點著手，而指出開發中國家分權化過程，許多政治，社會，行爲，經濟和組織因素影響這些政策的執行，乃建構如圖 2-10 的政策執行模型。

在「Decentralization and Development: Policy Implementation in Developing Countries」此模型中，兩氏認爲四組因素影響開發中國家分權化發展的政策執行，即（一）環境條件；（二）組織間關係；（三）可用資源；（四）執行機構特徵。此項架構內各項變數操作化定義，大都可於前述各種理論模型中找到，即使闕如，亦易理解，茲不贅述。在應用上，Harry Friedman 以之分析亞洲分權化發展政策（Decentralized Development in Asia），Kuldeep Mathur 用來分析亞洲行政分權化（Administrative Decentralization in Asia），Rondinelli 應用在東非發展行政分權化分析（Decentralization of Development Administration in East Africa），John Nellis 則分析北非分權化政策（Decentralization in North Africa），Ricgard Harris 以之來分析拉丁美洲集權化和分權化政策（Centralization and Decentralization in Latin America），Cheema 則分析各國

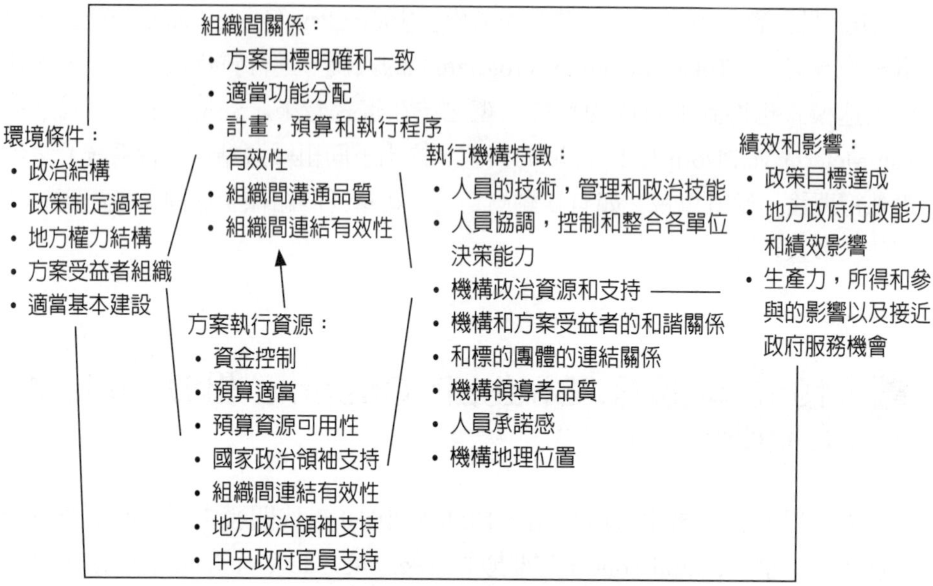

圖 2-10　Rondinelli 和 Cheema 開發中國家政策執行模型

的自願性組織角色（The Role of Voluntary Organizations）和 John Montgomery 應用於各國整合性農村發展活動（Integrated Rural Development Activities）等，可說是繼 Grindle 所編的「Politics and Policy Implementation in The Third World」後，較有系統地運用政策執行理論來分析開發中國家政策執行問題。

最後，Cheema 和 Rondinelli 歸納個案應用分析後，提出下列改善開發中國家分權化發展政策的執行原則：

（一）清楚界定分權化發展政策範圍。

（二）考量現有區域或地方政府執行能力。

（三）確定政治領袖、高級官員、地方菁英分子和利益團體政治支持程度。

（四）估量中央政府給予財政和技術支持能力。

（五）瞭解政治結構，文化特徵和國家經濟條件限制

（六）應根據上述原則，釐清分權化發展政策可行範圍。

（七）應將分權化發展政策轉化爲具體特定方案。

（八）認定漸進執行階段和程序。

（九）動員各參與者支持。

（十）中央政府在執行過程中應調整爲促進和協調角色。

（十一）應不斷監測和評估分權化發展政策，以調整政府結構。

總的來說，Cheema 和 Rondinelli 的模型如配合 Grindle 的理論應相當地能對開發中國家的政策執行，提供較爲週延的解釋；只是其模型中的因果關係應確定，以使人更瞭解自變項和依變項間關係。

參、1986 年的 Malcolm L. Goggin

Goggin 的這項理論是在檢討第一代（個案研究）和第二代（理論建構）的政策執行理論後，所做綜合歸納。事實上，其理論架構成型於 1981 年的博士論文「Implementing Public Policy: Outputs-Processes-Outcomes Linkages and the Politics of Health and Welfare」。因此，雖然這模型出版於 1986 年的「The “Too Few Cases Too Many Variables” Problem in Implementation Research」一文中，在此仍將其列入此期間，因其亦運用此架構分析美國聯邦政府公共衛生和社會福利政策的執行。

Goggin 認爲，執行是涉及行政和政治行爲之解決問題活動。這些執行行爲（implementation behaviors）乃受：（一）政策或方案特徵（programmatic attributes）；（二）決策環境因素（decision-making environment）；（三）執行者意願、技巧和態度（will, skill and attitudes of implementers）；（四）組織能力（organizational capacity）；和（五）其他因素（other factors）等因素影響（如圖 2-11 所示）。

在此「A Behavioral Theory of Implementation」模型中，Goggin 引用 David Musto 和 Edward Epstein 研究社區心理衛生和面速力達母治療方案（Methodone Treatment Programs）的實證結果發現，成功執行過程並不保證方案目標達成。因此，他認爲應將執行過程（process）和結果（product）概念分開，乃將執行成功和失敗類型分爲：（一）沒有執行（no implementation at all），即不見得失敗，但最不成功的結果；（二）表面執行（paper implementation）則指理論有效，然實際付諸實施並不如期望目標；（三）調整執行（adjusted implementation）則指在執行過程解決參與者衝突，並修正原有法規內容；（四）協調執行（coordinated implementation）是最成功的執行，指參與者對目標有共識，執行者可集中心力，運用策略達成目標，其型態應是行政性而非政治性。

（1）假設

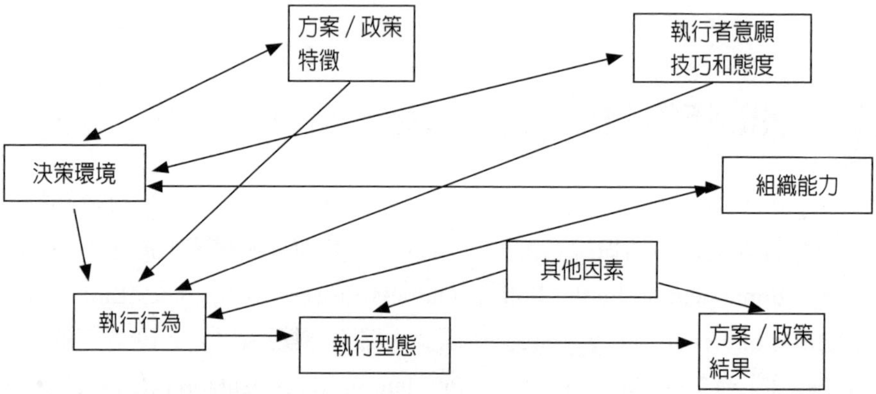

圖 2-11　Goggin 的政策執行行為理論模型

（2）實證內涵（Empirical Referents）

1. 執行任務：①規則制定②資源配置③設定傳送系統
2. 執行績效（期間和變遷）：①沒有執行②表面執行③調整執行④協調執行
3. 政策／方案績效：①產生（支出，被服務對象數目）②結果（效益，彈性，責任，標的對象參與）

平實說來，Goggin 的理論模型並無出奇之處，只是和 Sabatier 和 Mazmanian 觀點相同，認爲應將執行分成階段，但提出執行成功或失敗類型，頗具啓發性。然 Goggin 在本文後半段對政策執行研究方法的檢討，則是無人出其右，值得重視，對未來政策執行的研究有重大貢獻，筆者將於第四章詳細分析。

第五節　結語

綜上所述，由上而下研究途徑之主要特徵是在政府（通常是中央政府）制定一項公共政策後，進行下列問題探討：

一、執行官員和標的團體行動，符合這項公共政策目標程度。

二、隨著時間演進，該項公共政策影響符合目標程度。

三、哪些是影響該項公共政策產出和影響主要因素。

四、基於執行過程經驗，該項公共政策如何因時間演進而再修正。

證諸本章所論述的各種理論模型中，所歸納和演繹的各項假設或命題，應已相當充分能解釋這些問題，尤其是界定影響政策執行主要因素，應已相當窮盡，更具體的說，這項研究途徑應具如下優點：

一、這項研究途徑相當明確地界定，執行過程的法制結構（legal structuring），即要具備健全執行機構（institutions），明確一致政策目標，健全因果理論，支持者參與管道和適當財政資源。

二、有效執行要件的影響因素清單（checklist），在瞭解政策績效和執行策略運用於不同政策或方案差異性，提供良好幫助。而筆者認爲，最要緊的是提供政策設計或規劃人員，可預先在規劃過程作事前考量，以盡量避免執行過程阻礙。

三、在這些理論模型中，一再強調「規劃—執行—再規劃循環」（formulation-implementation-reformulation cycle）的執行過程，事實上就在顯示任何執行研究，不能忽略長期時間架構（a longer time frame），而使執行者在執行過程必須學習（learning），如何運用各種合法和政治策略（legal and political strategies），以有利於執行。

四、這項研究途徑的基本前提是訂定法定政策目標（legally mandated objectives），而使評估者有指標可循，可和政治說詞（political rhetoric）相區分，免於混淆政策執行成功和失敗；同時因考量長期時間架構，則可檢證有些政策雖於短期內執行不成功，但長期而言則可能成功，反之亦然。

但是，相對地，這項研究途徑，經 10 幾年運用後也發現如下缺點：

一、這項研究途徑強調明確而一致政策目標，可能並不完全正確。在許多公共政策發展上，多元而部分相衝突（a multitude of partially conflicting objectives）的政策目標，常常存在。蓋在可接受價值範圍內，應容許有「可接受空間」（acceptability space），可提供多元評估面向，而達成雖不廣博卻可滿意目標。

二、有些理論模型一再強調，政策執行要求現狀改變的可能性愈大，則執行成功可能就愈小。但幾項歐洲經驗顯示，不應是直線關係而是非直線關係（not linear but rather curvilinear relationships）。

三、就過去實證研究結果顯示，這項研究途徑還是比較強調如何促使政策成功要素和策略，對於長期時間架構研究，是不足以支持論述，還有待繼續研究。

四、由於這項研究途徑主要強調決策者制定明確政策面向，而忽略來自私人部門（private sector），基層官僚（street-level bureaucrats），和其他政策次級系統（policy subsystem），參與者的策略性創造力（strategic initiatives）和所使用策略將影響政策目標達成，這可說是這項途徑的「阿基里斯腱」（Achilles' heel）。

五、這項研究途徑很難適用於缺少主導政策（dominant policy）或機構的情況。即政府指令和執行者呈現多元型態，但無一具主導地位。換言之，即法令不健全而分散，機關間無層級整合，則只有命定執行失敗。

六、過於強調政策制定和執行階段的區分，使得很難解釋有些參與者事實上是執行者，但也參與政策制定的情境，此即所謂「政策演進」（policy evolution）觀點，而難認定執行責任歸屬。

第三章　由下而上途徑與第二代政策執行

第一節　理論系絡背景（1980s 至 1990s）：市場和新公共管理

基本上，英國的公共行政和政策研究是制度主義學派，著重傳統制度結構的敘述分析，而且大都集中於社會政策行政。1970 年代中期起，英國學者漸受美國、德國和瑞典執行研究影響，而引發對公共管理和政策執行之研究。

1979 年，柴契爾夫人（Margaret Thatcher）（1979-1990）就任英國首相，和美國雷根總統（1980-1988）同列爲新右派的世界政治和經濟領袖。柴契爾政府強力採行民營化政策，對公部門、工會與公營企業進行大幅結構的改革，目標指向中央政府、地方政府、衛生醫療體系（National Health Service, NHS）和公用事業。1982 年成立「效率小組」（the Efficiency Unit），對政府效率進行系統性研究調查，並推動「財政管理方案」（Financial Management Initiative），要求各單位自行管控預算，各負其責。

1988 年，「效率小組」調查指出，政府官員不是問題，而是系統問題。柴契爾政府遂提出著名的「改革政府管理」（Improving Management in Government: The Next Steps）（簡稱續階計畫）。該計畫提出三項政策原則：一、政策導航機構應與操槳的執行機關分離；二、操槳的執行機關應擁有更多彈性（flexibility）和自主權力（autonomy）；三、執行機關應透過績效契約對績效結果負責。在這三項原則下，英國創立「執行機構」（Executive Agencies），將各部會的政策執行和服務傳送機關透過架構文件，和各部會訂定營運契約，對於人事和預算賦予更大自主和管理權限。將多數公務員納入「執行機構」，彈性運作其組織權限，並對機構效率負責。就改革內涵而言，這是新公共管理（New Public Management, NPM），與全球化、私有化、放權化（devolution）、市場化等政經思潮併行，影響全球政府的治理運作，袪除國家的公共行政角色，政府契約化和虛空化（hollowing），此即所謂「無政府的治理」（governing without government）。簡言之，「執行機構」是政策執行者，而其所對應的中央各部會為政策制定者。這一結構性改革被認為是英國文官現代化的先決條件（a prerequisite for the modernization of the civil service），而被譽為「西敏寺模式」（the Westminster model）逐漸成為新公共管理的新典範。

1991 年，保守黨 John Major（1991-1997）接任首相後，雖承續柴爾契政府的「續階計畫」，但隨即以「企業性政府」（corporate government）的意識型態和實務，深化「市場測試」（market testing）工具，發表「為品質競爭」（Competing for Quality）白皮書和創設「公民獎章」（the Citizens Charter），擴大授權給公民，大力推動顧客服務的政府管理，訂定「公共服務協定」（Public Service Agreement），並以九項標準頒發「公共服務獎」（Charter Mark Award）作為提升公部門服務品質的新象徵。

Dunsire（1995）批評這種新型態合法標章，並未賦權給公民參與中央政府集體決策（collective decision making at the macro-level），這些標章並未能彌補代議制的缺失，即所謂「民主赤字」（democratic deficit）。英國政府公共預算卻不斷地增長，而催生了「現代福利國家」（the modern welfare state），1980 和 1990 年代的公務員，在功能上成為管理者（managers）或官僚企業家（bureaucratic entrepreneurs）。Hill 和 Hupe（2014）認為政府透過「契約」（contract）進行系統性管理，公共服務傳送成為產品的產生過程，結果造成政府執行過程和中央政府行政空間的疏離感，政策執行內部過程與政策結果影響的契約連結型式，亦似不存在。惟在筆者看來，「執行機構」的制度設計就在啓動官僚自主執行能力，俾使更貼近民眾需求。

雖然，1997 年新工黨贏得大選，Tony Blair 首相（1997-2007）對「監獄署」和「兒童保護署」等執行機構運作績效提出批評，然「執行機構化」（agencification）的政策仍維持不變，只是更加強其運作績效，甚至更放權（devolution）。1999 年 3 月，Blair 首相秉持「第三條路」（the Third Way）理念提出「現代化政府」（Modernizing Government）白皮書，揭櫫「使人民和企業生活更好」（to make life better for people and businesses）的願景，對於文官制度改革提出打造 21 世紀文官的承諾，使文官具備應付變遷、創新、團隊合作和優質服務的能力：一、新政府透過公開競爭過程晉用非公務界的各行政專才，並盡量運用短期契約，以適用各生涯階段人員需求；二、新政府排除各部會間各級文官流動障礙，非僅限高級文官；三、新政府透過「快速升遷發展方案」（the In-service Fast Stream Development Programme），使年輕而有能力的資淺文官快速升遷至高等職位。

Blair 首相對於政府改造是基於「動能政府」（Enabling Government）的理念，他認爲政府權力不是在控制人民生活，而是協助人民幫助他們本身的權益。Blair 首相在 2004 年再度贏得大選後，於 2 月 24 日的「文官現代化」演講中，強調全球化、科技、世界貿易、移民、大眾傳播和文化交流的交互影響，促使世界更爲快速變遷，政府管理和企業管理革命高度相關。因此，政府文官應更專業化，更需從非公務界引進專才擔任政府的高級職位，而文官亦可以其專業知能在民間企業任職，政府和民間人員在「離職公務員任職民間企業規則」規範下相互流動，以加速轉換文官體質，使在全球化時代，成爲有能力服務人民的政府。

綜之，柴契爾夫人、Major 和 Blair 等三位首相再造英國傳統中央政府的制度結構，授權和授能給「執行機構」，強化文官的動能和課責，由下而上啓動「新公共管理革命」。

在大西洋彼端，幾乎同期間，1981 年美國總統雷根在就職演說宣稱：（美國）當前所面臨的危機，政府並不是解決問題的答案，政府本身才是問題所在。雷根強力批判「大政府」（Big Government）的理念和做法，主張「新聯邦主義」（New Federalism），聯邦政府並放權給州政府和地方政府，提出「雷根經濟學」（Reaganomics）：減少政府支出、降低企業稅賦、降低資本利得稅、減少政府管制與刺激投資創造就業等。這是「精簡政府」（retrenchment government）哲學理念，採用私人企業的規範與價值，政府運作應如企業性模式，公務人員應以同溫層態度，擁抱民眾，政府應減少公共服務傳送，而代之以「委託經營」。縱使是政府提供的衛生和人群服務，仍由非營利組織來管控，政府應如企業的總管理部，運用系統整合技巧（system integration skills），協調各級政府功能運作，這也是被批評「國家空洞化」

（the hollowness of the state）的概念。影響往後美國政府組織和功能變革，間接促使 1992 年 Bill Clinton 總統所發動大規模的「政府再造」（reinventing government）運動。

總統 Bill Clinton 和副總統 Al Gore 採納 David Osbone 和 Ted Gaebler 的「政府再造」理念，提出「國家績效評鑑」（National Performance Review），被稱爲美國有史以來最根本和長期的行政改革，目標在轉換聯邦政府機關，使工作更好、成本更低，政府應是「類企業政府」（business-like government）。當時美國選民擔心預算平衡和政府績效問題，Clinton 宣稱：美國政府已經破敗（government is broken）！應將行政便利轉向顧客（民眾）的需求，以新民主黨作居，提出「新進步主義」（New Progressism），改變由上而下的官僚體系爲企業性政府，授權予公務員，授能給民眾和社區。

Al Gore 在「從繁文縟節到結果：創造工作更好和成本更少的政府」（From Works Better and Costs Less）報告中，提出 800 項建議，強調政府角色應是導航（steering）而不是操槳（rowing），政府應定位爲：做該做的事、做能做的事、什麼事可以不做、並檢討爲何要有聯邦政府。政府是治理不是統治，應結合私部門和第三部門，建立「國家夥伴關係」（National Partnership For Reinventing Government），透過訂定「政府績效和結果法」（Government Performance and Results Act）（1994），進行結果管理，這是全球新公共管理革命中的「美國政府再造」模式。

就本質而言，美國模式和西敏寺模式的理論和運作內容相類似，前者創造一個「新公共部門與公共部門導航關係」（an example of the creation of new public-public steering relationships），後者則將中央主管部會的核心職能縮減，而形成「執行機構群島」（the archipelago of agencies）效應現象。兩國皆以契約關係，取代層級節制和控制關係，美國更是以「第三部門」（third-party organizations）創造出新的政府與民眾或企業間的層級關係（new layers），這就是 W. J. M. Kickert（1997）所稱「公共管理主義」（public mangerialism）的三個要素：類商業管理（business-like management）、顧客導向和類市場競爭（market-like competition）。

至於日本模式，則爲因應全球化、知識經濟化、超高齡和少子化社會及國家自我認同再定位和國民主體性等國內外環境因素的影響，1996 年 6 月，橋本龍太郎（Ryutaro Hashimoto）首相以新公共管理理念推動行政改革，橋本的行政改革分爲六大改革，即指行政改革、財政結構改革、社會安全制度改革、經濟結構改革、金融體系改革和教育改革。根據日本學者野上修市（Shuichi Nogami）的歸納，橋本首相的行政改革理念可有：行政國民化、行政公共化、行政公正化、行政分權化和行政國際化，而主要內容「公務員晉用部分」則爲：

一、創設「獨立行政法人制度」

行政改革委員會主張中央省廳改革的首要原則是仿英國「執行機構」將「政策企劃」和「實施執行」機能分開，以強化行政民營化，因而乃新設「獨立行政法人」制度，使其法人化，由政府全額出資設立，並受所管省廳監督，協助行政業務減量。

二、國家公務員制度改革

爲因應中央省廳的再造，有必要進行國家公務員的晉用、升遷、評估和退休等制度的改革。尤其是應積極引進國外學成碩士和博士人才，以提升處理國際問題的能力，同時，更應促進官民人才交流。

三、公務員「中途採用」制度

爲因應社會複雜化和專業化，並減少行政部門的閉鎖性，促進活性化行政組織的運作，中央省廳中途採用國外大學博士和民間企業人才，必要時可採取任期任用方式，以強化專業化行政。

日本的行政改革在橋本首相後，歷經小淵惠三（Keizo Obuchi）首相和森喜朗（Yoshiro Mori）首相，至 2001 年 4 月，小泉純一郎（Junichiro Koizumi）首相就任後，以「小政府」和「民營化奉行者」爲信仰，大幅度進行各項改革，尤其爲推動「郵政民營化」而不惜解散國會，更令人注目。2005 年 12 月，小泉內閣決定「行政改革的重要方針」徹底推行以能力與實際業績主義爲主軸的公務員制度改革。2006 年 9 月，小泉首相完成「郵政民營化」

理想後，以「像櫻花般，人生在高峰期下臺」人生觀，堅辭首相職務，留下「小泉劇場效應」：

（一）引進新的績效評量制度，訂定「政府政策評估法」。

（二）訂定「官民人事交流法」，建立政府和民間企業人事交流資訊系統，以強化「中途採用」、活化組織功能。

（三）訂定「擴大進用女性公務員」要點，增加女性通過第Ｉ類和第II類考試的及格比例。

惟以上這些英美日的治理模式雖促使經濟復甦和成長，但並不重視社會價值、社會公平和公共議題的塑造。進而之，這些行政管理的企業主義（entrepreneurialism）和新管理主義（new management），似乎忽略公民失敗（civic failure）和民主課責（democratic accountability）。誠如 Herbert Simon（1998）所言「爲何要公共行政」（Why Public Administration?），蓋公共行政理論和實務範疇，無論是傳統公共行政或新管理主義的新公共管理，實不能忽略憲法的民主價值，即公平、正義、代表性和參與。質言之，顧客導向和競爭導向如果導致弱勢團體基本權益受到損害，將使效率更無意義。準此，在理論和實務上遂引發「後新公共管理」（Post-New Public Management）的理念與思潮。

新右派的意識型態和經濟理論是將公共服務的整體制度結構視爲當然，「執行差距」（implementation gap）的失敗論在此新潮流大旗下，就顯得微不足道（de-minimis）。因此，雖後來歐洲學者加入政策執行研究陣容，對政策執行理論就缺乏動力，而難以出現中程理論，甚至大型理論。

儘管如此，Dunsire 認爲當時英國和美國模式，正逐漸形成「組織國家」（increasingly organizational state）、契約國家或企業性國家，結果造成「由下而上」的執行結構和現象，即組織擁有者目標和第一線執行者需求認知，出現相互討價還價的行爲活動（a kind of bargaining activity）。英國和瑞典學者致力「由下而上」的執行研究，但僅限政策執行某一特定政策或方案，往往淪爲政治學或公共行政學的分支。惟 Michael Lipsky（1980）對於基層官僚或第一線工作人員的政策傳送行爲研究，對於這些人員如何應對工作環境不確定性和現場壓力，而還能有效地達成政策目標，乃被 Hill 和 Hupe 譽爲「由下而上」執行研究途徑之父，具相當影響力。

根據理論文獻檢視發現，由下而上之政策執行研究途徑和 Goggin 認爲是第二代執行理論的主要學者有：Benny Hjern、David Porter、Kenneth Hanf、Chris Hull、Richard Elmore、Susan Barrett、Colin Fudge、Michael Hill 和 G. Majone 等，但一般還是從 Michael Lipsk 的基層官僚理論談起。以下儘可能依循時序，逐一論述。

第二節　基層官僚理論

Michael Lipsky 的代表作有：「Standing the Study of Public Policy Implementation on Its Head」（1978）和 Richard Weatherley 合寫「Street-Level Bureaucrats and Institational Innovativm: Implementing Special-Education Reform」（1977）以及 Street-Level Bueaucracy: Dilemmas of the Individualin Public Serveices（1980, 2010）。Lipsky 的理論在概念上主要是來自政策系統（policy system）的隱喻，即在一系統中，某一次級系統（subsystem）總會影響另一次級系統，而這些次級系統或參與者或執行機構，對政策結果都有利害關係（stake），亦即對決策者政策目標也都有不同看法，反面來說，如每位參與者心目中都有不同的目標，即應是沒有單一的政策目標（there can be no single policy objective）。

準此觀點，假如有一政策執行系統（policy implementation system），而基層工作人員的不同意見應不重要；但假如基層工作人員不同意見很重要，足以扭曲決策者的政策意圖，此即表示這些基層工作人員的強烈意向（strong disposition）將會抵銷這政策執行系統的效用。換言之，政策有效決定性是在執行人員（policy is effectively "made" by the people who implementit）。政策執行研究乃應尋求另一研究途徑，即著重在執行者或政策服務傳送者（policy deliverers）而非決策者，蓋其擁有廣大的自由裁量權（wide discretion），如社會工作員、教師和警察、稅務員和國家公園巡邏員等。另者，乃因某項政策在決策者心中並非最優先，基層工作人員對工作任務又有多元目標，而且資源有限，決策者的監測程度也不周全，此時這些基層官僚本身人格特質和政治偏好，就決定該項政策系統在基層服務的資源分配。

再者，基層官僚之所以具有自主性（autonomy）是緣於三項條件：一、爲因應工作情況的不可預期性和複雜性；二、人群服務（如社會福利）須保持彈性和敏感性；三、工作人員的自尊需求（self-regard），即基層行政的工作結構（work structure）決定基層官僚擁有相當多資源，以反抗組織控制。Lipsky 所提出的這些論點就成爲「由下而上政策執行研究途徑」的概念基礎，而 Goggin 則認定爲第二代政策執行理論。

然而，我們有必要再探究這些基層官僚在執行系絡中的功能。Lipsky 認爲，不適當的資源使基層官僚，陷入工作超載和缺乏時間、活力，以服務標的對象之間。因此，這些基層官僚乃發展出一種個人而特定（personal and ad hoc）的回應方法，即運用一套固定模式（stereotypes），來爭取時間、活力和資源，以符合其工作壓力的可容忍度。雖上級主管要求對某些目標對象施惠，但他們不一定完全遵行，即恩惠主義和公正處理在他們心中又可併行，這種工作的雙元結構（dual structure）往往造成其心理壓力和疏離感，而 Lipsky 稱之爲「處理標的對象心態」（client processing mentality）。至於這些基層官僚的決策過程則是一系列的心理簡單化過程（a series of mental simplifications），所謂簡單化是指他們就以固定型態的偏見來決定，並分配資源和服務，偏見變成合理化，標的對象權益受到忽視，這種政策執行過程當然使政策意圖和行動產生差距（sloppage）。

更明顯的說，基層官僚的環境和例行工作程序（routines）是具政治性，其運用公權力分配資源，就使有人受益，有人受害。但反面說來，也因其決策過程例行化和簡單化就減弱政治涵義，在 Lipsky 看來，基層官僚的特徵是：

一、技術被動取向（technically passive）：他們執行工作的程序在有限技術觀點下，被認爲是沒問題，也不需要發展決策技巧，只是依其例行工作程序分配服務。

二、認知被動取向（cognitively passive）：他們不願嘗試尋找工作標準或優先順序，而只將例行化視爲應付行爲（perceiving routines as coping behaviors），這些決策應付行爲是基於種族、階級、行爲和態度等。

三、道德被動取向（moral passivity）：他們不滿意目前工作，又無力提供理想服務，乃轉而有疏遠感和犬儒主義（cynicism）。並因這些基層官僚對執行政策具有不同利益，是以政策理想和現實如出現差距，不應從順服系統（compliance system）來思考，而應從其所處工作環境中是否發生敵對利益（antagonistic interests）來解釋。因每位基層官僚都是「自我利益效用最大者」（self-interested utility maximizers）。

綜之，Lipsky 的基層官僚理論爲政策執行「由下而上的研究途徑」劃下第一刀，企圖以基層官僚作爲一完整的政策過程概念，而突出影響政策執行的另一面向變數，在研究途徑上有重大貢獻。然其缺點則在缺乏外在效度，因這只是政策執行過程的一部分。並且他所指的警察、教師和社會工作員的工作程序或例行化應有不同，決策過程要素也有別，Lipsky 的分析似乎並未區分。

第三節　「後向型」政策執行理論

Richard F. Elmore 的「Backward Mapping: Implementation Research and Policy Decisions」（1979）爲「後向型」政策執行理論之代表性著作。Elmore 對「由上而下」研究途徑或所謂「前向型」研究途徑（forward mapping）提出批評，認爲假定政策制定者控制組織、政治和技術過程而影響政策執行是概念上偏差，因此乃提出「後向型」政策執行研究途徑（backward mapping）。他認爲兩種途徑固然都考慮決策者對執行過程和結果影響，可是「後向型」研究途徑著重：一、執行過程的發動不是上位決策者，而是在最後可能階段（the last possible stage）——行政行動和私人選擇交集的階段（the point at which administration actions and interest private choices）；二、執行過程的發動不在政策內容，而是在最基層產出政策需要的特定行爲（the specific behavior at the lowest-level of the implementation process that generates the need for a policy）。

後向型的研究途徑雖也採取政策制定者的觀點在檢視政策執行，但對於執行成功標準是採條件性觀點（conditional），即成功標準是基於在執行過程某一層級參與者，以有限能力（limited ability）影響私人部門行爲。換言之，不是以中央政府所定政策目標來衡量政策執行成敗，蓋問題解決不在執行過程的層級控制，而在這問題被解決所使用最大自由裁量權力（maximizing discretion）。綜之，後向型研究途徑所界定影響政策執行的變數是：基層行政人員的知識和解決問題能力，執行政策誘因結構（incentive structures），在執行過程各層級參與者間討價還價關係（bargaining relationships），以及影響自由裁量選擇資金之策略性運用（the strategic use funds to affect discretionary choices）。

Elmore 運用上述概念架構探討美國 1977 年的「青年就業示範和方案法」（the Youth Employment Demonstration and Projects Act of 1997, YEDPA）的執行問題。YEDPA 之政策目標是提供援助給地方政府，以促進青年就業和訓練活動。其中最大問題在「全面就業和訓練法」（Cemprehensive Employment and Training Act, CETA）的主要支持者（指地方政府）和地方教育單位機構（Local Educational Agencies, LEAS）的合作問題，而雙方之執行工作則由 YEDPA 提供資金協助。事實上，YEDPA 的 20% 資金用來進行雙方合作計畫，但這些資金只給執行 CETA 地方機構，LEAS 卻無獨立財源，然兩者又須合作，如此情況必使執行發生困難。這是前向型的執行觀點，亦即聯邦政府頒布法規給予補助款要求地方單位執行。而問題是爲何執行 CETA 的地方單位必須與 LEAS 合作？就實際情況來看，青年就業政策標的應是雇主和求職青年的交易關係（transaction），而這項交易關係之主要決定因素是雇主對求職人的偏好（the employer's preferences for entry-level personnel），求職青年對某項工作偏好和地方勞動市場條件（local labor market conditions），然而這些因素無一是聯邦政府所能控制。

進而言之，雇主對求職人偏好即指求職人之可僱用性（employability），而這又須靠各地方學校和公共職業訓練機構的功能。因此，青年就業政策執行決定因素應是雇主、求職人和學校、職訓機構的交集函數。對於聯邦政府的決策者而言，CETA 目標不在聯邦政府如何影響地方政府的行動計畫，而是在增進求職青年的可僱性。這三角關係互動或聯盟建立（coalition building）問題才應是政策執行策略。更具體說，決策者對問題界定應從對基層問題瞭解做起（the process of framing question from the top begins with an understanding of what is important at the bottom）。

綜而言之，Elmore 的後向型政策執行觀點，強調將決策決定直接和其影響發生點連接的邏輯。嚴格說來，這不是新概念，但卻對執行研究提供另一面向（another dimension）的思考。只是這種看法導致目標替換現象，執行結果可能使國家資源的優先性受到扭曲。

第四節　「執行爲演進觀點」理論

Giandomenico Majone 和 Aaron Wildavsky 的「Implementation as Evolution」（1979）理論觀點和「執行」（Implementation）一書論點，大相逕庭。Majone 和 Wildavsky 在本文中提出「執行爲演進」的觀點（implementation as evolution），對「由上而下」研究途徑提出批評。兩氏基本論點是行政問題是在控制自由裁量，然除非政策制定者是全知之神，也除非行政完全程式化（programmed），否則自由裁量是不可避免。因而，我們必須依賴學習（learning）和發現（invention），而不是指導和指揮，來從事行政運作。就執行者角色而言，如企圖要求其提出可被接受的解決問題答案，他本身是執行者也應是創造者（creators）。

兩氏將公共政策過程視爲連續體，左邊極端是理想型政策意念（ideal type of policy idea），只要執行即可；而另一極端則是政策意念，只是基本原則和靈感的表現（expression of basic principles and aspirations）。在這兩者之間的是法案（legislation）、法院判決和行政計畫，這些都是有待開發，而可能變動的執行範圍。因此，Majone 和 Wildavsky 認爲執行是演進的，執行者就在過程中處於一個從未設定的世界（in a world we never made）。在這過程中，執行者必須應付新環境以達成政策目標，可是因資源輸入類型不同，執行者又往往必須改變政策。因此，政策理論是在促進轉型以產出不同執行結果。他們根據 Simon 的程式決策概念，將執行情境分成四種類型，如下表所示：假如決策和執行都好的情況（#1），當然沒有執行結果問題，但不太可能；假如在兩者皆差的情況（#4），也很難；假如在決策好執行差的情況（#2），可能是

		決策	
		好	差
執行	好	1. 沒有問題（不太可能）	3. 政策問題
	差	2. 控制問題	4. 沒有問題

控制不適當，使政策前提和結果缺乏連結，此時控制問題就是執行問題；假如在執行好決策差的情況（#3），這是政策問題，執行者無能為力。

第五節　「政策—行動」關係執行理論

Susan Barrett 和 Colin Fudge 在「政策和行動」（Policy and Action）（1981）一書中，所提出的執行理論係高度運用 Hjern 等人的「執行結構」（implementation structure）來探討政策執行問題（請參閱本章第七節）。並以組織理論之發展，挑戰層級節制的傳統思考，而強調以妥協調和組織內與組織間關係。更依據 Anselm Strauss 的「談判秩序」（negotiated order）概念，認為任何地方皆有社會秩序、強制秩序和操弄秩序等，而提出三個問題：一、為何在許多情況和假設下，皆有許多「行動模式」（modes of action）可以運用？二、是否在採行不同模式和各方參與者之不同權力運用間，存有相互關係？如果是，這關係的本質為何？三、是否在不同行動模式之間存有相互關聯關係？兩氏指稱兩者間是動態關係，政策不能被認為是不變（constant）的常數項，而是受不同「假設問題」（assumptive worlds）影響，政策制定乃經詮釋和修正，甚至被顛覆（subversion）。在這「談判」過程，不同參與者就會對政策特徵提出不同需求，並將「政策」視為自身資產，「政策」就變成是「問題性」的概念（a problematic concept）。

兩氏論稱「由上而下」途徑嵌入「規範性假設」（normative assumptions），是將「政策—行動」關係「去政治化」（depoliticize）。他們認為執行過程是連續性政治過程（the continuing political processes），而難以將執行和政策制定分立，誠如 Pressman 和 Wildavsky 所言：假如執行是被界定為使政策產生效果，決策者之間的妥協就應視為政策失敗。兩氏舉述 Hjern 等人觀點應才是確切概念：假如執行是被視為將某些事物整合，則一致性或順應性（conformance）不應是政策目標，達成目標而妥協產出的績效，才應是政策目標。2004 年他們提出下述的論點：中央政府困境是為達成可欲績效或結果控制和自主之新需求，如何使公共課責和顧客回應間呈現衡平關係，尊重不同意見和地方自治體及創造性表達，如何避免績效成為追求目標一致性，而犧牲廣泛的目標？

事實上，Barrett 和 Fudeg 並未說明方法論的議題，而僅支持 Hjern 的網絡分析途徑。然而，如不能使政策制定和執行分立，那又如何使績效被指稱是使某些事物完成，或並未至少參照某些人的政策目標，而妥協爲達成某些事物，反對拋棄某一目標？就後現代論觀點，兩氏論點是反對就執行研究本身，僅進行個別的質性個案分析。但反面來看，進行個案研究就應探該個案的相關廣泛環境因素和政策價值，這亦是兩氏對執行研究的貢獻。

爲進一步證實其觀點，他們將「好」（good）解釋爲「忠實的」（faithful），但也可解釋爲「不忠實的」（faithless）。如果忠實地轉化有缺陷的政策意念（ill-formed policy idea）或理論，將造成不一致、不適當和不幸結果。但如果不忠實地矯正政策不當邏輯或改變政策要素（elements），將使結果比原先政策設計來得理想、可欲（desirable），可是這項可欲結果並不是原先政策意念。因此，假如執行是忠實的，不完美理念將造成不滿意影響。合理的推斷是，不完美政策理論如能配合忠實執行，則必須改變政策；假如既有活動包含不可分的意念和行動，則任何執行改變必須導致政策改變，而這些改變不只是內容，可能須改變價值（values）和其他關係。總之，執行將總是演進的，它將不可避免地再修正（reformulate）政策，同時也實施（carry out）政策。

Majone 和 Wildavsky 的演進觀點，顯然延續「執行：奧克蘭計畫」結論之一的政策設計和執行不可分，再度指出政策制定和政策執行是一連續過程，不是分立的步驟過程。在這過程中，執行者要不斷學習和創新。這種論點當然大不同於「由上而下」研究途徑命題。但問題在如何評估政策成敗責任，尤其是政治和行政課責就不易區分，除非採行目標中立的評估途徑（goal-free evaluation）。

第六節　組織間政策執行理論

筆者之所以將「組織間政策執行」（interorganizational policy implementation）理論歸類爲「由下而上」研究途徑，是因在概念上雖仍須由上級政府制定政策，再交由各級政府或組織去執行。但由於大多數公共政策的分散化本質，須在組織間協調的情況下來完成（in the interorganizational setting），此時單一組織的執行績效和組織間執行績效可能會有差距，其中涉及因素，不外是機構社會化（agency socialization）功能的影響程度，權威（authority）對組織間權責的釐清，組織間目標概念操作化的程度（reify），組織間資源流通和依賴程度與關係型態等因素所造成。這些組織間互動關係往往不是上級政府所能控制，而有相當自主性，「由上而下」的隸屬關係影響這些組織間關係性，應是相當有限。

Laurence J. O'Toole 和 Robert S. Montjoy 在「Interorganizational policy Implementation: A Theoretical Perspective」（1984）一文企圖完成運用組織間關係探討對政策執行的理論體系。他們運用 James D. Thompson 的組織內單位間策略分類，將組織間關係影響政策執行型態分爲三種類型：共同式運作互賴（pooled operating interdependence），連續式運作互賴（sequential operating interdependence）和相互式運作互賴（reciprocal operating interdependence），如圖 3-1 所示。

一、共同式運作互賴型態與政策執行

這種型態（如圖中一）是指政策執行過程中，組織間有共同目標，而即使兩者間關係需要靠協調來推動，卻不需要一定有互動和互賴關係，亦即沒有哪一個組織需要其他組織資源支持。結果是，彼此間不必等對方同意，只是根據其目標去執行，只要內部單位充分協調，就可順利執行，責任分明。

二、連續式運作互賴型態與政策執行

這種型態（如圖中二）可分爲三種類型：（1）簡單直線式（simple linear）（B1）是指兩個單位在執行過程呈連續型態，前一單位的拖延或阻礙將影響後一單位執行；（2）競爭式（competitive）（B2）是指執行過程的連續型態中，出現競爭情況，即某一主導單位（如美國聯邦政府）有許多可能合作單位（如各州政府），但這些單位間又沒有義務相互互動，不需同時協調，而如果需要這些合作單位參與，則將使這主導單位處於討價還價困境，不利政策執行；（3）連續相互式（sequential-reciprocal）（B3）是指在執行早期階段，單位 A 不能隨意接受 B 的拒絕，而 B 則可與 A 討價還價，形成相互依賴關係，彼此互需，乃以影響政策執行過程。

三、相互式運作互賴型態與政策執行

這種型態（如圖中三）是指在政策執行早期階段，單位間必須先相互協調和討價還價，而達共識再完成共同目標。事實上，這種型態的執行問題是處於高度不確定環境（high levels of uncertainty），需彼此具有共同責任感，共同利益和交換條件。這種情況雖可促進彼此長期利益（long-term benefits），以利執行；然也可能因協調成本過高造成拖延，而抵銷可能利益。

O'Toole 和 Montjoy 基於這三種組織間的政策執行類型，提出下列幾項假設命題：

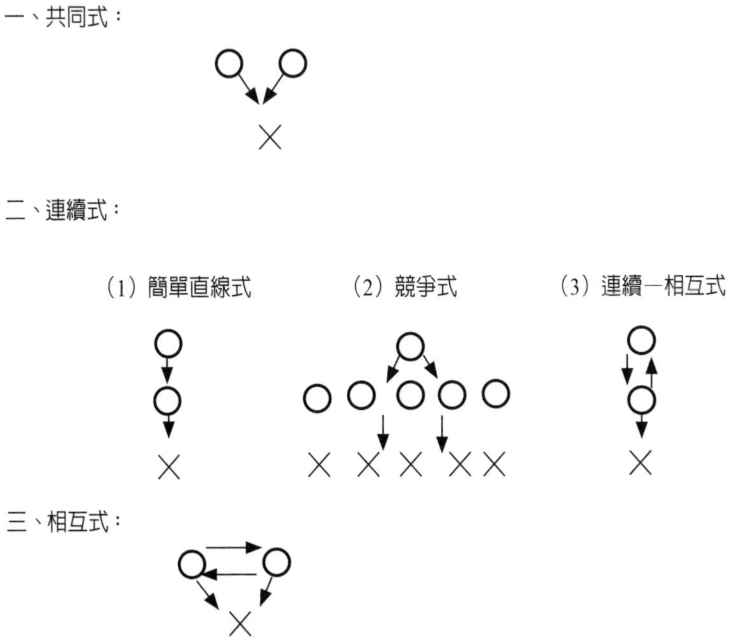

圖 3-1　O'Toole 和 Montjoy 的組織間政策執行理論

（一）限制因素愈多，合作誘因缺乏，則組織間政策執行將愈困難，拖延和失敗機率就愈高。

（二）在執行過程中，法規內容缺乏特定性，則監測功能將較弱。

（三）單位間執行所需協調資源常被決策者低估，導致政策失敗。

（四）假如法規提供給各單位相當利益，則執行可進行。但這須視互賴情況而定：

1. 在共同式和連續式中的競爭型，執行可行性將隨單位數而增加。
2. 在連續式中的其他類型和相互式，拖延和拒絕可能性將隨單位數而增加。

最後，兩氏指出有些組織間關係因本位主義，本質上就很難解決，如只是成立新機構或提供資源，恐將形成資源浪費，最好解決之道是依需要協調重要性，來設計法定合作型態（mandated pattern of interorganizational cooperation），以規範組織間政策執行。

第七節　「執行—結構」和「協助—結構」途徑

Benny Hjern 和 Chris Hull 等所提出「執行—結構」研究途徑（Implementation-Structures Approach）和「協助—結構」研究途徑（Assistance-Structures Approach）的主要著作爲 Hjern 和 David Porter 的「Implementation Structures: A New Unit of Administrative Analysis」（1981），Hjern 和 Hull 的「Implementation Research as Empirical Constitutionalism」（1982），以及 Hull 和 Hjern 的「Helping Small Firms Grow: An Implementation Approach」（1987）（專書）。自 1970 年代中期起，Hjern 和 Hull 及 Porter 等在柏林國際管理科學研究院（International Institute of Management Science Center, Berlin）新組成的政策執行研究小組，可說是「由下而上」研究途徑最具代表性的學者，頗有和「由上而下」研究途徑代表學者 Sabatier 和 Mazmanian 形成東西對抗態勢。Hjern 和 Hull 等研究重點在先進工業化國家工業政策的有效政治和行政條件，探討範圍包括多元參與者環境中政策制定的影響因素（constraints on policy formulation in multi-actor environments），特定政策設計和效果（the design and effects of specific policies）和政策執行過程（the processes of policy implementation）。以下分述其理論要點：

壹、「分析單元」和「執行結構」（implementation-structure）的概念

這項研究方法的發現主要是來自「由上而下」研究途徑分析單元太偏重公共和法定政府組織結構設計（public and formal organizational arrangements），結果使許多私部門參與者（private actors）、非法定參與者（non-mandated actors）和非正式組織結構設計（informal organizational arrangements），在政策執行過程中的參與和互動關係被忽略，以致對許多複雜現象解釋受到限制。因此，他們認爲執行是政治和行政的失落連結（missing link），而應將執行視爲政治的政策分析，而不是行政的政策分析。

基於此，他們認爲有必要擴大「分析單元」（unit of analysis），使相關參與者行爲有同等被解釋機會，亦即在研究設計上應將既有可能相關的法定和非法定、公共和私人，以及正式和非正式參與者等都包括在內。

貳、「執行結構」和正式組織

執行結構途徑是源自他們運用 1970 年代的各項政治、行政和經濟分析理論和研究方法，在比較瑞典和西德勞力市場方案執行的行政結構時，發現上述非政府組織或參與者，也擔任吃重角色。當然長久以來，正式組織是被認爲促進各種有目的活動和利益工具，並擔任許多社會服務傳送功能，此即「組織社會」（organizational society）的涵義。但在他們看來，正式組織存在並不是消除或代替非正式行政組織功能，尤其是正式組織爲擴充其功能，必然產生新外部性（new externalities），而需要新協調和控制（new coordination and control），以及參與者必須運用個別和非正式方法去協調。就政策執行而言，正式組織當然是法定主體，但並不排斥非正式組織的執行功能。

參、「執行結構」和非正式組織

執行結構途徑的基本假設是，政策執行需要非正式協調對政策結果之重要影響，即非正式組織或參與者的自由裁量行爲是政策有效執行重要變數，蓋自由裁量可作爲微調修正（fine-tune）功能，隨時提供政策策略，針對特定機會，使產出有利政策結果。

因此，執行結構乃發展出多元參與者理論（multi-actor theory），將正式和非正式組織都納入分析架構，並將執行活動分成計畫（planning），資源動員（resource mobilization），實行（effectuation）和評估（evaluation）等四項，而認爲好的執行（good implementation）有賴這四項功能的協調，但這必然有待正式和非正式參與者參與。

就操作性定義來說，所謂計畫是決定特定政策活動的追求；資源動員則是指取得必須的物質和資源以達成預定活動；實行是指將計畫和資源轉化成實際行動；評估則是指未來成果。但每位參與者參與一項或以上功能是基於其在執行過程中的作爲，而和這位參與者是否有法定職位或正式法規無關。因此，執行結構途徑是強調個別執行者，而不是組織角色在參與執行過程，但這不是否定正式組織功能，而是肯定正式組織的先導功能。這種論點是認爲每個組織都在追求許多目標，而每位參與者參與組織，就擁有「組織基礎」（organization rationale），但每位參與者，也都有其不同承諾來幫助執行特定方案，乃擁有「方案基礎」（programme rationale）。對任何參與者而言，這兩項基礎可能產生衝突，但也可能調和，此時乃可瞭解到底是正式組織，還是個別執行者在發揮參與執行的功能。

在研究方法上，執行結構途徑是運用網絡分析（network analysis），指由研究者根據理性判斷，認定誰是參與特定方案執行的主要參與者（core actors），然後進行晤談，詢問他們對上述四項執行功能之貢獻，而後再詢問和認定哪些參與者和他們貢獻有直接關係，而後再詢問和認定這些次級參與者的直接利害關係人，以此類推，必可有系統和計畫完成執行結構網絡。由此看來，執行結構是分析構念（analytic constructs），藉此可瞭解參與者的結構和行爲特徵對政策結果影響。

肆、「協助結構」和政策執行

執行結構研究途徑所處理的政策是指單一方案（single public programme），這是20年前政治系統理論的概念，即環境因素輸入政治系統，再轉換爲政策輸出，沒有考慮組織間的層面。然當他們研究小組用來研究西德協助小公司成長個案時，卻發現有概念上困難。以1980年爲例，西德聯邦政府就有66項政策方案在協助小公司成長，更不論各邦政府部分；再者，還有私部門協助資源（private resources）、公司自己資源、供應商、銀行、顧問公司、雇主協會和律師等等也都在協助小公司成長，就解釋變項來說，我們實無法將這些參與者簡化爲單一方案。因此，實應將這些參與者和資源統合以協助那些小公司成長。這種參與者和資源統合（the pool of actors and resources），Hjern和Hull就稱之爲「協助結構」（assistance structures）研究途徑，而有別於1981年所提出的「執行結構」。

兩者在研究方法使用上皆用「網絡分析」，但概念上則有區分，即「協助結構」途徑著重探討政策標的、參與者和資源間連結型態（the patterns of linkages between policy targets，actors and resources），以及這些連結和政策成功關係（the relationship between linkages and policy success）。在執行功能活動方面，則分爲問題界定（problem definition），資源認定（resource identification）和資源動員（resource mobilization）。主要研究問題著重在中介者（intermediation）於政策執行過程中協調和控制。如以當年西德上例來說，即探討中介者如何使其運用可用協助資源最大化，如何從政府和私部門、地方、區域和全國資源提供者獲取協助資源，以及如何提供該三項執行功能資源，俾達成政策目標。就操作性定義而言，問題界定是指一家公司（仍以西德小公司成長爲例）在感受成長或生存威脅時，應立即界定正確本質和原因，瞭解問題所在；資源認定是指正確地找出本身資源和外在可用資源，並認定可用資源策略；至於資源動員是指一家公司應具談判技巧，瞭解外在條件協助，以取得外在資源而達目標。

綜合上述說明，Hjern和Hull以圖3-2表示透過中介者將公司和資源提供者連結的情形。左圖表示三者間關係不確定；而右圖則表示三者間呈系統性的關聯，將使政策執行更爲順利。此爲「協助結構」理論重點。

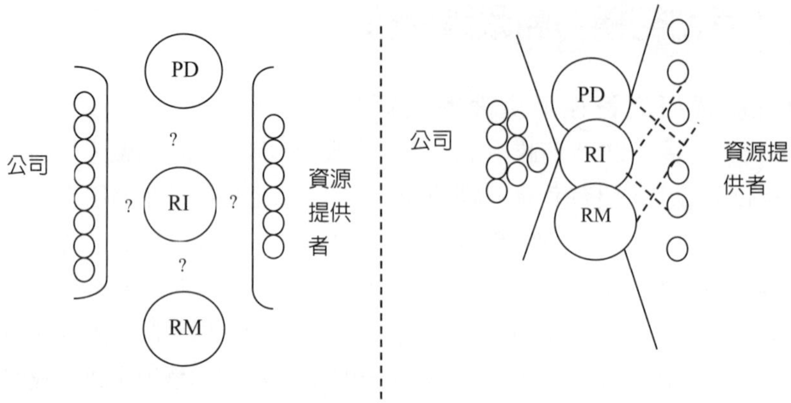

圖 3-2 Hjern 和 Hull 協助結構網絡連結圖

伍、「協助結構」執行和評估

一般論者認為，「由下而上」執行研究途徑最大缺點是在不易評估結果或績效。但「執行結構」或「協助結構」研究途徑則持不同看法。以西德小公司成長為例，公司所創造就業機會就是執行效能指標。再者，可以時間數列觀察每家公司所運用地方協助資源和創造就業人數比例，亦為執行效能指標。換言之，這種研究途徑亦可和「由上而下」執行研究途徑具相同評估功能。至於其外在效度問題，根據 Hjern 和 Hull 說法，協助結構仍須視地方系絡環境（local contextual circumstances）而定，則任何國家都可依該國地方之系絡環境，協助小公司成長或發展，似乎還可適用至其他國家，這也是這項「協助結構」研究途徑形成和 Sabatier 與 Mazmanian 研究途徑相抗衡態勢之因。

陸、實證研究

這項研究途徑曾運用於 1978 年，Hjern 等人研究瑞典人力訓練方案。在該研究中，Hjern 運用網絡分析，先分析工會，政府就業機構，地方政府和廠商的互動關係，再認定那些參與計畫、財務和執行人員之參與活動，結果發現方案成功是因這些參與人員的技巧之故，而不是中央政府官員。其次，最成功的研究個案應是，他們在西德 Borken 和 Paderborn 及 Oberhansen 和 Hamburg 等四個地方研究就業機會創造和協助結構關係，結果發現 Borken 廠商成長快速，就業機會創造也高於其他三地廠商。其因乃是 Borken 的廠商運用和接觸（contacts）中介者（如勞工局、經濟發展局、銀行、商會等）次數最多，亦即運用外在協助資源認定和動員能力高於其他三地。換言之，廠商和私部門，以及廠商和政府間關係是執行研究焦點，而非只是上而下的法規執行。

此外，瑞典的能源政策（1982），英國的人力訓練（1982），荷蘭的污染控制（1982），瑞士的經濟發展（1982）以及 EU 國家和瑞士的空氣品質管制（1982）等個案研究也都採用這種研究途徑，方法上也運用網絡分析，結果都得到很好解釋。

綜之，誠如 Sabatier 所指出，由下而上研究途徑有如下優點：一、他們已建立「政策網絡」（policy network）研究方法，有助於認定執行結構，可將所有參與者行爲都納入分析；二、他們並未從政府方案開始分析，而是從參與者對問題看法和策略著手，乃能找出政府、私部門或其他參與者對執行影響的重要性；三、他們因爲著重政策目標達成，乃可自由地找出各種未預定的政策結果；四、他們的研究途徑可處理多面向政策方案（multitude of public programs）；五、他們的途徑比較能探討參與者策略性互動，而由上而下途徑則比較著重政府執行者的策略。

第八節　結語

綜上所述，「由下而上」途徑的研究取向著重於基層或下級政府及組織間關係，來達成政策目標所採取的執行策略，而不注意整體執行過程的制度結構（institutional structure），期以多元參與者和多元資源執行環境，來解釋政策執行過程。這當是和「由上而下」途徑研究取向相輔相成。但在 Sabatier 看來，有如下缺點值得注意（針對 Hjern 和 Hull 的理論）：

一、過於強調邊陲者執行（參與者）能力，而低估核心者（決策者）可能運用間接影響力，來影響制度結構運作和參與者策略。

二、過於將注意力集中於現在參與執行過程的參與者，而忽略在政策規劃過程中參與者的行爲。

三、然其最大缺點乃在並未提出具體理論架構，以界定出影響執行過程變數。過於著重參與者認知和活動，而也未能界定出這些參與者認知和活動的直接和間接影響變數。雖然網絡分析可找出各種參與者，但卻非「基礎理論」（grounded theory），無法找出影響參與者的社會、經濟和法治因素。

四、過於忽略政策決定執行，縱使政策分析強調參與者互動行爲，亦將造成目標移置的現象。

綜之，在筆者看來，「由下而上」研究途徑在概念架構之建構方面，還須作相當努力，尤其是不能忽略上級政府，民選官員和執行過程中各參與者的連結關係，由此乃顯現美國自由民主制度和歐洲協合式民主制度之基本差異，亦正顯現「由下而上」途徑，受到新公共管理革命的影響。

第四章　整合途徑與第三代政策執行

第一節　理論系絡背景（1980s至2000s）：後新公共管理與新社會干預主義

1990年代，秉持「新進步主義」（Neo-Progressivism）價值的政治領袖紛紛躋身世界政治舞台：美國Clinton、英國Blair、德國Schroder、法國Jospin、比利時Verhofstadt，以及荷蘭Wimkok。這顯然是全球政經發展和社會結構，出現重大變遷，「後新公共管理」（Post-New Public Management）應此情勢而生，對政策執行研究途徑整合，以及第三代世代執行理論，造成關鍵性影響。

「後新公共管理」乃是對新公共管理造成「柱狀化或分部化」（pillarization）結果的反動。新公共管理偏重垂直整合的績效管理，卻忽略部門間水平協調，造成單一組織各據專業，互不相屬之缺失，形成部門間重大分裂，反阻礙公共事務管理的效率及效能；結構分化另一結果，是將權威由中央移轉到各種執行機構、管理機構、公營企業以及委外機構，也剝奪政治、行政領導的控制權，造成政策執行拖延與卸責。因此，各主要國家在施政改革上，乃轉向全局型政府途徑（theWhole-of-Government Approach）的思考：

一、修正新公共管理產生過度專業化、分裂化、市場化；

二、爲修正這些缺失，採取更加集中權能、更重視夥伴和協力關係的作爲，以加強工作上協調；

三、進而在治理結構上強調階層，注重文化在組織變遷的公共價值，重視跨域技巧，推動整合型政府型態。

然而，最重要背景因素則爲2001年美國911事件，這一事件震驚全球，其他國家亦同受恐怖分子攻擊。美國總統George W. Bush（2000-2008）在幾個盟邦支持下，進軍伊拉克，並向全球恐怖主義宣戰，各國都重行強化對政治的控制，美國成立國土安全部（Department of Homeland Security），直接轉向「由上而下」國家角色，尤其是恐怖攻擊議題。事實上，新社會干預主義（New Interventionism）的政府，在某些面向仍是相當層級化，而這種「由上而下」的後現代論轉向盛行於 1989 年柏林圍牆倒塌至 2001 年的美國 911，這 12 年可說是民主自由主義（democratic liberalism）的勝利，而也如 Fukuyama（1992）所稱舉世皆然，至少後現代意識型態並未受到挑戰。如有差別，則應是政府運作轉向選擇性、重點性，而非普遍性之公共服務。

英國工黨於 1997 年成立「社會排除救助小組」（Social Exclusion Unit），次年成立「政策聯絡小組」（Strategic Communication Unit），即是此種強調自上而下指揮的機制，以降低社會各式問題，包括失業、收入、住房、犯罪、健康與家庭。工黨政府一方面增加中央控制機制來增進服務，另方面主張負責提供服務官員應有更多自主權，彼此間整合而相容的治理，這就是政策執行整合途徑。又如加拿大、澳洲則在既存中央政府結構內部，創立協調結構或增進內閣策略性角色，以爲因應。

Hill 和 Hupe（2014）認爲，我們正處「後現代論」時代，市場化和類企業政府已往矣，各國政府應可確定在公共領域之特定角色。進言之，John Gray（2007）描述美國已從「新自由主義」（neoliberalism）轉至「新保守主義」（neo-conservatism），而連結「啓蒙運動」（Enlightenment）強而有力的烏托邦思潮與基督基本教義派（the Christian fundamentalist）呼籲：「邪惡是能被擊敗」（evil can be defeated）。準此，以上這些國際外交政策對美國國內政策的涵義當是：（美國）政府能再活躍成爲變遷的機構（government can be active change agents）。至於英國，Gray 強調 Blair 是以強烈道德主義，作爲公共政策論證基礎，採取干預態度，引導民眾應有的法治行爲。Blair 繼任者 Gordon Brown（2007-2010）的聯合內閣（the coalition government）仍續採取工黨公共政策指導取向（directive orientation）和工黨黨綱與規則。這些新社會主義轉變效應，對於福利國家的社會福利政策影響更大，美國和荷蘭都採取更「積極作爲」（a more activist approach），要求福利接受者應及時重返職場，使民眾認知權利和義務並重的觀念。

以上論述，可從 2005 年 8 月美國 Katrina 颶風災所引發美國聯邦、州和地方政府間的指揮系統問題和受災區紐奧良（New Orleans）更出現 9 月 1 日無政府狀態來看，Bush 聯邦政府不得不下令士兵直接介入救災。另者，2008 年 9 月美國次級房貸問題所引發的全球金融大海嘯，更進一步扭轉「新自由主義」的意識型態，「凱因斯學派」支持者得以在強調公共管理應有程序性、集權性和再管制，並縮減結構分裂化。這些「改變」正是後新公共管理之精神與價值。Bush 的「總統管理議程」（the President Management Agenda）和 Barack Obama（2008-2016）的醫療制度改革（Obama Care）和對企業課徵高額稅率，Obama 在競選時提出**「改變」（Change）**口號，並誓言建立高績效政府（building a high-performing government），都在反映時代背景和發展趨勢。德國總理 Merkel（2005-）和英國首相 David Cameron（2010-2016）同時也進行「整合」（curbed）社會干預主義，直接干預的財政政策。準此，各國大量外債實來自搶救銀行、稅入減少和社會福利支出，結果合併成一個新的博弈層級（a new level playing field）。

同時，世界各主要國家的經濟問題，持續面對來自中國、印度和巴西等國挑戰，以及爭議不斷的全球暖化問題。這些議題不必然需要哪種公共管理型態政府，然而，先前所有假設幾乎皆受到懷疑。在意識型態上，新保守主義政府或市場皆顯現缺失，在政治層面上，移民、文化差異和性別行爲，都成爲各國選舉議題。以上種種議題無不需重新評估每項議題之權重，而各國決策者都將因時因地面對這些議題的決策，而有整合性思考。

「後新公共管理」也不只強調結構再集權化，以強化中央政府的政治和行政能力。同時亦強調文化在組織變遷方面之意涵，是將組織發展視爲演化的，而非設計的。在「後新公共管理」看來，單靠結構變遷去實現任務是不夠的，在公共制度設立上，路徑依賴及歷史軌跡是不能輕忽之面向，「後新公共管理」論述便聚焦於建立如價值、信任、協調等堅實有力信念的感覺；另外也強調團隊建立、參與式組織、增進公務員訓練及自我增進等面向之發展；另外鑑於當代政治忠誠普遍受到腐蝕、社會不信任感日益增加……等現象，「後新公共管理」認爲必須重建共同倫理、凝聚文化，凡此都是強調文化在組織變遷作用上的做法，像澳洲「將政府結合」即著眼於文化對組織建立的重要性（Chistensen and Laegreid, 2007b: 1062; 張四明和胡龍騰，2013）。

當然，「後新公共管理」是一種治理理念，雖未如新公共管理的工具性，但讓民眾認爲政府以成功方式進行改革是必要方向，如同英國與澳洲在推動整合型政府時，其中所具櫥窗展示作用都是改革很重要的一面。換言之，人們並不會反對這些改革活動所具優質形象，而民眾可能會質疑領導者在進行改革事務時，是否能夠從宏觀角度出發，執行推動符合民眾期待之公共政策。

儘管「後新公共管理」反對「新公共管理」忽視協調造成效率上缺乏，前者冗長溝通仍然會導致缺乏效率。另方面民主政治中分裂與模糊乃是無法避免的現象，但「後新公共管理」雖注重協調，可減少「隧道視界」（tunnel vision）和「穀倉效應」（vertical silos），然而假設上似仍與民主治理理念有衝突——民主治理是強調分權及水平互動，但讓人們有機會參與並擁有自主選擇權，是民主治理很重要內涵，僅允許「管制自主性」並不足以說明政治自主性。換言之，不管是「新公共管理」或「後新公共管理」都忽略了人民在民主治理中的參與過程；事實上，在分權化過程裡，關係及溝通都持續變化，讓人難以預測，「後新公共管理」雖主張在中央與地方、垂直與水平、控制與彈性之間加以整合，但結構整合本身並無法保證有效的人群關係，如果沒有透過參與溝通，公共行政就很難發揮功能，更別說發揮有活力的民主。

從詮釋論觀點來看，不管是「新公共管理」或「傳統公共管理」，基本上都有以實證科學單一角度來看世界問題。在複雜網絡組織環境中，多元關係是必不可免，管理者本就必須學習如何去適應角色模糊狀態，不管是「新公共管理」或「後新公共管理」，都未考慮個人反省能力以及主觀判斷所造成之問題，使得客觀需求與外在控制未具影響。嚴格來說，高度課責最後有賴於領導者與管理者願意對客觀需求有所承諾。

綜之，「後新公共管理」理論假設中仍然存在基本衝突，亦即要求公平、平等、可預測、無偏袒和公共價値等規範，與要求更大彈性、更多管理裁量權間，如何調解則爲整合政策研究途徑的重要課題。然而，Christensen 和 Laegreid（2007c）採用 Ling 的「第二代政府再造」概念（the Second Generation of Reforms），提出「轉換性途徑」（a Transformative Approach）架構，並以 Scandinavia 和紐澳（the Anfipodes）的行政改革（尤其是公務員改革）爲例，認爲改革的制度動態必須經由環境壓力、政權特性和歷史制度系絡等因素詮釋的複雜混和體，結合結構、文化和迷思爲基礎的研究途徑，此途徑當影響整合途徑，甚至第四代研究途徑。

第二節　政策執行整合途徑

比較說來，前述兩種政策執行研究途徑各有其比較利益。當執行過程有一主要公共政策或方案（a dominant public program），而效能為眾所關切，則應運用「由上而下」研究途徑來探討；但當該項公共政策涉及多元公共和私人參與者，互動關係複雜時，則運用「由下而上」研究途徑來探討。其次，如果一項公共政策政策情境或系絡符合「由上而下」研究途徑所界定有效條件，則當然以運用此途徑為宜；然如必須考慮地區間變異性（inter-localvariation），則當運用「由下而上」研究途徑。Sabatier（1986: 33）以表 4-1 說明兩者間的差異性：

表 4-1　「由上而下」和「由下而上」途徑比較

項目＼途徑	由上而下	由下而上
主要重點	中央政府決策	地方執行結構
參與者	以政府部門為主	政府和私人部門
評估標準	法定目標達成為主，政治或不可預期目標為輔	法定和非法定目標都有，但至少不以法定目標為主
全面重點	由上而下執行系統如何達成決策者目標	政策網路中多元參與者策略性互動

由上表看來，兩者如能相輔相成，當可對政策執行研究，提供更完整成果。因此，自 1980 年代起，就有政策執行學者從事兩者間整合，儘管觀點不同，然努力目標則是一致。其中的學者，以 Robert T. Nakamura & Frank Smallwood（1980）、Paul Berman（1980）、Susan Barrett & Michael Hill（1984）、Ernest R. Alexander（1985）、Richard Elmore（1985）、Paul A. Sabatier（1986, 1987）、柯三吉（1990）和 Malcolm L. Goggin 等人（1990）。

壹、1980 年的 Robert T. Nakamura 和 Frank Smallwood

Nakamura 和 Smallwood 檢視「由上而下」和「由下而上」政策執行理論後，在「The Politics of Policy Implementation」中演繹出一套「將政策過程視爲系統」（policy process as a system）的政策執行理論。在他們看來，一個系統是一套相互關聯要素（elements）所組成，要素之間都有直接和間接連結關係（linkages）。要言之，政策過程可簡化爲一組要素和連結。政策過程要素可視爲功能環境（functional environment），而每一功能環境則是由許多參與者相互博弈、互動，而形成許多競賽場合（arenas）。兩氏使用「環境」的概念，是因一、環境意指時常變動（flux），可避免將政策執行視爲「單方向」（unidirectional）現象，即「由上而下」過程；二、環境概念可包含許多不同參與者，任何人皆可在政策過程互動，不只限於法定政府參與者。可見，兩氏的研究途徑應屬整合途徑（synthesis）。

基於這項概念基礎，兩氏將政策過程分成三個相互關聯和影響之政策功能環境，即政策制定（policy formation）功能環境，政策執行（policy implementation）功能環境，和政策評估功能（policy evaluation）環境。而每一個政策功能環境都包含許多參與者和競賽場合，這些政策功能環境間則透過

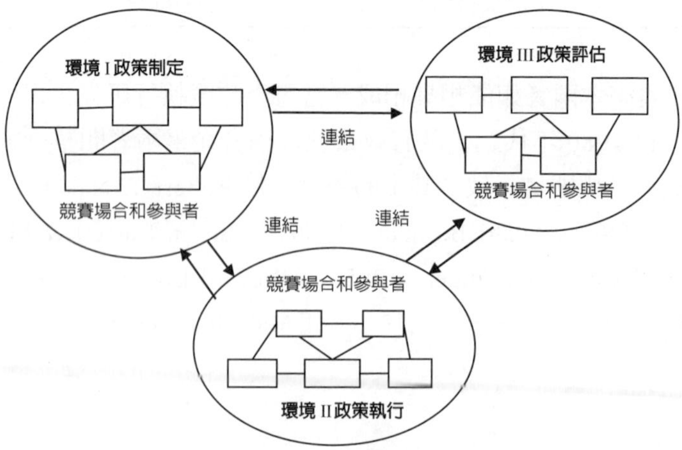

圖 4-1　Nakamura 和 Smallwood 的「政策過程為系統」政策執行模型

連結（linkages）關係，形成一政策過程循環。換言之，欲探討影響政策執行因素，除政策執行功能環境的變數外，也必須考量政策制定和評估功能環境影響變數，這就是 Rein 和 Rabinovitz 的「循環原則」概念延伸。兩氏理論架構可以圖 4-1 示之。

根據這一理論模型，兩氏的主要論點可從五方面來瞭解：政策制定環境對政策執行影響，政策執行環境對政策執行影響，政策評估環境對政策執行影響，政策功能環境間連結關係，以及決策者的領導型態與政策執行。

一、政策制定環境對政策執行的影響

爲找出政策制定環境影響政策執行變數，應從參與者及其互動功能著手。Nakamura 和 Smallwood 認爲，這環境參與者應包括法定決策者（總統、國會議員、機關首長和高級文官）和非政府機關的個人（有力人士）以及利益團體等。這些參與者可能爲其利益，或爲應付危機，或公眾關心與壓力，而依循法定途徑制定一項公共政策，但就美國政治體制運作來說，任何政策或法案制定，都必須獲得參與者間同意，而這些參與者又代表不同選民團體或政黨利益，參與者愈多所顯現之接近點（points of access）也愈多，被利益團體影響機會就愈大。因此，圖 4-1 中的政策制定過程就包含一群具有法定地位的決策者、外界利益團體和選民團體在政府競賽場合（governmental arena）相互運作，後者往往對前者表達利益需求。而法定決策者則負責確定政策目標，決定政策問題優先順序，分配資源，以及策定達成政策目標的手段等工作。因此，影響政策執行的第一項因素應是：**政策內容明確性（clarity of policy statements）**。

所謂政策內容明確性是指政策所要達成之目標和手段都要特定明確（specific），使執行者知道應做什麼，對這項政策執行應負哪些責任以及自由裁量程度。因此乃可：（一）減少執行者誤解模糊不清的法令；（二）減少執行者將精力花費在法令條文和政策意義爭論上；（三）可使評估者有明確評估標準可循。然而，在兩氏看來，有兩組因素使得政策內容明確性不易達成：

（一）決策能力因素－這項因素包括：1. 決策者本身技術能力和偏好限制，很難使政策目標和手段特定化；2. 技術上限制（technical limitation），這通常有三項原因：（1）不適當資訊（inadequate information），譬如 Daniel P. Moynihan 批評當年詹森總統「反貧窮作戰計畫」（the War on Poverty）之所以失敗，即和政府未能掌握對少年犯罪和貧窮形成原因的確定資訊有關，當然許多政客爲了政治上理由，只想立即採取行動解決，往往先宣布政策目標，而未能確定達成目標之手段，再者，專家也常常對解決問題的方法意見不一致；（2）概念複雜性（conceptual complexity），由於任何政策問題本身就充滿多樣性，再加上①意識型態、選民壓力和價值概念等個人和心理因素，②政策問題背後各種政治壓力，③社會大眾對複雜問題，往往出現不同解釋；（3）爲政治聯盟建立（coalition building），決策者往往爲政治上解決，乃尋求出各種不同利益團體的結合和支持，滿足各種團體需求，使各團體都認爲有影響決策機會，模糊不清（vague）就變成立法原則和決策準則。結果使對同一問題出現不同說法，莫衷一是，決策者就很難界定特定之政策目標和手段。

（二）溝通管道因素—這項因素包括：1. 混淆不清的信息（garbled messages），這是指語言和文字溝通先天上都有限制，尤其是有關意識型態用語，譬如促進公眾福祉、增進公共利益等等政治語言，常形成「抽象階梯」（abstraction ladder），即在傳送過程每一階段，爲了政治支持，乃作不同解釋，而混淆政策目標；2. 接收者誤解（misinterpretation by the receivers），如果政策目標被混淆，則無論接收者有意或無意都不能作明確界定，再出於接收者利益、知覺和目的與該項資訊相衝突，則基於心理和組織規範，接收者（執行者）將會誤解該項政策，亦即執行者接受性（implementer receptivity）就降低；3. 溝通和系統失敗原因（communication and system failure），這是指缺乏有效傳送資訊管道，資訊超載（information overload），缺乏適當獎懲、機能和追蹤制度，以及原先政策設計太複雜等等。

其次，決策者影響政策執行的第二項因素應是：**決策者影響執行的強度或方式（political intensity of policy makers）**。所謂決策者影響執行強度或方式是指決策者可能在政策執行過程不斷給予執行者指示（directives）、信號（signals）和暗示（cues）。而這些指示、信號和暗示強度則決定於政策制定過程的聯盟大小（size of coalition）、穩定性（stability）和共識程度（degree of consensus）。依兩氏看法，決策者影響政策執行強度可有三種特定層次：

1. **監測（monitoring）**：指有利害關係之決策者在執行過程中不斷地支持某項政策的特定解釋，不斷地追蹤、重述和澄清這項政策內容，甚至訴諸司法途徑，對執行者施加壓力。
2. **干預（intervention）**：指決策者個人行爲和注意程度（degree of attention），如直接協助執行者執行或依決策者所指示方向去執行等等。最典型例子，就是 Bardach 所研究 L-P-S 個案中 Frank Lanterman 所擔任的修正者（fixer）角色。
3. **信用要求（credit claiming）**：指決策者在執行過程中爲達目的，自身內化於該項政策的意願程度，亦即爲政治信用支持該項政策程度。

二、政策執行環境對政策執行的影響

就研究結果來看，政策執行環境中政治壓力動態和複雜程度並不亞於政策制定環境。Nakamura 和 Smallwood 認爲，政策執行環境影響政策執行因素有：（一）參與者（actor）和競賽場合（arena）；（二）組織結構和官僚規範（organizational structure and bureaucratic norms）；和（三）溝通網路和順服系統（communications networks and compliance mechanisms）。

（一）參與者和競賽場合

兩氏認爲有許多政府和非政府參與者，在政策執行過程運用政治槓桿作用（political leverage），形成許多競賽場合爭取自身權益，而影響政策執行過程，這些參與者有：

1. **決策者**：其政治手段已如上述。
2. **法定執行者**：指在政府機構內擁有法定權威、責任和資源之執行政策人員，即包括中央至地方政府行政人員。其博弈行爲將詳如（二）（三）所述。
3. **中介者（intermediaries）**：指由法定執行者授以正式職責來協助執行公共政策。中介者可有兩類：一類是假如（美國）聯邦政府執行政策，則州或地方政府官員就是中介者；另一類是私人部門、工商團體。如是前者由於美國聯邦體制本質之故，往往是由州或地方政府依其態度、規範、期望和認知來執行政策，對聯邦政府將是困難的挑戰。如是後者，美國聯邦政府常將軟性的社會服務（如醫療服務）和硬體工業（如飛機）交由私人醫院或工商團體來執行。結果因回扣問題、缺乏數量標準與強制履行契約機能，最後使執行過程更複雜，這就是「由下而上」途徑的多元參與者觀點。

4. **遊說和選民團體**（lobbies and constituency groups）：這些團體最常見博弈行為是為自我利益向執行人員施加壓力，但反過來說，政府也可以建立強勢利益團體之支持，即爭取外在團體支持，並不比政客支持來得不重要。譬如，1964 年美國民權法案（Civil Rights Act of 1964 ）通過顯然是各種族、經濟和宗教團體支持，然而，這種支持並未延續到執行階段。另者，有力人士（powerful individuals）也常常在執行過程發揮影響力，擴大執行人員自由裁量權力。
5. **標的對象和民衆**（recipients and consumers）：指因社會大眾知覺性愈來愈高，乃使政策執行型態走向顧客執行（consumer implementation），以促進民眾參與（citizen participation）。這也是美國 1964 年經濟機會法案（the Economic Opportunity Act of 1964）要求反貧窮方案設計應教育民眾做「最大可能參與」（maximum feasible participation）之立法宗旨。
6. **傳播媒體**（the media）：大眾傳播媒體對政策執行常常基於本身立場作各種解釋，而影響大眾、決策者和執行人員認知。就正面效果而言，可使成功執行政策結果更具合法性，但就負面效果來說，以經濟問題為例，當媒體不斷報導物價指數上漲、失業等問題時，民眾就只注意決策者的短期方案能否減少通貨膨脹，而不注重長期政策效果，徒增預期心理，更助長通貨膨脹。
7. **評估者**（evaluators）：指政府內外評估人員基於方案績效衡量，干預並影響執行過程（下詳）。

綜之，政策執行環境包括許多參與者，形成不同競賽場合，彼此採取不同博弈行為來影響執行過程，而這有待法定執行人員進行協調。然因這些法定執行者並沒有絕對權威，對他們而言形成一項政治挑戰，結果這些執行者必須經常運用說服（persuasion），談判（negotiation）和妥協（compromise）來促使執行過程和諧運作，這是標準的「由下而上」研究途徑概念。

（二）組織結構和官僚規範

Nakamura 和 Smallwood 認爲無論採取系統管理模式、官僚過程模式、組織發展模式或衝突與討價還價模式的組織結構來作爲執行組織結構，影響執行過程的變數是：內部程序（internal procedures）、資源分配（resource allocation）和官僚規範（bureaucratic norms）。這顯然是來自「由上而下」研究途徑的解釋變數概念。由於第二章的各種理論模型都已述及，此處僅作簡述。

1. **內部程序**：指組織內部溝通程序（communication procedures），行政距離（administrative distance）和決策過程的複雜程度。
2. **資源分配**：指經費、時間、人員之適當性和能力，以及執行人員知識及權力（power）。
3. **心理動機（psychological motivation）和官僚規範**：兩氏引用 Van Meter 和 Van Horn 的說法，執行人員往往遮蔽和其信仰相矛盾的決策，對該項政策如持負面偏好，則可能導致對政策目標公開挑戰。但要緊的是個人政策信仰（policy beliefs）常形成一套內部社會規範（internal social norms），傾向保守、漸變，著重執行機關長期自我利益，乃導致 Charles Peters 和 Michael Nelson 所說官僚文化（the culture of bureaucracy），即執行機構在政治環境中所形成自我生存型態（a life of its own），而可能或不可能與政策制定者（決策者）一致，但因官僚機器只會愈來愈龐雜，結果乃須更繁複過程去諮詢、協調，更大苦心去談判，最後往往將執行機構意識型態擺在政策目標之前，這種反功能現象對執行可能有不利的影響。

（三）溝通網路和順服機能

如圖 4-1 所示，政策執行功能環境中各參與者的博弈行爲是由連結（linkages）來顯示互動關係。這些連結關係包括參與者間交叉溝通網路（crossing communications networks）和順服機能。兩氏借用 Amitai Etzioni 的權力概念，認爲欲使標的順服政策執行，不外三種權力類型：強制權力（physical power）（即賦予懲罰權）、物質權力（material power）（即誘之以利）、和象徵權力（symbolic power）（即運用規範性的聲望、榮譽和尊重）。然而基本上這有如下困難：1. 中介者自主性不斷提高（the increased use of autonomous intermediaries），尤其美國開放政治系統更是如此；2. 社會政策目標往往過於模糊，而不易確定評估指標，如又依賴中介者來執行，則更難解決，因不太可能評定其執行結果是否符合政策目標；3. 由於美國聯邦政府對州和地方政府的法定權威有限，乃只好運用積極誘因策略（positive incentives），最常見型態就是補助款。可是這是一種陷阱式順服獎勵，因如中介者或標的仍不順服，最常見處罰就是取消補助款，這就有如以炸彈轟炸廚房的蒼蠅，蒼蠅雖死廚房也毀，受害者還是民眾。因此只能採取象徵性懲罰（token sanctions），然實質上還是補助，而造成惡性循環。因此，如參與者愈多，則執行過程就愈複雜。

三、政策評估環境對政策執行的影響

兩氏認為政策評估環境的評估者，可以客觀或價值中立指標來評估執行績效，可使決策者和執行者對他們的作為負責。然影響執行效果之變數是：(一)決策者通常是以選民反應為指標，以當選連任為目標，執行者又注重決策者支持，因決策者決定其政治前途。因此，執行者往往運用提供選擇性資料、動員各標的團體支持決策者或給予標的實質利益等等策略，逃避專業評估者和標的對象之客觀評估，使評估活動變為相當政治性，結果欲期客觀評估監督執行，恐怕不易，而往往淪為優勢團體控制評估過程；（二）專業評估也有技術上困難，諸如：目標難界定、績效指標難建立、政策產出、結果和影響難區分和資料蒐集困難等等；（三）然要緊的是，由於專業評估的客觀結果對決策者有潛在風險影響，往往乃運用權力控制評估過程，或逃避評估。由此看來，政策評估環境影響執行過程的三項變數，影響有效執行可能有限。

四、政策功能環境間的連結關係

依照 Nakamura 和 Smallwood 的說法，政策功能環境間連結有兩種類型：執行連結（implementation linkages），即決策者和執行者間連結，和評估連結（evaluation linkages），即評估者評估政策目標和執行情境（implementation scenarios）間的連結。

（一）執行連結

兩氏認爲在執行過程，執行者擁有相當程度自由裁量權力，以作政治判斷而影響政策過程。這些自由裁量權力有的是技術性裁量，有的是利益調和裁量，有的則是因政策目標模糊不清所致。而如將這些自由裁量權放在決策者和執行者間來觀察，這應是權力轉移（shift of power）的問題，轉移多寡就決定於決策者和執行者的權力消長和能力強弱。其中涉及對政策目標和方法不同意見，往往須經討價還價過程。Nakamura 和 Smallwood 將兩者間的連結關係因之分爲五種類型：古典技術專家型（classical technocrats）、指導委任型（instructed delegation）、討價還價型（bargaining）、自由裁量實驗型（discretionary experimentation）和官僚企業家型（bureaucratic entrepreneurship）。每一類型的理論前提和執行可能失敗原因，如表 4-2。

細究之，這五種類型就包括「由上而下」途徑至「由下而上」途徑的理論要點，前兩類型是典型的「由上而下」途徑；而後三類型則屬「由下而上」途徑。尤其是官僚自主型更是典型的「由下而上」途徑，即經由執行者以自身專業能力說服決策者，執行政策或方案以達成目標。

表 4-2　決策者與執行者間關係的五種型態

決策者（環境 I）	政策執行者（環境 II）	執行失敗可能原因
（一）古典技術專家型		
1. 決策者能制定特定目標 2. 決策者將「技術權威」授予執行者以達成目標	執行者支持這些目標，並設計各種達成目標的技術手段	手段上技術失敗
（二）指導委任型		
1. 決策者能制定特定目標 2. 決策者將「行政權威」委諸執行者設計各種手段以達成政策目標	執行者支持決策者的目標，而由執行者間來協商達成目標的各種手段	1. 手段上技術失敗 2. 協商失敗（複雜性、僵持狀態）

表 4-2　決策者與執行者間關係的五種型態（續）

決策者（環境 I）	政策執行者（環境 II）	執行失敗可能原因
（三）討價還價型		
1. 決策者制定政策目標 2. 執行者同時就目標本身以及達成目標之手段與決策者產生討價還價情形	執行者就政策目標本身，以及達成目標之方法與決策者協商	1. 手段上技術失敗 2. 協商失敗（僵局、不執行）（non-implementation） 3. 欺上瞞下（自行吸納或欺騙）
（四）自由裁量實驗型		
1. 決策者支持某些抽象（未經界定）政策目標 2. 決策者將廣泛自由裁量權委諸執行者，由其將政策目標與手段再加以界定	執行者為決策者將抽象政策目標再界定使具體化	1. 手段上技術失敗。 2. 模稜兩可 3. 欺上瞞下 4. 不接受課責
（五）官僚企業家型		
1. 決策者支持由執行者制定出來的政策目標及手段	執行者制訂目標及手段並說服決策者接受這些目標	1. 手段上技術失敗 2. 欺上瞞下 3. 不接受課責 4. 政策僭越（policy premption）

資料來源：Nakamura & Smallwood, 1980: 114-115.

（二）評估連結

由於評估者缺乏有力之政治基礎（political base），乃不可能和其他政策參與者進行權力對抗。因而只能依其評估標準，評估決策者和執行者在上述不同執行情境的政策績效，以評估執行結果。這些評估標準是：目標達成程度（goal attainment），效能（efficiency），民眾滿意程度（constituency satisfaction），特定團體滿意或責任程度（clientele responsiveness）和系統維持（system maintenance）。根據 Nakamura 和 Smallwood 的說法，不同執行情境就需要不同評估標準，如表 4-3。

表 4-3 評估標準：各種執行情境

評估標準	焦點	主要特徵	主要研究方法	最相關的執行情境
1. 目標達成	結果	政策產出指標	量化方法	古典技術專家型和指導委任型
2. 效能	績效	生產力成本	量化方法	古典技術專家型和指導委任型
3. 民眾滿意	政治協調	妥協和目標調整	質化方法（反饋）	討價還價型
4. 特定團體滿意	政治協調	方案調整和彈性	質化方法（反饋）	自由裁量實驗型
5. 系統維持	制度存活力	穩定性和連續性	量化和質化方法並用	官僚企業家型

資料來源：Nakamura & Smallwood, 1980: 155.

筆者並不完全同意兩氏運用這種分類法來評估政策結果，但至少所提供的架構，必然會使決策者和執行者有所注意，所有的政策執行活動必然要根據這些標準，如有偏差，應可在執行過程進行調整，以符合民眾需求。由此觀之，評估者亦可在內外評估過程中發揮影響力。

五、決策者領導型態與政策執行

Nakamura 和 Smallwood 認為，在政策過程中將上述三個政策功能環境連結在一起，使政策執行順利進行者應是最具權力地位的決策者。因此，決策者的領導型態（leadership style）就成為影響政策執行主要變數。兩氏將決策者領導型態分為過度擴張型（over extension）和過度小心型（under caution），各有不同影響結果。

過度擴張型決策者是指其野心超出執行者能力，而往往不易達成目標，前述美國詹森總統對於越戰和大社會計畫的推動就是典型案例。詹森總統許多政策思考常常是偶發而富感情。譬如，城鎮更新計畫（New owns In-Town program），就是 1967 年 8 月的一個早上，在其臥室召來特別助理 Califano，提出利用聯邦的國有地來興建國民住宅，而並未考慮「住宅和都市發展部」

（Department of Housing and Urban Development, HUD）的能力和情況，就以自由裁量實驗型之執行情境要 HUD 去執行，結果 4 年後，只完成 120 個單位的國民住宅。

過度小心型是指決策者先天上缺乏創造力，認爲政策不能依理性、正確和有組織途徑去進行，而更擔心可能執行失敗，這種缺乏冒險行爲之過度小心型決策者，也往往使政策執行受到影響。以艾森豪總統（Dwight David Eisenhower）總統爲例，就比較強調古典技術專家型和指導委任型，是而在建造州際高速公路有所成就。因他認爲能夠掌握，但對於社會政策制定，就沒運用官僚企業家型或自由裁量實驗型的授權，使得在其任內幾無所成。

總而言之，綜觀 20 年來政策執行研究，比較來說，Nakamura 和 Smallwood 的理論架構應是較具政治性、廣博性和整合性，只是其架構圖未能顯現變項間影響關係，但這大概也是模型建構之困難所在；以及執行過程中參與者的溝通和互動行爲，只著重順服機能，實有所欠缺。

貳、1980 年的 Paul Berman

Berman 在「Thinking About Programmed and Adaptive Implementation: Matching Strategies to Situations」一文提出一項權變觀點（contingency analysis of implementation），認爲「程式化執行」（programmed implementation）（即由上而下研究途徑）和「調適性執行」（adaptive implementation）（即由下而上研究途徑），在理論假設和實證研究上都只有解釋部分執行結果。因此，他提出應先認定不同政策情境類型（different types of situations），再媒合不同執行策略（match strategies to the situation），方能達成政策目標。換言之，執行策略有效性應依影響政策執行因素和政策情境如何互動而定。

如表 4-4 所示，Berman 運用五個變數來界定政策情境類型。表中所顯示的涵義是，假如政策情境是屬結構式（structured），則應採「程式化執行」策略；但如屬非結構式（unstructured），則應採「調適性執行」策略。以下乃分別就情境變數、情境類型和執行策略關係，加以論述。

表 4-4　Berman 的政策執行情境類型

情境變數	情境類型	
	結構式	非結構式
變遷範圍	漸進	重大（激進）
技術或理論的確定性	確定	不確定
政策目標和手段的衝突	低衝突	高衝突
組織背景	整合緊密	整合不緊密
環境穩定性	穩定	不穩定

一、變遷範圍（scope of change）

所謂變遷範圍是指一項政策執行過程中，需標的行爲改變幅度和種類。Berman 不同意 Van Meter 和 Van Horn 的說法，即不認爲行爲改變幅度較小，執行就比較容易成功，往往有些改變幅度較大的改革方案，執行反而成功。因此，他認爲應該是如一項政策導致標的行爲改變較小，則可採行程式化執行策略；反之，現狀需再設計、再改變，則需運用調適性執行策略，鼓勵多元參與者廣泛參與，以發展新的 SOP。

二、技術或理論確定性（certainty of technology or theory）

所謂技術或理論確定性是指一項政策所根據之理論和技術，促進有效執行效度。程式化執行策略比較不易降低技術不確定性；但調適性執行策略則可提供執行者更大自由裁量和行政支持，以符合特定政策情境。

三、政策目標和手段的衝突（conflict over policy goals）

第三個情境變數是政策實質內容和背景，所顯現出政策目標和手段衝突程度。有些政策是在相對共識低度衝突的情境下發動，而有些則是在戰時或危機發生時情境下制定。前者以程式化執行策略爲宜，而後者則需運用調適性執行策略，使參與者可進行討價還價，以求妥協。

四、組織背景（institutional setting）

所謂組織背景是指一項政策所處個體執行組織（micro-implementation），如學校、國會和政府機構，和總體執行組織（macro-structure），指的是一項國家政策所涵蓋各種參與者和衝突競賽場合，如屬在政策執行策略設計上，應能整合這兩種組織背景，但整合程度往往有差異。如屬程度較緊密（tightly coupled setting）背景，表示各參與者和組織間較能協調，當然是應採取程式化執行策略，反之則以調適性執行策略爲佳。

五、環境的穩定性（stability of environment）

最後一個情境變數是執行系統環境穩定性。環境是指在執行系統外影響系統的因素和條件，其穩定程度高低當然影響某項政策執行。環境穩定性高者當然以採程式化執行策略爲宜，不穩定環境則以採調適性執行策略較佳。

最後，Berman 指出，以上所做兩分法的執行途徑只是就過去兩種途徑學者間爭論，提出一種權變觀點。事實上，許多政策情境往往要求兩種途徑組合（combination），往往亦出現交叉情境，譬如：技術程度確定，對目標也有共識，但組織背景均是鬆散不緊密。因此，在媒合（matching）政策情境和執行策略外，還要採取混合（mixing）策略，綜合各個不同情境變數與情境類型，使更具彈性。Berman 更提出如將執行過程分成其 1978 年所提出的動員（mobilization）、執行（implementation）和制度化（institutionalization）或混合三階段，而找出在動員階段應採取那種執行策略，以媒合或混合哪一種政策情境，可能會使政策執行更順利，更權變，其他兩階段亦然。這就是他所謂轉移策略（switch strategies），只是 Berman 對混合和轉移策略未作操作性定義和舉例說明。

總之，Berman 所提出權變觀點雖和 Nakamura & Smallwood 以及和 Sabatier 的整合途徑有別，架構上也缺乏廣博性，但卻提供政策執行策略設計另一觀點，實值重視。

事實上，另有兩篇著作亦提出權變觀點來整合政策執行研究途徑。一是 Susan Barrett 和 Michael Hill 於 1984 年所提出的「Policy Bargaining and Structure in Implementation Theory: Towards An Integrated Perspective」。在本文中，兩氏提出整體觀點（holistic view），期整合兩種研究途徑，但他們並未提出理論架構，只是釐清概念，而提出三組因素作爲整合兩種途徑之概念基礎：（一）政策本質（the nature of policy），即強調政策妥協性和價值衝突，以及政策制定和執行兩者連結複雜性，而且每位參與者皆有其各自目的；（二）談判和討價還價（negotiation and bargaining），強調參與者間的關係應以社會秩序系絡來考量，即參與者間一直在談判和討價還價，且會對社會系絡有所改變；（三）政策內容和系絡（policy content and context），即應考慮不同政策類型對執行會有不同影響，而他們認爲一般論者較著重分配性、再分配性和規制性政策，而忽略建制性政策（constituent policy），即不著重組織結構重組和財政資源再分配。另者是 Richard F. Elmore 於 1985 年所提出的「Forward and Backward Mapping: Reversible Logic in the Analysis of Public Policy」。在本文中，Elmore 強調政策執行策略設計，除應考量「向前型」研究途徑的決策和組織因素外，更應運用反向邏輯（reversible logic），預先考量執行過程各項影響因素，尤其是討價還價型態和策略，兩者都應同時考量。比較來說，Elmore 還運用兩個例子（「節約能源」和「青年就業」）來做實證分析，頗具說服力。但都未提出明確的概念架構。

參、1985 年的 Ernest R. Alexander

Alexander 和 Berman 的觀點相同，在「From Idea To Action: Notes For a Contingency Theory of The Policy Implementation Process」一文中認爲「由上而下」和「由下而上」兩種研究途徑，各有概念基礎和運用策略，但難以適用廣泛可能情境（the wide range of possible situations）。因此，亦主張運用權變觀點，提出「政策－方案－執行過程」模型（the Policy-Program-Implementation Process）（簡稱 PPIP 模型），意圖整合這兩項研究途徑。

一、PPIP 模型的概念

如圖 4-2 所示，PPIP 模型是將政策執行過程視為將意圖（intent）轉換成行動（action）的持續性互動過程（a continuous interactive process）。Alexander 將這執行過程視為四個政策互動階段所構成的循環，這四個階段依序是刺激（stimulus）、政策（policy）、方案（program）與執行（implementation）。這四個階段間存有三個連結點（link），每個階段利用這連結點連接後一個階段行動，過程中每個階段都有其內衍變項特徵（the endogenous characteristics and variables），而每個連結點也都有外生因素（exogenous factors）影響執行過程，這些因素是：系絡的（contextual）、組織的、環境和知覺（perceptual）的變數。

PPIP 模型的執行過程始於刺激，而此刺激包含對問題、目標與議題的關切。緊接著刺激階段後是政策階段，此階段是透過政治動員和政策發展，界定出決策者對執行者所作目標和方法的指令。在政策階段後是方案階段，即經操作化過程將政策轉換為特定目的和手段，如規章、計畫或方案。最後則進入執行階段，即運用一套操作程序傳送方案內容或服務給標的對象。此模型基於以下兩項前提假設：（一）每一階段都受到前一階段的影響；（二）每一階段在推進過程不是直接的，都會透過一組複雜因素，而影響執行過程成功或失敗。

就連結點而言，連結點 1 代表將刺激轉換成政策，可稱之為政策制定環境。連結點 2 代表將政策轉換為計畫或方案，可稱之為方案具體化場合（the arena of program specification）。而連結點 3 代表實地執行環境（the field implementation environment），即由基層官僚或契約者（contractors）將方案要素轉換成具體行動。但如圖中所標示，每一個連結還有其他連接路徑（alternative paths）以 1、2、3、4 和 6 來表示，譬如 6 即代表這過程提早結束或停止（the premature completion of the process）（STOP）。Alexander 認為經檢視這些連結關係，就可瞭解如何將「由上而下」和「由下而上」途徑作權變解釋。

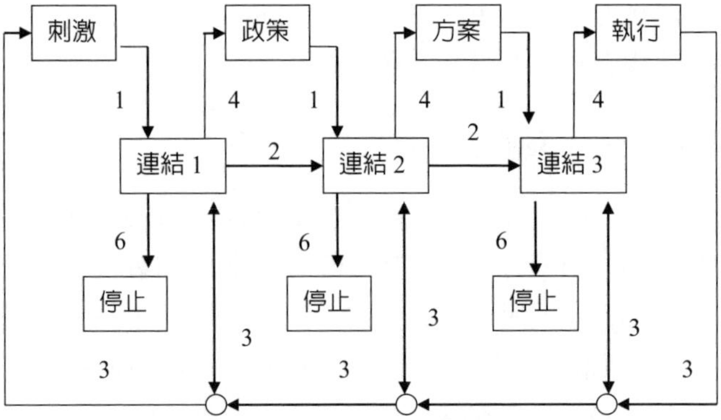

圖 4-2　Alexander 的「政策—方案—執行過程」模型

二、PPIP 模型要素和標準過程

（一）連結點 1（刺激—政策）：政策制定環境

這是一個由組織、機構參與者（institutional actors）和個人（individual roles）共同形成之政策社群（policy community），共同關切相關議題。連結點 1.1 表示這些政策社群對相關議題認知和問題可處理性等因素輸入（箭頭的含意）連結點 1 的政策制定環境，以作爲制定政策的考量。連結點 1.3 則表示先前政策產出（precedent policy outputs）反饋影響輸入「連結點 1」，以作爲制定政策的考量。連結點 1.4 則表示將 1.1 和 1.3 的因素制定成政策。

（二）連結點 2（政策—方案）：方案具體化場合

這是指將政策發展成具體的法規、規章和方案傳送程序（procedures for program delivery）。連結點 2 表示政策目標明確程度，政策制定者與接收者溝通管道和政策本身因果理論等因素輸入「連結點 2」，以作爲轉換政策爲方案的考量。連結點 2.2 表示，政策制定環境對於方案具體化過程影響。連結點 2.3 則表示先前政策產出反饋影響輸入連結點 2，以做方案具體化過程考量，但這反饋過程假如是來自正在進行方案的影響（ongoing program impacts），就變成由下而上或調適性方案之修正（adaptive program modification）。連結點 2.4 則表示方案具體化場合和方案設計過程互動。

（三）連結點 3（方案一執行）：實地執行環境

這是 Nakamura & Smallwood 所謂政策執行環境或 Hjern and Porter 所稱的執行結構。這實地執行環境特徵有：執行機構資源，機構層級整合和協調，官僚結構，決策規則和程序，民眾參與管道，執行人員甄補、意向和態度。連結點 3.1 表示方案一致性和明確性，亦包括法規或規章授予執行機構有效決策規則和指派適當執行人員等因素輸入「連結點 3」。連結點 3.2 則表示政策環境和執行互動關係，這包括公眾支持程度、民眾團體態度和資源，以及上級監督機關支持。連結點 3.3 則表示先前政策產出反饋影響輸入「連結點 3」。至於連結點 3.4 則表示 Hjern 和 Porter 所說的執行結構互動關係對實地執行影響。

（四）反饋路徑 3（feedback paths）

在圖中 3 所代表反饋路徑，使人瞭解政策執行過程與外在環境間之互動。在 PPIP 模型不斷地循環時，政策結果、政策產出和影響（impacts），都會成爲任何其他階段的輸入，致使原先政策過程作某種修正，而重新建構另一次刺激或 PPIP 過程。

以上所述連續互動過程爲 PPIP 標準過程（刺激，1.1，1.4，政策，2.1，2.4，方案，3.1，3.4，執行），即美國聯邦政府政策，經州政府至地方政府的政策執行過程。

（五）PPIP 模型標準過程的變型

1. 非決定（the "non-decision"）：（刺激，1.1，1.6，停止）

非決定過程是指刺激雖發生，但受強而有力團體或主流意識型態限制潛在議題的產生。

2. 看不見的手（the "invisible hand"）：（刺激，1.1，2.2，2.3，3.4，執行）

看不見的手是指社會刺激與政策制定間連結不可能，也不會影響執行（即跳過政策和方案階段）。原因是在某些環境下，社會需求解決，不需經政府政策或方案，而由看不見的手，可能是公眾行動（public actions），連續或同時就將問題解決，這是「由下而上」途徑概念。

3. 直接「方案—計畫」發展（direct program-plan development）：（刺激，1.1，1.2，2.4，方案，3.1，3.4，執行）

直接「方案—計畫」發展過程和「標準過程」相比，只是少政策階段，換言之，因缺少政治動員的建構乃未制定政策。但卻由執行者自行設計方案，再轉換爲計畫去執行，這是「由下而上」概念，亦即 Nakamura 和 Smallwood 所界定的「官僚企業家型」。

4. 政策中止（policy abort）：（刺激，1.1，1.4，政策，2.1，2.6，停止）

政策失敗是指在「連結點 2」未能將政策和方案兩階設連接，可能是因立法機構利益聯盟考慮和政府部門反對，而無法付諸執行。

5. 「政策—方案」中止（policy-program abort）：（刺激，1.1，1.4，政策，2.1，2.4，方案，3.1，3.6，停止）

「政策—方案」中止是發生在「連結點 3」，即指雖然政策已發展成具體可行方案，但因上述影響「連結點 3」的官僚結構等因素，而無法付諸執行。

6. 直接方案失敗（direct program abort）（刺激，1.1，2.2，2.4，方案，3.1，3.6，停止）

直接方案失敗是指跳過政策階段，而直接形成地方性或細部性方案，但因主要計畫（master plans）從未通過，或機構所發展的計畫從未見天日，雖大家都有共識，然一直存檔中。

綜之，Alexander 所提出的權變架構是比 Berman 周全，也都將兩種研究途徑變數納入各階段和連結點的考量因素，雖然不全，但已足夠作爲設計執行策略之思考架構。然而此架構似乎對刺激影響執行，或反饋如何影響各連結點，以及各非標準過程的影響變數，皆未提供更合理的解釋。

肆、1986 年和 1987 年的 Paul A. Sabatier

Sabatier 檢討「由上而下」和「由下而上」政策執行研究途徑優缺點後，「Top-Down and Bottom-Up Approach to Implementation Research: A Critical Analysis and Suggested Synthesis」和「Knowledge, Policy-Oriented Learning and Policy Change」提出政策變遷的倡導性聯盟架構（an Advocacy Coalition Framework of Policy Change, ACF），作爲整合研究途徑；以政策次級系統（policy subsystem）、政策取向學習（policy-oriented learning）和政策變遷（policy change）爲概念基礎，來解釋政策變遷和執行過程。

事實上，在 1983 年，Mazmanian 和 Sabatier 的「Implementation and Public Policy」書中，在探討 1956-78 的美國初等及中等教育法案中之補習教育執行成果後，就指出早期執行研究顯示，由於政策目標模糊，不確定因果理論，執行人員抗拒及地方支持者的組織力量不足等因素致使政策執行失敗，但亦可能因研究時間幅度只有 4-5 年，而過早判斷法案執行成敗，因而乃提出政策取向學習概念，即必須經過長時期執行觀察。果然，在經 10-15 年研究期間，Kirst and Jung S. Jun（1982）以及 Mazmanian and Sabatier（1983: Chapter 6）都指出，方案支持者在政策（執行）學習過程，發現有計畫缺失，乃進行澄清目標，運用更適當之因果理論，亦在州和地方上培養支持者，進而發展一系列策略，結果乃有比較樂觀的發現。因此，兩氏認爲應結合「由上而下」的法案和「由下而上」的參與者「學習」過程，才能瞭解一項政策執行成敗之因。

一、理論架構的概念基礎

如圖 4-3 所示，Sabatier 的這項整合理論架構概念和要素包括：

（一）政策次級系統—即先運用「由下而上」途徑的網絡分析技巧，認定公私組織政策參與者或次級系統，再檢視他們所運用的執行策略。

（二）法制和社經因素（legal and socio-economic factors）—即採用「由上而下」途徑概念來探討：1. 政策網絡或次級系統外之社經條件變遷對參與者資源和策略影響；2. 爲達成政策目標，各個參與者如何運用政府方案的法制特性；3. 參與者對改進他們瞭解影響政策問題因素所做的投入。

（三）時間幅度（time span）—即延長研究時間爲 10-20 年，然而爲避免資訊超載，在延長研究時間時，亦應考慮減少參與者數目至可處理程度。

（四）倡導性聯盟—即要探討公私組織參與者，是否共有一套信仰系統（beliefs），以實現共同政策目標。

二、理論架構的運作

（一）外生變項（exogenous variables）

指影響次級系統參與者的限制因素和資源變數，可分爲相當穩定系統參數（relatively stable system parameters）和次級系統外事件（events external to subsystem）。譬如，空氣污染防治政策就相當受到空氣品質本質、空氣層地理型態，和政治情況長期穩定等靜態因素影響，但亦受社會條件變遷和政治聯盟變遷等動態因素影響。茲簡要敘述如下：

1. 相當穩定系統參數（靜態變項）

（1）問題基本特質（basic attributes of the problem area）：指政策取向學習程度和發展良好因果理論模型之可行性等。

（2）自然資源基本分配（basic distribution of natural resources）：指如國內原油儲存量當然影響該國能源政策。

（3）基本文化價値和社會結構（fundamental cultural values and social structure）：指國營事業在歐洲國家可行，但美國則不可行；利益團體的政治資源影響次級系統參與者的生活面向；在美國黑人和英國有色種族等社會團體的影響力需經好幾十年奮鬥等。

（4）基本法制結構（basic legal structure）：指憲法和其他法律規範變動程度，將影響政策學習的範圍；分權化政治體系和自主性較高地方政府，將透過政策實驗促進政策學習。

2. 次級系統外事件（動態變項）

（1）社經條件和科技變遷（change in socioeconomic conditions and technology）：這項變數變遷顯然將影響現有政策因果關係和改變支持聯盟的政治支持。

（2）民意變遷（changes in Public opinion）：指選舉或民意調查結果。

（3）系統執政聯盟變遷（changes in systemic governing coalitions）：例如指 1980 年雷根競選總統時，空氣污染防治是一項小議題，但雷根當選後任命之環保署長卻大力降低對環境立法的實施，這顯然是對原先執政者所具共識聯盟關係做了系統性改變。

（4）政策決定和其他次級系統影響（policy decisions and impacts from other subsystems）：指各次級系統都只是具半自主性，其他政策參與者決策和影響都將影響這些次級系統。

以上這兩項外生變項應是「由上而下」概念，然大都屬於政策菁英分子和政策過程核心信念（deep core），往往相當穩定，而會在相當長期內影響次級系統參與的限制因素和資源。

（二）政策次級系統（policy subsystem）

所謂次級系統是指一群來自公私組織的參與者，共同來處理一項政策問題，可隨時變動（加入或退出）。譬如，美國空氣污染防治政策執行的次級系統，至少有：環保署、國會內部相關委員會、業務相關的其他聯邦政府單位（如能源部）、污染防治公司、工會和消費者協會、污染控制設備製造商、環保團體、州和地方政府環保單位、研究單位、傳播媒體以及其他國家的參與者。

1. **倡導性聯盟、政策掮客（policy brokers）和次級系統或參與者**，如對核心政策議題（core policy issues）共具基本價値（basic value）、因果信念（causal beliefs）和問題認知（problem perceptions），就會組成「倡導性聯盟」（advocacy coalitions）。這些「倡導性聯盟」因其政治顯著性，互動型態和時間長短，在各級政府運作爲數不等，少有2至4個，多可20至30個。但不是每位次級系統參與者都會屬於倡導性聯盟，有些研究者參加，只是因可提供技巧而已。而且這些聯盟的組合，穩定性往往不是決定在穩定信念，而是穩定的經濟和組織利益。在任何時程中，每一聯盟都會運用策略面對政府機構變遷，而促進政策目標的達成。

聯盟之間乃因而有所衝突，而爲達共識則有賴「政策掮客」之中介功能，使政治衝突層次維持在可接受範圍以及對問題達到某種合理的解決。這和傳統民選官員和法院功能相近，只是政策掮客和倡導性聯盟是連續體概念，有時身分重疊，如一位高級文官可能屬於某一聯盟，又同時可擔任政策掮客。然而聯盟目的旨在將他們之信仰系統轉換爲政府行動方案，但這須視其所擁有資源（resources）而定，資源是指經費、專業能力、支持者多寡和法制權威等。這些資源當然會隨時間而改變，譬如增加預算、徵募新成員、成員升遷至高位以

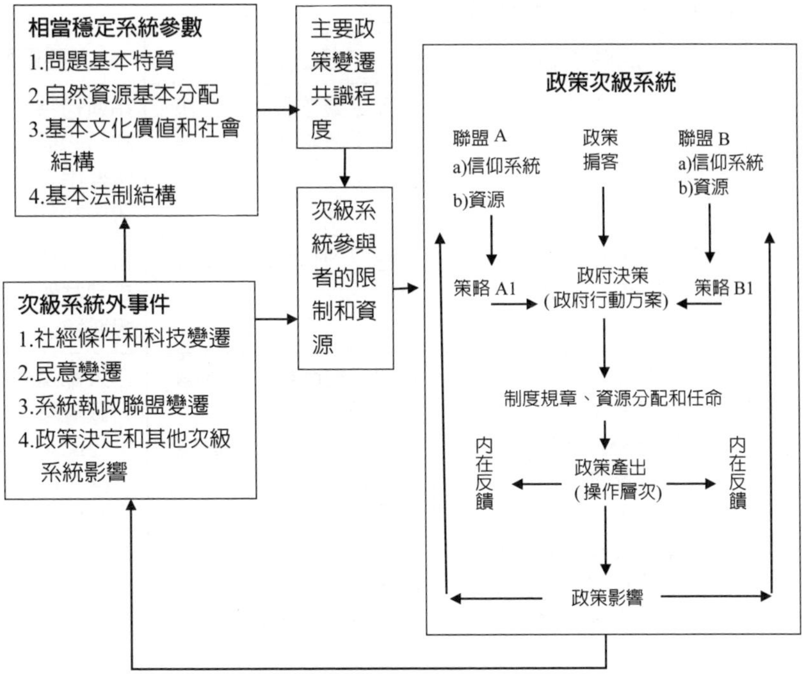

圖 4-3　Sabatier 的政策變遷倡導性聯盟架構

及其他利益團體所運用的方法。這些資源多寡必將影響聯盟將信仰系統轉換爲公共政策。

2. 政策取向的信仰系統（policy-oriented belief systems）

信仰系統內涵應係指政策菁英分子（policy elites）信仰系統，因倡導性聯盟組成分子大都是菁英。Sabatier 根據期望效用模式（expected utility model），認知有限理性（cognitive limits on rationality）以及政治菁英分子的規範和認知取向（the normative and cognitive orientations of political elites）等理論，提出表 4-5。

表 4-5 Sabatier 的政策菁英信仰系統結構

	深層核心	接近核心	次要層面
特徵	基本規範和本體論原則	為達深層核心信仰系統的基本策略和政策立場	為執行特定政策的核心信仰系統所運用之工具性決策和資訊
範圍	部分的基本個人哲學；可應用到所有政策領域	可應用到有興趣的政策領域	特定政策領域／有利益關係的次級系統
要素舉例	1. 人的本性 a. 本性惡 vs 可贖罪 b. 部分屬於自然天性 vs 可支配性 c. 自我型 vs 契約型 2. 各種最後價值相對重要性：自由、安全、權力、知識、健康、愛情、美麗等。 3. 分配正義基本標準：誰的福利最重要？自我、主要團體、所有民衆、下一代、非人類自我等的相對比重	1. 政府對市場活動的適當範圍 2. 各政府單位間適當權力分配 3. 認定福利是重要的社會團體 4. 實質政策衝突取向，如環境保護 vs 經濟發展 5. 對以上這些價值認知威脅大小 6. 關於政策工具基本選擇，如強制 vs 誘導 vs 說服 7. 社會各部門參與可欲性： a. 公衆 vs 菁英 b. 專家 vs 民選官員 8. 政策領域裡社會解決問題能力： a. 零和競爭 vs 相互調適 b. 技術導向主義 vs 客觀主義	1. 大都是關於行政規章，預算分配，方案方向，法令解釋和修正 2. 關於方案績效資訊問題和嚴重性等
變遷可能性	很難，和次級信仰改變相似	困難，但如果經驗顯示有嚴重脫序現象則會發生改變	比較容易，適合行政和立法決策範圍

在表 4-5 中，政策菁英信仰結構可分爲三類：深層核心（deep core）信仰系統是指界定一個人哲學基礎的基本規範和本體論原則（fundamental normative and ontological axioms）；接近核心（near core）信仰系統是指在政策次級系統內爲達深層核心信仰系統的基本策略和政策立場（basic strategies and policy position）；次要層面（secondary aspects）信仰系統是指爲執行特定政策的核心信仰系統，所運用之工具性決策和資訊（instrumental decisions and information）。

在運作上，一個倡導性聯盟的參與者將對深層核心信仰系統有實質共識，而爲此深層核心信仰，參與者則可捨去次要層面信仰。基於倡導性聯盟的投入（efforts）和外在變動因素（external perturbation），如社經條件變遷，當會促使政策變遷（policy change）。換言之，假如深層核心不變，則政策就難變遷。

3. 政策次級系統內外的政策取向學習（policy-oriented learning within and Across subsystems）

然而政策變遷或政府活動方案制定應是政策取向學習的過程，所謂政策取向學習過程是指改變一個人的信仰系統，而這須視外在事件，政治資源流失，反對者活動或其他因素而定。但通常決策者或執行者都不願改變其深層核心信仰。另一方面，根據圖 4-3，政策取向學習亦包含對政策、執行結果不滿意或因未能改善問題而需重新檢討策略。可是，執行經驗的學習常因績效指標不易界定，缺乏良好因果關係和無法進行控制性實驗（controlled experimentation）等因素，而有困難。職是之故，Sabatier 認爲可透過政策分析和資訊的運用，導致政策變遷，過程爲：（1）先認知對核心價值或利益的挑戰（perceived threats to people's core values or interests）；（2）提出政策分析和資訊影響參與者利益和價值範圍；（3）由參與者運用政策分析和資訊結果形成「倡導性聯盟」；（4）進行分析性辯論（analytical debate），即根據分析資料，理論因果關係和制度安排等進行論證。以上這些過程結果，如在可接受政治成本內，一項政策或政府行動方案就能制定，再制定或變遷；接下來是分配執行任務，而參與者必須再重新思考這項新政策因果理論和效能（即再學習），直到外在條件（external conditions）再改變這次級系統內部的權力均衡（balance of power within the subsystem）。

這項過程當然也適用於信仰系統間的學習過程（learning across belief systems）。不同倡導性聯盟間可能是下列三項因素而發生分析性辯論：(1) 中層知性衝突（intermediate level of informed conflict）：即雙方皆擁有技術資源，以及信仰系統的核心和次要層面，或兩者的次要層面引發衝突；(2) 專業人員之專業信用和規範（professional credibility and norms），發展結果使各聯盟必須考量；(3) 問題的分析可處理性（analytical tractability of a problem）：即指問題如可以量化指標或比較能運用控制性實驗來處理，則較能改變聯盟信仰系統。

4. 政策產出（policy outputs）和執行層次（operational level）

在整個政策學習過程中，任何政策產出執行所受影響因素，雖 Sabatier 並無在架構中界定，但均指出仍然須引用「由上而下」途徑的變數（如因果理論、有效性等）來解釋和政策影響（policy impacts）間的關係，而也才能形成上述政策學習過程，進而反饋影響外在事件和社經條件變遷等外生變項，再形成另一回的政策變遷過程。

總之，Sabatier 的理論架構企圖整合「由上而下」和「由下而上」兩種途徑，藉政策次級系統，倡導性聯盟和政策取向學習等概念來促進政策變遷和制定，進而影響執行。就概念而言，是將「由下而上」概念置入「由上而下」的理論架構中，但卻未能突顯對政策執行過程的特定影響，應是較爲著重政策變遷和知識應用（knowledge use）的思考。因此，Hull 和 Hjern（1987: 193-195）認爲有如下缺點：

一、Sabatier 雖透過政策取向學習概念探討高層參與者尋求控制複雜執行過程和執行者運用策略來反應環境變遷，而促進執行活動。然而，這學習路線（route）有多長，如何操作化，並無具體答案。

二、Sabatier 在該架構探討中，並未清楚地將政策活動有系統地操作化爲特定議題，使整個研究設計相當籠統。譬如空氣污染防治是否應再細分爲各特定議題，如酸雨。

三、就整個架構而言，在順序上實地執行者是在最後階段才被討論，至於如何影響執行過程則付之闕如。

四、Sabatier 未將不同聯盟可能適用不同政府方案加以區分，而過於整體性；而在這政策演進過程中，並未能顯示前後聯盟關係，是否有助於政策變遷。

伍、1990 年柯三吉的「政策執行循環的整合架構」

筆者針對上述 1970s、1980s 和 1990s 年來，「由上而下」研究途徑、「由下而上」研究途徑、整合研究途徑和三世代的政策執行理論，以及美歐政策執行學者的實證（量化和質化）結果，演繹出「政策執行循環的整合架構」（Integrative Framework of Policy Implementation Cycle，簡稱 IFPIC），並對臺灣公共政策執行經驗（下詳），進行 IFPIC 模式的實證研究，以下分述此一理論模式的要素和實例驗證分析：

一、概念基礎

（一）Nakamura 和 Smallwood 的「視政策過程為系統」執行模型應為 IFPIC 的基本概念架構。蓋影響政策執行過程，實應從政策制定、政策執行和政策評估等三個功能環境來解釋，才能具系統的完整概念，並可整合「由上而下」和「由下而上」兩種研究途徑，以及第一代和第二代理論模式。

（二）在各個政策功能環境中，筆者認為可採「由下而上」途徑的互動關係觀點，俾使每位參與者運用 Bardach 的概念和博弈隱喻，形成許多競賽場域（arenas），而影響執行過程和結果。

在解釋變數分類上，筆者引用 Merilee S. Grindle（1980）的系絡（context）和內容（content）因素兩項概念，前者較著重結構性，即由政策功能環境和政治體制因素所引發的各項解釋變數，而後者較重功能性，即政策本身所引發的各項解釋變數。

至於連結關係（linkage），仍依 Nakamura 和 Smallwood 的看法，分為三個政策功能環境間的連結，即政策制定與政策執行間的連結，和政策評估與政策制定、執行間的連結；另者各功能環境中的連結，在概念上亦和功能環境間的連結相同。

基於以上的概念基礎，筆者將政策執行界定為：

政策執行乃是某項政策、法規或方案付諸實施的各項活動。這些政策或法規目標和內容在系絡和內容因素影響下，指導或規範該政策或法規的執行過程。然政策執行環境應和政策制定環境、政策評估環境透過連結關係形成一系統的循環政策過程而相互影響，並在政策執行環境中依自身利益、意向策略互相運作，以達政策目標或績效。

筆者認爲 IFPIC 是一「以執行爲基礎」（implementation-based）的循環整合架構，進言之，政策執行是爲公共政策過程的核心概念和要素。準此，筆者歸納出圖 4-4 的政策執行架構模型。

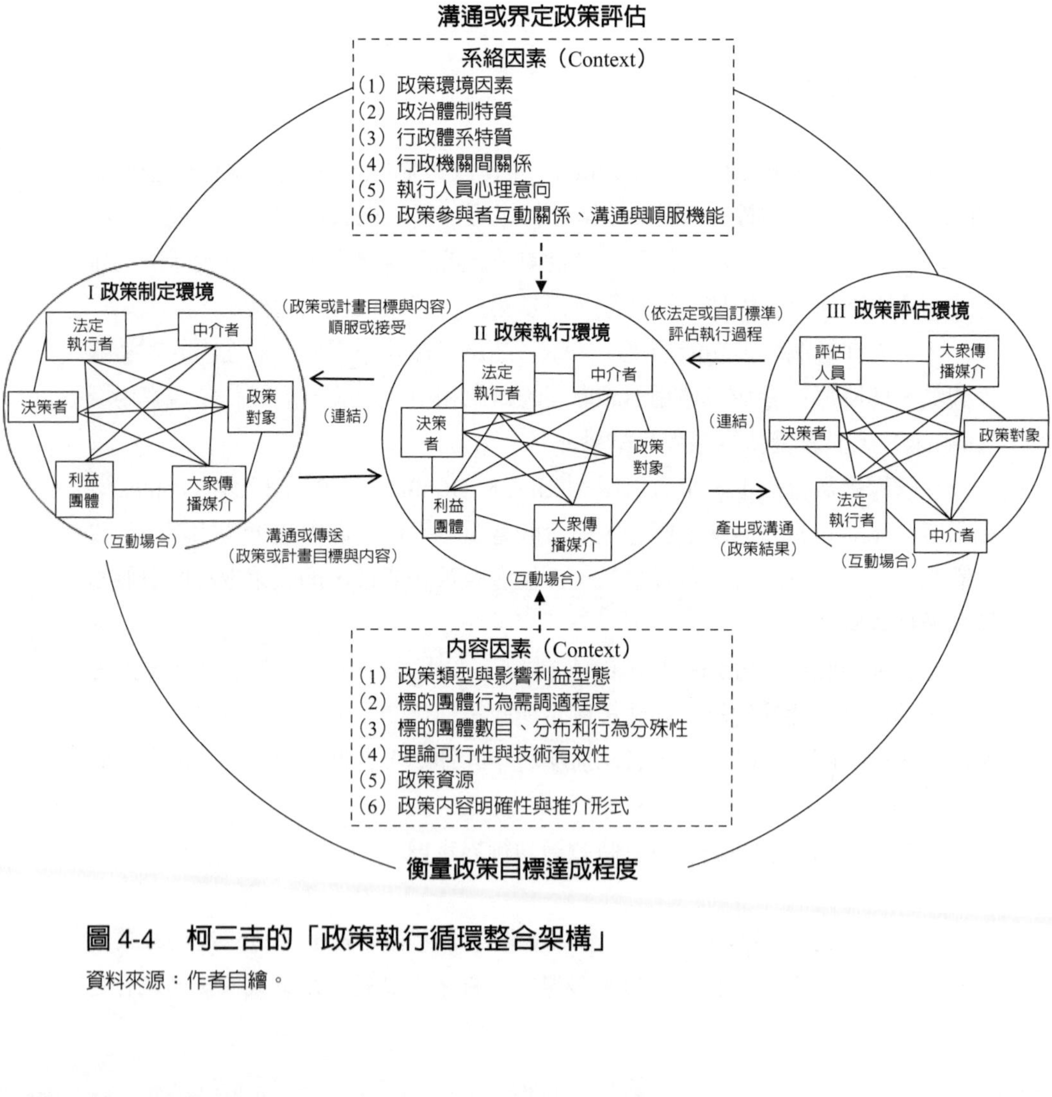

圖 4-4　柯三吉的「政策執行循環整合架構」

資料來源：作者自繪。

二、理論模型的運作

基本上，IFPIC 理論模型運作是從政策參與者，在政策制定環境中的互動或競賽場域開始。即在這制定功能環境，法定決策者、執行者和非政府機構、私人組織、利益團體、甚至具有利害關係的標的對象等政策參與者，或爲其自身利益，或爲應付社會、國家所面臨危機，或爲解決特定政策問題，彼此運用策略或方案控制和討價還價或其他博弈行爲，依循法定途徑制定一項公共政策或行政計畫後，乃藉法定管道傳送至政策執行環境。此時參與者的互動依樣進行，只是在執行過程須受系絡因素和內容因素影響。在經過一段時間，短則 2-3 年，長則 5-10 年或 10-15 年，或在執行過程中或在執行完成後，則會產出政策結果至政策評估環境，再由評估者評估執行過程和結果，此時評估者的評估標準和作法，當然會影響執行過程，只是在政策評估環境中的各參與者，仍會形成博弈互動場域，以影響評估的標準和作法。至於政策功能環境間的連結關係，可分爲二：一是政策制定和政策執行間的連結關係，這連結關係是政策執行環境中各參與者是否順服或接受政策目標或內容之互動關係，這就是溝通和順服的網路關係；另一是政策執行環境產出（或溝通）政策結果至政策評估環境，而政策評估環境的參與者（主要是評估者）根據法定或自訂標準來評估執行過程，以及衡量政策目標達成程度，這也是溝通和順服的網路關係。但必須注意的是，在政策制定環境的決策者往往運用其影響力和評估者「溝通」或「界定」政策評估標準，進而影響評估者評估執行過程和結果。準此，各功能環境中各參與者，因其自身所擁有資源不一，事實上各參與者的權力和影響力也就不同，但決策者或領導者，無論在先進或開發中國家，其影響力都是政策執行的主要解釋變數。

三、理論模型的分析變數

根據上述理論模型，我們可將影響政策執行因素，分成三個主要類別：政策系絡、政策內容和政策功能環境間的連結關係。今分別論述如後：

（一）政策系絡因素對執行的影響

根據 Fred Riggs（1980: 107）的說法，所謂行政績效的決定爲外在環境（external environment）和行政人員間相互作爲的系絡關係（context）。這些行政人員間相互作爲的系絡關係，即爲 Nakamura 和 Smallwood 所稱各政策功能環境參與者間的相互運作關係。準此概念，所謂政策系絡因素是包括影響政策執行過程的內外環境因素。執行者欲使執行過程順利，必須體察環境因素與特性，爭取決策者支持，並使標的團體順服。綜合以上各種理論模型所提出的影響變數，可有：政策環境、政治體制、行政體制、行政體系特質、行政機構間關係、參與者互動關係、標的團體溝通與順服機能和執行人員心理意向。

1. 政策環境因素

所謂政策環境因素是指影響政策執行的政治、經濟、社會、文化和科技條件。綜合 Smith、Van Meter 和 Van Horn、Williams 和 Sabatier 及 Mazanian 的說法：政經和社會條件是指：（1）執行機構內部可用經濟資源（economic resources）；（2）政策執行對現有經濟和社會條件影響範圍；（3）民意反應及其與政策議題相關顯著性；（4）菁英分子對該項政策執行贊成或反對態度；（5）執行機構黨派特性對政策執行影響；（6）利益團體支持或反對影響程度；（7）降低政治反對的努力程度；（8）文化和社會生活型態息息相關，往往影響個體習性，對個體行爲具有潛在而深遠影響，從事執行研究時，對於政策所屬的文化環境特質必須加以瞭解；（9）執行政策或法規可用科技程度。以上各種因素，如比較傾向正面，當然對政策執行會有正面影響。

2. 政治體制的特質

Peter S. Cleaves（引於 Grindle, 1980: 282-83）將政治體制的特質區分爲「開放」、「封閉」以及「中間」三個類型，這是一個有用的研究概念。依據 Cleaves 的定義，可將我國的政治體制定位於「中間」類型（筆者認爲臺灣的政治體制在 1980 年代，應屬軟性威權體制）（後詳），中間型的政治體制，其權力不若封閉型集中，也沒有開放型分散。中間型的國家，政治參與不似開放型國家的自由，也不似封閉型國家那般封閉，利益競爭會同時發生在政策制定與政策執行過程中。此外，Grindle（1980）亦認爲在開發中國家由於資源缺乏，政策除深受高層決策官員影響外，政策間往往具有強烈的互動影響，也就是優先順序高的政策往往會「襲奪」（drain）優先順序較低的政策，使之執行發生困難。

3. 行政體系特質與執行人員心理意向

行政體系係指與政策執行有關之組織安排與官僚文化，這些組織結構特性與官僚文化特質當會影響執行人員心理意向，而對執行過程有重大影響。Richard Elmore 將組織結構的模式區分為：（1）系統管理模式；（2）官僚過程模式；（3）組織發展模式；（4）衝突與討價還價模式。每一模式都有其不同的執行過程，但都面臨相同的影響因素，即內部程序（internal procedures）、資源分配（allocation of resources）和官僚規範（bureaucratic norms）。資源分配將在政策資源因素中述及。

（1）內部程序

Nakamura 和 Smallwood（1980: 54-55）認為，組織的內部程序有三個因素影響執行過程。其一即為是否有清晰、正確、快速和反應明確的溝通程序。其二為行政距離（administrative distance），組織上下層級過多，上級決策者與基層人員的命令傳達距離過遠，往往會使政策執行內容發生實質改變。其三則是執行過程的複雜性，單位或人員愈多，依靠運用的中介者過多，執行資源浪費在所難免。

（2）官僚規範

官僚規範是指官僚組織的內部社會規範，John W. Meyer 和 Byian Rowa 稱之為儀式規則（ceremonial rules），往往會影響內部的獎懲系統。這種官僚結構內的非正式過程，常形成自己的意識型態而修正組織結構運作，或形成一個「封閉世界」（closed worlds），以其內在信念和動態關係，使執行人員常處於外在壓力與內部規範的兩難之中，而影響政策執行甚鉅（引於 Nakamura 和 Smallwood，1980: 58-59）。

（3）組織氣候與執行人員心理意向

嚴格說來，以上所有變數的討論都必須透過對執行人員心理意向來瞭解，才能確知對執行過程影響為何。蓋唯有強烈的心理動機和意向，才可能產生有效的執行行為。Van Meter 和 Van Horn（1975: 472-473）將執行人員的心理意向分為三個層次，首先是執行人員必須瞭解政策的標準和目標，其次為執行人員接受這些政策目標方向，最後是執行人員接受的反應強度。在他們看來，當政策目標和執行者的信念相衝突時，執行者可能會忽略明確的政策內容，甚至抗拒或拖延該項政策執行。進而言之，心理意向不夠強烈的執行人員可能會暗地裡規避工作的執行，而如 Bardach 所說的「工作不力」（easy life），造成形式主義（tokenism），這種現象將不利於政策執行。

在本質上，執行人員心理意向是和對組織認同與專業認同具密切相關。Ripley 和 Franklin（1986: 53）根據心理動機、價值和行爲特徵，將官僚行爲模式分爲四類型：永業型官僚（careerists），認同其所屬的機構及職位；政客型官僚（politicians）則重視機構與外在環境或資源關係；專業型官僚（professionals）認同的是本身專業技能發揮和專業聲望被尊重；使命型官僚（missionaries）則認同於特定政策或使命達成。就社會福利政策的執行而言，顯然如果是永業型、專業型和使命型官僚，將因組織和專業認同強烈，增強其心理意向，而接受並致力政策目標達成。

但組織認同和專業認同又和組織氣候關係密不可分。假如一個執行機構具有健全組織結構、合理的分層負責、良好獎懲系統、富挑戰性氣息、融洽的人際關係、同僚間相互支持和暢通之解決衝突管道，必可使執行具有強烈組織承諾和高度工作滿足感。職是之故，James D. Sorg（1983: 395）所指稱的「無意不順服行爲」（unintentional non-compliance）不僅不會發生，更不會有「有意不順服」（intentional non-compliance）的執行行爲。

（4）行政機關間關係與執行

根據 O’ Toole, Jr.（1985: 205-220）的說法，影響組織間關係與執行因素有：①政治文化（political culture）：政治文化是指組織成員對官僚責任和國家法制系統的期望，進而使成員感受社會結果和相互依賴責任，形成對共同組織間關係的責任感；②組織社會化（agency socialization）：組織是社會化的有力工具，透過傳承（precedents）、非正式運作（informal operations）、以語言或獨特符號和世界觀來引導或限制成員。當組織以其符號來強化世界觀時，將會對那些企圖與其他組織人員溝通和談判時形成激烈挑戰，而引發緊張和挫折。此時組織成員亦意識到各單位組織的本位主義，唯有透過面對面談判才能解決，人員對協調抗拒程度將隨之降低；③權威（authority）：權威可藉對條件的界定分散組織責任，而一旦缺乏權威規範關係，將無法釐清組織間課責關係。由此可如，權威是確定各單位角色、義務和集體貢獻重要性；④組織群間目標概念操作化程度（reification）：個別組織比較容易將組織目標操作化，使成員遵循執行；可是多元化組織（multiple organizations）間的目標操作化就可能發生創造不同的規則（creating different rules），使用不同的專業語言（language）和不同的分析方法。因此一旦共同執行政策，就會使各組織成員爲維護其組織特徵和利益，而使執行遭到阻礙；⑤組織邏輯（logic of organization）：組織邏輯是指正式組織概念及其語言，但和個人道德（individual morality）有緊張關係。組織的決策是來協調個人達成組織目標，當組織成員依循組織理性的命令行爲時，則無需爲結果負責；反之則爲非理性行爲，須遭處罰。這種所謂 Wittgensteinian 的「語言博弈」（language-game），爲組織所決定，無關乎個人道德。因此，當成員和其他組織成員溝通協調時，這邏輯就決定其執行行爲。

以上這些因素如是傾向正面，則當有利政府間政策的共同執行。但這些變數是靜態的，實有待動態的協調策略來推動。根據 D. G. Pruitt（1981: 91-135）的說法，協調策略的類型可分爲：

A.　高風險性協調行爲（high-risk coordinative behavior）：高風險性協調行爲是爲互惠性協議，必須有一方做大幅度讓步，必須有特別型態妥協。這種行爲之所以具有高風險性，主要是因爲會產生下列四種損失：

a. 形象損失（image loss）：即會影響其他議價者（bargainer）的評價。

b. 地位損失（position loss）：這是屬於單方面讓步問題，某方一旦讓步就無法恢復原先優勢地位。

c. 資訊損失（information loss）：由於毫不保留地將單方的價值、優先權與限制，表露在對問題宣稱（statement）之上，因此會被其他磋商者所利用。

d. 競爭機會損失（loss of opportunity for competitive）：因爲完全表現出協調的高度意念，因此便失去競爭機會。

但這種高風險協調行爲也有其正面功能，亦即能獲得其他磋商者信任。當這種正面功能充分發揮時，四種損失的風險將會降至最低，因爲信任象徵其他磋商者已經具有協調心理準備，以開放心胸面對欲解決的問題。

B.　中度風險協調行爲（moderate-risk coordinative behavior）：這種中度風

險協調行爲能夠減少形象、地位、質訊損失，並且允許磋商者擁有競爭行爲來尋求協調方法。具有下列特性：

a. 間接溝通（indirect communication）：這種協調方式並不牽涉直接、明確的宣稱。磋商者之間訊息可由中介者來傳達。

b. 非正式解決問題討論（informal problem-solving discussions）：這種協調方式是脫離正式議價程序的架構，完全採取一種私人式的，輕鬆的晤談。利用專家來釐清議題（issue）以及設計可能解決的方案。這種方式的溝通協調完全禁止以價值標準做爲競爭理由而表現出競爭行爲，而是強調共同利益，對問題解決之共同合作態度。

c. 部分讓步（fractionating concessions）：對於彼此不信賴的團體，如果做太多讓步，將會冒極大風險。但是有時候可以做小幅度讓步等待對方反應。如果此時對方有任何反應時，則可增加對方未來做更多讓步的條件。

C. 低風險性協調行爲（low-risk coordinative behavior）：即利用中介仲裁者（mediator）降低因協調行爲所冒風險。議價者有時願意將一些關於自己的價值（value）、優先權（priorities）、限制（limits），以及願意讓步程度，告知中介仲裁者轉知協調對方，這種情況可以避免因爲直接接觸而引發衝突。

（5）參與者的互動關係

政策系絡的另一因素應是在政策執行過程中的參與者，基於自身利益和所有資源，運用不同策略影響其他參與者，而使執行過程更具動態。政策執行或政策制定環境的參與者包括決策者、法定執行者、中介者、民眾、傳播媒體等主要角色。對法定的執行人員來說，這是一種政治挑戰，他們往往並非握有絕對權威去強迫既有政策參與者順服，故須極力協調彼此衝突，以成功地執行政策「法定執行者角色功能」，詳見「行政體系特質與執行人員心理意向」。

政策參與者因其權力和地位不同，所運用的政治勢力類型當有差別。一般說來，決策者通常著重政策優先次序和資源分配，很少進入執行工作。然決策者又常爲表現其政治強度（political intensity），而運用監測（monitering）、介入（intervention）和信用要求（credit claiming）等方式來影響政策執行。由於民眾或利益團體不斷地提出如何解釋政策的要求，或是執行者反對某項政策指令時，決策者的監測是有必要的；而一些強有力的決策者爲使其政策指令更加清晰，則常介入執行過程做特定說明。當然有些決策者則爲其政治信用，對民眾有所交代，希其政策指令能達成任務，對某項政策做特定解釋或採特定作爲。這些決策者所運用的政治壓力必然影響政策的執行效果（Nakamura 和 Smallwood，1980: 40-42）。

中介者是指輔助法定執行政策的個人或團體，假如中央政府是執行機關，則中介者當包括地方政府機關、工作人員和議會。中介者的加入必使政策執行過程連結更形複雜，誠如 Walter Williams（1976: 15-40）所說，執行課責將難以確定，上下推諉情事，於焉發生。有些文獻認爲地方上菁英和民間團體往往扮演領導、塑造和溝通民意的角色，執行者如何與這些人士團體溝通而取得合作，對執行有很大影響。

傳播媒體對政策執行影響常有正反效果。傳播媒體對政策執行報導，往往會改變民眾、決策者和執行者對政策效果認知，而對執行影響常有正反效果。就正面效果而言，它有助於發掘行政人員的虛報成果，可對執行上困難提出警告，更能動員民眾對法案支持以利執行。然相反的，也可使執行過程複雜化，尤其對眾所矚目（highly visible）問題，更會增加執行上困擾，因傳播媒體常基於自身政治利益立場，做不實或歪曲解釋與報導（Nakamura 和 Smallwood，1980: 52-53）。

民眾可能是政策執行的直接消費者和評估者，以往政策執行過程的研究，總侷限於先進國家經驗，而認爲大眾參與政治，使得「民眾是爲執行者」（consumers become implementers）成爲必然趨勢。然事實上，Samuel P. Huntington 和 Joan M. Nelson（1976）指出，即使是開發中國家也有利益團體和民眾的政治參與與活動，透過自發性（auto-nomous）或動員性（mobilized）參與形式，企圖影響政府政策決定與執行。

Eugene Bardach（1980: 143）對於這些政策執行過程的參與者，所用以獲取最有利於自己的策略，提出兩個隱喻來說明執行過程：一爲博弈；另一爲系統。前者描述執行是許多參與者爲自身利益，運用策略相互對抗以達目標的過程；後者說明這些博弈行動是相互影響，某一方面勝負必然影響另一方的策略性資源。因此，Bardach 認爲執行過程是博弈行動的系統（implementation process as a system of games），換言之，執行是組合或裝配這些博弈行動以產出某種結果的過程。但因每一博弈行動是參與者爲利害關係所採取的作爲，必然會對執行過程發生負面的影響。至於這些負面效果的類型及影響博弈行爲是：①資源分散——影響這項負面效果博弈行爲是浪費公帑，爭取預算，推拖工作和政治分贓；②目標偏差——影響這項負面效果博弈行爲是漸進累積，爭取高位和保持安定；③行政困境——影響這項負面效果博弈行爲是表面主義，全面抵制，社會熵化和管理方法的限度；④能力浪費——影響這項負面效果博弈行爲是頑固堅持，職權重疊，推卸責任，算計別人和追逐名聲。以上這些博弈行爲對政策執行過程和結果的影響，詳見第三章第二節 Bardach 的原文說明。

（6）執行者與標的團體的溝通

參與者間的博弈關係如欲使其化爲助力，則有賴溝通管道的運用。溝通不僅是訊息交換，更是集體交換理念和資料活動，主要功能是在社會化和整合，即透過溝通管道的社會化功能增加社會凝聚力。然執行者與標的團體溝通的主要目的在使兩者皆暸解政策目標、標準與手段，而使政策有效執行。這就牽涉溝通管道的方式、影響溝通管道的因素及標的團體的特性問題。

一般說來，執行過程中執行者與標的團體的溝通管道可有：①面對面溝通，即藉語言、符號做直接面對面接觸，而以「一對多」或「多對多」方式來進行；②團體溝通，即藉正式社會團體，如工商協進會、工業總會等，或非正式團體，如意見領袖、民意代表和政黨等，以互動方式來作信息交換；③這些人際和團體溝通皆有賴傳播媒介作「中介通道」，即藉報紙、電視、書籍、小冊子、無線電和 Facebook、Google、Twitter 等社群媒體來傳送執行人員所尋求執行的政策內容和目標。

就政策執行環境中參與者互動關係而言，面對面或團體溝通的人際網路應是交結式的（interlocking personal network），因而執行者與標的團體溝通應是雙向的，這就涉及兩造傳播者和受傳播者的角色期望特徵。當標的團體對執行人員角色期望和執行人員角色表現有差距時，將會造成執行過程的衝突。尤其當執行人員對標的團體的反應，以特殊背景因素，如血緣、宗教、或同儕團體等做差別處理，將使標的團體做「選擇性注意」（selective attention）和「選擇性知覺」（selective perception）的反應，逃避或抗拒接受溝通，而使執行過程更形複雜而不順服。職是之故，誠如 Jaqi Nixon（1982: 158）所言：「正式和非正式的可靠溝通網路……將可促進政策相關資訊流通而積極地支持執行進行。」

（7）標的團體順服機能：執行者的策略

法定執行者可說是政策執行環境的主角，因其直接擔負執行過程責任，執行人員主要包括各級政府機關行政人員，而其職責乃是如何協調政策參與者的博弈行動以達成政策目標。這當然涉及執行者本身的能力、心理動機及所屬機關內部作業程序和規範等層面。然要緊的是執行者能否在政策執行環境連結關係上，運用適當的順服機能來促使參與者合作，則前述執行過程因素的負面效果當可減低至最小限度。因此，標的團體的支持，乃爲政策執行成功的充要條件。

就政策分析的角度來說，政策參與者間的順服機能必然牽涉控制和權力的關係。Amitai Etzioni（引於 Nakamura 和 Smallwood，1980: 60）認爲，運用不同的消極懲罰和獎勵當可獲取順服。在他看來，控制手段可分爲三類：強制懲罰權力、物質報酬權力（如獎金和薪資等）和規範性權力（如聲望、尊重感等象徵性獎勵）。然而這些尋求順服手段的運用，必須基於合理接受水準，即個人因順服某項政策所受利益損害是可以接受的。換言之，標的團體的私利（self interest）實爲順服機能的主要因素（Anderson, 1979: 114-115），此即爲所謂順服的成本效益理論（Rodgers and Bullock, 1976）。

按照順服的成本效益理論，順服是個人對各種供選擇行動路線（alternative courses of action）之預期成本和效益所作評估的結果。Rodgers and Bullock（1976: 44-45）研究美國反種族隔離學校政策時指出，只有當學校教師衡量不順服（noncompliance）成本超出其他因素考慮時，才會服從反種族隔離法案規定；而實證結果顯示，強制力（coercion）爲獲致順從法令最主要解釋變數。基於這種說法，執行機關或人員所擁有資源與策略誠爲順服機能正功能的主要因素。Cleaves（1980: 290）將前述政策特徵分爲問題多（more problematic）和問題少（less problematic），再將執行機關或人員所擁有的政策或政治資源分爲資源多（more resources）和資源少（fewer resources）而形成一政策執行的座標：

	政策特徵	
政策資源	問題多	問題少
資源多	I	III
資源少	II	IV

座標 I 表示執行者所面對情況是擁有眾多政策資源來處理技術複雜、目標多元，而且參與者多元的政策問題；座標 IV 的情況和 I 剛好相反，座標 II 表示執行者所面對情況是只有稀少政策資源，卻須處理較複雜、多元目標，且多元參與者的政策問題；座標 III 的情況和 II 剛好相反。很顯然的，座標 II 的政策執行是比較難以達成目標。

Warren F. Ilchman 和 Norman T. Uphoff 於「變遷的政治經濟」（The political Economy of Change）一書中認爲，一國的政治或政策資源可分成三類：第一，消極性資源，即強制力和處罰力（coercion and sanctions）；第二，積極性質源，即資訊（information）、權威（authority）、獎勵（rewards）和經濟財（economic goods）；第三，規範性資源，即合法性（legitimacy）。事實上，這些政策資源和政策特徵的排列組合對政策執行的影響，遠比 Cleaves 所解釋的象限座標更具解釋力。依我看來，吾人尙須將政策資源與順從間的關係做一瞭解，方能窺得全貌。舉例而言，在經濟財和合法性缺乏的前提下，執行者欲期運用強制力和處罰力以獲得其他參與者順服是很困難；相反地，充足的經濟和合法化政策必能使執行工作無往不利，強制或處罰力並不重要。儘管如此，單靠規範性資源，而無積極性資源配合，執行效果仍然會遜色很多，尤其對有合法性危機的開發中國家來說，更是如此。

不幸的是，許多國家經濟財的邊際產量總是未能保持長久不變的，執行者策略的運用仍爲政策執行成功關鍵因素之一。Keith Hawkins（1983）檢視美國污染控制法案執行過程，深深以爲法令實施的順服系統是調整動態過程，執行機關靠談判，討價還價和嚇唬（bluff）等順服策略，方可竟功。另歐洲學者 Kenneth Hanf（1982: 169）則以「由下而上」途徑的觀點指出：執行過程是多元參與者互動過程，這些互動行爲包括策略行爲的顯著因素，特別是，主要參與者間討價還價和互動型態是在相互依賴和有限資源追求不同利益和達成政策目標。

（二）政策內容因素與執行

政策制定環境產出政策內容實爲解釋政策執行的首要變項。蓋政策或法規的內容必然因其類型不同，而包括不同的政策目標、手段及特徵。綜合各家說法，此類影響政策執行的變數可有：政策類型與影響利益型態、理論可行性與技術有效性、行爲需要調適程度、政策資源、政策推介形式及內容明確性、行政距離、長期與短期目標和標的團體的數目與分布。

1. 政策類型與影響利益型態

所謂政策類型是指政策在特定界限中所表現的特質。而這些特質對於決策過程所引起之政治活動有相當重大的影響（Lowi, 1964 和 1972）。大多數公共政策學者皆認爲，由於政策類型不同，往往在執行階段帶來不同的複雜性或困境。然政策類型的研究，因觀點不同，其分類不盡一致。經參考相關文獻，筆者認爲 Randall B. Ripley 和 Grace A. Franklin（1986）的政策類型分類與政策執行研究最爲相關。根據兩氏的說法，公共政策可分爲分配性政策（distributive policies），競爭規制性政策（competitive regulatory policies），保護規制性政策（protective regulatory policies），和再分配性政策（redistributive policies）。

（1）分配性政策——指以整體方式提供服務來滿足個別需要，這種服務前提是假設所創造的服務將有益於整體社會，如義務教育的提供使所有孩童均得以參與，接受教育。分配性政策係以政府作爲促成某類私人活動，以嘉惠整體社會。然在社會福利理論中，近有學者漸多主張，許多種類社會服務，由於服務性質專業化，往往不適宜由政府官僚化組織生產此類服務，而主張政府扮演一種購買者的觸媒角色，即由政府「購買」（purchase）此類服務分享於社會大眾，換言之，一種使分配性政策易於執行方式，便是由政府以津貼方式，將執行責任委付私人或團體來完成。（Ripley and Franlkin, Ibid.: 72-73）

因此，政府依賴社會中介團體或私人提供軟性社會服務是社會政策執行的大勢所趨。對於此類服務而言，政府執行機構所扮演的乃是一種「良善管理人」角色，眞正責任不在提供服務，而在於善用管理方式促成「中介生產者」產出適當服務，以滿足社會普遍需求。

（2）競爭規制性政策——指在產出或傳送勞務或產品相互競爭中，政府根據所定管制標準，來選擇競爭優勢之政策對象所採取政策手段，但這些標準是以公共利益爲主。這類型政策特點在政府必須介入，原因有二：①勞動或產品是稀少、有限的，如電視頻道；②這些勞務或產品提供和公眾有利害關係。換言之，其特點有三：①政府提供補助給優勢者，是爲管制優勢者的行爲，使符合公共利益；②這類型政策通常是由中央政府來訂定；③接受補助或津貼者就必須提供服務，如電視就必須播映特定節目（Ripley and Franklin, 1986: 75-76）。

（3）保護規制性政策──依據 Ripley 和 Franklin（1986: 44-45）的說法，保護規制性政策或法規乃在禁止私人對某些活動的作爲，要求私人某些活動的應該作爲。此類型政策執行是一種「攫取」（hand on）的行動，執行者必須在執行過程中直接與「利益受規制者」互動，而爲達成功執行目的，在執行作爲上往往表現出過度積極，致使保護規制性執行過程具有敵對性，而政策標的團體行爲常遭處罰和限制。當標的團體受到規制而利益受損時，在主觀上會有挫折感，而客觀上可能會有抗爭行爲，或採取拖延手段以規避懲罰，致造成 Robert F. Durant（1984: 306）所說的「不順從拖延效果」（non-compliance delay effect）。具體來說，保護規制性政策具有下列的特性：①對標的團體來說是具相當敵意，利益受規制者對執行機構許多活動常持反對態度；②執行機構有時會製造一種利益競爭氣氛，使部分被規制者獲得此種競爭利益，或以「補助金」方式誘使他們合作；③保護規制性政策不易解除規制（deregulations），但其他減輕方式則可能被考慮或增加；④涉及保護規制性政策的政府和私人部門人員與種類往往很多，以致難以在執行過程作業中做有效控制；⑤保護規制性政策因參與者間的規制關係常形成一種不穩定情境，而這種不穩定情境是由於這些參與者透過聯盟方式，使參與者在執行過程的立場時有變動，使得在這種競爭場合，不僅存在各式各樣敵對行爲，更有五花八門合作型態；⑥國會或議會議員會採取干涉方式來探究各種執行活動；⑦法院在此政策類型領域中，因訴訟案件增多而角色活躍（Ripley 和 Franklin,1986: 147）。

（4）再分配性政策──Ripley 和 Franklin（1986: 77 78）認爲：「再分配性政策目的在於針對某些社會階層或種族團體重新調整或分配財產、幸福、權力或某種價值。」再分配性政策是爲避免先天的不公平或不公平性社會競爭使成員出現優劣勢差別，因而試圖透過政策與計畫轉移（transfer）優勢團體的價值予劣勢團體，以求社會平等性。

簡言之，不同政策類型將會造成不同類型利益影響型態，而在執行過程產生系統性差異（systematic differences）。Ripley 和 Franklin（1986: 193）將不同類型的政策執行過程本質、關係和衝突，列出如表 4-6：

表 4-6　不同類型的政策執行過程本質、關係與衝突

執行型態 ╲ 執行類型	執行機關企圖建立普遍為人接受和穩定的執行例行程序可能性	政策執行主要人員及相互關係的本質得以穩定程度	執行過程衝突和爭論程度	標的團體反對執行人員決策程度	在執行過程中意識型態爭論程度	標的團體要求政府縮小活動範圍壓力
分配性政策	高	高	低	低	低	低
競爭規制性政策	中	低	中	中	中～高	中～高
保護規制性政策	低	低	高	高	高	高
再分配性政策	低	高	高	高	很高	低

由上述可知，保護規制性政策是最可能使標的團體必須改變行爲習慣，然人總是習慣動物，對過去的行爲模式總有依戀和規則性。因此，政策執行對標的團體所造成行爲改變的幅度是一不可忽視的變數。

2. 標的團體行為需要調適的程度

許多個案研究顯示，企圖大幅度改變標的團體既有行爲標式，將使政策執行過程遭到較大阻力。Van Meter 和 Van Horn（1975: 459）從組織理論觀點指出，導致標的團體行爲重大改變，政策將比小幅度改變政策難以執行。美國聯邦職業衛生和安全法案，常因需要政策對象作行爲上大幅度變更，尤其對小廠商，而使執行不順利，是爲著例。可是行爲改變幅度如何判定？Jaqi Nixon（1980: 129-131）認爲，可從「過去的經驗」（past experiences）和「現有價值或規範」（prevailing values or norms）二個標準來判斷，但仍無法量化。在 Nixon 看來，政策變遷型態可分爲創新性（innovation）、發展性（development）和改革性（reform）等三種類型。比較來說，創新性政策成功機會較小，而發展性政策成功機會較大，蓋前者標的團體改變行爲幅度較大。職是之故，如何在政策執行過程中，瞭解執行人員和標的團體既有行爲模式，並於必要時，改變其原有行爲習慣，而技巧地建立政策目標所期待行爲模式和價値理念，應是政策執行成功重要變數。

3. 標的團體數目與分布

然而，改變標團體的行爲還需要考慮標的團體數目。Mazmanian 和 Sabatier, Ibid.: 23-24）指出，愈少的標的團體需要改變其行爲，則愈可能達成政策目標，因愈易動員政治支持以有利於該政策執行。他們認爲美國加州海域管理委員會（the California Coastal Commissions）執行 1972 年的「加州海域地區保護法」（the California Coastal Zone Conservation Act of 1972）之所以成功，海岸地區的業主人數不多是主因之一。一項政策所涵蓋的標的團體在組織上愈多，其地理上分布愈廣，所需之協調和溝通工作必多，執行工作困難程度相對地增加。

綜合上述討論，似乎是保護規制性政策類型、標的團體行爲需要調適程度和政策對象的數目等三個變數「命定」對政策執行過程有不利影響。然事實上，還需視執行時該政策是否具有可行性理論與有效技術和充足政策資源而定。

4. 理論可行性與技術有效性

任何公共政策或法規皆假定，改變標的團體行爲將可使政策問題獲有效改善。然這須視該政策理論所呈現的因果關係是否健全而具說服力。Mazmanian 和 Sabatier（1983: 23-26）所說的因果理論是指：（1）政府政策手段達成目標有效性；與（2）執行機構執行控制能力。兩者或其中之一有所欠缺時，將引起政策對象疑慮，可能藉拖延或阻撓手段來影響執行過程。其次，如果執行機構的執行控制技術可行性又不高，必然會面對相當阻力，而引起抗議。就一般大眾而言，由於任何方案皆需納稅義務人和標的團體負擔成本，假如這種負擔並未能改善所要解決的問題，對該政策政治支持可能降低，政策或法規目標可能受到忽視或修正。就執行者而言可能難以突破、缺乏信心，執行政策意願大爲降低。

5. 政策資源與有效執行

反面說來，如果執行機構擁有足夠經費、充足而有效能人力和時間以及有效資訊，則可使理論更可行、技術更有效，這就是政策資源的問題。經費應該是執行政策的主要資源，它可使行政機構運作，購買物品或服務，也可作爲中介團體支持執行誘因，更可直接對政策消費者做「移轉性現金支付」。然而，徒有充足經費而缺適當人員，仍難使政策有效執行。George C. Edwards III（1980: 56-57）指出：「美國聯邦政府在通過國家環境政策法（the National Environmental Policy Act）後幾年內，環境品質委員會（the Council on Environmental Quality）只有 50 個專業人員在監督和協調所有聯邦政府環境活動。這意指每個聯邦部門只能分到 1 或 2 個人，然而這些人員多數是環境專業知識不足……。」因此，我們評估行政機關能力時，不僅要知道絕對員額多寡，更要瞭解執行人員能力、技巧和適當性。

然而，執行人員能力的發揮則有賴於有效資訊運用。Walter Williams（1980: 14）在檢視執行研究相關文獻，而提出 8 個政策執行層面中，強調「資訊對執行管理無比重要，它可提供執行機關充分的詳情以應付環境挑戰，並建立有效促進組織績效手段。」換言之，執行機關如能掌握有關執行過程中的各種資訊，乃可做自我調整，以促進執行成效。當然，執行機關如擁有充足經費，而人員也具有專業和行政能力去運用有效資訊，誠如 Nakamura 和 Smallwood（1980: 57）引用 Francis E. Rourke 所說的：

> 在所有現代社會——無民主或不民主——官僚組織的最重要權力來源就是他們的專業能力——事實是行政人員必須依技巧制定政策和執行決策，從政策過程中參與者的角度，官員能力應重於其權力。

蓋唯有執行人員具有比他人高超的技術能力，才能產生權力（power）促使政策參與者共同致力政策目標的達成。可是如果政策內容不明確，往往會增加執行人員的困擾，再加上政策宣稱形式不夠強化，也都會影響執行人員心理，而使執行者所擁有政策資源功能大打折扣。

6. 政策內容明確性及政策宣稱形式

政策或法規內容包括政策目標和特徵。政策目標是告知執行人員該項政策問題範圍、優先順序及受益標的團體。因此，傳達明確而清晰的政策內容給執行人員，雖不見得會保證標的團體順服，卻是政策有效執行重要條件。政策指令如能包含執行者責任和績效評估確定標準，將減少執行人員自由裁量的可能機會，而有助政策執行（Nakamura 和 Smallwood，1980: 32-33）。

可是，政府機關決策者常受到下列因素的限制，而無法制定明確的政策指令（Nakamura 和 Smallwood, 1980: 34-38）：（1）技術上限制──決策者對應該做什麼並不確定，即達成目標手段欠明確時，政策輸出不明確是可預見，此因缺乏適當的資訊所致；另者，誠如 James Schlesinger 所言，許多決策者往往只想對發生事件採取立即行動，而未深思所用政策手段能否完成任務，這是專家要求解決問題的因素之一。「技術強制」（technology-forcing）差距應是造成往後政策執行困難因素之一；（2）概念複雜性──Charles Lindblom（1979: 24）認為決策者往往不是面對問題，而是認定與制定問題。但因「公眾所關心的特定而複雜問題往往有許多似合理解釋」，如此造成制定政策概念混淆，致困擾執行人員，而只好猜測和自行設計執行手段方法。

Merilee S. Grindle（1980）認為，因任何政策行動都會妨害標的團體既得利益，而引發其在執行階段動員種種特殊關係取向的需求（particularistic kinds of demands），尤其是那些具可見利益政策更易惡化衝突和競爭。基於這些瞭解，應進一步敘述政策特徵對政策執行影響。Peters Cleaves（1980: 286-289）總結對 5 個第三世界國家政策執行問題探討時，列出下列政策特徵（characteristics of policy）對執行過程有負面的影響：複雜的技術特徵（complex technical features），對現狀全面性的改變（comprehensive change from status quo），多元的標的團體（multi-actor targets），多元化的目標（multi-goal objectives）和模糊或不清楚的目標（ambiguous or unclear goals）。

為瞭解這五項政策特徵本質上對政策執行影響，茲扼要敘述其因：（1）政策執行如需複雜技術、方法和廣泛協調（extensive coordination）都將使執行成功機會減低；（2）Lindblom 的漸進途徑（Incremental Approach）指稱，政策手段所造成變遷和現狀相比如是漸進的，執行成功可能比較大，因錯誤冒險性較小；（3）標的團體多寡和政策目標多樣性對政策執行有莫大影響。通常是標的團體愈少，政策目標愈單元化則執行過程必然愈順利。當標的團體數目愈多，而政策目標也愈趨多樣化，任何政策執行可能會犧牲某些標的團體利益。譬如秘魯的軍政府 在 1960 年代後期至 1970 年代初期，進行農地改革失敗。Cynthia McClintock（1980）認爲其因，並不是政治資源缺乏和溝通上問題，主要仍是政府決策者、中下層執行人員、農民和地主對農林合作事業的內容和目標爭執不休；再加上農民在計畫執行過程中總以自身最大利益爲爭取目標；（4）基於秘魯農地改革經驗，目標明確對政策執行乃更加顯得重要。美國 1964 年的「經濟機會法」（Economic Opportunity Act）中的「最大可行參與」（maximin feasible participation）一詞使得行政機關和國會裡沒人瞭解其眞正意圖所在。又美國的「社會安全法」（Social Security Act of 1962）規定對各州的社會服務（social services）提供補助，結果亦因「服務」一詞含混籠統，則使各州政府將聯邦的補助金用來彌補財政赤字（Edwards，1980: 27和31）。

在政策特徵因素中，最後應是政策目標所需時間問題。一般說來，追求長期目標政策比起追求短期利益政策，往往在執行上更加複雜而困難（Grindle, 1980: 9）。其因不外參與者增多、溝通協調不易、資源分配不確定和持續政治支持不易等，而使政策對象實質受益不易顯現。1872 年，美國有些有識之士鑒於「黃石公園」風景的秀麗，恐因橫跨美國大陸鐵路將通過而破壞景觀，乃建議由聯邦政府妥善立法設置國家公園以維護景觀。可是卻招致當地居民的反對，因鐵路可帶來當地繁榮，然百年之後，當地居民的後代子孫，莫不感念當年立法所換來無限景觀利益。因此，執行人員執行以長期目標爲主的政策時，必須運用更長遠策略因應不同政策情境和更成熟技巧以達政策目標。

至於政策宣稱形式通常是指決策者對該項政策強調方式和次數。當執行者感到上級特別重視某項政策或所面對壓力團體力量很大時，心理壓力必然沈重而執行工作將會更加賣力。反之，如不爲決策者重視，或大眾也漠不關心，此時執行者成就動機必然大受影響，甚至扭曲原有政策目標。是故，誠如 Grindle（1980: 10）所說：政策目標被宣布的形式，會對執行過程有相當的影響。

四、政策環境連結關係與執行

根據政策執行循環過程觀點，政策制定和政策執行功能環境間是溝通和順服連結（communications and compliance linkages）相互連接。從執行觀點來說，這些連結是政府機關間決策者對執行人員的權力移轉。權力移轉意指決策者和執行者是對政策目標和手段的政治共識過程。因而權力移轉或授權內容和方式必會增加政策過程被動性與影響政策執行可能性。Nakamura 和 Smallwood（1980: 114-115）就權力移轉的特徵，將政策制定和執行環境間的連結分爲五種類型：古典技術專家型、指導委任型、討價還價型、自由裁量實驗型和官僚企業家型。這每一類型，是代表決策者將決策和執行權力轉移至執行者的不同程度，愈往後者，由於政策目標愈模糊，執行人員自由裁量數愈大，則造成執行失敗原因也愈多。這五種類型的理論前提及執行失敗的可能原因，已如表 4-2 所述，不再贅述。

至於評估連結關係，筆者認爲無論是決策者發揮其影響力或評估者依法定評估標準和自訂政策標準，都應根據下列評估標準：（1）效能性（effectiveness）── 指政策達成可欲或法定目標程度；（2）效率性（efficiency）──指產出一定政策效能的投入數量；（3）公平性（equity）──指在社會各團體間投入和產生分配程度；（4）責任性（responsiveness）──指一項政策滿足某些特定團體需要，偏好或價値程度；（5）系統維持（system maintenance）── 指國家或國際政治系統總體穩定性，和個別執行機構的發展能力。（Dunn,1981: 343; Nakamura & Smallwood; Ibid.: ch. 8）。這五項標準不一定同時並用，而且上述五種類型的評估重點也不同，可參考表 4-3 的說明。

五、IFPIC 模型對 1980 年代間臺灣五項公共政策之分析

（一）理論架構（IFPIC）之驗證

嚴格說來，筆者本章所建構的理論架構，亦和其他理論模型相同，並難以廣博地解釋臺灣所有公共政策的執行過程和結果。但仍有相當解釋力。

就違規遊覽車個案（1982）而言，運用理論架構的解釋變數，譬如：政策目標明確性、標的團體（數目）多元化、政策目標特殊性、執行期間過長、政策參與者博弈行爲、政策資源、順服機能、執行人員心理意向和政府機關間關係等，都對此個案做出有力的解釋論證。

就墾丁國家公園個案（1985）而言，運用理論架構變數有：政策類型與影響利益型態、標的團體行爲需要調適程度、標的團體的數目與分布、理論可行性與技術有效性、政策資源、政策特徵與政策內容明確性、行政體系特質、執行人員心理意向、參與者互動關係（溝通與順服）和政府機關間關係等。這些變數對個案也都提出合理解釋。

就高雄市就業服務執行個案（1983）而言，運用理論架構變數有：行政體系的特質、執行人員心理意向、參與者互動關係（溝通與順服機能）、理論可行性與技術有效性、政策資源、政策內容明確性和社經環境因素等，雖變數較少但也提供令人滿意解釋。

就臺北市兒童福利服務執行個案（1986）而言，該理論架構被用來解釋執行過程和結果變數有：政策類型與影響利益型態、標的團體行爲需要調適程度、標的團體數目與分布、理論可行性與技術有效性、政策宣稱形式（上級機關支持）、社經環境因素、政治體制特質、行政體系特質、執行人員心理意向、參與者互動關係（溝通和順服）和政府間關係。

就空氣污染防制法及其相關法規個案（1992）而言，該理論架構被用來解釋執行過程和結果的變數有：經社環境因素、政策資源、行政體系的特質、參與者的互動關係（溝通和順服）、政府間關係、政策內容明確性（法規）、執行人員心理意向、政策類型與影響利益型態、標的團體數目與分布、理論的可行性與技術有效性、政策宣稱形式。

綜合上述解釋臺灣經驗的政策執行個案分析，有些論者認爲在研究途徑上是較傾向「由上而下」研究途徑，惟如本章論述，筆者所建構理論架構雖未完全符合 Hull 和 Hjern 所提出的執行結構途徑，但已涵蓋相當程度的「由下而上」研究途徑之概念。然而平實說來，筆者自認爲在整合上還是有相當困難：

1. 可能誠如 Bardach 所言，政策執行學者不能也不必要去建構一般性理論架構，蓋各種類型的政策執行在執行情境上就各有不同，又如進行跨國比較分析（cross-nation），則因政治結構、體制和政治文化不同，欲建構一適合跨國且跨政策類型的理論架構實不可能，此亦爲社會科學研究在理論建構上難以和自然科學相比論之故。
2. 由於政策執行過程過於複雜而且太動態，再加上研究學者爲數不少，及形成 Goggin 所說的有太多變數（too many variables）但解釋太少個案（too

few cases）的問題，以致在建構理論上相當困難。即使研究成果斐然有成的Sabatier，雖於1986年提出「倡導性聯盟」整合研究途徑，企圖整合由上而下及由下而上兩種研究途徑，然而誠如一些論者的批評，可能比較適合解釋政策規劃和政策執行的早期階段，一般認爲對政策變遷思考，可能較大於對政策執行過程和結果檢定。

3. 筆者雖能經迴歸分析來檢定變數間的顯著性，進而探究因果關係。然而，在模型中實看不出何者應爲外生變項，何者是內衍變項，而需依不同政策類型作不同因果關係檢定，將使實證檢定更形困難；因此，質化研究法的補充就至爲重要。

（二）IFPIC 實證分析部分摘要（迴歸分析和因徑分析）

表 4-7　墾丁國家公園管理處執行人員心理意向迴歸分析（1985）

變　數	R	R^2	Cum.R^2
1. 行政體系特質	.57389	.3293	.32933
2. 執行人員與民衆溝通	.42318	.1790	.16651
3. 大衆傳播角色與功能	.24320	.0591	.05643
4. 決策授權	–.08371	.0070	.03186
5. 地方行政生態因素	.46484	.2160	.00942
6. 政策明確性	–.04580	.0020	.00249
7. 政策資源	.16504	.0272	.00031

R^2 = .59634**　　F = 6.12049　　(df = 7,29)　　R = .77223

執行人員心理意向 = –1.746 + .610 行政體系特質 +.355 執行人員與民衆溝通
(4.145)***　(2.763)**
+0.314 大衆傳播角色功能 –.166 決策授權 +.218 地方行政生態因素
(1.483)　(.4969)　(3.106)**
+.356 政策明確性 –.482 政策資源
(.271)　(.990)

***p<.001
**p<.005

表 4-8　高雄市就業輔導工作執行變數之迴歸分析（1983）

變　數	r	R	R^2	R^2 Change	Beta
1. 政策資源	.13353	.13353	.01783	.01783	.63252
2. 組織氣候	.37175	.39318	.15459	.13676	.17061
3. 技術可行性	.23211	.44970	.20223	.04764	–.13118
4. 政策環境	.39416	.75836	.57511	.37288	.89437
5. 內部溝通	.42637	.82774	.68516	.11005	.50471

R^2 = 68516***　　F = 5.22285　　(df = 5,12)

R = .82774

執行人員心理意向 = –1.9397 + .4987（政策資源）+.7915（組織氣候）–.1176（技術可行性）
(9.722)**　(.588)　(.411)
+.9580（政策環境）+ .3860（內部溝通）
(17.174)***　(4.195)

***p<.001
**p<.01

表 4-9　臺北市兒童福利執行人員心理意向變數迴歸分析（1986）

進入次序	變數	R	R^2	R^2 Change	F 值
A_2	政策資源	0.62680	0.39288	0.39288	11.00093
A_5	行政體系特質	0.69858	0.48801	0.09513	7.62528
A_3	政策內容明確性	0.76624	0.58712	0.09911	7.11016
A_6	溝通與順服	0.77909	0.60699	0.01986	5.40554
A_1	專業認同	0.78010	0.60855	0.00156	4.04196

R = 0.78010　　R^2 = 0.60855　　F = 4.04196　　df = (6,36)

執行人員心理意向 = 0.3021042 + 0.5729699 政策資源 +0.7590614 行政體系特質
(2.427**)　(1.695*)
–0.6852360 政策內容明確性 +0.1486314 溝通與順服 +0.05052862 專業認同
(1.707*)　(0.814)　(0.2280)

***p<.001
**p<0.1
*p<0.5
註：A_4（文化特質）的 R^2 change 太小。

表 4-10 「空氣污染防制法規執行分析」之迴歸分析（1992）

執行人員心理意向 = 31.17489–0.06831 政策資源 –0.11393 環境因素 +0.27978 標的團體間關係
(–.415) (–.945) (2.343)*
+0.15881 組織法規化 +0.30067 行政體系特質（橫向分工）
(1.074) (2.263)* (2.263)*
+0.47963 組織氣候 +0.10298 行政體系特質（縱向分工）
(2.784)** (.597)

**p<.01
*p<.05

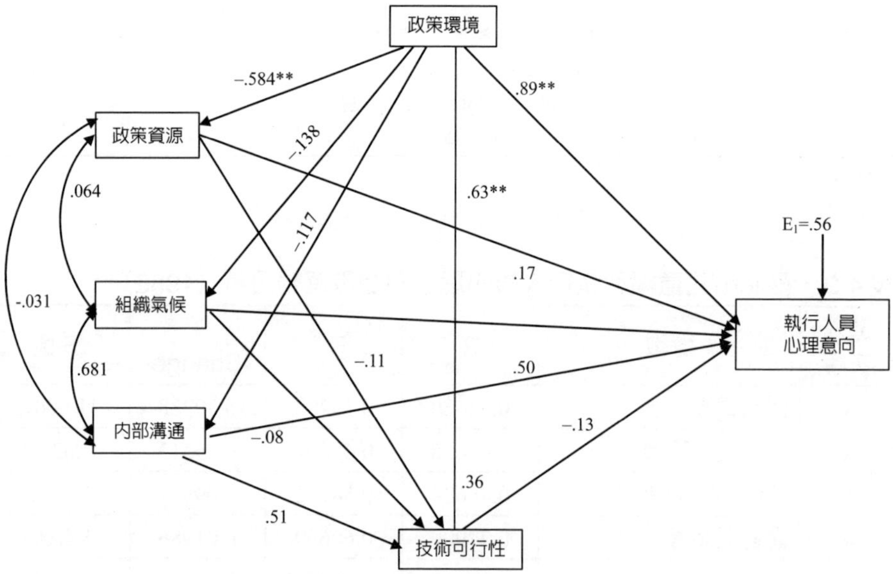

圖 4-5 高雄市就業服務工作執行變數因徑圖（1983）

***p<.001
**p<.01

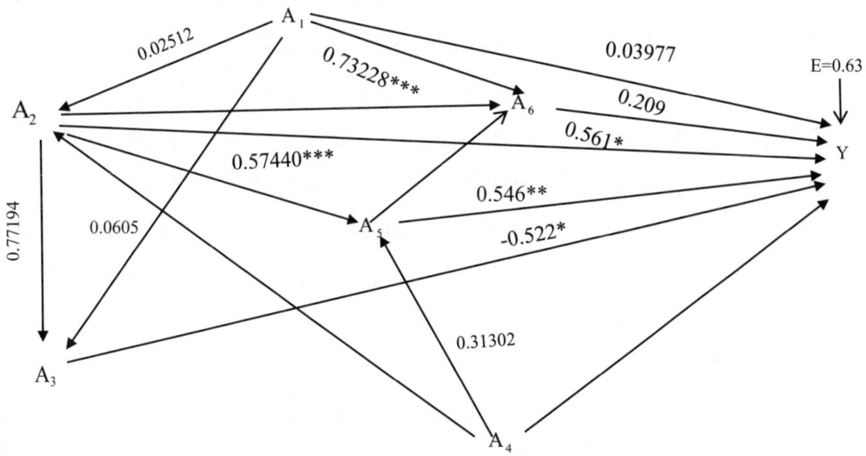

圖 4-6　臺北市兒童福利執行人員心理意向變數因徑圖（1986）

***p < .001
**p < .01
*p < .05

（三）臺灣經驗的個案啓示

儘管如此，筆者的研究方法則有異於美國學者，當 Goggin（1986）和 Palumbo（1987）在檢討 20 世紀以來美國政策執行研究後，皆指出應進行因果關係統計檢定。而筆者則於上述個案分析中，已運用迴歸分析和因徑分析檢定理論架構中的變數關係，而也因此從這些實證研究中，獲得對臺灣經驗的一些啓示。

首先應回顧這些迴歸分析的驗證結果。墾丁國家公園的個案分析結果顯示，達顯著水準變數是：行政體系特質、執行人員與標的互動關係和地方行政生態因素（機關間關係）。高雄市就業服務執行個案分析結果顯示，達顯著水準變數是：政策環境和政策資源（預算和人力）。而臺北市兒童福利服務執行個案分析結果顯示，達顯著水準變數是：行政體系特質、政策資源（預算和人力）和政策內容明確性（指兒童福利法及相關法規）。至於空氣污染防制執行個案分析結果顯示，達顯著水準變數是：行政體系的特質以及執行人員與標的互動關係，以及組織氣候。

綜合上述實證研究結果，對照臺灣公共政策發展經驗，可有引人深思的發現。墾丁國家公園和空氣污染防制的政策類型是屬於保護規制性政策，而行政體系特質及執行人員與標的互動關係爲兩者的主要解釋變數。這可能意味因其執行情境的衝突性較嚴重，政府行政能力（結構、功能、溝通和順服能力）乃爲成功地執行這類型公共政策的關鍵因素。高雄市就業服務和臺北市兒童福利服務的政策類型是屬於再分配性政策，而政策資源、執行人員與標的互動關係、行政體系特質和法規因素爲兩者的主要解釋變數。這次發現稍異於前兩者，蓋政策資源同爲兩類型政策的顯著變數，乃意味臺灣在過去 40 年的發展過程中，經建發展和國防在政策的位階上皆較軟性的社會福利和勞工政策高，因此在資源分配上顯然是殘補式的社會政策，甚至環保政策亦復如此，這是任何開發中國家的通弊。然而即使這兩項政策，政府行政能力（法規的修正亦應包括在內）亦爲關鍵因素，實値深入探究。換言之，政策資源如界定爲我國各項公共政策位階性的考慮因素，則其對社會政策執行，甚至環保政策執行，都是負面的影響變數，而只有隨著環境因素或國家角色（the role of state）的變動，才可能有所改變。因此，値得注意的是我國行政機關行政能力的提升問題，迄今亦然。

綜合上述個案分析，筆者將行政體系特質操作化爲內部程序和溝通、官僚規範、組織氣候、專業認同、工作滿足感和工作認同等次級變數，可知這是一般行政機關行政管理問題，也是長久以來就存在問題。至於執行人員與標的溝通和順服則涉及我國行政機關與民眾間溝通制度管道，和行政人員的溝通和順服策略能力問題，但基本上這也是和政治結構有關。因此，値得加以探討的應是我國行政機關管理能力及與標的團體互動關係。但這些都和政治結構和功能有關。許多政策執行研究指出，美國政府的聯邦結構爲形成和執行政策的系絡因素（contextual factor）。Grindle（1980）更明確地下結論說，**執行過程須視政治體系是權威性政體或開放性政體和所要求政府官員對民眾的課責或程度而定**。

在本書所研究的我國個案所處時間，正是蔣經國政府主政期間，亦即 Winckler 所謂軟性權威體制的政治結構，這種政治結構和政策執行相關的特徵應是：

1. 領導者的決策權力有限度下放，但部屬敬畏權力的行政行爲未隨之改變；

2. 政府組織結構雖逐漸分權化但仍集權化，使機關間的協調呈現濃厚本位主義；
3. 漸漸容許行政人員參與決策過程，具有先導的權力，但卻沒有具備相當的技術能力；
4. 仍有以黨領政的泛政治化傾向，使行政人員偏好個人「便宜主義」，比較不強調公眾利益和成就取向；
5. 社會力的發展促進政治參與，但參與制度和管道仍在建立和修正中，往往因人而異；
6. 形式主義仍然存在，行政理想和實際存有相當差距，往往制定難以執行的政策，常常強調授權卻仍緊緊地控制決策權。

這些特徵有若干項是符合 Fred Riggs 的「正稜柱模型」（Orthoprismatic）社會行政體系的特點，即功能半分化（semi differentiated）但結構整合不良（malintegrated）。平實而論，我國這樣的行政體系如難以轉型，政策的不能、難以或有折扣的執行，勢不可免。

其次，臺灣行政體系與民眾溝通制度、管道以及民眾參與行政途徑，都太偏重菁英參與途徑，即政府決策和執行往往為社會菁英和特權人士所壟斷，而缺乏團體參與和民眾參與途徑，往往使立法脫離現實和民意；再加上行政行銷觀念和策略的缺乏，乃造成民眾不瞭解政府政策原意，而政府官員又往往假設民眾應該瞭解，這種溝通差距，又有加深民眾對政府公信力的信心危機。更甚者，基層官員的順從性格，實使其缺乏創新動力去運用政治溝通技巧、策略，以利政策的執行。

總之，誠如 Grindle（1980: 239）在探討開發中國家決策者角色導致政策和制度變遷時所指出的：（本書付梓之際，正是全球民粹主義興盛之時，此是否意味民眾已被喚醒？答案是肯定的，這當然要歸功於網路媒體興起所致）

> 改革的執行……將仍須著力在官僚體系，但假如民眾能被喚醒，政府角色就變成次要，是而執行改革仍須視官僚的能力和順服而定。

第三節　第三代政策執行理論

20世紀有將近20年間（1970s-1980s），公共政策分析出現新的次領域（a new subfield），即以「執行角色」（the role of implementation）爲創造政策產出的「獨特現象」（a distinct phenomenon）。而誠如Hargrove所言，「執行」重要性被忽視，尤其對政策結果的獨立影響。所謂獨立影響是指政府不只是各種壓力增加的收銀機，官僚本身也同等對公共政策過程有所貢獻。然而這種顯著性研究，卻造成早期探討美國「大社會」計畫爲何失敗的研究者驚恐，然而，1980年末期起的執行研究者都要求再評估政策制定（policy formation）過程，及於其間「執行」的角色。

Dennis J. Palumbo和Donald J.Calista爲因應這項新的研究趨勢，綜合當時的執行研究者，先於1987年The Policy Studies Review，舉辦「專刊」論壇，主題爲：「What Have We Learned from Implementation Research? Where Do We Go from Here?」；接著於1990年編輯成專書「Implementation and the Policy Process: Opening up The Black Box」。兩氏認爲過去研究者都忽略在概念上和實證上，將執行和政策制定分離，而於既定政策架構下，執行者應對政策結果被課責。政策制定者顯然誤解執行過程中「政治聯盟建立」的特定要求和建制對執行者不適當的組織結構，或未瞭解基層工作者對服務傳送的影響。兩氏在專刊和專書中，企圖釐清政策制定和執行間的關係，並批評有些研究過度強調執行對政策的影響，亦不認爲只要執行順利交付，政策就會有效達成目標；研究者應將執行放在更廣泛的政策制定過程，並於政策循環中顯現和設計、問題界定、制定和評估等階段的關係。

在「專刊」中，研究者主要認爲執行是比政府方案管理更爲複雜的過程，而著重解釋何種情況，能使執行成功，並提出混淆政策結果的通用條件因素，而不能只將失敗歸諸於官僚的執行。這些通用條件因素，包括各類利害關係人政策意圖的多元認知因素、不效率組織結果和不能創造永續政治連結。**整體來說，這「專刊」是認同「由下而上」的執行研究途徑，尤其強調基層官僚和標的對象行爲必須併入政策制定過程**。政策或方案服務傳送對塑造政策結果，並不少於政策設計。準此觀點，執行失敗就遠比官僚能力不足更爲複雜；蓋官僚行爲必須理解爲複雜的政治、組織、社會和經濟系絡的副產物，以及政策環境本質。這些假設前提就必須以「認識論」（epistemology）爲思考基礎，如仍堅持「邏輯實證論」的傳統方法論，政策執行成功和失敗將無從完全瞭解哪些爲關鍵因素和條件。

至於「專書」主要目的就在整合「由上而下」和「由下而上」兩種研究途徑，以發展「解釋性模式」（explanatory model），其次則提出未來的研究議程。Palumbo 和 Calista 於 1987 年「美國政治學會年會」（American Political Science Association）中的「政策分析小組」（Policy Analysis Section），討論將「專刊」納入「專書」中，以精進當時和後來的政策執行研究。

筆者基於「專書」和「專刊」，大都是同一研究者，乃將併合論述，但「專刊」應大都屬第三章「由下而上」研究途徑的理論範疇。再者在「專書」中，Malcolm L.Goggin 等人將執行概念轉向發展通則化的層次（increased levels of generalization），而稱之爲「第三代政策執行理論」（a Third Generation on Policy Implementation），並於同年間，運用此動態模式進行三項美國公共政策分析，完成「專著」（1990）。本節乃首論 Goggin 等人的理論，依序結合「專刊」和「專書」進行論述。

壹、1990 年和 1987 年的 Malcolm G. Goggin

幾乎所有公共政策理論研究，皆會強調政府政策過程動態性，即從政策議程、上級命令形成、政策再解釋和再設計，以期更符合政策環境變動的需求。某些政策過程的類型必須涵蓋政府多元層級和結合地方政府間動態關係，尤其是解釋或預測執行的行爲。

Goggin 認爲過去執行研究難以解釋執行動態性，主因當是「個案太少／變項太多」的問題（too few case/too many variables）。動態政策過程研究應適當地再精練設計方法，尤其是多元層級的政府間（府際）行動背景（examining systematically the dynamics of implementation in setting of multilevel intergovernmental action）。究言之，研究者應觀察幾個地方、不同時期及許多個案，這就是「第三代政策執行研究」的基礎，無論是實證研究和理論探討，應將焦點集中於比較和時間數列（diachronic）分析方法。

第三代政策執行研究要旨（the contours of third-generation policy research）認爲，執行是一項極度複雜過程，即是發生在不同時間和空間之行政和政治決策與行動，多數政策執行皆涉及幾個行政和政治單位，以及多層級政府的官僚環境。過去近 20 年來，第一代和第二代執行研究對於執行的共同定義（a common definition of implementation）和執行者角色，皆無法達成共識。執行者的自主性（autonomous actors）程度，亦無法進行可能性預測。因此，爲避免前二代研究的觀點，應建構「中程理論」（some middle-range theorizing），並同時進行多效用研究（substantial potential utility）。由於過去執行研究的研究假設（propositions），大多是諺語式（proverbial），而非科學式的。第三代研究乃須進行更詳盡而系統性調查（more systematic inquiry），以排除解釋或預測執行行爲之限制和驗證執行過程模式。換言之，研究假設檢定應建立在科學和量化資料，並進行比較和時間數列分析，解決前兩代在概念上和測量工具的信度和效度問題。

根據上述論點，執行研究在方法上，應涵蓋：時間數列分析（Time Series Analysis）、動態模型（Dynamic Modeling）、網絡分析（Network Analysis）、區別功能分析（Discriminate Function Analysis）、內容分析（Content Analysis）、社會實驗法（The Social Experiment）和迴歸分析（Regression Techniques）等，亦即量化和質化方法並重。

Goggin 等人爲建構和驗證「政府間政策執行的溝通模式」（the Communications Model of Intergovernmental Policy Implementation），所選擇的個案分析爲：美國 1976 年的「資源保育和復育法」（the Resource Conservation and Recovery Act）、1970 年「家庭計畫服務和人口研究法」（the Family Planning Services and Population Research Act）以及 1972 年「聯邦水污染控制法」（the Federal Water Pollution Control Act）。準此，關於資料蒐集和分析方法則採取「混合方法途徑」（a mixed-method approach），以驗證三項假設：（1）美國聯邦政府和次級政府間的合作與衝突；（2）美國州政府自由裁量程度，對聯邦政府命令或地方性問題，所要解決問題的解釋和操作化（operationalization）；（3）不同時間或管轄區域的執行變項型態。

圖 4-7 所示爲美國州政府層級執行的溝通概念化過程，以及州政府決策結果。然而，州政府決策並非眞空存在，而是蘊含在「執行次級系統」

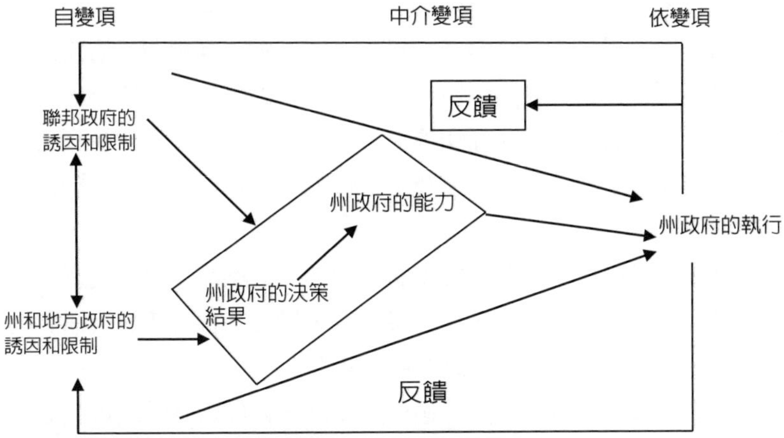

圖 4-7　Goggin 等的「政府間政策執行溝通」模式

（implementation subsystem）的系絡：

一、執行次級系統是指州政府和地方政府的黑箱（the black box），可有以下要素（components）：

（一）每個州政府機關單位主管接受聯邦政府的溝通和法令，就可確保機關存續，並增進福利的工作性目的。

（二）每個州政府機關單位組織結構、預算和人力資源，當會影響執行者的行為。

（三）每個州政府公關聯繫人員，除維護各自機關單位利益，其主要目的則在將州政府之政策偏好傳輸給地方政府執行人員。

（四）各州議會議員和州長執政目標都在競選連任。

（五）各地方政府執行者會將各地方多元利益傳輸給州政府官員。

（六）各州政府都各自有其能力去執行集體偏好（collective preferences）。

（七）各州政府執行者都會將受影響的決策行動和分配利益結果，反饋和溝通至聯邦政府內的國家和次級國家層級主管單位。

二、執行次級系統間互動（the interaction among components）係指該模型的動態特性（dynamic），亦即考量不同時期、不同政策和不同州的重要政治和行為變動。上述七個次級系統要素，彼此間是互動的、互賴的和多元面向（multidimensional）。

（一）本質上，聯邦政府的執行決策和行爲是爲每個方案管理者的個別判斷，各州民選首長偏好，以及民眾和利益團體間討價還價的交互壓力所共同形成的產出。惟因每個利益團體和民眾皆有其期待、目標、資源、利害關係和權力，共同決策的產出當然受到政治、文化和經濟環境的限制，以及主要機關單位執行州政府集體選擇的能力。

（二）聯邦機構首長、地方利益團體、州長、州議員、地方民選首長、政府官員和州政府內政務官等參與者，以及其各所任職機構間的互賴關係是想當然地呈現假設互動關係。

（三）各參與者行爲是受到決策過程的限制，各機構應處理資訊成本和專業分工問題，因而權力就集中於州議會和各委員會主席、州政府各機構首長以及消費者團體、公共服務受益者及成本承擔者身上。

由此可知，該模式的理論論證，就如 Richard Elmore 所稱「失序的執行」（the disorder that is implementation）。爲期將政治和行政行爲與公共政策的「政府間關係」相互連結，應考量三項重要決策因素：是否繼續執行、執行行動時機和政策意圖所造成變動程度。然而這些執行決策仍取決於聯邦政府決策者（federal sovereigns）、地方利益團體和州政府各機構主管、州長和州議會的有力人士。

三、可驗證假設（testable hypotheses）

基於上述理論架構，Goggin 等人提出兩項可驗證假設：

（一）不同州政府執行時機與政策意圖變動程度，和溝通型態呈現系統性相關。

（二）不同州政府執行變異性是否可轉化政策意圖成爲有效政策，或州政府解釋聯邦政府法令所運用的行政裁量是和組織能力呈現系統性相關。

爲驗證這些假設，首須將下列問題概念化、操作化和測量化：1. 執行時機；2. 方案內容修正程度；3. 溝通型態；4. 組織能力以及資料募集和分析方法。Goggin 等人運用多元混和方法來驗證上述假設：菁英主管晤談（ellte interviews）、郵寄問卷和內容分析。

菁英主管晤談旨在瞭解州政府執行是否有輕忽（defiance）作爲？是否修

正而有拖延？是否修正而有策略性拖延？是否為達成目標而順服聯邦政府？而郵寄問卷在於瞭解州政府層級是誰具影響力？地方政府民選官員或政府官員誰最具影響力？州政府的常任官員誰最具影響力？利益團體中何者最具反對影響力？利益團體中何者最具贊成影響力？至於內容分析則是透過「標準編碼表」（standard coding sheet），分析各層級政府的法令、規章、內部文件、信息、綱領、報告、命令、預算和檔案等資料，進行瞭解：「由上而下」的聯邦政府、國會和聯邦法院對州政府的例行指令關係，及「由下而上」的州政府對區域政府、聯邦政府、國會和利益團體所傳送的政策執行立場。再者，建構組織能力指標則是透過語幹敘述（thematic statement），分析聯邦和州政府的政策說明書、對民眾的行政執行預算、人力素質、社會和政治功能、組織圖和機構間的依賴關係，以得知每一機構單位的「權力強度背景」（power setting）。

綜之，Goggin 等人的「第三代執行理論架構」就在運用這些混合方法和交互主觀（intersubjectively）資料，分析聯邦政府和州政府間執行的因果邏輯關係，尤其是州政府層級決策和分配資源的組織能力以及「由上而下」和「由下而上」的溝通型態。

貳、1990 年的 Dennis Palumbo 和 Donald Calista

Palumbo 和 Calista 在「Implementation and The Policy Process: Opening Up the Black Box」此書中從廣泛的政策制定系略（the broader policymaking context）及執行研究的方法論與認識論基礎（the methodological and epistemological）觀點著手。兩氏首先認為執行研究應從政治、組織和行為面的交互關係來探討，而強調執行政治面可有：一、各級政府在執行政策時皆受政治因素所影響，執行者在此政治網路中扮演解釋政策指令的主要角色；二、無論在公私機構或組織在執行政策過程中，政治因素都對交互的人際關係造成影響，而尋求彼此間共識；三、執行應考慮行為者多樣性（multiplicity of behaviors），蓋執行機關雖旨在服務人群需求，但執行者則往往因追求權力和私利而影響目標達成，其和科技人員只是尋求目標達成有所差異；四、在制度上則因美國憲法體制特性，政策執行過程的行政裁量（administrative discretion）問題乃成爲道德因素（moral concern），使美國聯邦政府許多政策，往往在執行過程中再設計或再修正（policy will continue to be redesigned during implementation）。兩氏舉 1980 年美國環保超級基金（Superfund）爲例加以說明，當時美國國會要求環保署（EPA）運用超級基金執行空氣品質管制標準，卻遭雷根總統反對，乃使 EPA 處境尷尬，再加上 EPA 必須依賴其他單位配合，司法部也不合作，總體執行條件（macro-implementation conditions）也不利。最後，EPA 只好尋求國會政治支持，以對抗其他單位抗拒。由此例可知，美國 EPA 在處於總統和國會對環保目標不一致時，乃就政治體制特性，運用自由裁量範圍，以達成政策執行的課責性。

其次，兩氏認爲政策執行應爲政策制定和評估等政策過程的環節，而不可分割，即執行者參與議程設定、問題認定、制定、執行和評估等每一政策階段。就政策制定過程而言，執行者的影響力在其可以專業權力，決定政策議程和問題認定。在執行過程中，基層官僚又以其技術（know-how）和例行性作法，往往重新界定政策目標或修正政策內容。就政策評估過程而言，近 10 年來政策評估的研究取向已不只限於結果或影響評估，也更著重過程評估，乃使執行和評估關係更形密切。兩氏認爲這可從兩方面來觀察：一、執行的範圍（the extent of implementation），即方案內容達到標的團體的程度，而這往往需要在執行過程中再設計以產出標的之滿足感；二、執行的過程（the process of implementation），此過程可分爲總體執行（macro-implementation）和個體執行（micro-implementation）過程。前者是指不同執行組織常對方案目標做不同解釋，各機構皆認爲有權解釋法定政策，結果是缺乏一致標準去衡量政策成敗；後者是指調適的執行，即各項政策目標往往模糊不清，乃由基層官僚基於地方需要調整方案內容，聯邦政府又難以強制。再者，委託中介團體執行的方案也常和聯邦政府形成複雜的討價還價關係，此雖可彌補政策設計的缺失，但卻難達成方案評估的效度，乃形成美國憲法上傳統官僚責任問題（traditional constitutional issue of bureaucratic responsibility）。由上述可知，政策執行研究實無法脫離對政策制定和政策評估相關性的探討。

最後，兩氏批評過去執行研究在方法論上偏重邏輯實證論，總以偏狹的政策目標作爲衡量標準，與無法測量政策無形效果（intangible effects）。這種著重經濟效益成功標準，使執行人員缺乏對公共目標（public goals）的注意，乃造成反功能效果。因此，Palumbo 和 Calista 認爲應改變論證基礎，即「創造而不是發現事實」（create rather than discover reality）的方法論。綜之，兩氏論點除方法論的批判和期望，有別於前述大多數的理論架構外，前兩項看法應和 Nakamura and Smallwood 的整合觀點相近。

參、1990 年的 Soren Winter

Winter 承認過去政策執行研究對理論建構有若干貢獻，但認爲整合性仍然不夠，其因變項不足，且忽略基層官僚的角色功能，乃提出圖 4-8 的「整合執行模型」（Integrating Implementation Research）。圖中顯示有 4 組因素影響執行結果（implementation results）：一、政策制定過程和立法（policy formation process/legislation）；二、組織和組織間的執行行爲（the organizational and interorganizational implementation behavior）；三、基層官僚行爲（street-level bureaucratic behavior）和四、標的團體行爲（target group behavior）。

在依變項（執行結果）的界定上，Winter 認爲參與者的目標或利益（即 stakeholder model）以及問題解決（problem solving）雖應視爲重要的評估指標。但對民眾而言，法令規章的法定目標（official goals）仍爲政策產出和結果的主要評估指標，並應重視長時期架構（longer time frame），即應分短期

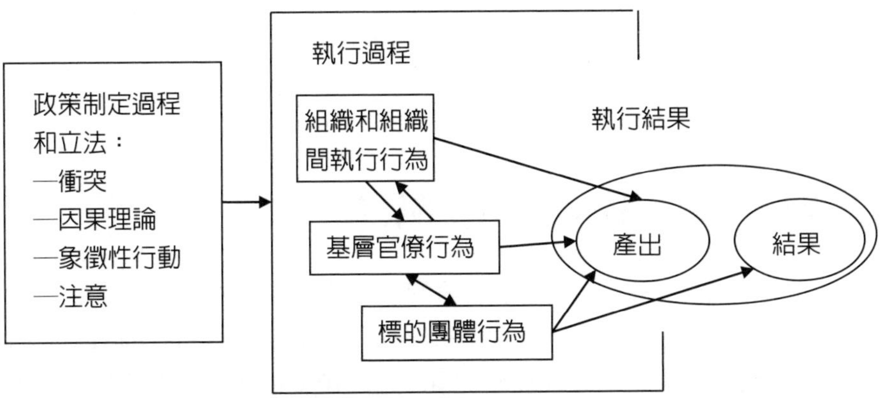

圖 4-8　Winter 的整合執行模型

和長期政策結果。

這項觀點和 Palumbo 與 Calista 雖有出入但並不衝突。以下乃分述各組因素對執行結果的影響：

一、政策制定過程對政策執行的影響

Winter 提出政策制定過程的四項變數影響執行過程：（一）制定過程衝突程度（the degree of conflict）和執行成功程度成反比，因反對者會運用資源和利益形成聯盟，以建構執行過程使難以執行；（二）成功執行過程必須基於有效因果理論（valid causal theory），但因大多數政策問題皆爲棘手問題（wicked problems），並不易達成；（三）如因前項原因，政策制定乃只爲象徵性原因（symbolic reasons），則欲其成功執行實不可能；（四）根據垃圾桶理論（garbage-can model）的說法，參與者注意程度（the level of attention）和成功執行成正比，即注意程度高低將影響決策期間長短和價值考量、議題爭執數目（problems），答案提出（solution）和選擇機會（choice opportunities），這些因素如是負面則不利政策執行。

二、組織和組織間執行行爲對政策執行的影響

Winter 強調州和地方政府與聯邦政府政策目標常不一致，各級執行人員皆有既得利益、執行過程的轉變行爲、參與者互動關係、機關間關係、執行結構的權力博弈（power game）、無效的法定層級控制等因素皆影響政策執行。這些變項和過去學者所提變數相同。

三、基層官僚行爲對政策執行的影響

Winter 舉述 Lipsky 所列基層官僚的行爲特徵，諸如：資源不足、限制服務資訊（limiting information about services）、使標的等待（making clients wait）、使接近或申請困難（making access difficult）、加重標的心理負擔（imposing psychological costs on clients）、選擇服務有利於其所界定成功標

準的對象（creaming），以及任意移轉服務對象至其他機關（passing clients to other authorities）等行爲皆對政策執行造成負面影響，而 Winter 認爲標的團體行爲、反應和順服等影響政策的執行，如就業政策的推動缺乏求職者意願配合，政策結果必然受到限制。

綜之，Winter 企圖提出一整合架構來解釋政策執行，從政策制定的影響變數著手，再敘述影響執行過程動態因素，理論概念和 Palumbo 與 Calista 相同。但在筆者看來，Winter 架構的缺失乃在求而不全，變數不夠周延，又缺乏政策評估變項，解釋力並不見得比前述研究更爲周全。

肆、1990 年的 Barbara Ferman、Barbara Ferman 和 Martin A. Levin

Ferman 和 Levin 在 1987 年專刊的「Dilemmas of Innovation and Accountability: Entrepreneurs and Chief Executives」中，對於過去政策執行學者，因美國詹森總統「大社會計畫」執行並未如預期成功，致對美國政府執行能力表示悲觀，提出不同看法。兩氏提出「官僚企業家」（the bureaucratic entrepreneurs）的概念，認爲只要執行者（program advocater）和行政主管（chief executives）能具備強烈的創新承諾（strong commitment to innovation）和執行才能（executive talent），透過各種策略運用，將可達成有利執行效果。這些策略是在創造有利的執行環境（favorable circumstances），主要可有：一、選民支持（constituent support），即選擇結果立即可見的方案（rapid success and high visibility），使民眾對政府有正面評價；二、修正、保持和擴充方案內容（program correction, protection and expansion），即因政策設計的有限理性政治或財務因素，以及執行者應該超越條件限制（beyond constraints），不斷注意政策方案內容變遷；三、策略性選用有能力的執行者（effective personnel strategies）；四、有利的組織結構和機能（organizational structure and instruments），即執行組織是否具自主性和運用私有化、漸進式等策略。兩氏的這些概念與策略和「由下而上」途徑及 Nakamura and Smallwood 與 Bardach 觀點頗爲一致，官僚企業家是爲政策執行的重要概念。

1990 年，Ferman 超越前文理念，在「When Failure Is Success: Implementation and Madisonian Government」一文中，著重執行過程的政治和組織系絡（political and organization contexts）兩方面因素。在政治系絡因素方面，Ferman 強調美國國父之一 Madison 所倡導三權分立的聯邦體制為使美國政府執行能力不足（institutional incapacity）的結構因素，而因決策者所面對的皆為大眾傳播媒體和一般大眾，執行者則面對其工作人員，結果形成兩種執行型態：政策採納政治（politics of policy adoption）和執行政治（politics of implementation）。前者是指決策者為獲得各種團體和選民支持，乃運用聯盟政治（coalition politics）策略，在立法和政策設計上使用模糊語言（vague language），令支持者認為皆有不同意義解釋而有利其利益需求；後者則指這些模糊不清的政策目標，雖可使執行者運用自由裁量機會，但另一方面卻難以確切地達成目標，尤其是社會福利政策。進言之，決策者重視政治考量，而執行者著重組織生存，在三權分立架構下，兩者間差距則一直是政策執行研究的課題，而無論是「由上而下」或「由下而上」研究途徑也皆已提供若干解決之道。

Ferman 則運用 Elmore 的四種組織模型，企圖縮短決策和執行間差距。這些組織模型分別為理性模式（系統管理模式）、官僚過程模式、組織發展模式和衝突與討價還價模式，其與政策執行之關係已詳如前述，此處不再贅述。然 Ferman 認為衝突與討價還價模式才合乎美國聯邦分權化體制的本質，也才能達成民主過程目標，因此她並不認為這種制度設計失敗，反而應說是 Madison 的成功設計，而政策執行能否成功，則是其在 1987 年前文中所指陳的，應引用有才能的決策者和執行者，而運用各種成功策略和技術，或 Lindblom 所說的「漸進調適策略」，在執行過程中不斷討價還價，乃可竟功。

伍、1990 年和 1987 年的 Stephen H. Linder 和 B. Guy Peters

Linder 和 Peters 在 1987 至 1990 年間，計出版三篇有關政策執行專文，而這三篇專文的理論體系一貫，皆以政策設計（policy design）為後設概念（meta concept），認為政策執行研究不能只從執行過程本身來探討，而更應考慮政策設計因素對政策執行的影響，即強調可執行性（feasibility）並不等於政策本身理論的完整性。為求前後比較，以下乃分述其要旨。

在「A Design Perspective on Policy Implementation」（1987）一文中，兩氏首先將政策執行研究途徑分為兩大類：第一為「有效執行」途徑（the "horrors of war" approach to implementation），強調前述完全行政概念，而指出 Hood 的完全行政要素乃為政策有效執行的先決條件，亦即行政過程失敗，政策也不成功。筆者對這種觀點的評述已如前述，而兩氏則指出這種觀點無法區分政策制定和執行失敗。因此，他們認為政策失敗原因應有三種類型：一、執行者心理意向不高或怠忽（sabotage）所造成；二、政策設計的失敗，即開始就有問題（crippled at birth），或誤解政策問題（misunderstanding of the nature of the problem）；三、政策目標雖然達成，但卻造成負面效果（negative side effects）。很顯然地，兩氏認為不可忽視後兩者的設計觀點。第二為尋求理論建構的政策執行研究途徑（the search for theory），兩氏將此途徑又分為：一、「由上而下」途徑，著重執行者和管理者的管理能力，即組織結構、標的順服及其他如組織發展管理工具之運用；二、「由下而上」途徑，著重基層官僚角色和功能，已如前述；三、「演進和向後追蹤」途徑（evolution and backward mapping），即 Pressman and Wildavsky 和 Majone and Wildavsky 的觀點；四、「從上到下」途徑（from the bottom down），即 Mazmania 和 Sabatier 的觀點。其實，這種分法比起本章的分類法，顯然不夠簡潔。

然而，Linder 和 Peters 對於政策執行研究途徑的分類，主要關鍵在指出，這些途徑過於敘述性（descriptive），而這些途徑總認為所建構的執行模型或變數能解決，政策就無問題。兩氏不同意這項觀點，主張應著重設計觀點，執行性應只是考量因素之一。政策的制定應以目標和達成此目標的手段或機能（mechanisms）為選擇前提，即政策應基於「我們要做什麼」（what we want to do）而不是「我們易於做什麼」（what we can do easily）。這項看法的引申是，如過於著重可執行性或執行過程，雖執行成功，但政策理念則可能失敗。進言之，強調可執行性將可使目標達成的可能性增加，如短期內有困難，因目標在政策制定之初就已彰顯，也可透過漸進策略的發展來達成。基於此項概念，兩氏提出制定機能（formulation machinery）、執行機能（implementation machinery）和環境因素（environment）等三項變項來界定其「設計」取向的執行觀點，並同時批評「由下而上」途徑過於著重執行機能對制定機能和環境因素的影響；「演進和向後追蹤途徑」太偏重制定和執行機能的相互影響，而忽略環境因素的影響；「由上而下」途徑又過於偏重制定機能的影響；以及「從上到下」途徑一方面偏重制定機能對執行機能的影響，另又過於重視和環境因素互動的影響。因此，Linder 和 Peters 乃以下圖表示，認爲在設定目標應首先考量公平性（equity）而不是可行性（feasibility），以 ※ 號表示彼此是分離的（separate），每一項變數皆應爲執行失敗負責，而非相互影響。換言之，應從政策研究的認知基礎（the epistemological roots of policy research），強調制定和執行可欲政策（formulating and implementing desirable policies），而避免著重於執行錯誤（implementation errors）的問題。

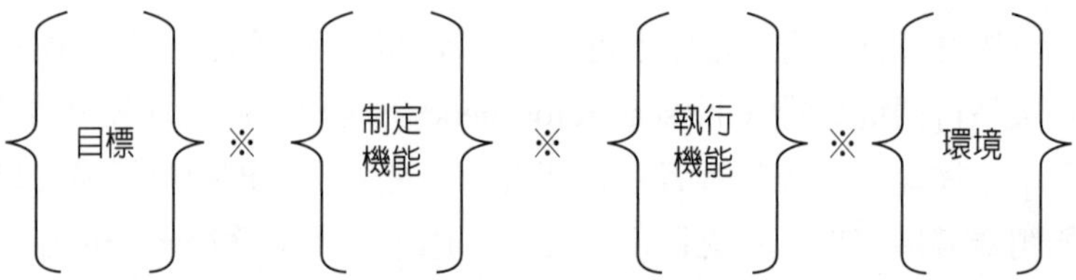

繼而，兩氏又於「Relativism, Contingency and The Definition of Success in Implementation Research」（1987）一文中，提出「相對性」（relativism）和權變性（contingency）來界定所謂執行成功的涵義。Linder 和 Peters 所界定「選擇相對性」（selective relativism）之涵義是：研究者對目標作小於全部的主觀判斷，而隨研究需求有不同程度的差異。兩氏指出，「由上而下」和「由下而上」途徑，對制定公共政策的社經條件是採客觀觀點（objective status），即強調這些社經條件和政策標的之客觀聯盟（objective coalitions），而以有形標準（tangible benchmark）監測政策執行的結果；但這兩種途徑對執行機關（implementation organizations）則採相對觀點（relativistic status），強調沒有最好的方法能使執行組織有效，須視社會和政治的權變條件而定。因此乃使兩者的理論取向著重於環境因素，而非政策設計本身的問題，蓋如採客觀觀點（objective status），則須賦予執行組織相當自主性（autonomy）和內在成長生存的驅力（internal imperatives for growth and survival）。準此，一旦

政策本身和社經條件採取客觀標準，就目的論（ontological）而言，則造成政策執行不確定仍在於執行者（implementers），尤其是涉及多元執行者（multi-actor implementation）的情況更是如此。其次，兩氏又提出「有限權變性」（limited contingency）之概念，其涵義是指顯著減少社經條件和政策間連結（linkages）。因而當政策正在執行時（policy-in-implementation），乃是指制定者意向和執行者例行工作的妥協。基於這項概念，有效的政策應是指政策影響因素的適當調整（the proper alignment of factors），即在執行過程中參與者互動關係的最適概念（the notion of goodness of fit）。換言之，在執行過程中透過相互調適或方法促進調適，以促進最適狀況。準此，執行成功可能只代表最適類型（type of fit），而政策成功則應另有涵義。引申來說，組織成功應界定為持續和生存，其執行成功也即是指和環境變動很適當的配合（a good fit with its environment）。

基於這兩項概念，一般論者對於執行成功（success）和可行性（feasibility），在執行研究中所界定的涵義，就影響決策者的政策考量。兩氏的看法是，如將執行成功界定為一項方案的執行、經費運用、標的對象之接觸或服務之傳送，則將會使政策設計導向錯誤方向。至於可行性的涵義，應有三項：一、為鬆散的執行者相互調適過程（a loosely-coupled process with plenty of room for individual initiative and adaptation）；二、為執行機關、實質政策內容和環境因素的相互作用產物；三、為政策本身應有的內在特徵（intrinsic to the policy itself）。假如接受因為執行困難而政策失敗，則政策失敗等於政策的不可行，而可行性就和政策成功同義，此乃有限權變性的概念；但假如將政策失敗因素嵌入可行性的概念中，則為 Elmore「向後追蹤」的執行概念，換言之，假如一項政策在設計時即考慮成功的執行，則應將是一項成功的政策。這種政策設計的可行性規範判斷（normative judgment about feasibility），也就是所謂的漸進策略。儘管如此，政策成功和失敗的概念化如基於設計標準（design criteria），將促使決策者和研究者對於政策考量更有所改進。

基於上述概念，兩氏在 1990 年「Research Perspectives On The Design of Public Policy: Implementation, Formulation and Design」一文中，提出一項以設計和制定為導向的政策執行模型（圖 4-9）：

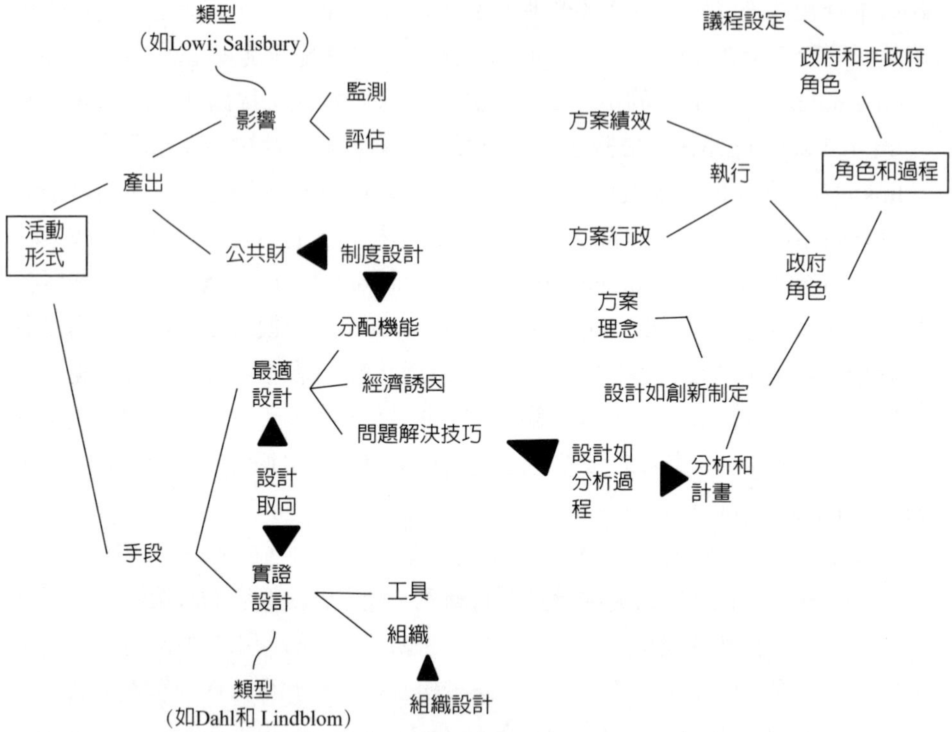

圖 4-9　Linder 和 Peters 之設計途徑初步架構（A Rudimentary of Design Approach）

上述模型分成兩部分，即爲右邊「角色和過程觀點」政策設計（actors and processes: the process perspective on policy design）和左邊「活動形式」政策設計（modes of activity: the design perspective），兩者的內涵皆應爲政策執行設計所應考量因素。

首先論述「角色和過程觀點」的政策設計。第一個分枝點分爲強調政府和非政府角色的互動（mixed actors）以及只有以政府爲主要角色（government actors）等兩方向。執行活動（implementation）乃由以政府爲主要角色的面向開始，而著重於方案績效（program performances）和方案行政（program administrations）。方案績效的設計概念是「設計如調適」（design as adaptation），這是政策發展的演進觀點（evolutionary notion），政策內容是連續的嘗試錯誤和調整，而如 Herbert A.Simon 所說的，應是以低層次期望水準（lowering aspirations）去追求績效（performances），而不是以提升績效去追求期望水準；方案行政的設計概念是「設計如可行性檢定」（design as feasibility testing），以成功執行作爲設計理念，可縮短執行和制定階段的差距。但如上述，過於重視以可執行性爲設計標準，將難以定位於制定過程。制定活動（formulation）亦分成兩面向：方案理念（program ideas）和分析與計畫（analysis and planning）。方案理念的設計概念是「設計如創新」（design as inventions），即方案理念的發展是創新要素（creative element），結合經驗和直覺創造新理念或再組合舊理念，即將設計視爲藝術和想像，而不是科學和技術。分析與計畫的設計概念是「設計如分析過程」（design as analytic process），即將制定活動和問題解決技巧連結一起，在方法上則運用系統性的設計技巧（systematic design techniques）。

其次論述「活動形式」的政策設計。第一個分枝點是政策手段（policy means），分爲規範（normative）和實證（empirical）設計。在規範手段方面，是在尋求最適設計（optimal instruments），而經濟效率（economic efficiency）乃爲最主要手段。經濟效率是包括資源分配（resource allocation）的經濟體制、誘因、資訊機能以及作業研究方法等。最適設計第二項手段爲經濟誘因工具（economic instruments），即運用租稅、貨幣和財政工具，設計最適稅率（optimal tax），以促進政策設計過程。最適設計的第三項手段爲應用分析方法或系統科學方法從事政策設計。在實證手段方面，可分爲工具（tools）和組織（organizations）。工具是指檢視政府活動和解決問題的管理工具，而組織是指根據組織設計（organizational design）原理來設計組織，界定各執行組織的任務和環境條件，以診斷政府績效。

第二個分枝點是產出（products），即政府的產出行爲，分爲公共財（public goods）和影響（impacts）。公共財的產出可根據 Vincent Ostrom 的公共選擇理論、Albert O. Hirschman 的經濟理論，和 Bielefeld Group（德國數量和歷史學派）的量化方法進行制度設計，以連結組織結構、產出、任務或環境因素。影響的產出是指政府服務對社會的影響，又可分爲：（一）對政府行政效能的監測（monitoring），和發展生產力的產出指標；（二）透過社會成本效益分析或政策目標，評估政府方案的影響（evaluating impacts）。

綜之，Linder 和 Peters 認爲可執行性（implementability）和可行性並不是政策設計唯一應考量的因素，而從設計觀點（制定或執行階段），更應強調政策手段和產出的理論基礎，實證和規範層面皆應兼顧。以上兩氏的設計觀點應用於執行研究可說是近年來，在概念上的重大發展，因無論「由上而下」、「由下而上」或整合研究途徑仍然著重於可執行性的考量，雖早有 Nakamura 和 Smallwood 所提出政策環境循環的概念，但除提出政策目標明確性因素外，對於設計觀點的內涵還是以 Linder 和 Peters 所提出的看法，較爲周延。

陸、1987 年和 1990 年的 Robert T. Nakamura

Nakamura 在 1987 年的「The Textbook Policy Process and Implementation Research」專文中，仍延續其 1980 年的基本概念，認爲政策執行研究不能不考量政策規劃和政策評估功能環境的影響因素。Nakamura 在文中所指的「教科書式的政策過程」（the textbook policy process），即爲 Harold Lasswell 的決策功能活動過程：知識（intelligence）、推薦（recommendation）、決定（prescription）、創新（innovation）、應用（application）、評估（appraisal）和終結（termination）。這項概念後來由 Jones, Anderson 和 Polsby 等引申爲政策過程（即問題認定、政策發展、政策執行、政策評估和政策終結），成爲當前公共政策研究過程學派的典範（paradigm）。而其所以能成爲典範之因乃在：一、符合理性主義原則（rationalism）——如評估研究的測定政策效果就如同運用假設檢定原則來探討，而執行就如同將這些假設在實驗情境中的操作化過程；二、符合行政科學的歷史理性主義和官僚人員的權力需求——即在政策過程中，決策者制定政策，執行官員在執行決策，這項分工概念可以清楚地界定個別的角色；三、民主規範的政府措施——如決策者認爲其有資格爲社會制定權威性政策，而執行者認爲其由決策者授權來執行決策，兩者皆要對社會負責。

可是，Nakamura 卻指出這「教科書式的政策過程」並不是一種典範。除了語意問題外，應可從理論和實務上的問題來瞭解：一、政策規劃方面——Nakamura 首先引述 Weiss 所提出八項政策形成原因，諸如：慣例、即興而作、相互調適、添加式、討價還價、行動和反行動（move and countermove）、已有答案（window for solutions）和間接式等，並未如教科書式的發展過程。接著又引述 Michael D. Cohen、James G. March 和 Johan P. Olsen（1972）的垃圾桶模式觀點，認爲政策形成是各項獨立匯流在一體系中同時出現（independent streams flow through the system all at once），其意是指政策參與者並不是先認定問題再尋求答案，而往往是答案出現在問題之前，因在政策制定過程中，參與者自由來去，其偏好組合無法預定，而可隨時改變。換言之，問題（problems）、答案（solutions）、參與者（participants）和選擇機會（choice opportunities），在決策過程中相互運作和嘗試錯誤，政策由此而成。而非如傳統觀點所指出；決策過程是由具目的和精於計算的決策者，根據穩定目標和備選方案標準，以產出政策方案。準此，John W. Kingdom（1984）認爲決策者往往欠缺自我意識，以訂定政策。二、政策執行方面——Nakamura 指出教科書式政策過程的執行研究文獻強調：（一）執行過程與分析只有在政策制訂後才開始；（二）執行結果是由目標明確性、理論健全性和手段適當性來評估；（三）政策爲靜態決定而影響其後的執行過程。但這些觀點受到「由上而下」和「由下而上」研究途徑的質疑，前者認爲過於強調清晰明確的政策目標是錯誤觀點，後者則認爲執行是漸進或演進過程而非有穩定的標準。兩者皆不支持教科書式政策過程的觀點。

此外，Nakamura 更引述 Kingdom 所提出的問題：一、政策清晰性與在特定問題上的政策內容總數（the aggregate of policies）有關，即政策要求執行者採取行動組合差異性愈大，則其在執行過程中所擁有的自由裁量權也愈大；二、不同聯盟建立常會導致政策支持基礎不穩定，即政策制定環境如反映不同參與者的偏好愈大，則都將使任何特定政策愈可能是妥協產物，然當政策一經通過，聯盟即趨於瓦解，再歸於爲執行方法爭論的階段。準此可知，就執行過程而言，教科書式政策過程的論點不夠周延。三、政策評估方面——過程學派雖然強調政策評估功能是發生在政策過程的每一階段，但仍然認爲應該區分決策、執行和評估階段，其因至少可區別決策者或民選官員與常務文官（負責執行）間的相對影響力（relative influences），乃可釐清民主課責（democratic accountability）和官僚自由裁量責任（bureaucratic discretion）。但這種教科書式觀點，在 Nakamura 看來，有三項理由必須考量：一、認定決策者和執行者的功能重疊，並不排除立法者立法功能和行政官僚執行功能，只是忽略兩者間功能重疊是不正確方向，二、過程觀點顯然忽略在民主政治系統中，決策者的社會責任，即執行結果是由執行人員來負責，這種看法是有偏差，三、排除政策過程觀點並不意味政策評估是無意義的活動。政策評估仍然有其政治功能，因透過評估過程，乃可瞭解能做哪些和如何去做（what can be done and how）

綜之，過程學派的特定（specified）觀點必須再解釋，不可單以階段來解釋政策制定和執行，而應以功能觀點來評估政策成敗，政策制定和政策執行應是相互關聯的功能活動（functional activities）。在 Nakamura 看來，這種政策循環觀點不僅可兼顧民主責任，更可對執行理論建構有所貢獻。事實上，Nakamura 的觀點自 1980 年以來皆具一貫性，是由下而上的研究途徑，但更是整合性觀點，如上述筆者一再指稱，其在理論建構上較爲完整，只是需要更多案例的驗證。1990 年，Nakamura 在分析日本貿易振興公社（The Japan External Trade Organization, JETRO）執行象徵性（symbolic）進口促進政策的個案中，又進一步驗證上述理論的正確性。

Nakamura 在「The Japan External Trade Organization and Import Promotion: A Case Study in The Implementation of Symbolic Policy Goals」文中所指象徵性政策的目標是指在改變標的態度或參與者的感受，而非如實質性政策旨在促發標的行爲變遷（譬如規定私人企業僱用少數民族比例），但兩者都發生執行問題。本案例是探討日本政府於 1982 年採行「自願市場開放措施」（voluntary market-opening measures），如降低關稅、改變進口程序和管制、提高配額等政策措施的執行問題。這項政策的象徵性目標是在「改變外國人對日本人與其市場的看法，但並不認爲市場開放措施會改變貿易均衡，然希望改變氣氛（climate），尤其是使美國國會放心。」這項政策在當時日本通產省指導下，由半官方機構 JETRO 來執行。

在理論架構上，Nakamura 引用 E. Goffman 的印象管理（management impressions）架構，及標的滿意程度（clientele satisfactions）與責任性（responsiveness to constituencies）的評估標準來探討 JETRO 的個案執行。Goffman 架構是「如何影響人們對他人的看法」，即藉由促銷活動改變外國人對日本市場開放看法，然目的在改變標的之態度，而非產品銷售。Goffman 對象徵性政策解釋是透過「自我呈現的動態面」（the dynamics of what the terms the presentation of self），由一個既定方向（intended direction）來呈現自己以界定標的之反應。這項分析架構可解釋三種情況：一、呈現者（presenters）和標的目標衝突是可能的，即彼此相互不信任；二、呈現者透過形象給予（expressions given）和目標表現（given off）來影響標的之印象；三、標的對形象給予和目標表現的衝突特別敏感，因爲這種衝突可能代表呈現者的眞正特性。

就個案（自願市場開放措施）的執行來看，JETRO 在作法上是：組成只有 7 人的「促進進口任務小組」，派遣貿易代表團，參與日美貿易研究小組，提供英文出版品，以及中介外國和日本國內中小企業商業活動等等，而其主要執行工具則爲舉辦「貿易商品展」（Trade Shows）。譬如 1984 年 10 月美國家庭用品展旨在使美國商品進入百貨公司，進而鼓勵進口商進口。進言之，日本政府以各種社會結構形式來說明此表徵行爲（exemplary behaviors）和顯著事件，以形成一個人的價值和信仰，企圖改變美國人對日本市場開放的想法，說服外國人（主要是美國人）認爲日本市場是開放的，但是商展事件本身並無內在意義。質言之，當時通產省固然負有降低貿易緊張和修正傳統保護自我性格之任務，然日本政府並無眞正實質的目標來開放其市場。因此，在美國政府看來，JETRO 的努力只是象徵性，即只在扭轉形象（turning around impressions）和創造進口可看性（creating import visibility），如以家庭用品展爲例，美國政府認爲這種展覽不應說是平行展售（開放給大眾），而應是垂直展售（即邀請專業廠商來參觀）；而成功指標應是成交數，而不是參觀人數。進言之，美國政府認爲減少美日貿易逆差應是在高科技、民航機、石化產品、能源科技等銷售，而不是消費品；同時，JETRO 態度不積極，展覽方式也有問題，美國政府認爲這種展售會只是象徵性活動（symbolic activities）。

基於上述個案執行過程可知，雙方信念不同，各有其政治立場，且視彼此在政治環境中的權力因素和討價還價的籌碼而定，衝突是必然結果。誠如 Murry Edelman 所言，一項政策解釋的發展須依其意識型態之可接受性，因一項社會問題並不是一可驗證實體，而是意識型態建構。職是之故，美日雙方皆無將商品展本身作爲評估對象，而只是反映影響雙方形象的複雜限制因素。

就政策設計觀點來說，日本政府這項政策措施並未將 JETRO 的執行能力列入考慮，即一個老舊單位要賦予新任務，其能力是有困難，是而 JETRO 僅選擇其能力所及的商品展，以及過去和中小企業的關係，來進行減少對美國貿易逆差；同時，日本政府並未考慮美國政府的認知，即認爲日本關稅障礙並不比以前少，日本不努力銷售美國高科技產品以及地方官僚抗拒，再加上美國人認爲如表示滿意就會減少討價還價空間。結果是，日本政府錯估美國政府認知，美國人也未掌握機會，雙方要改善貿易關係的同時，還要討價還價和改變對方行爲和態度。總之，Nakamura 政策循環觀點又在此一象徵性政策的執行個案中，驗證整合觀點的政策執行理論。

柒、1990 年的 Glenn W. Rainey, Jr.

Rainey 在本文「Implementation and Managerial Creativity: A Study of The Development of Client-Centered Units in Human Service Programs」中強調，組織設計和管理對政策執行的重要，但概念上和「由上而下」研究途徑的組織模型有相當差異，就方法論觀點而言，Rainey 認爲在政策執行過程中參與者和機構應是互動和動態關係。因此應運用多元分析方法、比較和縱貫性研究法（diachronic analysis）來尋求好的理論（better theory）、好的指標（better measures）和好的資料（better data），而非邏輯實証論的「無心靈相對主義」（mindless relativism）。在這種多元主義（multiples）思考架構下，執行研究應著重下列新方向：一、整合「由上而下」和「由下而上」分析架構，必須研究多面向而非單面向執行過程（must study not implementation but implementations）。因此，執行過程必然因政策類型不同而有異。然而，在缺乏理論典範情況下，應可運用生物類比（biological analogy）作爲工具（instruments）來探討組織執行的制度結構，以及社會互動與影響型態。

Rainey 所指的生物類比即是以「小型整合功能組織」（Functionally Integrated Small Unit, FISU）爲分析架構來探討美國 1970 年代社會安全署（Social Security Administration）轄下 6 個地區年金支付中心（Regional Payment Centers）重組個案、美國 1948 年至 95 年的費城衛生局（the Philadelphia Department of Public Health）轄下 10 個地方衛生中心（district health center）組織重組個案，以及美國 1986 至 87 年佛羅里達州就業服務單

位，和聯邦政府職業訓練單位的合併整合個案。Rainey 係引用 Golembiewski 的概念，認爲 FISU 的組織型態爲小而完整的生產或服務功能同時存在一個單位內，而非分工進行，因而乃可顯現權威分化和功能整合特性。這樣的整合組織型態運作基本上受到四項因素影響，即社會密度感（social compactness）、統一指揮、合併生產功能和服務產出終結（output closure）等。換言之，即因社會生活型態緊張，民眾對政府事務需求趨於「單一窗口」服務，因而要求整合服務功能，乃有「小型整合功能組織」的執行組織設計。

然而，根據 Rainey 針對此三個個案的比較分析，這種執行組織成敗乃視下列因素而定：一、企業性領導型態（entrepreneurial leadership），即領導者否能引發工作人員的積極支持；二、充裕資源（slack resources），即整合性組織在運作初期總應有足夠預算；三、簡化服務流程（on encapsulable service or product），即透過整合服務交互功能連結（inter-functional linkages），以簡化工作流程而達特定目標；四、贏取員工支持（exceeding a support threshold），即以團隊建立、非正式諮詢和訓練等等方式獲取工作人員的支持；五、足夠時間（long time frames），即整合型組織往往需要一段長時間，才能整合成功；六、政治機會之窗（a political window of opportunity），即組織重組往往需要決策者使命感等政治支持。

綜之，Rainey 從組織設計民主化或工作豐富化（job enrichment）的觀點，強調功能間溝通（interfunctional communication）和人際間合作（interpersonal cooperation）是爲功能整合組織執行成功的先決要件。然而，Rainey 也強調這種型態的執行成功，可能有些是歷史偶然因素（historical accidents）所致，仍不能忽略正式官僚組織體系、政策目標和環境條件的互動關係等執行結構，這正是整合性執行理論觀點。

捌、1990 年的 Evelyn Z. Brodkin

Brodkin 在「Implementation as Policy Politics」文中認爲，過去對於政策執行概念基礎之界定並不適當，亦即將執行簡化爲將指令轉換成行動，或視爲由上而下、由下而上，都忽略「政策政治」（policy politics）的無所不在。政策政治是指何種政策應該是政治的（the politics of what policy should be），而不是政黨政治，換言之，社會政策應該考量政治是爲社會政治（social politics）。

將執行視爲政策政治的基本論點是認爲將正式政策或法定政策（formal policy）作爲分析標的，在下列三種情況下是誤解的：一、基層官僚有較大自由裁量權；二、政策缺乏固定而具體意涵；三、象徵性立法使政策指令顯現出爭論性。因此，Brodkin 主張探討執行概念架構應從兩方面著手：一、執行政治基礎爲何，即社會政治對社會政策的影響；二、執行制度對社會政策的結構影響。

在執行政治基礎因素方面，Brodkin 指出官僚自由裁量（bureaucratic discretion）和政治能力（political capacity）是爲兩項主要因素：

一、官僚自由裁量和政策產出

Brodkin 引用 Rein 和 Rabinovitz，以及 Lipsky 觀點，認爲基層官僚在政策傳達過程和政策活動中，往往因多元目標的政策，給予官僚自由裁量機會，而在相互衝突政策目標中作選擇，政策執行過程乃因此被扭曲，官僚自由裁量應爲分析執行過程的主要因素。

二、政治能力和決策

然而，最主要的政治因素還是政治能力和決策能力弱化。就社會政策制定而言，諸如政府介入私人事務程度、利益團體間關係，甚至道德和價値問題，都在在影響社會政策的制定。同時，由於政黨衰退、分權化、資本主義民主的矛盾和對強力政府的反感（antipathy toward a strong state）等政治能力趨於弱化，造成政策缺乏決斷（policy irresolution），對政策執行顯有不利影響。更由於選票壓力，爲避免困難的政策選擇，立法機構往往採取象徵性行動，將模糊不清的政策解釋交給官員。結果是，具有爭議性政策問題，在政治能力趨於弱化之情況下，執行選擇就受到基層官僚調適反應和主管偏見影響。

在執行制度對（社會）政策結構影響方面，Brodkin 強調美國公共政策執行，在結構上是透過政府和私人組織中介者來進行，這就是所謂「分權化結構的執行制度」（the fragmented structure of implementing institutions）。而如 Norton Long 所指出，結果是協調困難，缺乏效率和責任不分。具體而言，這種政策政治影響執行至少可分爲三種現象：（一）組織間競爭限制政策選擇；（二）制度設計影響潛在政策議題認定和匯集；（三）政策企業家的策略及議程和政策執行機構交互影響。因此，執行可說是提供政策政治的一項管道以界定和再界定社會政策。

總而言之，Brodkin 所提供的概念架構是爲分析社會政治和執行相互關係，即企圖結合總體而和個體面分析基礎。在觀點上雖較傾向「由下而上」，但已結合組織、制度和執行者再界定政策間關係，是亦爲整合研究途徑。

玖、1990 年的 Bryna Sanger 和 Martin A. Levin

Sanger 和 Levin 在「Female Executives in Public and Private Universities: Differences in Implementation Styles」文中一開始就先指出過去執行研究兩種偏差觀點，一是研究者運用「不切實際的理性廣博模型」（unrealistic rational comprehensive model）和邏輯實證論研究方法，強調行動取向（action-oriented）執行途徑，結果發現大都是「執行失敗」形式（a pattern of what it called failure），亦即執行障礙是一般性的（generic），再好的政策理念也常被扭曲，而在執行過程中受到拖延。另一種偏差是「由上而下」（the top-down bias），因其忽略多元組織網路執行情境，而「由下而上」（the bottom-up）觀點所強調基層官僚之行政技巧也常發生問題。因此，兩氏乃提出互動和間接（interactive and indirect）執行途徑，即強調執行者運用社會互動技巧（the skills of social interaction）及經濟市場類似功能，以有利執行政策和方案。

兩氏在文中引用三個成功案例：Gordon Chase 擔任 1970 年初紐約市政府衛生局長（the New York City's Health Services Administration）的方案管理途徑（a project management approach）、Ira Jackson 擔任 1983 年麻州稅務局長（the Department of Revenue, Massachusetts）的積極強制政策（an aggressive enforcement policy）和 William Ruckelshaus 擔任 1970 年美國聯邦政府環保署長（the Environmental Protection Agency）的強力法制強制政策（a vigorous legalistic enforcement policy）。這三個案例都是行動取向的主管，運用強勢執行策略而成績斐然。因此，他們就被稱為「男性主義」管理者（Macho managers）。

然而，在兩氏看來，這種途徑有些限制和成本：一、這種途徑將思考和政策分析置於行動之後，而未能充分考量其他備選方案，造成忽略過度機會成本和直接成本；二、由於 Macho 管理者過於強勢，而常造成管理者與被管理者、有效執行與政策是否正確之間的衝突，三、忽略「隱藏性權力有效」（hidden power is more effective）的美國政治文化，蓋「地下主管」（the hidden hand executive）可能使執行更有效。換言之，共識和互動過程比諸行動取向執行策略，更能達成有效的執行。

基於這項論點和對於許多大學女性主管成功案例研究，兩氏乃提出「互動與共識執行策略」（an interactive and consensus approach）。他們發現這些女性主管所採取策略有如下特色：一、強調過程取向（process-oriented）和非層級化（nonhierarchical），即對於問題解決著重於共識建立和整體性，如此方可促進政策參與者參與；二、運用人群關係技巧（human processing skills），進行和政策利害關係人討價還價，以凝聚共同利益；三、透過民主化系絡（democratic contexts），尊重教職員高度自主性，以減少阻力。儘管如此，這種互動與共識的執行策略，往往造成決策拖延和過程膠著缺點，但是卻相當適用於諸如大學的分權化組織，而兩氏也不否認行動取向執行策略，對於「由上而下組織」（top-down organizations）還是有用。這是整合、權變的執行策略觀點，然而，此模式是有外在效度問題。

拾、1990 年的 John P. Burke

Burke 在本文「Policy Implementation and The Responsible Exercise of Discretion」中提出公共政策執行過程中，官僚自由裁量的規範議題。就早期公共行政觀點而言，認為自由裁量應受法規限制的說法是太簡略。因此，「由上而下」論點乃認為應可依法規而自由裁量，使執行者扮演積極角色。但問題是，從規範觀點，自由裁量運用是好或不好，就須從兩個角度來觀察：一、依

「正式法制主義」（formal legalism）來看，政治和行政應該分離，可是決策者依法行政和政治控制則在界定官僚和民主政府的關係。因此，自由裁量雖可使執行運作順利，但是，自由裁量運用是否能公平對待各個標的團體？再者，自由裁量是否可保障個人權利和考量公共利益？這些都是有待解答的疑問。
二、在所有政策執行實證研究中，對於自由裁量是否有利政策執行，則正反觀點都有，有的則是持中性看法。

基於上述論點，Burke 乃運用「實質公共哲學」（substantive public philosophy）的觀點，強調自由裁量的政治基礎，需符合被統治者同意，亦即執行過程應是互動過程。準此，職責（responsibility）和課責（accountability）的兩項概念應作爲分析自由裁量概念基礎，前者指行政官員應該或不應該做什麼（what），後者則指行政官員應該對誰（whom）負責。爲建構分析架構，Burke 將職責分爲外在資源（external sources）和內在規範（internal norms），將課責分爲強或弱程度。所謂外在資源是指自由裁量需受到外在制度、過程和上級官員或民眾的限制，而內在規範則指執行官員認爲應不應該做的內在規範，準此概念乃形成表 4-11 的分析架構：

表 4-11　Burke 的執行過程中自由裁量分析架構

課責（Accountability）（強弱程度）	職責（Responsibility）	
	外在資源	內在規範
強	I （正式－法制） （formal-legal）	II （專業） （professional）
弱	III （分散式執行） （fragmented implementation）	IV （個人、政治和道德觀點） （personal、political and moral views）

資料來源：Palumbo and Calista (eds.) Ibid.: 137.

根據此一分析架構，共可有四個分析象限：

象限 I（外在資源決定職責－強度課責）── 在此象限中，界定官僚職責，且能強勢控制官僚的執行活動，機構「正式—法制」課責感很強。但是，此一象限大都只能適用於：一、在單一機關內的政策執行；二、執行機關組織不複雜；三、執行任務是相對單純。然而，這些條件在許多案例往往不適用。因如前所述，Lipsky 的基層官僚執行情境卻是：一、資源長期不足；二、服務需求不斷增加；三、政策目標模糊不清；四、績效難以評估；五、服務標的不自動配合。進言之，執行情境常具高度異質性。因此，欲界定基層官僚職責（1）和（3）和責任（2）和（4），或兩者（5），就有相當困難。儘管如此，Lipsky 還是認為更明確的職責（more delimited responsibility）、更有效的責任機制（more effective mechanisms of accountability）和更有利的組織系絡（more conducive organizational contexts）等條件，是可促進執行有效性。蓋法令規章總有其限制，而決策者更會出現決策謬誤，違反法規，甚至違背憲法原則，因此，自由裁量有待正當化。

象限II（內在規範決定職責—強度課責）——在此象限中，官僚職責是受其內心規範，本身具強烈責任感，即如技術專業人員以其專業知職，運用相當大自由裁量權，在政策過程中扮演相當顯著角色。然而，專業人員判斷常有偏差，Burke 以美國 Appalachia 區域發展規劃為例，認為專業就是忽略社會和經濟條件；而眾所週知的 1970 年美國空氣污染潔淨法（the Clean Air Act of 1970），也是專家設定過於嚴苛排放標準，使執行成本和科技無法達成政策目標。在課責方面，專家的自我專業利益也往往高過公眾利益。簡言之，專家基於其內心規範和強烈課責感，他們會發展「排他性的溝通網路」（exclusionary communications networks）、「偏差的議程」（biased agendas）、「僵化問題界定和解決方法」（rigid problem-defining and problem-solving methods）、以及「對創新和外在控制的敵意」（hostility to innovation and external control）。

象限III（外在資源決定職責—低度課責）——在此象限中，外在權威不能強制執行者活動，課責感是低度的，政策制定和執行差距很大，執行組織頗為複雜，而且政策任務很難達成；又因缺乏內在理由，自由裁量的運用在此情況下是有疑慮，執行過程乃呈現分散化。因此，乃有三種可能性：一、執行者想要運用自由裁量，可要求上級給予政策指示或發展自己專業能力；二、如果要運用自由裁量，也應該是漸進和實用的，即應考量自己本身能力；三、這種分散式參與應該是在政策目標不明和政治環境不穩定情況下進行。

象限IV（內在規範決定職責—低度課責）——在此象限中，自由裁量運用主要是基於執行者自我判斷，並不像象限 I 和III，很少有正式規章可循，也不像象限II，執行者並不具有專業知識，而是認爲正當的就去做，亦即融入個人信仰，民主原則可能不被遵循。就某種極端觀點來看，可能會基於執行者偏好對政策目標做實質再界定。進而言之，執行者也可能基於個人道德原則，進行自由裁量，而也往往將個人偏好加諸於標的對象。然而，在這象限中也可能出現和上述個人和道德信仰不同的論證理由，而採行自由裁量作法：一、如果執行者能力可以自由裁量，而未進行將可能有違職責；二、如 Lipsky 所言，爲大眾利益，而必須運用「應付行爲」（coping behaviors），才能對標的團體做有效服務：三、同時如爲有效執行，而在有限資源限制下，必須運用個人技巧、知識和專業去傳送服務。James Q. Wilson 對美國警察執行行爲的實證研究，亦支持 Lipsky 的看法，但兩氏皆認爲基層官僚的自由裁量行爲不得操縱民眾（manipulating citizens）。

Burke 的自由裁量類型（typology）是對基層官僚和其他執行者有相當大的啓示，儘管如 Burke 在結論中所言，這只是爲了理論瞭解，實際個案並不完全適用於哪一個象限。但是，本文似乎已提供執行者一個明確答案：何時應該運用自由裁量？Burke 觀點和上述 Winter 論點頗爲接近，即強調執行者在執行過程中的主導地位。

拾壹、1990 年的 Carl P. Carlucci

Carlucci 認爲解釋執行成功和失敗不只限於「後採納因素」（post-adoption factors）（或執行因素），而就實際意義而言，執行往往在採納過程完成前就已開始。因此，採納和執行在不同組織就實質關係而言會是分開的過程，但兩者間應有連結，即「獲得」（acquisition）的階段。就定義而言，獲得是指創新的使用，具體內涵爲理念（ideas）、知識移轉（transfer of knowledge）、權威和技術創新（technological innovation）等。Carlucci 在「Acquisition: The Missing Link in The Implementation of Technology」文中提出「建議過程模式」（proposed process model），來探討創新科技使用（use）和普及（diffusion）

對執行過程影響。此一模式包括三階段：採納（adoption）、獲得（acquisition）和執行（implementation）。採納是指行政首長對單一事務的決策過程，而執行則是指轉換決策爲現實作爲。在政府或層級式組織中，採納和執行連結是指令、補助款或創新技術，但如果採納階段夠詳實，執行前的「獲得」就會完全，反之，如採納階段過於簡略，則執行就必須包含上述連結的各項活動。準此，乃有兩種不同觀點，其一認爲「獲得」爲「採納」的一部分；另一則認爲「獲得」爲執行的一部分。持前項觀點者如 Pressman 和 Wildarsky，主張政策設計和執行分開是致命傷；持後項觀點者如 Bardach，主張政策參與者必須運用「執行博弈」策略來使執行過程順利進行。

在「建議過程模式」中，「獲得」這一連結是分開分析，周延而良好的政策是「採納」和「獲得」結合以增進執行可能性，進言之，如成功「獲得」技術或提供資源，執行可能性就會增加，「獲得」這一連結是爲執行先行鋪路。本文是以美國 1980 年州議會選區和名額調整，運用電腦科技進行個案分析。美國國會要求每 10 年各州都要進行選區調整，過去這項業務是由議長或特別委員會來掌控，但近來則透過電腦科技和知識來進行。

Carlucci 運用這模式驗證選區調整的執行過程，其解釋的自變項爲：議會對運用新電腦科技需求、社經環境因素和議會是否運用過科技。迴歸分析結果顯示，獲得和採納呈現高度相關，而達顯著水準解釋。「採納電腦科技」的顯著變項爲：人口（表示該州人口需求高）、1970 年曾運用電腦科技（表示該州有經驗）、一黨優勢（可能表示該州反對黨有需求）和電腦投票（表示該州要使用電子投票機）。至於解釋「獲得（技術創新）」的變項則以「採納電腦科技」變項爲最顯著。換言之，「獲得」應是以「採納」階段的部份來分析，而介於「採納」和「執行」之間，執行如無成功的「獲得」就難以進行。

綜之，採納、獲得和執行等三階段是連續而單向的（sequential and unidirectional），這是執行過程模式的新思考，亦即將科技使用（use of technology）的獲得階段視爲執行成功要件。Carlucci 的這項研究發現應是過去探討執行模式者所忽略的權變思考。

第四節　第三代政策執行研究方法論

壹、1990 年的 Mary Ann Scheirer 和 James Griffith

在「Studying Micro- Implementation Empirically: Lessons and Dilemmas」一文中，Scheirer 和 Griffith 認為，銜接總體和個體執行的理論差距應是將個體執行過程研究視為瞭解總體執行的基石（building blocks），而起點應是對特定使用者組織個體層次的探討。然而，個體執行層面探討亦應研究大規模政治和規制過程對組織內個別執行者的影響。兩氏在文中是從概念和方法上的問題著手，並以全美 784 個學區的公立小學參與氟化鈉漱口，防止學童蛀牙之「衛生促進方案」（以下簡稱該方案）（FMRP）為個案分析。在實驗上，分成二組：一組是學童接受漱口方案（343 所）；另一組則沒有參與這方案。該方案的調查研究結果發現以下兩個問題：

一、測量個體執行的變異性（variability）問題。在「該方案」測量執行成功的定義上是採用「執行程度為一組方案要素」，以「該方案」為例，即指：（一）學童每週以 0.2%的氟化鈉漱口；（二）這項漱口作為應持續整個學年；（三）氟化鈉漱口水應停留在學童口中 60 秒；（四）學童漱口後至少 30 分鐘內不得飲食。然而，在回收問卷問題並經統計分析後，發現執行正確性（the accuracy of implementation）和執行範圍（the extent of implementation）間的相關係數只有 0.07。準此，方案執行良好與否和標的團體參與範圍是不同的面向，這乃顯示，實證的測量指標和方法是有問題的。

二、執行過程分析（implementation process analysis）的問題。「該方案」依據下列 7 項概念設計出 80 項的自變項：（一）學校類型（type of school）；（二）學校校長特性（principal's characteristics）；（三）FMRP 的執行前訓練（initial training provided for the FMRP）；（四）FMRP 的執行訓練（in-service of continuing training for the FMRP）；（五）行政安排（administrative arrangements for managing the program）；（六）財務支

援（financial support for the program）；（七）教師的同輩團體參與程度（teachers peer-group involvement in the FMRP）。然而，在回收問卷問題並經迴歸分析後，發現解釋結果並不理想：（一）對於執行正確性的解釋變異量（R^2）爲 0.11，而且只有 7 項自變項達顯著水準；（二）對於執行範圍的解釋變異量（R^2）爲 0.14，而且只有 6 項自變項達顯著水準。由此可知，多變量分析在解釋執行過程並不理想。

準此，兩氏認爲未來執行研究在方法論上，應注意下列方向的改進：（一）過去迷你理論（mini-theories）多樣化已造成執行研究概念上的困惑，似乎很難有執行理論可利實證研究的驗證，因此有必要建立更簡約（parsimonious）理論模型；（二）在實證研究測量上既然已無法正確描述執行正確性和範圍，實地訪問的資料蒐集（on-sit data collection）方式應是可行方向；（三）由於執行過程變項不是直線可加的（may not be linear, additive），而且執行過程實不能進行統計分析（processes cannot or should not be analyzed with statistical methods）。因此除了在實證上必須考慮長期性資料（longitudinal data）外，執行研究仍然不能放棄個案研究（case study）和跨不同政策領域的理論建構（theory generation across the numerous specific policy arenas）。

再者，兩氏認爲除了上述方法論問題外，更應注意個體執行和總體執行間關係（relationships between micro-implementation and macro-implementation），亦即地方傳送過程（local delivery processes）和大規模政策與創新擴散（larger-scale policy and innovation dissemination）之間關係，就涉及人際間連結（interpersonal linking）。以「該方案」的個案研究來看，這些人際間連結包括：聯邦政府、聯邦政府官員所提供的資訊、州和地方衛生官員、學校護士和老師。同時由於像 FMRP 效果都需要若干年後才能顯現。因此，州和地方衛生官員的人際間角色就非常重要，方案長程執行過程中，誰應該做什麼（who should do what in this long-term process）的總體與個體執行關係亦爲過去執行實證研究所忽視。

綜之，兩氏的觀點對於過去政策執行實證研究缺點，提出方法論上的批判，可說是 1990 年代政策執行理論研究的首要重點，尤其是認爲應比較不同政策領域，更有別於過去只著重在個案研究，但兩氏又認爲個案研究和理論建構仍爲探討的重點。

貳、1990 年的 Charles J. Fox

Fox 在「Implementation Research: Why and How to Transcend Positivist Methodologies」文中，認為 Goggin 等人避開質性研究方法的價值，未能運用科學哲學，而強調邏輯實證論（logical positivism-empiricism, LP/E）和大量技巧，實無法擴大對執行過程瞭解，只是重複 20 世紀社會科學發展，祛除形而上思考，僅落實至實際事務層次。本質上，LP/E 實無法和更大社會系絡分離，蓋其核心概念是為工業化、資本主義、科技發展、征服自然、目的—手段、因果關係、工作理性、功能結構和標準化等，難以做深層思考。

Fox 主張執行研究應超越 LP/E 來思考，重新釐定人類與其所創造機械間的知性關係。執行研究應從「由上而下」途徑轉向受現象學所影響的「由下而上」途徑（phenomenologically influenced bottom-up），再轉向整合途徑。事實上，有些學者已運用當時的社會理論，諸如：隱喻（metaphor）、實際事物社會建構（the social construction of reality）和歷史性與政治的人性邏輯等概念，然 Fox 還是認為同時要和 LP/E 結合。

LP/E 之所以引導執行研究走向迷失方向，是由於缺乏認識論（epistemology）的整體架構。認識論所處理問題是「什麼可知」（what can be know）和「如何能知」（how we can know it）。認識論必須蘊含本體論（ontology），而本體論是現實事物的理論或假設，和認識論共同決定「什麼可知」與「如何能知」。因此，認識論可視為「方法論」（methods）的哲學基礎。應用科學不一定要考慮哲學基礎，惟在典範錯亂的時代，則必須藉以引導研究方向。三項執行研究途徑之爭，就是知識和存在的本質爭論。

LP/E 的主要原則為：一、客觀—主觀兩分法；二、事實—價值兩分法；三、解釋 / 預測之律則性—演繹理論；四、累積知識的信仰。前兩者的兩分法是將事物分為物理面和心理面，物理面是取決於事物發現的規律性，而累積成為法則，且早已固定存在。心靈、客觀事物、理論和假設必須去發現與調整至基本的客觀事實，而客觀事物不能和意向分離；反之，主觀性也非如 LP/E 所假設之短暫現象，它的密集度可投射去轉換和涵蓋客觀事物，惟許多事物只有某些被選出和發現，因其價值符合人們的意向。至於律則性—演繹理論和假設建構是基於心靈主觀面向和被驗證在物理客觀事物的觀察，這種二分法在法則、理論、假設和預測等缺乏「獨立決定性」（independent determinative status）的前提下，是否能進行檢證或反駁接受與不接受？

上述LP/E前三項原則對執行研究發展的重要影響應是史實性（historicity）或非史實性（a historicity）議題。依 Fox 的觀點，過去 20 幾年執行研究的「顯著貢獻」並不一定代表知識累積，蓋社會科學家總是天眞地假設，知識進步是可從無知達到幾乎完美認知，並推升知識的層次結構。LP/E 是假設知識非史實性的累積，但知識不能純客觀，價値必然侵入調查研究過程，社會科學眞理，會因研究者所處歷史情境和時代背景影響，社會事實並非一成不變。換言之，LP/E 的客觀和主觀面是可被控制，社會行動和互動的法則，乃因此難以漸進地達成完美知識。

Fox 認爲 Lester 等人（1987）聲稱政策執行研究已至第三代，但必須克服三個不適當問題：理論多元性，受限的系絡（restricted context）和缺乏累積性（lack of cumulating）。同樣地，Linda and Peters（1987）亦聲稱，他們的「選擇性相對主義」和「有限權變性」如不被接受，那更突顯其論證是有前瞻性的政策陳述。在 Fox 看來，某些執行研究學者皆以不具信任的 LP/E 教條來控制雜音，「由上而下」和「由下而上」的爭論，就是著例。前者有如國際關係的單邊主義（unilateralists），代表政治學與公共行政學的代議民主效能，而後者多邊主義（multilateralists）則代表官僚裁量的適當程度。然兩者的共同假設爲民選官員和政務官爲合法政策決定者，蓋他們是透過選票對民眾負責。Linder 和 Peters（1987）亦持相同看法，批判「由下而上」強化官僚裁量權，顯然他們設想優質民主價値還是必須循選舉管道，執行者不接受就須等待下次選舉的機會。

準此，有些學者相當質疑上述信念，縱使沒有兩者間的離題辯論，民主選舉過程的政策產出仍難符合執行者具體承諾。幾乎所有選舉結果皆顯示，各該政黨與候選人間呈現高度分歧性，多邊主義，主張在執行過程多元政策制定和調查，應不比單邊主義所造成的危害程度來得重，就如 Dahl 的多元政治體制所稱：個人、機構、利益團體和政府部門之行政和立法間相互調整，始爲民主政治確實之道。兩者間相似處應是皆來自認識論。因此，LP/E 挑戰還是存在兩者間的爭論者，對於「由上而下」似有再興起的情勢，多邊主義者乃從下列兩項假定意義（putative meanings）論點的審視：

一、從敘述性研究至指示性研究是不合邏輯（a more from description to prescription illegitimate）

事實和價值二分法仍必須基於目的論之物質實務與心理實務來區分，因爲科學規則性發展，仍受主觀意願、夢想和幻想的污染性影響。Linder 和 Peters 深信多邊主義者的相互議價過程，是發生在基層官僚身上，但這只是「規範性陳述」。從政策設計面向來看，這是詛咒，因其剝奪決策者成功的標準，執行成功是因「已經執行過程變成政策」（what was implemented became the policy），多邊主義者是將實證和規範陳述混合論證，致使執行成敗繫於組織理論對於基層官僚，行政裁量機制設計，以及高度道德感與有效執行。惟依 Fox 的論點來看，Linder 和 Peters 的價值判斷應是半世紀來簡化研究和思想的結果。因此「由上而下」和「由下而上」皆犯同樣謬誤：前者僅使決策者有執行成功權力，而後者的相互溝通仍是重要機制。

二、建構預測性理論必要性（ we must construct a predictive theory）

Lester 等人強調執行研究應是「向後追蹤」的模式，因單邊主義者並未能把重要變項特定化，重要變項操作化和測量以及嚴謹的假設檢定，尙未開始，執行行爲的地形圖上待將複雜變項的因果關係，正確地釐清。換言之，執行研究仍須遵從典型的科學方法和過程。對單邊主義者而言，假設驗證是很重要，沒有學者可拒絕其優點，尤其以能同時驗證不同對象和標的，進行交互主觀驗證，當可獲科學信度。

然而，近來單邊主義的研究者，卻走向整合途徑，Sabatier（1986）認爲已不再僅有「由上而下」，而應將「由下而上」結合於「由上而下」，形成「整合途徑」。惟亦出現某些「由下而上」研究缺乏明確可靠的方法論。Lester 等人也發展出美國州政府執行聯邦政府方案的溝通模式，同時引用單邊主義和多邊主義研究變項。但縱使結合「由下而上」，仍是相當單邊主義取向，再從兩者整合也涉及單邊主義和方法論傾向。「由上而下」的設計是爲預測和控制研究標的，僅適用中央權威架構。依照 Lester 等人的說法，決策者期望在執行的層級節制體系中，執行者行爲是可預測和易控制。基層官僚的行爲必須卑縮，而呈現給上司決策者，並運用科學方式，得以控制。

僅管如此，實證方法的方案很少成功，因大多數社會現象業已定性，每個個案皆有其獨特複雜性，涵蓋多元變項，未能可直接解釋。然因個案研究不能複製，也不做假設檢定，乃不可忽略或貶低其研究價值。Pechman & Timpane（1975）的「保證所得實險」（Guaranteed Income Experiments）成果，就極有價值。對於人們企圖去界定與驗證研究變項實是空想目標，誠如 Deborah Stone（1998）所言，弔詭是政治生活主要特徵，政治與政策理解已超過理性科學分析範圍之外，而每項分析皆與政治息息相關；因此，我們必須以策略性技巧論證（strategically crafted argument）方式，深入理解政治層面，以解決特定問題。

政治論斷（political reasoning）應借用隱喻（metaphor）和類比（analogy）來進行推論。就如 Frederick W. Taylor 所稱科學方法可以解決管理和勞工問題，亦如單邊主義和多邊主義的中間模式是可達成政策目標。準此，Cook（1985）認爲執行研究者的實證科學方法，不見得要放棄，但也應該超越實證學派之研究範圍。

關於超越實證學派研究方法和範圍，Fox 認爲應可採取 Cook（1985）所主張的「後實證批判多元主義」精神（postpositivist critical multiplism），進行推測（conjecture）論證，意指並非既有研究典範應放棄，而是尋求另一種研究途徑、方法和範圍：

（一）研究範圍（scope）應該擴充

1. **研究焦點應擴及「政策領域」（policy area），而不僅限於特定的法案或決策**。蓋單一中央法令將誤導執行成敗的圖像（picture）。美國 1970 和 1980 年代間，很多公立中小學在最高法院監督下，執行「反種族隔離交通方案」（desegregation busing）。結果，全國性反種族歧視似乎是成功政策，但很多地方個案執行則被評估爲失敗案例。Linder 和 Peters 也認爲「由下而上」就如「漸進主義」，缺乏創新作爲。
2. **培養史實性意識，應可減少「負面主義」（negalivism）對執行研究批判**。前述所進行的執行研究幾乎都是在「美國世紀」（American Century）樂觀年代，即是「我們可做任何事情」（we can do anything），可是歷經石油能源危機、水門事件（Watergate）和越戰失敗，美國文化的氛圍就很難集聚，這當然和僵硬的研究方法有關。

3. **Sabatier 認為應包括更長的時間幅度（longer time spans），可由 4 至 6 年擴長為 10 至 20 年**。惟對研究者而言，這涉及研究經費問題，但至少時間幅度短的研究，應持「試驗態度」（tentative attitude），以避免最終結果與假設設定間差距代價。

（二）**Fox 提出「三角論」和「多元觀點」的融合，作為執行研究的概念基礎（try to incorporate multiple standpoints to triangulate on a policy implementation problematic），以因應對社會現實廣泛模糊性的感情移入觀點**。這項提議和多邊主義相近，雖然單邊主義批評多邊主義，忽視中央法定決策者意向，但「由下而上」者亦不可能忽視法律和法治結構，在執行過程運用的必然性。權力是無形的，決策者意向已微觀滲入執行者心靈，「由上而下」者必須考量「各種」執行研究。換言之，研究者必須訪談執行過程所有團體和階層，而走向中間性思考，並瞭解兩者在結構上設計失敗原因。

（三）**執行研究不能僅限於實證主義，而應擴充實證主義（expanded empiricism）的方法論內涵**。無論是否驗證假設，個案研究是可複製，假如可符合某些人對簡約驗證模式的認知，它還是屬於實證學派。然而，如果運用辯證法去探討執行過程的「實際情況」（realities），那就不僅是客觀方法，而且是融合執行者與分析者價值信念，因此。不只是袪除「主觀印象」（subjective impressions），更要平衡兩者間價值信念。譬如，公共衛生專家對實際情況的個案研究，雖可能無法對執行典範有所貢獻，但卻可達到被實證主義者所忽視的價值存在。綜之，世上生物學最大騙局毋寧是「胚胎重演律」（Ontogeny Recapitulates Phylogeny），即人類的生命週期是發生和再發生的多元軌跡過程。過去 20 幾年，執行研究就是如此狀況，LP/E 不斷地鼓吹「好的科學」（good science）之不合理且狹窄研究過程。現代科學研究優點就在人類與生俱來直覺不會縮減「模式」、「假設」、「量化」、「硬資料」或不可救藥之固定性。

參、1990 年的 Dvora Yanow

Yanow 在「Tackling the Implementation Problem: Epistemological Issues in Implementation Research」文中，提出組織研究的概念化特性，作爲瞭解執行過程和問題分析能力：一、組織研究的概念多元主義（the conceptual pluralism），可避免各種研究途徑對影響執行主要變項缺乏之感嘆；二、運用四項分析透鏡（four lenses of analysis）連結分析概念與特定組織，可集中於組織每一層級「由上而下」與「由下而上」之執行研究；三、傳統組織分析的本體論實證主義，可提供執行分析架構與問題界定。本文企圖透過「詮釋分析邏輯」（interpretive logic），正確反映執行實際情況，並由公共政策的社會價值來瞭解影響執行者行爲。以下四個透鏡執行研究的組織層次是涵蓋個人角色（individual actors）、機構結構（the agency structure）、團體（groups）至機構之組織間環境（the agency's interorganizational environment）。每一組織層級都有一套特定概念，而且相關概念即可形成一個透鏡，如表 4-12：

一、人群關係透鏡：觀察組織內每個人行爲和人際行爲特性；

二、政治透鏡：檢視團體內部動態和團體間關係；

三、結構透鏡：組織本身就是一套設計的行爲規則；

四、系統透鏡：標的組織在特定環境中彼此關係。

人群關係透鏡焦點在執行者個人行爲與人際間動態關係對執行者影響，其隱喻爲組織就如傳統支持性家庭，因而分析重點是爲角色、期待、規範、需求和動機的社會心理學。無效率行爲、不當人際關係技巧和忽視鼓勵他人動機，都是問題來源。Edward（1980）提出執行者意願、動機、態度和激勵等意向（dispositions）或因素都是成功執行要件。Mazmanian 和 Sabatier（1983）則指稱上述政策創新因素促進標的對象行爲變遷範圍大小，將決定政策成功與否。基層官僚執行行爲分析是在角色定位、期待和規範，因而必須運用懲罰、誘因和其他強制順服手段，來形塑個人行爲。

然而，政治透鏡卻視人際關係衝突爲自然現象，其焦點著重團體間關係，及人際間行爲如何影響團體。主要隱喻爲對抗（war or battle）。權力、影響力、利益、聯盟建立、議價和談判等爲政治透鏡要素。Bardach 的博弈策略運用即爲著例。Ripley 和 Franklin（1982）認爲，無所不在的議價規範和利益團體蓄意介入，當是影響執行怠惰和失敗因素。

結構透鏡焦點是組織設計中規定參與者的相互關係，才是關鍵因素，而不只是心理、社會心理或政治因素，蓋組織設計已明定任務、隸屬關係和控制幅度。Lipsky（1979），Prottas（1979）和 Weatherly（1979）皆發現基層機構設計已涵蓋基層執行工作的裁量權範圍，因而基層官僚每日與標的對象之例行工作，就在形成政策。

至於系統透鏡主要在檢視組織間和次級組織間，相互依賴關係。其分析概念來自：一、生態系統與次級系統在「半透膜」（semipermeable membranes）情況下，可觀察與各自環境互動關係；二、目標取向，自我矯正機制或生物機制。這些類比所產生組織圖像，就是黑箱，而其內在深處（innermost）是不可調查，組織可透過環境反饋偵錯溝通（error-detecting communication）。因此，系統透鏡的焦點爲目標導向、協調、溝通和反饋，Nakamura and Smallwood（1980）所建構的溝通與順服連結，強調這三個透鏡重要環境要素，可能造成「斷章取義信息」（garbled messages）、誤解和傳送管道不順暢。

以上每一透鏡皆有其概念來決定問題設定和資料蒐集，並可修正已界定的問題。譬如，機構內部溝通不良可能來自政府間關係，而運用系統透鏡進行分析。但執行分析常運用這四個透鏡組合，著重在政府間關係，並結合每一透鏡要素：多元決策點、不明確溝通、不完全資訊、職掌競合和權力來源等等。惟彼此間還有不同面向和現象，人際關係透鏡概念主要在溝通和反饋，政治透鏡則在增進領導力，如表 4-12。準此，執行研究就必須探究這些差異的假設前提。

這四個透鏡具有三個共同執行問題假設前提：

一、執行活動皆處在政策制定階段之後，或新法規制定頒布後，方始引發各方注意，或是行政機構即將執行之際。這項假設著重機構行爲是爲執行問題主要因素。換言之，就如早期執行理論，將政策制定和執行分立而論。

二、缺乏明確政策指令語言（policy language），乃常使執行者在技術和行政執行上，難以有效執行。執行者職責不在政策語言詮釋，否則將違反立法者意圖。

表 4-12　Dvora Yanow 的執行分析透鏡

		分析的組織層級					
		個人的	人際間的	團體	團體間	組織	組織間
分析概念	人群關係	心理意向 可欲行為變遷 執行者需求	領導型態 動機 誘因 期待角色				
	政治的			集體同意權力 影響 議價 博弈	議價規範 策略 擁有謀略 利益團體 聯盟		
	結構的					官僚結構 設計控制模式 擁有權力工作者自由裁量任務分配	
	系統的						聯邦政府間的關係 協調決策 目標溝通 環境連結 反饋資訊

註：每一透鏡都包括分析的一個組織層級和其相關之一套分析概念。

資料來源：Palumbo and Calista (eds.)(1990): 217.

三、執行者皆意圖執行政策指令的文字語言，但結果都有干擾因素影響其意圖，這就是早期理論認爲執行概念指爲政策制定階段的技術層面。立法者期望在立法前解決政策議題複雜性，執行者負責執行這些立法意圖，惟因不當的官僚組織結果和缺少誘因，執行困難。

但這些共同假設並未正確地反映執行和組織行為，尤其並未有實證事實，將執行政策歷史和價值系絡分離，亦未能盲目地解釋政策語言的多重意義和執行系絡性價值。因此，Yanow 提出兩個反向假設對應以上共同假設：

一、執行成敗解釋不能僅受限在合法化後因素，蓋執行機構都是有特定政策議題的文化系絡。文化系絡包括累積性和競爭性價值和信念，這些文化亦常不斷地辯論而變動。已存在價值往往影響新議題設定。譬如，美國移民政策就包含一套經由從前移民政策辯論所獲得的理念和經驗。美國係移民國家，常提供受宗教和政治迫害難民庇護所，以及同等對待受害種族團體。由於這些過往的信念和價值，已深深嵌入移民政策辯論過程，政策和組織已被推入結構社會和物理生態（physical ecology），可抵制或促進這些政策執行。

二、執行者不被期望參與政策語言的文義解釋，政策語言往往具象徵性和隱喻性，而蘊含多重意義。政策文化（policy culture）透過這些政策語言傳輸；同時也透過其他媒介（artifacts），諸如：社論、口語和平面媒體、公共論壇、故事表述等等。執行者如須解釋政策語言，並不意指不當行為，亦不是決策故意使用含糊性語言。目的性含糊有時是必要之依賴，為調和不同利益衝突，以利法案草擬，更是行政部門眞知灼見的展現。決策者面對反對黨派時，也要執行者對立法草案進行解釋，這就是「你的民眾正需要你的時刻」（your people will be in there when the time comes）。

本質上，第一套假設的邏輯是本體論，為經檢定、可共同調查的邏輯，體現眞實世界之事實特徵，客觀存在能被發現，即執行方式可被發現。執行分析問題是：執行客觀本質是什麼？那裡可發現這些問題？本體論認為只有一個，也是唯一個眞實而正確地回答這些問題。換言之，每一透鏡有其限定調查領域：執行是一套博弈行為，或執行是官僚問題等等，四個透鏡是相互競爭的分析架構，每一個皆可獨自實證和事實之答案。

組織本體論邏輯影響「由上而下」和「由下而上」的理論。「由上而下」是依據結構透鏡分析語言，假定執行者應受行為規章和執行組織結構設計之治理；「由下而上」則依據人群關係透鏡分析語言，執行者不一定主動順服政策指示。由於結構透鏡普遍被執行研究所運用，「由上而下」就比較廣為受重視。

然而，反向邏輯本質是詮釋性，假設執行活動是多重涵義，其所要面對問題為：我們如何瞭解執行？執行機構和利害關係大眾使政策能被形成的涵義是什麼？換言之，形式上，這些問題是：機構消長、立法者、基層官僚和標的對象促成政策之涵義是什麼？這些涵義如何形成政策執行？政策執行成敗就取決於政策指令的詮釋。

依據詮釋邏輯，執行分析不再是尋求執行問題事實本質，四個透鏡就可停止競爭的參考架構，而反應尋求更大架構（a larger picture），相輔相成，而非衝突與辯駁，就像「立體主義自畫像」（cubist portrait）之許多面向，多重涵義和多重詮釋是同時存在執行過程。政策分析人員角色就在檢視執行者和利害關係大眾對政策文化之詮釋，並分析這些詮釋和涵義對執行成果影響。這四個透鏡共同假設關注執行者執行意圖，是否如同決策者所要求法規意圖，執行者是否瞭解，執行者意圖是否與立法者一致。政策立法者或機構參與者的原始意圖（original intentions），是否如研究者對參與者言論和行動之詮釋。蓋詮釋並非事實，不能以事實取向方法論來處理，是應用詮釋邏輯，不是本體論邏輯。

執行分析詮釋途徑與本體論邏輯差別之處，就是特定理論的重要性，諸如個人詮釋事實，共享兼容和衝突涵義，形塑涵義互動，說服在共享涵義創造與毀滅過程的角色以及執行活動之持續再詮釋。這些差異分別可有：

一、**執行者詮釋政策**。機構主管、管理者和基層官僚等執行政策時，常引起詮釋政策語言和其他法令之政策涵義。就詮釋分析層面而言，可能因執行者對於符號（symbols）、隱喻和政策議題文化表徵不同詮釋，而造成執行障礙。愈多參與者則將造成更多不同詮釋，就如 Pressman 和 Wildavsky（1973）所說，多元決策者當會使詮釋論點更爲複雜，造成爲何縱使再深層之執行分析，亦會使「最周詳的計畫也會出錯」「gang aft agley」（often go wrong）。

二、**基於多元涵義的執行，可能使「說服」彼此而有不同**。政策執行設計擬造成標的群體行爲變遷，當須依其行爲轉變同意條件而定。假如兩造雙方詮釋未能一致，當成爲執行障礙。譬如，房租抵用券（voucher-based housing policy）的執行，如是租屋人不當使用或房東拒絕接受，都可能執行失效，其因乃如上述住宅政策的文化形塑，對雙方都有不同涵義。

職是之故，說服成爲執行活動關鍵要素，執行者常有意識或無意識地說服他人接受對事件之詮釋。依此觀點，執行成功就是利害關係大眾或立法者被勸服接受執行成功之定義。Pressman 和 Wildavsky（1973）

在其經典著作中，發現預算分配就被詮釋爲該機構成功執行法令的符號。Sapolsky（1972）曾提醒支持「北極星飛彈」（Polaris）預算的美國國會議員，皆有意去創造支持預算就是飛彈成功印象，國會支持乃是成功執行指標。可是上述兩案例的政策利害關係人，都拒受這種執行機構成功指標。Fox 認爲界定執行活動成功之詮釋過程，應是屬於那些參與者（包括政策標的團體、機構服務對象和政策利害關係人），而非傳統上所設定的執行者。

三、**從詮釋觀點來看，執行爲調適和反覆的過程**。當某執行者詮釋或界定某項政策和作爲，另位執行者就難以再解釋該政策原意，每一詮釋能產生一項新觀點，而後就能連續地修正。此即 Palumbo 和 Harder（1981）所謂成功執行往往蘊含於演進過程之連續再詮釋。詮釋邏輯並非隨意而生，而是政策文化演進。

四、**詮釋邏輯視執行是指在某一種特定時間點，以議價過程達成共識的公共價值和信念**。本質上，上述四個透鏡都是目標取向之理性行爲，並經審議調整（deliberate adjustment）過程，實現政策法定目標，但有時是直接表達其目標。由此可知，理性分析無助於瞭解非理性取向的表達。因此，執行分析應尋求詮釋科學（interpretive science），須要詮釋的方法論。

最後，基於上述詮釋邏輯論點，執行研究應考量下列研究議程（research agenda），以修正過去執行研究偏差：

（一）注意「造假數據」（attendance figures）

詮釋論者對於數據和資訊運用應具敏感性，執行組織雖爲目標導向，但執行者行爲卻不盡相同，某些數據運用可能只是爲可欲組織形象（organizational images），而不盡正確，進而不利政策方案執行。

（二）詮釋論者認爲執行分析應作長時期研究（a longer time perspective），同時應在執行過程中，不時觀察多元利害關係人的政策解釋，探討執行過程涵義，追溯政策文化之歷史發展，以及執行機關間關係。因此，上述四個透鏡應和執行組織間進行交互分析，以窺全貌。

（三）詮釋論者認爲組織理論除提供執行研究之分析設計外，並提出對兩個執行分析看法：一爲「由上而下」和「由下而上」分析途徑是相對立；另一爲本體論忠於政策原意和詮釋論執行過程調適是難以調和，蓋前者主張目標是客觀產物，而後者主張目標爲文化創造物。

然就研究本質而論，方法論選擇是認識論函數。如果吾人相信事實是客觀存在，即可運用本體論的直接和比較觀察法，反之如果事實是社會建構之主觀解釋，即可選用不同方法，諸如民族學方法論、個案研究法、批判理論和詮釋分析等等。換言之，在 Yanow 看來，執行研究並無最好的研究方法，而應發展在不同時點的各種研究議程和方法。

綜之，詮釋學派強調不可只注意縮短政策意圖和結果差距，而更應注意不同時間的社會價值。政策價值是具相衝突特性，而價值不是客觀事實，只能解釋。本體論難以解釋執行的社會行爲，但詮釋論則可預期意義和解釋差距。執行研究必須奠基於詮釋思考，以擴展執行研究分析領域。

第五節　結語

綜上所述，本章首論政策執行整合研究途徑理論內涵，重要學者當以 Nakamura 與 Saualllwood 的「視政策過程爲系統」之執行模型和 Paul A. Sabatier 之「政策變遷倡導性聯盟架構」（ACF）最具代表性。前者提出政策制定、政策執行和政策評估等功能環境相互影響並透過博弈隱喻，瞭解參與者行爲、連結關係和領導者等因素對政策執行的影響；後者則提出「倡導性聯盟」架構，運用次級系統概念、政策掮客與聯盟概念、透過政策取向學習，造成政策變遷，藉此可瞭解政策執行成敗。

筆者綜合 1973-1990 年的各項政策執行理論，主要是上述兩項整合途徑和 Grindle 的系絡和內容因素概念，演繹出「政策執行循環的整合架構」（IFPIC），進行對臺灣 1980 年代間五項公共政策個案實證分析，都得到相當高變異數的解釋。

然在 Goggin 等人看來，整合途徑仍屬第二代政策執行研究途徑。因此，他們另行建構和驗證「政府間政策執行的溝通模式」，而稱爲「第三代政策執行模式」，這項模式比諸整合研究途徑，主要差異在於研究方法論，Goggin 等人採取混合方法進行實證分析，頗具解釋力。

另者，在同期間，其他執行研究學者，雖未稱爲「第三代」，但其實概念上和研究方法上皆有相通之處。當中最主要學者應是 Stephen H. Linder 和 B. Guy Peters，兩氏以設計爲後設概念，提出「設計和制定爲導向的政策執行模型」，實證和規範層面兼顧，是政策執行理論的重大發展。其他如 Robert T. Nakamura（1987）、Charles J. Fox 和 Dvora Yanow 等人則傾向以詮釋學派的研究方法，來解釋政策執行過程，與三項研究途徑之概念基礎和研究方法，有相當不同，此爲第三代政策執行研究方法論的最大貢獻！

第五章　第四代政策執行與公共治理

第一節　理論系絡背景（1990s 至 2010s）：治理典範的發展

一般來說，1980 年代後期和 1990 年代以來，有些公共政策研究者認爲（Hogwood,1995, 引自 Hill and Hupe，2014: 102），當代政策執行文獻大都陷於精鍊化（refinement），辯駁化（refutation）和建構化（construction）之矯揉造作辯論（artificial debates）。進言之，這些研究往往是設計某些模式，排列撲朔迷離的許多變項，用來解釋政策執行過程和產出，所採取研究方法多數爲狹義調查方法，形成派別間之爭論：質化對量化、大規模調查、「由上而下」對「由下而上」，以及「政策設計」對「政策執行」，幾乎對傳統公共行政造成霸權式威脅（a hegemonic threat）（O'Toole, 2000，引自 Hill and Hupe, 2014: 93）。準此，時至 1990 年代後期，英國政策執行研究似乎呈現嚴重衰退現象，美國亦然，而引發「昨日議題」（yesterday's issue）的爭論。論者認爲缺乏如前述三項研究途徑和三世代理論之歸納和演繹，可認爲失落 10 年！

然在跨越千禧年之際，Michael Hill（1997）在觀察和研究柴契爾主義的政策管理過程，認爲英國新公共管理是爲政客轉嫁課責地方政府和參與者，所設計的誘因結構。Hill 強調政策執行過程相當地受到政治、文化和制度系絡影響，英國案例不同於 1960 年代美國聯邦政府政策方案執行的失敗經驗，亦有異於北歐國家有效合作和柔性共識之中央和地方關係。Hill 認爲在政策執行過程，英國中央政府不宜設計誘因控制執行者行爲，因爲將執行和政策制定分離是危險的發展趨勢。準此，Hill 仍堅持投入執行研究（deeply committed to implementation study），而不認爲執行研究是昨日議題。另位日本學者 Hajime

Sato（1999）運用 Sabatier 的「倡導性聯盟架構」（ACF）和「政策過程分析」（the Policy Process Analysis, PPA）探討日本的菸害防治政策過程。結果發現 ACF 雖然對於菸害防治政策變遷，獲得高度解釋正反雙方的聯盟行爲，但 PPA 則更能解釋正反雙方聯盟，實際影響菸害防治政策之制定和執行。Sato 的研究結果和 Hill 之研究發現可說一致。

Hill（2014）強調執行研究的重要，乃因執行概念的模糊性和執行研究過程高度規範性問題，亦即「公共課責」（public accountability）之權力來源不要被妖魔化，不僅要求闡明權力來自高層（at the top）或基層（at the bottom）；反而應關切「哪些措施有效」（what works）和政府上下各部門如何整合（join up）問題，就如前述第三代執行理論運用多面向、多元測量方法和多元研究方法，使得這些理論之「綱領性觀點」（programmatic stance），發展出「驚人之研究標準」（intimidating standard）。但依 O'Toole（2000a，引於 Hill and Hupe, 2014: 103）的觀點，這就如看到是半杯滿的水（the glass as half full），而事實上應是比表面上看到的還要更多（there is more than meets the eye）。1990 年代後期，確已有相當多數啓發性、周密性和優秀且顯著卓越的政策執行相關議題研究。O'Toole 自詡爲是超越科學調查方法（beyond investigations）的政策執行研究者。

另外，Meier（1999, 引自 Hill and Hupe, 2014: 103）呼應 O'Toole 的說法，當代很多期刊都有政策執行研究，社會學、公共行政、公共衛生、社會工作、法律、醫療等等議題，很多經濟學期刊，偶有政治學期刊，雖不是直接探討政策執行理論與問題，但都表達對政策執行重要的關注。2005 年，挪威學者 Harald Saetren（2005）則將過去所有有關政策執行研究文獻、期刊和書籍做一時間數列分析，結果發現：一、文獻方面：1094 篇（1933-84），2429 篇（1985-2003）；二、書籍：323 冊（1933-84），682 冊（1985-2003）；三、博士論文：1091 本（1933-84），1682 本（1985-2003）；四、主流期刊則從 24%（1948-84）上升至 28%（1985-2003）。特定議題政策，諸如公共衛生、教育、法律、環境保護和經濟等，皆呈現一定成長數量，尤其是公共衛生和教育；五、但在 Social Science Citation Index（SSCI）的關鍵字「政策執行書評」顯示，7%（1972-79），55%（1980-85），23%（1986-90），8%（1991-95），2%（1996-99）和 6%（2000-03）。這些數字具體顯示，由 55%（1980-85）減少至 16%（1990-2003），1990 年代期間，政策執行研究數量確實顯著減少。

然而比較文獻和 SSCI 的書評，可看出 1980 年代間政策執行是顯學，而上述 1990 年後的相關文獻也未呈現顯著減少。因此，Saetren 認為 Goggin 等人（1990）預測政策執行研究會成長至 21 世紀是正確觀點。當前可看出主要學者的研究，都指向「政策變遷」（policy change）、政策網絡（policy networks）和治理（governance）等議題和理論。總之，公共政策研究的事實和迷思並未過時，也未終止，反而仍是相應地蓬勃發展（alive and relevant）。然為何有些學者一直持「過時」（out-of-fashion）的看法，Saetren 認為原因可能有：一、「由上而下」與「由下而上」兩種研究途徑的辯論，混淆規範性、方法論和理論內涵；二、1980 年以來，新右派政治學者主張，已將「國家一社會」間關係（state-society relations），由單向層級關係轉為相互連結之減少層級關係；三、過去太多研究結論，皆持悲觀看法，因而似使執行研究成為「不幸之研究」（misery research）；四、教科書式的政策過程階段論，無法解析政策過程複雜性和相互回溯關係，政策執行被「去正當性」（delegitimization），是必然結果；五、某項長期被關注或研究議程，要求學術社群持續熱度，應屬不易，政策執行的研究議程正是著例。在筆者看來，如何突破就在政府部門提供研究資源，而學術社群必須走入政策執行實務（practice）研究，而這正是 Hargrove 所稱「失落連結」之癥結所在，而當時乃引發公共政策執行研究熱潮之因。

進言之，O'Toole（1999），Frederickson（1999）和 Donald K. Kettl（2000）早已認為網絡與網絡管理，以及治理研究，屬當代公共行政對執行研究輸入的新元素。Kettl 指出，二次戰後，政府治理皆運用多元組織團隊和與非政府組織形成夥伴關係來運作。依據 Kettl 的觀點，網絡理論是提供一個架構，來連結各個組織，以共同執行公共政策，使公共行政脫離層級化理論的病理，進而走向行政實務（administrative practice），此即協調新途徑（new approach to coordination）。Kettl 並認為網絡理論正可提供連接治理研究與對政府運作瞭解的基礎，而可探討民主政府重大議題所在：代議制問題、官僚政治控制、制度民主合法性，以及分裂和銜接國家網絡問題（networks in the time of the fragmented and the articulated state）。

Hill 和 Hupe 認為，治理概念可打開一種「趨向水平治理觀點」（a view

of a more horizontal way of governing），可持續地以執行為焦點，可藐視「理論建構」（theory building）。但是太多影響執行過程和結果變項問題（too many variables problem），可能會再出現。在公共行政實務上，治理的神奇概念也可能誤導決策者決策過程。惟千禧年以來，「從政府轉移至治理」（government to governance）之政治思潮，正是反映要明確地關注行動作為（the explicit attention to action）：

一、在公共領域（the public domain），政府要做什麼，以及政府期待其他參與者做什麼。

二、哪些因素可能決定政策變遷或政府績效。

三、單一國家之政治轉向「超國家機制」（supranational institutions）治理。

四、1990 年代以來，認同「治理典範」興起（a governance paradigm）。

五、政府治理相關公共性價值應投入更多關注 : 安全、正義、平等和平權等。

六、在公共行政實務上，應重建治理的層級節制模式，並不能以單一途徑，規範公務人員之「公共課責」（public accountability），而應思考整體政府責任議程（the whole has been put on the agenda）。

準此，治理典範著重網絡管理的更水平化模式，強調外在化政策形成過程，在公共領域中公部門和私部門共同行動，可稱為「政府在行動中的發現」（discovery of government-in-action），而應考慮政府和績效關係，公共政策執行學者應多關注行政實務研究，已屬必然。

隨著這股政治思潮的發展，同時引起政策執行研究方法論轉變。就研究方法而論，後邏輯實證學派雖未能也不能取代邏輯實證論，但對執行過程研究取向，顯然造成相當衝擊，而行為經濟學興起和執行科學盛行也引起相當關注。這趨勢當然是回應民主理論的變遷，即與 1980 年代起盛行的「審議式民主」（deliberative democracy）相關。審議式民主反對「投票和議價」（voting and bargaining）的策略性行為，亦被認為比「競爭多元主義」（competitive pluralism）優越，蓋其理論假設建立在「論壇」（the forum）的獨特理性而不是「市場」（the market），即追求一項決策影響民眾共識和一致性意見，而不僅是承諾或議價之均衡（Bohman, 2002）。

「審議式民主」顯然是批評「自由民主」（liberal democracy）的標準作法，而其理念可溯及杜威（Dewey）和阿倫特（Arendt），甚至盧梭

（Rousseau）和亞里斯多德（Aristotle），但創造並體現這個名詞的卻是Joseph Dessett（1980, 引於 Bohman, Idem.）反對菁英式或貴族式對美國憲法的詮釋，蓋立法和司法部門往往奠基於「公共討論」（public discussion）、推論（reasoning）和判斷（judgement），而對民眾廣泛參與和可行性，採取淡化的態度。

基於此一先驅理論概念，James Fishkin（2011）設計審議民主的實際執行（practical implementation）策略和作法，而行之各國，其主要特徵為：

一、資訊（information）：每位參與者皆可接到正確且相關議題的資訊；

二、實質平衡（substantive balance）：每位參與者論證意見必須被另位參與者考量而回答；

三、多樣性（diversity）：參與者討論意見必須能代表社會大眾主要意見；

四、自覺性（conscientiousness）：參與者能真誠地衡量每位參與者論證的優點；

五、平等考量（equal consideration）：無論哪位參與者提出論證，所有參與者皆應考量其優點。

進言之，隨著 1990 年代「第三波」的民主化浪潮，儘管許多政治體制經過選舉洗禮，卻未能對公民權利與個人自由提供有效保護，雖堅持法治，惟造成「選舉民主」（electoral democracy）與自由民主間之差距，成為「第三波」的一個顯著特徵，而這種差距，對理論、政策和比較分析都產生重要影響。部分學者乃將焦點轉向以「公民」本身視為治理的主要概念，有學者稱之為「審議轉向」（deliberative turn）。

在此概念下，Amy Gutmann 與 Dennis Thompson 強調應更加尊重公民選擇以及代表性，而 Colin Farrelly 則指出不僅尊重少數是必要的，政策差異則須更謹慎。可是 Dryzek 與 Arnstein 則提出審議民主精神以及多元文化民主發展，要如何既獲得共識，又能夠增加政治參與的可能，減少民主沙漠現象，就成為公共政策執行理論和研究方法論另一世代的發展面向。

第二節 1990 年代的政策執行研究：失落十年或再活化？

綜上所述，經過將近三十年，政策執行的三項研究途徑和三世代理論系絡，雖未殊途同歸，但已是相輔相成，各有驗證的研究成果，尤以 1986 至 1990 年間的成就最爲斐然，而形成二個重要的研究典範：整合研究途徑和第三代執行理論。惟至 1990 年代間，全球新公共管理革命興起，市場取向之政策工具盛極一時，似乎可取代論戰不休的執行理論。惟如上述，1990 年代間，政策執行研究並未失落，卻出現再活化的關鍵研究：

壹、1990 年的 Helen Ingram

Ingram 在「Implementation: A Review and Suggested Framework」一文中首先批判，過去執行研究都屬於「單面向執行途徑」（unidimensional approaches to implementation）。她認爲研究者應考量特定環境、特定問題系絡（the context of particular problems）以及影響執行成功重要因素，而提出一個執行研究的彈性架構（a flexible framework for implementation studies），如表 5-1，其主要理論要點爲：

一、全面性地涵蓋所有政策過程

Ingram 認爲執行研究不應將政策制定、政策執行和政策結果分開分析，應如 Nakamura 和 Smallwood（1980）的觀點，政策過程是一無接縫的網（a seamless web）。因此 Ingram 引用 Salisbury 和 Heinz（1970）的論點認爲，任何政策制定都必須考量對制定者成本，亦即決策成本本質。兩氏將成本分成兩類型：議價成本（negotiation costs）和資訊成本（information costs）。前者是指各方利害關係人達成共識的成本，包括價值偏好之分配成本，而所謂低議價成本則意指各方利害關係人爲達成特定政策目標，彼此間對利害關係清楚而有

表 5-1　Ingram 的執行分析彈性架構

決策成本本質	法規結構	適合的執行途徑	執行評估準則	影響執行重要變項
1. 低議價成本／低資訊成本	明確目標；程序彈性	命令—控制；程式化	目標達成	外在環境或政策環境的變遷
2. 高議價成本／低資訊成本	模糊目標；程序彈性	調整適應；向後追蹤	創造性；修正政策作法	官僚企業家；修正者和雙重代理人
3. 低議價成本／高資訊成本	明確目標；特定程序	監督；政策再制定	政策學習	行政能力
4. 高議價成本／高資訊成本	模糊目標；特定程序	討價還價	廣泛共識和支持避免執行機構受到控制	政策對象的關係

資料來源：Lynn 和 Wildavsky, 1990: 477.

共識。後者是指爲獲得政策行動和政策影響間因果關係，以及執行機構間連結關係的資訊成本；而所謂低資訊成本則意指政府某些政策行動，可預測預期或非預期結果，以及國會對於行政機關取得必要資訊，以執行政策能力具高度信心。

根據 Ingram 的看法，這兩類型成本可分成四種不同的執行情況。第一類型（Type 1）爲低資訊成本和低議價成本的情況，即一項法規執行過程具有明確目標，同時允許執行機構以彈性程序來達成政策目標。第二類型（Type 2）爲低資訊成本和高議價成本的情況，即一項法規無明確政策目標，只能以模糊性或一般性敘述，因此賦予執行機構廣泛自由裁量權（broad discretion），此類型執行情節被稱之爲「結構決策」（structural decisions）。第三類型（Type 3）爲高資訊成本和低議價成本的情況，即一項法規具有明確目標，但不允許程序彈性造成執行時程誤差。第四類型（Type 4）爲高資訊成本和高議價成本，即國會賦予行政決策部門廣泛自由裁量權，以設定政策目標和手段，但不授權執行機構有執行行動彈性（procedural specificity）。

二、適合執行途徑和評估準則

Ingram 進一步根據上述四種類型的執行情況，提出適合不同類型執行情況的途徑和達成執行成功之準則。在 Ingram 看來，有些執行成功是界定爲特定政策目標達成，而有些則是爲達成利害關係人對該執行問題共識。準此，Ingram 認爲上述第一類型的執行情況應採取「命令一控制」（command-control）或「向前追蹤」（forward mapping）架構來分析執行過程，並以目標達成程度（achievements with statutory goals）爲執行成功準則。第二類型的執行情況應採取「調整適應」（adaptive）或「向後追蹤」（backward mapping）架構來分析執行過程，而此執行過程需賴基層執行者執行能力。第三類型的執行情況是爲政策制定和政策執行相互交結（intermingled），即立法機關已釐定明確目標和確定執行時程，但允許執行機構某種程度自由裁量。因此應採取「監督和再制定」（oversight and reformulation）架構來分析執行過程，而評估執行準則則爲政策學習（policy learning），即執行過程是否能產出更多資訊以瞭解問題因果關係。第四類型的執行情況應採取「討價還價」架構來分析執行過程，蓋因政策制定過程缺乏共識，以致政策目標模糊，同時執行者資訊不足及對政策結果不確定，因此造成各利害關係人間討價還價情況。因而其執行成功的準則就變成是能否達成高度政策共識。

三、影響執行的重要變項

Ingram 強調其彈性架構旨在提出執行研究者分析政策執行過程，應對影響執行的重要變項作策略性選擇。因而乃有兩個基本問題應加以考量：（一）執行機構可能沒有意願、能力、技巧和資源，即缺乏行政能力（administrative capability）；（二）執行機構必須考量「選區政治」（constituency politics）爲執行成功變項，即應避免受到單一政策對象團體的控制。

準此，Ingram 認爲第一類型的執行情況中，行政能力和政策對象關係並不重要，因而影響此執行情況變項是外在環境或政策環境變遷。相對地，第二類型的執行情況中，行政能力和政策對象關係則皆爲重要變項，因而影響此執行情況變項是執行者是否具備「官僚企業家」（bureaucratic entrepreneurship）

能力，或是否運用 Bardach（1977）所稱「修正者」（fixers）和「雙重代理人」（double agents）等執行策略。至於第三類型的執行情況中，因政策目標和執行程序皆相當明確，政策對象關係變項就不重要，而執行壓力應是執行者如何運用各種手段以達成嚴格的執行時程，行政能力就成為重要變項。相對地於第三類型，第四類型的執行情況中，因政策目標不明確，而執行程序相當特定，執行者如何運用策略防止某些特定政策對象，掌控執行過程就成為重要變項。

綜之，Ingram 避開「由上而下」、「由下而上」和其他政策執行研究途徑的爭論，而提出執行類型應和法規結構相關。執行研究應以演進（the evolution）途徑，將執行問題轉化為更具處理性（more tractable problem），同時也更能達成各政策對象的共識（agreeable responses）。

貳、1993 年的 Dvora Yanow

Yanow 在「The Communication of Policy Meanings: Implementation as Interpretaton and Text」一文中延續其在 1990 年「Tackling the Implementation Problem: Epistemological Issues in Implementation Research」一文中詮釋學派方法論，運用「政策涵義溝通」（the communication of policy meanings）的概念架構以瞭解和研究政策執行。蓋 Yanow 認為詮釋論和實證論最大差別是，前者的焦點在「涵義」的運用，即詮釋論所探討的研究問題是：政策涵義是什麼？政策涵義對象是何人？政策涵義詮釋如何影響政策執行？

準此，詮釋論對執行分析詮釋乃分成兩個層次：政策情境中參與者行為（the actors in the policy situation）和研究者對這些參與者行為涵義的詮釋。進言之，與實證論最大差別為，詮釋論強調要注意執行分析之「默示知識」（tacit knowledge）角色，亦即多元利害關係人對政策詮釋，就會影響政策法定目的執行。因而，其分析工具則應從組織構造物（organizational artifacts）所蘊含的涵義著手，這些構造物包含符號（symbols）、儀式（rituals）、典禮（ceremonies）、故事（stories）、迷思（myths）等等，而這些構造物的後設信仰（beliefs）和價值（values）乃構造該組織之文化型態。

本文以「以色列社區中心公司」（the Israel Corporation of Community

Centers: 1969-1981）爲個案分析。該個案簡稱 ICCC，其執行主要內容分爲：

一、以色列境內概分爲兩大族群（中東族群和西方族群）。這兩大族群中，中東族群（Middle Eastern groups）是從北非和中東國家移居回以色列的猶太人，而西方族群（Western groups）則是從歐洲和美國遷回以色列的猶太人。前者大多數住居市郊，而後者則大多數住於都市，日久後乃形成其國境內社經條件有相當差距的兩大族群。

二、以色列政府爲縮短此族群差距乃於 1969 年設立 ICCC，是一獨立而爲公營的組織，其任務在執行社會和教育政策，促進市郊居民（中東族群）生活休閒品質，以縮短族群差距。依照創辦人 Haim Zipori 的認知，ICCC 的政策目標爲：

（一）促進社會融合（social integration）

（二）強化社會和文化價值（social and cultural values）

（三）引導個人和家庭利用休閒時間

（四）改善文化、休閒和娛樂服務

爲達成這些目標，ICCC 運用三種策略：透過學習過程以改變個人、透過團體發展以促進社區的社會變遷，以及透過提供高度品質服務以提昇社會服務的消費水平。

三、至 1981 年，ICCC 總數已超過 100 個，各個 ICCC 主管角色已漸成爲一項新而具專業行業，各個 ICCC 組織規模、預算和活動都相當引人注目。然而，大多數 ICCC 主管自我評估結果，仍認爲大多數 ICCC 的設備利用率不足，大多數活動項目普及率不夠。有幾個 ICCC 參與者大多數是來自都市居民的西方族群，而不是原先設計的政策對象。再經某些客觀指標評估，12 年後的 ICCC 並未達成其既定目標，兩大族群差距也未縮短。雖然創辦人身先士卒作爲「修正者」（fixer），成功地募集基金，但是 ICCC 內部仍在辯論它們任務何在，每年年會仍在討論：ICCC 目標和目的是什麼？儘管如此，一般以色列民眾或當地居民並沒有人指責 ICCC 是失敗案例，反而有些民眾上街頭要求在其當地設立 ICCC。

Yanow 運用詮釋論途徑，針對此個案執行進行以下的分析：

一、ICCC 政策執行的涵義

就詮釋論觀點來看，ICCC 執行策略是創造「特定系絡涵義」（context-specific meanings），並將其涵義傳送（communication）給社會大眾、立法者和 ICCC 無法量化且不能明示政策目標而達共識。蓋縮短族群差距對以色列社會來說，仍是政府禁止公開談論的目標（verboten goals）。準此，ICCC 乃以組織構造物（中心名稱、建築物特色、各項活動、年報和年會等）爲政策工具成功地塑造出 ICCC 是一可欲並具吸引力的實體（a desirable, attractive entity），法定政策目標達成與否並非焦點。

二、ICCC 組織構造物的執行涵義

組織構造物蘊含該組織價值和信念，而對該組織成員具有特定系絡涵義。ICCC 的組織構造物共有前述符號、儀式、典禮、故事和迷思等。以下乃分述其對政策執行的涵義：

（一）象徵目的物（symbolic objects）：實體和方案符號（physical and programmatic symbols）

任何組織皆會運用象徵目的物來溝通，並建立其認同感和自我形象（self-image），諸如建築物實體設計（physical design）、內部空間分配、裝飾、服裝、產品設計和標記（logo）等，藉以顯現該組織的抽象價值和信念。在設計理念上，ICCC 建築物大多屬於距離建築，亦即離街頭有一段距離，這段距離有的是廣場，有的是階梯，因此乃可顯現出和臨近住宅或一般建築物的不同，以形成一種心理距離的感覺（a feeling of psychological distance）。其設計目的在突顯文化的、寬敞的和休閒的氣氛，而構築一種高度期望水平。爲配合這些建築物特色，各 ICCC 在活動方案設計上，更提供屬於中產階級，而具西方族群色彩活動項目和課程，諸如芭蕾舞、柔道、跆拳道、網球、攝影、減肥班和歌劇等等，以吸引中東族群居民參與，而縮短族群間社經差距。

（二）象徵語言（symbolic language）：組織的名稱和隱喻（organizational names and metaphors）

ICCC 是一非營利組織，雖大部分經費來自政府預算，但仍須向外募款，而因「公司」（corporation）一詞在國外捐款不能抵稅，遂將「公司」改爲「協會」（association），亦即國內使用「公司」而向國外募款則用「協會」，由此例可見，語言的使用影響執行資源。再者，「社區中心」（community center）用語是美國人的概念，並不是猶太人之概念。因此，ICCC 乃將各地分支機構，雖有使用傳統的猶太神名，但有的則以人民會堂、文化中心、童子軍堂名，企圖減低各地政府機構壓力。ICCC 更於規劃過程中，不斷地釋出未來營運型態將有如「超市」（supermarket）。此一「超市」的隱喻因屬中產生活型態，比較能吸引市郊居民，而由於各地 ICCC 所提供的活動項目，各式各樣地列在課程表上，有如「購物清單」（shopping lists），參與者變成購買者有選擇自由。然而，這項「超市」的隱喻卻引發各地執行者和總公司的「專業實務」（professional practice）衝突，有如 Pressman 和 Wildavsky（1973）所稱之多元決策點（multiple decision points）問題。儘管如此，這項語言隱喻透過參與者的各自詮釋和共享，乃形成一種「團結感覺」（a feeling of unity）。

（三）象徵行動（symbolic acts）：迷思（myths）和儀式（rituals）

就理論而言，迷思是能調適不可測量的價值、信念和觀點，以減低或消除不同政策對象的緊張關係。儀式則是迷思具體化體現，藉著定期化地呈現，應可調和迷思的價值理念。ICCC 儀式主要是每年年會和每個月行政會議。在這些會議中，主事者定期地傳輸「什麼是 ICCC 的目標？」，爲達此目標，主事者不斷地要求各地 ICCC 創新各項活動，並加強各級主管之承諾感，而不願面對「縮短兩族群社經差距」是有實際執行上的困難。

同時，ICCC 主事者要求各地 ICCC 將其形象塑造爲「理性機構」（a rational agency）的迷思，標榜其任務是可以解決市郊居民社經問題，即各地 ICCC 所提供的教育文化活動可有效解決問題，而不願面對提升居民社經地位所需的工業發展資源問題。這將暴露各地 ICCC 對於縮短法定目標差距之能力所不能及的問題。準此，所有 ICCC 工作人員之間形成一種集體價值

（collective values）的使命感。

三、政策執行分析的詮釋途徑

由此 ICCC 的案例可知，目標象徵性變成目標本身（the symbol of the goal became the goal itself），具體言之，ICCC 參與者所追求的不是成爲中產階級社會階層，而是參與中產階級的生活方式。因此，執行行爲必須包括參與者在執行情境中的詮釋（interpretations by actors in the situation）。ICCC 政策目標乃除上述四項法定目標外，還須加上這第二層次的詮釋目標，而此詮釋目標應也是法定目標的原義（text），ICCC 的政策目標乃須從更廣泛意義（broadest sense）來加以界定。

ICCC 的案例很難從實證論去評估其政策產出或結果，蓋其政策事實（policy facts）和有意義觀點（meaningful perspective）有相當差距。詮釋論的象徵目的物、象徵語言和象徵行動所能傳送的涵義，應成爲執行系絡分析的工具。

參、1993 年的 Laurence J. O'Toole Jr.

O'Toole 在「Applying Rational Choice Contributions To Multi Organizational Policy Implementation」一文中係運用「理性選擇途徑」（rational choice approach），如「博弈理論」（game theory），來探討「多元組織的政策執行」（multiorganizational policy implementation），即透過「交換過程」（exchange processes）和「網絡結構」（network structures）隱喻，來分析多元組織政策執行。

一、多元組織執行研究對象

（一）執行概念

O'Toole 認爲，執行係指在公共政策（權威）要求下，標的對象的一套行爲，被引導去合作，亦或許去協調，以達成法令或指令之目標。針對這項定義，三項概念必須澄清：

1. 執行概念包括無論公私部門執行者行動，明顯地未涵蓋由這些行動產出的所有結果。因此，假如執行者之意圖行爲，無法達成決策者期待，那就是政策失敗。然這應不是「執行」問題，而可能是對執行過程所引起社會行動和現實效果間連結缺乏瞭解，而非集體行動問題，也許是頑抗不守規定，或是缺乏監測。O'Toole 認爲，執行理論應解釋「執行中」（implementing）行爲，而不一定是決策者所預測的成功目標，或其他參與者既定目標，或可能是更廣影響（impacts）層面，甚而應認定「實質理論」（substantive theory）是否失敗。
2. 按照傳統說法，執行是指政策制定後行動，以及這些行動概念化過程，即法規制定、實施和修正之直線關係過程。O'Toole 認爲這項階段說法是過於簡化執行過程。因許多參與者皆參與「多元階段」（multiple stages），實務上，執行也不是「整齊的周邊」（neatly-bounded perimeter）關係。政策系絡（包括法規或釋例）在執行中是變動的，而非常數不變。如果階段可切割，那將使策略互動行爲不連續，而阻礙對政策制定和政策執行間關係的理解，此乃引發「由下而上」途徑，對「由上而下」途徑批評之原因所在。
3. 上述說法是利用「要求」（require）之模糊性，無論對權威服從或感知因果條件，皆需超越兩種途徑區分，而包括更廣泛要求涵義。因此，多元組織執行環境或背景，乃可包括一項複雜和一群不同的組織代理人。

（二）多元組織行動（multi organization action）

政府部門所面臨困難問題日漸增多，而解決之道則有賴混合資訊、能力和半自主與獨立單位來共同解決。政策空間變成更緊密，權責劃分更錯綜複雜，政治體系呈現更撲朔迷離的多元單位和多層次結構，民營化議題就是典型案例。政府部門應認知直接介入是有其限制性，亦即現代福利國家複雜政策議程，實質上增加執行機制安排複雜性。

（三）多元組織執行的模型化（modelling）

近年來，執行研究運用「交換過程」和「網絡結構」，來詮釋執行行動，已成共同趨勢，而嚴謹理論模型的建立也常引用這些概念。然而，政策執行文獻卻常運用分析方法（analytical fashions），多元參與單位執行，也常被實證學派發展成更廣博的分析途徑：層級節制結構、雙元人際關係、政府體系中疊床架屋機構、準公共部門的公共服務結構、執行結構、協助結構、網絡、政策次級系統和組合式安排等前述之執行理論架構。在 O'Toole 看來，這些執行研究學者如在運用上遇到問題，就會比較這些研究途徑優點，然後再找其他的途徑，可見以上這些研究途徑尚未發展成熟。

其次，另有些學者努力描述執行背景和過程時，則採「理性—選擇」模式，然對於多元組織背景類型，仍受限制而難以得到滿意研究成果。另有些學者運用「理性選擇理論」，但卻將執行過程詮釋過於窄化，使之與「標準層級過程」成爲同義語，少數例外，如 Chubb 採納「委託—代理人」理論，將「政府間執行過程」模型化。然而，多元委託者加入，卻難以修正層級節制模式的不適用性，尤其在許多眞實多元組織背景和更多複雜單位間安排，更是不易採用。準此，執行研究應可考量期望採納，相對較具實證和歸納研究法的「賽局理論」（又稱博弈論，Game Theory）和「網絡分析」。

二、多元組織政策執行：摘要分析

假如多元組織執行意指代表公共政策由二個或以上組織單位所採行行動，那將可視執行挑戰是基於合作問題。假如行動類型至少須來自各類組織單位，而可依其他單位行動作而有權變作法，那將可視執行議題是需要協調問題。然而，就正統組織論而言，合作和協調是不太可能會同時發生。因此，本文以下分析則以合作爲議題，而正統組織論因有其實質障礙，「理性選擇」研究途徑乃成爲本文對執行研究主要途徑。

（一）多元單位合作的障礙因素

基本上，跨越不同組織背景，期藉行政機制相互溝通，瞭解和信任，以減少不確定性是比在正式組織內，更爲不易進行。縱使是需協調作爲，正式組織內的例行工作還是比較能達成最適均衡。O'Toole 認爲不需藉用 Luchman 的「自我參考」分析（self-preferentiality），組織功能分化本身就是迫使單位間難以跨越實質障礙，結構問題（structural pose）概念爲詮釋多元單位背景的基本要素。Mandell 和 Porter（1991）認爲，只要能經由連續性壓制主要結構和功能，個人整合是可發生情況。同時，只要不太過於龐雜和威脅個人廉正態度，暫時性功能分化亦可發生。但是政策執行經驗研究結果卻顯示，高度分化的社會背景常使參與者遭遇更複雜限制，而在賽局結構中更同時呈現多個步驟。因此，在多數情況下，結構問題不能分割，結構秩序也只是暫時性，理性參與者無法相互支持，潛在整合性成功機率將是更難達成。

其次，在多元組織背景下，多元單位執行內合作和協調，必須有足夠誘因，但誘因形式又須受限於多元單位情況。O'Toole 將合作潛在誘因分爲三種類型：權威、共同利益和交換。權威並不是現代政策環境共同特徵，在多元政治體系和執行過程，並沒有其優越性。但是，在另一方面，對一個單位或社會規範忠誠則是非常重要，以簡化多元單位過程和減縮可能衝突範圍：1. 對一項社會規範（或原則）或一個機構忠誠，並不是理性計算；2. 雖然「結果論」（consequentialist）邏輯在政策分析運用，存有著盛行和辯論問題。然而，仍有空間在政策環境內，去發展更多「制度主義邏輯」；例如「法規效用主義」（rule-utilitarian）或道德論之理論基礎（deontological rationales）。因此，從更廣泛角度來看，在多元單位背景下，彼此沒有強烈優勢時，權威則成爲合作或協調力量，甚至比在單一層級節制組織單位更爲有效。

至於共同利益在多元組織政策執行背景下，是不可能存在，這項論點相當適合必須進行協調行爲的組織間關係。在其他條件不變下，假如考量多元單位環境，而有些可接受解決方案，但如再增加參與者則將限制全面性的解決方案，合作就須另外尋求其他誘因。進言之，共同利益爲抽象政策目標，往往不適合多數正式指令的複雜性，因福利國家政策目標具有多元性，不只有單一價值。因此，多元共同利益呈現，就將引發更多集體行動問題。

再者，合作的另一項誘因就是交換策略。在多元單位組織背景下，相對複雜性和缺乏可轉移資源，監測和強制將呈現困難度，不確定性雖將給予討價還價解決問題空間，但成功可能性不高；而某些特定多元組織執行環境使交換策略問題，更爲複雜。因而，多元組織執行案例，就未能單純以「自我形成網絡」（self-forming networks），也非「委託—代理」情況，來呈現合作的問題，外部性和中央直接管控制度問題，就易被忽略。「由下而上」途徑研究亦強調多元參與者會尋求對抗某些政策目標，而使他們可能違反上級機關指令或法規某些要件。相對地，上級機關也認爲政策設計有缺點，願意自我節制而不直接聲明這些單位違反法規或指令事實，以達成政策目標。以上這些複雜情況通常就有賴於多邊努力（multilateral efforts）、資訊和合作。

（二）不確定性為複雜度主因

不確定性來源主要有：1. 很多單位牽涉其間，使執行環境面臨實質破壞情況，而難以模式化。同時，這些執行案例就有許多相互依賴，但可區別參與者，乃形成「賽局理論」態勢，縱使再簡化案例都是一樣；2. 參與者相互依賴複雜結構，本身就是策略性決策背景。如以簡化方式視之，將會隱藏不確定性來源。政策指令或法規可能明文規定或間接解釋，單位間相互依賴關係。然歷經時日，組織參與者自會形成其他相對穩定的互動型態。以上兩者間會相互增強。Scharpf（1991）強調這些參與者相互連結關係，所形成的網絡，彼此間並不清楚對方策略（strategies）和報酬（payoffs），但如可發展穩定解決答案，將能簡化關係，勿須再向後誘引不確定性進入網絡。這種缺乏策略和報酬的知識會產出一種相關的議題：這種賽局可能使參與者瞭解相互連結關係，而未察覺在多元參與環境內的相互依賴型態，在型態上，如屬連續性相互依賴，參與者可不需完全瞭解他的決定，但如屬互惠式相互依賴，那就必須要參與者瞭解決定適當性。此兩種型態運作的結果是：參與者經歷一項資訊問題，是來自關於他們自己相互依賴結構的不確定性，縱使這項資訊爲所有參與者所擁有，複雜性情境仍然存在。

然而，並非所有均衡都是「柏瑞圖最適平衡」（Pareto Optimal），因不是每個參與者皆知覺這種均衡。因而，每位參與者對結果感到突然，這證明結構複雜可能性，壓倒政策參與者認知能力。另一個對複雜性分解的困難，則來自在很多多元組織環境背景下，監測和強制皆有其困難度。當參與者認定適當多元參與者安排，而想搭其他強制執行者便車，集體選擇就終止。蓋中央政府可能責成某一參與者，而使「第二位階的集體選擇」無法行動（Elster, 1989; Ostrom, 1990）。然而，複雜多元組織型態可提供多種可能性，以逃避監督和使懲罰無效。在這些案例執行中，中央官員可能缺乏技術資訊，以決定何時何種形式的「非合作」（noncooperation）情況，結果就變成如 Tsebelis 所言：完全競爭勝過看不見的政治（pure competition prevails invisible politics）。

（三）連結，複雜性和不確定性

針對多元組織執行環境不確定性，可從賽局理論來理解。Tsebelis 認爲「巢狀賽局」（nested game）可讓由政治學者所稱「迷惘選擇」（puzzling choice），提供相當程度解釋。至少失敗者可由相互「關聯賽局」（connected game）中取得有用解釋，而採合作者則是在中央指令或法制監督下，形成其他政策議程。就如 Scharpf 所稱，如將這些賽局分解爲可管理若干部分，將可減少不確定性，而使穩定結果成爲可能，除非在「固有連結」（inherent linkage）下，選擇客觀存在相互依賴關係，而無法減少不確定性。

參與者如處在多元組織執行博弈賽局中，相對不利的討價還價地位，可能選擇經由策略連結（strategic linkages）再引入不確定性。因此，連結類型可能以不同策略來對應。客觀的相互依賴可能使參與者（player）改變不確定性方向的客觀社會系絡，甚至被利用槓桿作用，策略性地代表在較大賽局的報酬。但如採行「第二階策略行爲」（second-order strategic behavior），無論採取單方合作能力或聯盟努力，將可避開策略連結成爲固有連結。因此，當某些多元單位參與者，在尋求緩衝反對複雜性時，其他參與者則認爲在下一回合可以獲得報酬。準此，在多元組織網絡參與者瞭解適當單位間結構，以執行更廣泛目標，和增加機會便爲其他參與者所接受。成功執行目標就有賴他們的積極參與。換言之，相對地直接符合在特定多元組織單位間政策要求，就增加共同合作努力的條件。

（四）多元組織執行：制度的交叉行動（action at intersection of institutions）

制度論是爲理解多元組織執行複雜性的第二個重要概念。Elinor Ostrom（1990）認爲制度是一套運作規則，以治理在某些社會背景的各面向行動。實際執行背景正式呈現，必須假設在一組參與者相當程度制度化。例如，賽局理論就是特定化一套組合，以認定參與者、報酬、策略和資訊層次。同樣地，網絡分析則假定至少有某些制度化程度：認定參與者，參與者彼此間關係，以及他們擁有的資源等。近來「關聯賽局」理論更是強調公平穩定和跨越制度的制度化型態。

然而，多元組織執行並未高度制度化，組織參與者應自行構成制度化實體。部分多元單位安排可能在某些部分，使他們互動制度化。惟執行背景博弈規則是相當不週全，須相當程度再制定。Tsebelis（1990）聲稱某些「理性選擇模型」需改變其制度，以符合參與者意願。可是，如將制度變遷模型化，又是涉及「巢狀賽局」，須將 t0 的制度化型態傾向 t1，亦即制度安排必須可以調整才能模型化。然而，在很多執行案例，並沒有多元單位制度，甚至「原始制度」（proto-institution at t0），期因此獲得答案是更爲困難。誠如 Tsebelis 所言：當參與者目標變成模糊不清，或當交叉關係規則，變成浮動和不正確理性選擇的解釋，將變得不適用。參與者本身就不能確定在執行背景下的合作價值，賽局規則只能浮動以因應不確定性條件，多元組織系絡協調和合作就變得更困難。

三、多元組織執行模型化：可行備選方案

儘管多元組織執行的不確定性和複雜性，使「理性選擇」模式運用上有困難，而使執行成功有實質上障礙。但在 O'Toole 看來，此模式仍屬可行，因某些策略設計可能增加成功的可能性，亦可降低不確定性，而能在多元組織執行下，進行合作。

(一)執行成功案例模型化

Elinor Ostrom(1990)對集體行動案例研究就是成功執行模式。她並未直接針對執行理論本身，而是運用「賽局理論」邏輯來澄清多元參與者常發生情境，如「公共池塘資源理論問題」(common pool source problems)。同時，在挑戰實證條件下，認定那種型態制度化，理性選擇理論(formal rational choice theory)是能充分解釋結果和系絡特徵。然而，表面不同，但結構類似的許多案例，所提供權力程度和通則性發現，還在政策執行場域來進行和發展。Ostrom 的這項途徑是可應用於多元組織執行。譬如，「囚徒困境」賽局或安全博弈(assurance)或巢狀賽局，都在尋求「納許均衡點」(Nash Equilibrium Point)，而達柏瑞圖效率或柏瑞圖最適結果(Pareto-inferior outcomes)，正式選擇理論已對多元組織執行有相當貢獻。

(二)異常案例(deviant cases)模型化

O'Toole 認爲多元組織執行環境中，參與者對結構影響認知有限，評估方案優缺點也不完善，但仍可透過「類比策略」(analogous strategy)分析，來探討執行案例。正式理性選擇途徑正可使多元單位情境，適合合作性執行答案，而對執行成功機率，形成星座排列，可望提升機率。譬如，「安全博弈」只包括少數參與者，完全資訊、反覆(interation)、健全溝通管道、明確指令和緩衝不確定性誘因。

(三)研究制度化個案

雖然不確定性和複雜性常阻礙多元組織執行，然而政府雖不是無所不知、無所不能、握有全權，但仍握有充分資訊、能力和影響力去減少複雜性和不確定性。在許多個案，政府權力仍有相當能力，使不確定不至於惡化。參與者亦能在分權化安排結構，創造合作答案，這正是正式理性選擇途徑要旨。

O'Toole 認爲，賽局理論結合多元組織執行安排結構的實證調查，應是可行研究途徑。分析單元可選擇穩定合作執行環境和可管理執行環境，將可使(尤其是美國)「制度化執行」(institutionalized implementation)達到目標。例如「安全博弈」顯示各種內在穩定模式，包括命令、承諾、反覆和連結，將可在實際執行環境，使參與者能重覆處理和同時連接其他博弈。

進而言之，政策工具可能直接或間接影響各種選項的報酬，政策工具也可能影響多元單位執行情節和相互依賴結構，至少和「由下而上」研究持相同看法。再者，政策指令增加或減少達成「柏瑞圖」效率均衡，都可能改變執行結果。蓋政策本身就會傳達資訊，符號意圖，承諾程度，指令連結，和潛在的討價還價問題。但實證執行研究並未看重此一外在系統性影響，多數「由上而下」研究亦避免處理政策內容影響，而迨至 Ingram 和 Schneider（1990）才出現系統性研究。正式理論是能實質地協助發展更廣博地瞭解政策本身對執行的影響，至少在某些情況下，這些連結是可模型化和呈現均衡可能性。

另一例子則是規範的反覆灌輸，無論是合作直接規範或其他規範，可有限制討價還價，減少逃避，發展公平意識等方式，而增加參與各方，找出執行答案機會。規範鼓勵制度化可在執行環境，亦可沒有在執行環境。在實際執行案例則有「技巧熟練又有活力參與者」（a skilled and energy actor），「荒唐可笑者」（reticulist）、「修正者」（fixer）或「促成者」（facilitator），這些參與執行者，皆能達到顯著而穩定合作情境。

各項實證研究皆證實，無論組織參與者或個人，結合責任感和熟練技巧，將可激勵出合作賽局。因此，賽局理論學者 Taylor（1990）認爲領導者的政治領導力，將可使其在執行環境，扮演多元角色和功能，進而影響合作執行行爲（權威、共同利益和交換可能性）。這些成功執行案例促進者所採用技巧和策略，會隨著不同賽局特性而有差異，並可移除妨礙穩定合作型賽局之「第二階的集體行動問題」（the second-order collection action problem）。

再者，參與者是多元角色，包括內部和外部任務。內部任務強調維持「柏瑞圖效率均衡」（Pareto-efficient equilibria），而外部任務則應協助降低不確定性，建立緩衝設計，發展規範和增強承諾感，使參與各方降低風險行動；並區分風險，減少反向產生負面影響。然要緊的是，協助減輕「兌換率」（exchange rates），使在可監測和強制的範圍，以及使「搭便車」降至最小，進而策略性連接各個執行博弈，俾增進合作賽局成功機會，發揮網絡「框架效應」（framing in networks），有利穩定合作。O'Toole 認爲以上這些備選方案或作法，皆可透過正式理性選擇理論認定、分析和比較各種可能性，瞭解何者有效以影響多元組織背景結構。

（四）簡單關係模型化（modeling simple relationships）

正式理性選擇理論和博弈理論，皆常產生反直覺發現，也對表面上些微調整，產生高度敏感。因此，要將複雜多元組織執行環境中小部分模型化，尤其是在形成階段和實務世界，是有其困難，但仍可以「Pressman-Wildavsky 弔詭（paradox）」爲例加以說明。Pressman 和 Wildavsky 認爲決策點過多，執行成功可能性就降低。縱使從樂觀機率角度來看，執行成功機會還是逐步降低。因此，儘管他們承認強烈政治壓力，可創造更曲折執行機制，兩氏還是建議政策設計者應「保持簡單」（keep it simple）。

可是，O'Toole 持不同論點，強調兩氏弔詭說，在實證上，仍然顯現並未失敗，反獲得實質成果。Bowen（1982）指稱 Pressman 和 Wildavsky 弔詭說是簡要而有似是而非假設：1. 超越每一柵欄（決策點）機率，可視爲其他決策點自變項；2. 決策者常代表一套多元單位的連續聯結。Bowen 認爲改變這兩假設，結果就是更複雜關係。Alexander（1989）亦持相同論點。他認爲擴大決策者和成功機率是認定傳統分析假設是可改變，證實 Pressman 和 Wildavsky 的假設和執行分析並不相關。

以上的論證顯現，簡單化模型是具有澄清理論的價值，而可使推動執行重要問題，變成更有產出性對話：1. 改變各種多元組織安排類型的政策特徵；2. 在透過多元環境一部分可增進合作的信任層次；3. 不同執行環境的反覆效果；4. 不同層級資訊，監測系統，不同報酬；5. 相互依賴選擇性結構；6. 不同貼現率；7. 中介利益團體優越性；8. 不同制度規則；9. 所有合作可能性。以上的模型簡化關係，雖未能反應實務世界複雜性，但應可增進執行理論分析品質。

綜之，如同 Ostrom 和 Scharpf 所言，模型簡化可發展，合作困境可在實務世界解決。合作機制安排可在社區內，網絡、環境內發展。正式理性選擇理論和賽局理論是可相互啓發，得以在執行系絡中和其他二十年來的理論架構並列。

肆、1994 年的 Donald J. Calista

在「Policy Implementation」一文中，Calista 運用 Elinor Ostrom 之「政策干預」（policy Intervention）架構，結合 R. I. Hofferbet 的「開放系統（因果關係的漏斗模式）途徑」（an open system "Funnel of Causality" Approach）、Ostrom 的三層次制度性分析（three levels of institutional analysis）、John Kingdom 的「政策匯流途徑」（the Policy Streams Approach），以及 Paul A. Sabatier 的「倡導性聯盟架構」（AFC）途徑，建構一個「制度性政策執行模式」（Institutional Basis for Policy Implementation），如圖 5-1，該模式主要論點為：

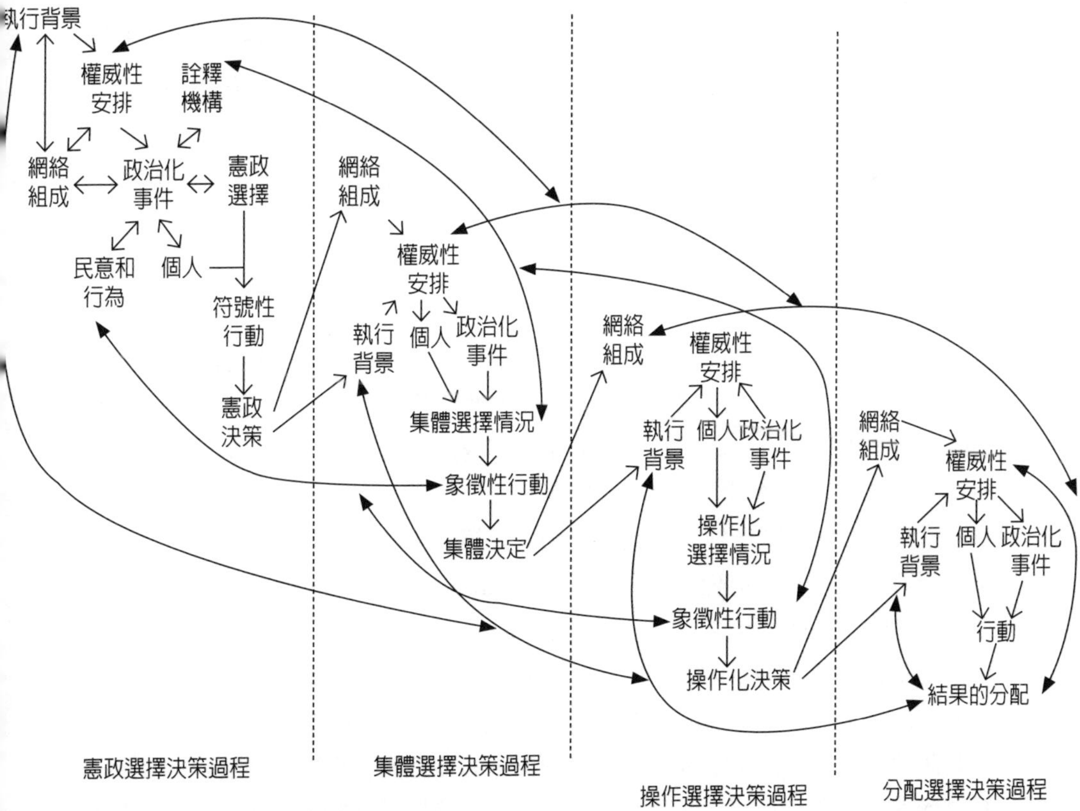

圖 5-1　Calista 的制度性政策執行模型

一、執行領域的界定（defining the field）

（一）忠誠、模糊和法制的執行

早期研究 Sabatier 和 Mazimanian（1979）皆指稱，執行應是指公務員忠誠地實現政策意圖。然而，論者亦謂，政策產生是經分散式決策型態環境，並各爲其政治目的而造成衝突，最後才錘練出來的妥協結果。惟執行則當須對政策失敗負責，蓋因 Pressman 和 Wildavsky（1973）認爲執行創造「聯合行動複雜性」，使參與者和機構對自身角色混淆不清，致使公務員難以願意採納，而去執行，並非是公務員自我擴張的結果。

政策意圖往往忽視執行要求，而公務員工作又須每天應付不確定性，甚至敵對要求，因此就常須調整政策意圖而忽略某些行政程序。這些研究發現，正顯示「政策干預」可驗證執行的複雜性，爲減少這些複雜性乃限制法規特定性，但又須賦予官僚自由裁量權，此正如 Rein 和 Rabinowitz 所稱不同的政治和組織影響須納入更廣泛理論架構，而須減除政策目標模糊性，法制取向遂成爲執行研究主導角色，執行者的轉換（transformation）性格遂成爲「政策干預」的理論基礎。

（二）多元組織背景的執行

轉換可有兩項特徵，但皆源於多元組織關係。1. 在執行中轉換常是「自我約制之建構」（self-ordering constructs），而使公部門和私部門間關係的共通性進入政策場域，成爲政策社群核心；2. 只要政策社群使多元組織關係出現政治性，就會在政策過程接合處，改變主意。換言之，在政策社群界定執行過程時，當會對政策意圖形成予以政治意涵。政策意圖政治性和執行的區別就在於多元組織動員差異，這種政治動員（political mobilization）將使政策意圖產生政策制定的「不知覺結果」（unwitting outcomes）。

惟這種「不知覺」結果涉及公部門政策成功或失敗，政策制定者非「惡棍」（miscreants），而是現實試驗者。他們的意向皆期望在執行過程中，保證其政策或方案，乃不斷地爭取政治轉向，弱化敵對者影響，政府部門就陷入組織內和組織間交互關係。政策制定者自我保護旨在抵制批評者切割，有時是爲阻擋朋友懇求。事實上，政府機構生存的理論基礎是超越對實現政策意圖承諾，而執行也往往產出乖離結果，蓋因政策意圖既非僅由政府發動，也非政府所擁有的行動。政策意圖應是由政策擁護者和反對者，在政策社群內所形成的連續體所共享和監測，透過測量政策成功或失敗，保存現有成果以防止未來被敵對者侵入。結果是，現有普遍存在政策事實和結果，往往是失望或不知覺結果。

針對這種多元組織執行現象，多數論者皆認爲威脅民主原則。政策議題是否應聚焦在執行的可行性（feasibility），而減低政策意圖的可欲性（desirability）。當民主政體失去符合執行要求，則皆爲滿足機構和官僚特性。但這種二分法應是虛構說法，執行並不僅爲取代可欲目標，而運用可行手段，應是爲避免可欲政策意圖偏離方向，致貽誤政治時機。

Calista 認爲可欲政策意圖本身應是可爭議的思考，不可欲政策則是不符民主目的，可欲政策則由於下列因素，本身就埋下不成功種籽：1. 不適當資源；2. 政策工具不當；3. 倡議失算（initiatives miscalculated）；4. 政策意圖有意阻撓執行過程，而搗亂現有社會和政治因素影響。因此，可欲政策意圖仍然難以捉摸，美國全民健保制度，自羅斯福總統以來，仍爲政治未和解的議程（politically unreconciled），即爲典型可欲而未能可行的政策案例。

二、執行的制度系絡（the institutional contexts of implementation）

政策意圖的執行常與有意或可欲決策選擇是相互獨立情況，無論是美國 15% 身障人士沒有保險福利，1965 年民權法案和 1970 年空氣污染防治等，其實都已在州和地方府實施或修正方案措施的內容，而形成「政策干預」持續過程或階段，即早在聯邦政策執行前已經存在。進言之，美國到公共議程終須提升到國家議程，經聯邦立法，此一過程已是政策再設計的過程，政策再設計就會挑戰政策社群的默示假定（tacit assumptions），並動員多元組織對先前未被注意的政策工具，重新進行正當性和定期性探討。以上所述連續過程就使執行制度化系絡（institutional contexts），可顯現不同決策要求間制度化關係。這制度化系絡具有兩項前提：1. 與個別層級特點有關；2. 要創造一項全面性執行結構。

Calista 認爲 Hofferbert 和 Sabatier 皆是「政策干預」模式。本質上，Hofferbert 的「政策干預」是政治次級系統執行來自決策形成的直接和間接指示；Sabatier 則強調各個主要變項間的互動品質，提出三個制度選擇（institutional choice）作爲「政策干預」分析的制度基礎，彼此間互有反饋，相互影響：憲政選擇（constitutional choice）、集體選擇（collective choice）和操作選擇（operational choice）。但 Calista 認爲應再擴充加入「分配選擇」（distributional choice），而形成如圖 5-1 的「制度性政策執行模式」。

圖 5-1 顯示每一系絡的衝突關係，這些衝突源自爲滿足每一系絡決策要求，而這模式的堅固性則因每一系絡皆有相同評估變數：三個內生和外生變數。內生變數爲：網絡組成（network imposition）、權威性制度安排（authoritative arrangements）和執行背景（implementation setting）；外生變數爲：民意行爲、詮釋機構（interpretive institutions）和個人（individuals）。

（一）執行的四個制度性系絡

這四個制度系絡可有以下特點：

1. 每一制度選擇系絡皆有其自身的質性關係，可免淪爲對執行過程，認爲只是暫時性現象與瞭解；
2. 制度系絡變數不只是高度互動，而是在執行過程反覆影響，尤其在多元組織背景下，更可顯示出每一系絡的優越性。但這優越性是受兩個因素影響：（1）每一系絡優越性取決於決策焦點，譬如憲政系絡是廣泛的法治結構，而操作系絡則是比較狹義的詮釋解釋；（2）決策過程中法令規章的穩定性，以集體選擇系絡來說，國會各委員會主席就比個別委員具優越性。因此，在操作選擇系絡上，雙方就會在各州政府展現彼此影響結果，而每一決策焦點就能使法令規章配合制度系絡認同，因此增進溝通就成爲每一選擇系絡重要變數；（3）此修正模式特點在於其核心概念（centerpiece），如上所述，這四個執行系絡爲保有其資源，如憲政和集體選擇系絡不太能接受會將執行交易互動留給操作選擇系絡，而操作系絡也仍可滿足兩項決策要求：（1）關注不同多元組織關係間的交界面，而產出指示和策略；（2）可使分配選擇系絡著力於服務傳送管理。然而，這些系絡彼此間形成互動關係。各方參與者常介入議會委員會的集體選擇系絡。系絡間流動（migration across contexts）乃成爲此修正執行模式另一特點。並由於每一選擇系絡皆以自身設定變數進行互動，執行就成爲一個雙向儀式性互動過程（a ritualistic process）。換言之，此一修正模式是開放系統，使在政策社群中，彼此間易於進出，交互影響。

進言之，憲政選擇系絡不是被法治因素所限制，它是跨系絡運作，雖然憲政作爲將依法院傳統和行爲能否使其他系絡順服而定，但卻可對政策制定和執行間作一明確劃分。集體選擇系絡是指立法和行政機制，就美國聯邦體系來說，結構上限制和高度妥協就被視爲界定明確政策結果的障礙。惟參與者皆不願放棄自由程度，寧可接受模糊性，以免失去對未來的掌控，而操作選擇系絡則是指跨越各式管轄權和準政府與非政府實體連結，但其決策常是政府正式和非正式宣告的凝聚體。至於分配選擇系絡就比較簡約，指示協調其他系絡作爲指向標的群體，而如造成複雜性乃是決策環境並不指向單一結果，並受各邊陲機構的影響。此一系絡轉型困境乃在滿足其他系絡需求，同時還要符合自身決策需求。

（二）制度系絡和執行衝突

當某項政策選擇跨過不同制度系絡，執行就成爲累積過程。然而累積過程並不一定使政策目標明確化，系絡參與者彼此亦瞭解對方決策需求，惟跨系絡間持續合作仍是執行最大弱點。蓋系絡間不僅是俘虜關係，不同政策類型亦會引起不同衝突關係，如何瞭解而減少這四個選擇系絡衝突就成爲政策執行不被裂解的前提要素。

1. 憲政選擇系絡內的衝突，經常是象徵性大於實質性，最後決定仍取決於「誰是美國總統」的法制結構，惟法院判決更是最後「干預」的關鍵因素，而尋求緩解則更爲有效執行成功要件。
2. 其他選擇系絡則不如憲政系絡的清晰明確，因部分缺乏法律先例支持，衝突就不斷地重演，政策結果未決，參與者會定期性介入，尤其在集體選擇和操作選擇間形成錯綜複雜關係。但解決之道仍須視合作和順服程序而定，結果他們決策過程就常模糊不定，解決爭論還是須在同一政策機構。蓋衝突是來自美國聯邦和州政府對同一政策，追求相反目標，尤其是導因自不同政策價值。

至於分配選擇系絡的衝突，則一直爲執行研究焦點，不只內部衝突，更來自操作和集體選擇系絡影響。爲了抵抗分配選擇參與者侵害，立法者就常使用特權，但分配選擇系絡也常面對內部相互殘殺（internecine），因他們必須面對高度多元政治環境。

選擇系絡間的衝突，應是漸進主義現象（gradualist），而發生在組織角色和組織間關係，應視其是否易於處理程度而定，政策結果就出現拖延和不公平現象。漸進主義至少有三項形式：（1）演進（evolve）：現有組織角色與關係，不斷地吸納對方；（2）調適（adapt）：持續調整和澄清政策意圖和組織能力限制；（3）漂移（drift）：選擇系絡的政治偏好和優先權不斷地偏移；然而，這些現象則是受到內生和外生因素影響。

（三）內生變項：網絡、權威和執行背景

1. 權威安排

憲政選擇系絡的權威來自管轄權，透過法規結構創造政府機構和其他單位順服程度，以及法院判決亦扮演執行者角色，直接監督政策執行過程。集體選擇系絡的權威安排在於行政和立法部門都是執行者，行政部門運用監察單位（ombudsmen）進行調查、調解和審計等，立法部門則透過官員任命聽證過程進行威權監督。

2. 網絡組成

網絡組成是將多元組織關係聚合於各種議題或現有方案，包含公司組織和個人利益需求，蓋在憲政選擇系絡中所任命的官員尙須能使分配系絡官僚認可。儘管這些需求有差異，網絡則可持續地確認決策者承諾及相關措施。

3. 執行背景

當權威系絡和網絡系絡出現討價還價時，執行背景就可調和兩者的差異，而其角色就在多元組織關係中訂定規章，以扮演中介角色。例如，在集體選擇系絡中，議會各委員會可制定穩定規章和採納彈性規則與程序，另可要求各小組委員會（或附屬委員會）接納，並整合權威安排和網絡組成中的對等單位，形成「鐵三角」（iron triangles）關係。換言之，創造「次級治理結構」（sub governance structure）支持決策活動。在高度分權化政治系統，治理結構

乃企圖使法制偏向執行結果的穩定性，及建立對方認同，這種執行背景在制度系絡中，是跨系絡，並成爲自變數影響其所設計的規章或方案品質。

（四）外生變項：民意、詮釋機構和個人

1. 民意

立法者通常無法完全滿足地方選民需求，但爲求繼續當選連任，社區特性就經常敦促國會議員在集體系絡扮演政策企業家或在操作系絡扮演「修正者」（fixers）。

2. 詮釋機構

詮釋機構主要是指政策分析人員和新聞記者，而分析人員主客觀見解區分是很薄弱，智庫人員的分析則完全爲其倡議團體辯護。新聞記者爲其倡議團體所做團體意見調查，當然顯現機構效應。

3. 人民

人民在各制定選擇系絡則扮演不同角色，如果它是領導者，當然影響每一選擇系絡。另有人是「影武者」（nameless），和權威安排或網絡組成有關係，而在操作和分配系絡，影響整體執行過程，政策企業家也常出現在分配系絡，立法者更是依據選民社群特性，特製關注「討人喜歡」（pets）的議案，執行者在分配系絡中，則可比較安逸。

（五）四個制度系絡的涵義

大致說來，Calista 的模式是在挑戰傳統的「政策制定和執行」分立的觀點：1. 政策想法或政綱（policy platforms）是先於政策制定前已存在，執行爲政策制定的一個階段。但是，爭議性問題並不確定政策是可以修正，這就是美國墮胎和福利政策制定至今還是高度不和諧之因；2. 執行背景的影響是跨四個制度系絡，蓋彼此間是雙向反覆過程，政策制定者無法忽略其他系絡存在，否則將失去對方合作而失敗，合理推斷的是，隱性行動影響執行，將被其他制度系絡重新詮釋而不利制定者的政策意圖。

三、工具理性模式（models of instrumental rationality）和執行

執行研究並未接受上述研究發現，通常還是將政策結果歸因於跨制度系絡，導致權力分散的系統性缺失，而減少呈現和解決問題共識，這是「問題界定」（problem definition）受限於運用工具理性的方法論取向。這種方法論取向是假定執行研究在邏輯和實證上，具系統因果關係。然而，這種系統觀點正限制執行研究多元組織面向的狹義論點。蓋這種取向被認同是因「韋伯」官僚模式（the Weberian）可減少恩惠主義，公平地服務公共利益，專業化設計也可確定官僚行事效率，課責就僅限於官僚本身，而不及於決策者，執行失敗是因官僚政治，這是令人憂慮的政治思考。

（一）行為科學模式

一般說來，執行研究是將「政治」視爲確保公共利益的民主效能關鍵因素；並將民主政治轉換至官僚結構。此一命題普爲執行官僚研究所接受，而認爲不能達成民主政治規範目的，就應該控制官僚自由裁量權。這項行爲科學模式大都反應「卡內基－梅隆學派」（Carnegie-Mellon school）論點，人是受限於「有限理性」（bounded rationality），因認知能力限制，必須限定於一定之行爲模式。因此組織將被強制降低集體的最適性選擇，只能追求滿意結果。

然而，這種「次最適性」（sub optimality）模式不僅自我設限，更是事先假定不受公共意志的課責，官僚可減少對問題解決持續的探討，執行研究僅須對結果效能的不足，進行邊際改善。這種途徑將減少執行研究對「政策干預」理論的貢獻，並使「政策核心」（policy core）未能受到檢證。

（二）漸進主義、執行和政治秉賦

政策核心未能檢證應是起源於政治的漸進模式。其要旨聲稱政治選擇是在政策次級呈現邊際改進情況下，執行已經解決社會問題。政策次級系統受限於限制的調整，僅能作小幅度進展。「次最適性」顯示在制度系絡中可能持彼此關係與承諾，而不受干擾。執行研究的漸進模式乃使機構間討價還價，不至處於不利或落後情境。這種穩定選擇科學強調「非協調相互調整」

（non-coordinated mutual adjustments），和介於效率和公平間出現漸進調適（muddling through）的政策選擇。漸進主義就是先天上將按部就班問題（the knottier problems）和政治秉賦分配（the distribution of political endowments）作不當連結，簡言之，漸進主義並不鼓勵改正在政治秉賦中之不當或不足問題。

以上政治的漸進主義和行爲科學模式，皆不會考慮核心的政治秉賦差異問題，因而傾向採取工作理性和系統的研究方法，窄化對「政策干預」理論的貢獻，Calista 乃認爲應尋求另一途徑理論建構，以改正秉賦議題。

四、執行研究的主要途徑

然而，爲建立新的執行研究途徑必須考慮三個主要議題：

（一）政策制定和執行的分立問題

就科學理性分析來看，政策制定和執行是分立的，但前述的主張具有爭議性：1. 所有實證資料皆顯示執行過程決定政策結果；2. 執行可回饋影響政策制定。可是，Wildavsky（1979）則認爲政策是連續地設計再設計，蓋可欲的政策很少自動呈現，而是官僚政治的表達（present）。在制度系絡中，執行是被應用於制定過程，執行背景成爲多元組織討價環境焦點，中介網絡和權威機關的決策；譬如，集體選擇網絡的政策背景可獲得兩個不同標的群體的合作和順服，亦可被告知應爲操作系絡訂定規章和準則，集體選擇系絡亦可反應操作系絡的成敗。結果亦如 Kingdon（1984）所言，集體選擇就自我呈現爲執行者，他們行政行爲的現象學基礎乃成爲系絡化制度發展的主要依據（memory）。當政策結果聚集在高度交互回溯影響的環境，無疑地，執行就會傾向模糊化（implementation exemplifies vagueness）。模糊化有兩種現象：1. 立法者爲尋求連任，大都傾向於迴避不必要的風險，法令規章的風險就交給操作或分配系絡；2. 政策工具缺乏信念或資源，無法促進順服作爲，造成政策工具的不可運作性（inoperability）。

準此，執行研究就尋求「調適主義者」（accommodations）解釋，來作部分改善，尤其是再分配性政策或管制性政策。模糊性則可成爲表達政治稟賦議題對民主政治的意識型態抵抗，並反應政策意圖對調和政治秉賦議題的不友善意見表示。因而，政策設計必須滿足政治調和議題，才能為有效達成執行成功機會。反之，政治不調和可能會造成兩項結果：1. 即會減少憲政和集體選擇系絡決定政策意圖的範圍，而操作和分配系絡，就會擴大透過調整傳送過程的意圖範圍；2. 執行政治變成不調和政策意圖的副產品，縱有某些可欲結果出現，不調和將不時地創造執行過程的不一致性。

檢視過往執行研究文獻，誠如第二章至第三章所述，執行政治的調和，必須考慮「從何者角度」（from whose perspective），這就是「由上而下」、「由下而上」和「整合」研究途徑的理論歸納問題，茲不再贅述。

五、執行理論的建構

Calista 認為這些執行研究途徑的理論缺失，包括溝通模式研究累積成果，其實是源自缺乏健全實證知識或正確架構，即未能提出一套可被驗證假設，但不須滿足實驗設計或常態科學的所有精煉條件。然而，執行理論建構必須能獲取執行的制度基礎，並能接受虛無假設命題。準此，有兩項理論可作為理論建構依據。

（一）政府政策工具理論

政府之政策權威性工具必須能運用說服至強制以影響政策選擇。Linder 和 Peters（1989b）首先提出定錨採行政策工具的參與者認知角色：誰是決策者？有何涵義？組織和系統因素互動結果為何？這是對政府內外參與者選擇判斷政策問題的「主觀性詮釋」（subjectivist interpretation）。因此，決策者範圍就不僅限於民選政策制定者。

本質上，應尋求克服混淆社會和政治政策環境的績效衡量問題，甚至可涉及決策者認知政策地圖，並應解釋工具選擇如何符合特定情境的系絡化需求。這當然包括系統、組織、問題變數等三個外在因素和一個內生變數（如個人）因素，影響政策工具選擇，涵蓋市場和非市場選擇，可操作複雜性至標的正確性。兩氏提出四個類型的決策者工具認知：1. 工具主義者（pragmatists），即上述不涉及政治工具理性；2. 程序主義者（proceduralists），即強調「由下而上」面向，工具爲政治考量的副產物，集中在問題焦點；3. 附隨者（contingentists），即政治系統的固有偏差，強調工具和系絡是否符合衡量標準；4. 建構主義者（constitutivists），即政策工具的深層意涵，強調參與者價值和認知，政策應是工具和系絡依其資源而作不同回應。Linder 和 Peters 認同構造主義是反映當前政治學研究政策工具的主流。

因此，應可想像決策者如何認知政策工具，將可瞭解衡量政策制定和執行的一致性。主觀性觀點可以聚焦政策辯論可靠性，以顯現決策者認知和倡議定位。將決策者「類別化」（categorization）應可辨別某些政府工具是可避免採用或無意促使執行成功。進言之，這項觀點將可轉動探尋哪些類別決策者，對主要政策場域可調和政治秉賦，並再分配這些政治秉賦。惟主觀性觀點是採取被動作法，難以理解龐雜的政治議題，可欲政策工具往往未能調和相反的社會價值，成功執行問題需要考量是否政策工具能達成政治調和。換言之，制度過程之高度互動性格可決定他們交雜互動本質以選擇政策工具。對於一項理論的建構就來自創造明確的實證基礎，以匯集參與者偏好順序，而達成政治調和之可能性。

（二）交易成本、公共選擇和執行

美國公共政策研究主流已不再將政策制定和執行看待是分立，這「失落連結」（missing link）已回到連結根本的面向問題：政治調和所反應的是，市場需求和民主政策選擇的秉賦差異。政策干預理論必須能分析調和市場的條件，而不只是政府存在是爲市場失靈（market failures），並必須能系統性地顯現市場和非市場的替換關係（trade-offs），更須能闡明秉賦執行如何達成。以上的這些理論架構當係基於經濟學的交易成本理論，然因涉及政治學的權威性價值分配，經常不易作爲政治上的分析工具。可是，間有論者提出兩項比較可能接受的觀點：1. 當前政治學分析工具對執行研究已經窮盡，而難以理解不同系絡之多元組織關係；2. 交易成本途徑同樣受到經濟學者的批評，但卻從市場機能轉向廠商（firms），廠商是可降低營運成本，成爲效率最大化者，亦可吸收市場成本。這兩種觀點可能被交易成本理論接受是視其制度主義者取向：何種組織可行？爲何出現，生存和失敗？交易成本的焦點爲經濟源泉，不是經濟學本身，及尋求組織決策如何創造資本主義的制度基礎；政治學亦面臨制度基礎的政策干預契機，不只是執行。惟交易成本理論瞭解執行的組織間面向問題，而可整合政策干預理論，應可深入探討。

交易成本經濟學成爲政策干預理論如屬可能，那就更應引入「公共選擇理論」（public choice theory），這當然須克服增加接受交易成本價值的可接受，而可跨越公私部門組織可以被檢驗的命題，即是將組織間結構視爲集體財和勞務的產品。Ostrom（1989）認爲這項命題應是：假設社會現實存在兩個分離的領域，而彼此不相干，就是概念上的錯誤。公部門「準市場」（quasi-markets）的存在，是有能力去購買財貨和勞務，而和私有市場的差異，就在集體性（collectivities），而非個人（individuals）。換言之，集體性組織可對公共財消費課稅和規則使用形式。對於公部門所呈現的「市場」，只要有存在多元購買者，競爭即可成爲選擇工具，而排除完全依賴公部門組織的官僚法制。這種排他性就可挑戰 Salamon（1981）的看法，主張美國聯邦政府支出，大都可透過創造「準非政府機構的第三部門」（a third sector of quasi-non-governmental agencies）。因此可知，可檢證的準市場安排在公部門是可行的作法。換言之，公部門經濟關注組織消費功能的問題。準此，交易成本理論和公共選擇理論是對「新古典學派經濟學」引用於政治學的批判，而非全盤接受。

Ostrom 更進一步指出，新古典模式的完全競爭市場並未提供適當假設，以論證公部門對各種財貨和服務的偏好，原因在消費型態的「黏著性」（jointness），無法排他，和市場的弱點和失敗。新古典經濟學未能解釋集體性掌握私有市場財貨和服務的交換。第一個假設應可被證實：如果將市場參與者間的買賣關係，移至社會周圍環境來看，市場的買賣雙方是「黏著性」關係，不是「自由」市場關係，此因其有集體財之故。簡言之，公部門和私部門對於多元組織安排的差異是可減少比較集體財面向。準此，交易成本架構是可應用於政策干預對執行研究。這項假設是可和公共選擇理論平行運用。至少交易成本可作爲初始的政策執行理論，蓋其關係對多元組織背景的集體財交換，亦將增進爲政策干預的採用。換言之，交易成本工具理論可跨越公私組織部門的面向，當公部門執行失敗，藉由交易成本途徑由比較轉由私部門取代之。然如是市場和公部門皆失靈，就可能應避免政策工具和執行的虛假區分。

（三）新制度主義（New Institutionalism）和政策執行

Bryson 和 Ring（1990）認爲公部門可被衡量它的存在，實須依其克服「可推翻推定」（rebuttable presumption）而定。這「可推翻推定」來自 Schultze（1979）的論點：現代國家採取漸進的福利經濟來解決人類社會問題，並不意味優於市場的解決功能。政策干預不能假定公部門官僚比較能執行公平結果，而取代市場，因會損害已存在的準市場干預措施，蓋社會福利機構透過有效市場措施，仍可達到更大公平性。

1.「可推翻推定」之治理法則

Bryson 和 Ring 運用此一法則作基礎，而創造出一個廣泛政策工具。強調市場和政府不是相對立，而是市場介於自我服務和政府服務之間的解決答案，包括諸多準市場和市場矯正作法。然而，政府干預的首要步驟則須找出哪些政策工具可行，至少能兼顧效率和公平，這就有賴執行的運作。

「可推翻推定」有四項法則可運用於政策工具採用和執行：（1）工具應可確定說明在政策制定和執行是因市場失敗，仍逕採行，惟不可偏好執行可行性高於政策意圖可欲性；（2）如果市場可用，但須包括正義和自由的公共政策選擇。縱使起初傾向市場，最終目的還是須符合公共利益；（3）「可推翻推定」是不相關的法則，政策干預措施是可移動，並能適用於決策者使用交易成本途徑的輔助手段；（4）「可推翻推定」是屬於政策工具的排他法則，但不排除運用市場或非市場工具，但可視是否降低交易成本。

2. 契約、治理結構和可逆性邏輯（reversible logic）

交易成本經濟學意指財貨或勞務，從技術上的分離介面轉換，交易行爲就此發生。一項轉換意指發生某些同意形式，通常是契約簽訂，契約創造一項治理結構中的監測成本可相互負責。契約有兩種形式：事前契約指轉化過程須經計畫、草擬、議價和責任確保；事後契約指監測、矯正缺失維持治理結構和契約履行。市場失靈可透過不同的組織形式有效吸收，政策干預能滿足「可推翻推定」損失，和減少交易成本。

上述這些工具選擇，實爲 Elmore 可逆性邏輯的延伸，而這可逆概念正是執行理論建構的核心。本質上，它正說明政策工具的內涵是一種發現過程（a process of discovery）。一個制度系絡的政策制定，就如契約雙方運用可逆邏輯來介入向前和向後追蹤。因此，好的議價策略可提供一個人利益最大化，和預測他人的行爲。因此，每一制度系絡皆可再造權威性的論述：應該發生什麼（what should happen）和將要發生的算計判斷（a calculated judge about what will happen）。這種再造過程顯現公部門的規範假設，亦即運用議價策略促進可逆性邏輯和交易成本關係。同樣的概念，等值存在可逆邏輯使一個人利益最大化和預期他人行爲，就會降低機會主義和有限理性的交易成本。

3. 交易的資源和成本

人類限於自利和有限理性的認知，又缺乏完全知識，因而既不能相互信任，也無法完全處理資訊，交易問題就因資訊不對稱，致交易失敗；進而提高不確定性，增加交易成本，遂造成難以改善治理結構的損失。治理結構須要參與各方相互合作，而公部門相對較爲複雜，每一制度系絡的共識皆須再訂定，這種契約式隱喻強調執行背景，創造權威性安排和網絡組成。契約被定義爲個人同意被限制，而事實上，是一種強制效力。然而，合作還須參與各方「自願」（willingness），無論是限制或強制，政策制定過程就易於被中斷，這些中斷情況係伴隨獲得和處理資訊的主要交易成本。爲減低這些交易負債，執行背景必須迫使擴展交易資源。

交易資源擴展來自三方向：（1）如果各方很難去分辨所有選擇方案的可欲性，就會面對議價和決策成本。當「偏狹方案」（parochial solutions）被進行交換，並不意味這些選擇方案是不平等被看待；同樣地，各方願意付出成本以解決選擇方案的可行性，這是可行性問題，也是執行成本被考量的可欲性；（2）其次應是監督成本的「複利效應」（compounding effect）問題。這些監測成本企圖獲得在制度系絡內部和之間的政策順服，是高度不可預測。無論法官或基層官僚皆無法算出這些順服成本，但當他們試圖去拆解他方的成本時，自身成本亦隨之提高。這種「複利效應」順服成本將導致執行失敗；（3）當監測成本導致執行失敗，交易成本乃追回原點（come full circle），其因素在於公私部門失敗皆具可否證性（falsifiable），這對於公部門執行更爲重要。蓋公部門執行失敗並不意味以「可推翻推定」邏輯，而回到市場機能。執行失敗是可在公部門內部找尋答案，如分權化可限制機會主義和有限理性的負債，同時亦可根據反向邏輯，刺激選擇方案的反向追蹤（mapping），進行不斷地微調修正（fine-tuning）錯誤的政策工具。監測成本必須伴隨「次最適性」的執行結果，反向邏輯是在制度系絡間累積學習，政策必須具有彈性，應區分「什麼應該」和「將要發生」，交易成本又隨之提高。

綜之，交易成本理論視爲效率經濟學，但並不排斥政治辯證和採取政策干預。因此，可依組織的基因取向，其決策取向仍可論述效率程度、公平或自由，亦可學習這些條件，滿足組織安排，考量執行政策干預的法制、經濟和社會等環境因素。Calista 認爲一項可信的執行理論必須整合政策制定和執行，交易成本架構可擴大政策選擇基礎，可尋求組織的最適性，避免「由上而下」執行觀點，並可減少政治和行政分立，降低不完全資訊的不確定性。

在筆者看來，Calista 的「制度性政策執行模式」，不僅架構周延廣博，更將交易成本理論和公共選擇途徑運用於政策干預的執行過程，對執行研究開始另一新模式，其貢獻可與 Sabatier 的「倡導性聯盟架構」相比。

伍、1995 年的 Richard E. Matland

Matland 在「Synthesizing the Implementation Literature: The Ambiguity-Conflict Model of Policy Implementation」一文中，首先檢視「由上而下」與「由下而上」的執行研究文獻，接著界定「成功執行」的定義（what is successful implementation?），並結合「衝突」與「模糊」兩項概念，而提出政策執行「模糊一衝突模式」（the ambiguity-conflict model），稱爲權變模式，企圖更廣博和有條理地理解執行過程和結果。

一、成功執行的定義

政策如能界定爲各項方案活動反應一項權威性決策，這些方案活動是政策設計者，透過國會、司法機關或行政部門的作爲而達成其目標。因此，關鍵問題爲當決定成功與否，就取決於設計者計畫準確度和一般執行行動的結果。「由上而下」途徑重視符合法規及設定目標結果準確度；「由下而上」途徑則較重視廣度評估，方案的正面效果（positive effects）就可稱是成功。

文中引述 Ingram 和 Schneider 對於成功執行的可能定義爲：

（一）執行機關期望順服法規規定；

（二）執行機關期望達成特定目標；

（三）符合法規的目標；

（四）符合地方政府的目標；

（五）方案執行促使政治氛圍朝向正向改進。

另者，在決定這些定義是否適當，就須視法規設計者價值是否符合規範價值，而高於其他參與者，尤其是地方政府參與者，例如政策設計者要求「優越價值」，則「由下而上」定義並不適當。民主理論前提為，政務人員是選舉產生，法規設計者基於人民授權，基層官員或事務人員並沒有民選權力基礎。行政裁量權是在地方政府手中，但它的權力乃基於民選官員未能控制這些方案活動。基層官僚合法性權力實是基於其專業能力，然並未能與主權民眾的「道德品質」（moral quality）相比。因此，執行成功衡量是根據其能執行法令的目標與手段（細則）。

惟法規命令通常是相當模糊，亦不訂定合理之衡量政策結果標準。因而當政策呈現模糊性時就須考量廣度評估；譬如，有效所得和經濟成長可能適用某項政策，然而另項政策則要求增進對政治系統支持。對地方政府而言，這兩項成功衡量標準是具相關性成長和支持，都是減輕地方問題很重要指標。

簡言之，基於民主理論，當政策目標呈現明確性，法規設計者就擁有優越價值，執行成功標準就是忠實地依循法定目標，反之，衡量標準選擇就有困難，則應考量更多社會規範和價值。

二、廣博的執行模式：理論基礎

概念上，本文借自組織理論和決策理論中之「模糊」和「衝突」兩項概念對決策的影響：

（一）政策衝突

決策的理性和官僚政治模式是假定每個人皆具理性和自利本性，惟兩者對於目標一致性程度是有差異。理性模式假定目標一致，而在既定情況下，可使社會福利函數最大化，決策衝突是不存在的。官僚政治模式則假定目標無法一致，難以透過效用函數測量，決策衝突成爲焦點。政策參與者乃訴諸討價還價機制，譬如可轉移支付（side payment）、滾木立法（log rolling）、監督協議（oversight to reach agreements）和博弈聯盟等，甚至運用強制順服機制，目標達成過程相當冗長。

Dahrendorf（1958）認爲，衝突之因乃須有相互依賴的參與者、不相容之目標和含有零和賽局的互動行爲。政策衝突存在就是一個組織或以上視某政策與其利益相關，以及存在不一致觀點。政策手段爭議可能發展成司法管轄的議題或關於達成目標的手段爭議；譬如減少空污目標是大家共同目標，然而工程師、經濟學家和法律人員，對目標一致性執行手段，卻有不同意見。衝突是隨目標和利益不一致而增加。準此，決策愈重要，就愈會出現挑釁的行爲。

許多「由上而下」研究學者主張將衝突視爲內生變項，政策設計者可影響，並將傷害程度降至最小，蓋可將政策執行和資源授權予支持機構，以減少政策失敗。「由上而下」途徑並建議縮減計畫項目，以降低反對和限制互動，決策模式傾向理性模式，衝突是可控制；譬如透過「免於承擔賠償責任協議」（Hold-Harmless clauses agreement）或提供補償性誘因，促使主要參與者進入執行過程。而「由下而上」途徑，則認爲事物本質是既定不變，衝突程度不可操控。蓋某些政策本身就具衝突性，執行者價值觀又不相容，難以提供資源或可移轉支付，安撫參與各方，尤其是高度衝突，只能儘量運用討價還價和強制策略，「說服」（persuasion）或問題解決方法（problem solving）大概只能運用在低度衝突層次。

（二）政策模糊

政策模糊約可分爲兩種類型：目標模糊和手段模糊。對「由上而下」途徑來說，政策明確性爲很重要的自變項，蓋可直接影響政策成功。目標模糊將導致參與者的誤解和不確定，而歸責於政策失敗。政策目標愈明確愈可顯現政策方向。然而，這項觀點將難以說明政策明確的反功能效果，和模糊性的正面效果。目標衝突和模糊往往呈負相關。Matland 認爲目標愈明確更可能導致衝突。蓋當政策愈明確，現有參與者可能認爲對其勢力範圍有所威脅，乃尋求限制政策變遷範圍，以維持既有官僚權力和結構型態。另者，模糊常是在合法化階段，蓋政策通過的先決條件，就是政治過程本性和不可避免結果。

模糊性不僅限制目標，亦影響政策手段。手段模糊通常發生於各參與者在執行過程角色不確定，或因複雜環境很難瞭解技術運用的可能效果。爲避免模糊性，可先在瞭解的範圍，運用技術達成可觀目標，誠如 Tukey（1962）所言：近似答案（approximate answer）能更好地回答正確的問題，但常是模糊的；而對於錯誤問題的確切答案，卻總是可以做得很精確。簡言之，發現答案常須學習和實驗過程，執行過程不僅提供學習新方法機會，也可提供機會達成新目標，認爲執行乃是原則、願景和技術知識，共同驗證的階段。

前述各章節中的「由上而下」模式建議清除模糊性，然卻不確定政策模糊是否能在設計階段操控，反而，有時模糊是可被視爲適當修正參數（a fixed parameter）。縱使無法達成完全修正，亦可阻止實質性變動，這當然是一個服務的政治聯盟，而對問題缺少瞭解。尤其是對於「指示性手段」（prescribing means），政策設計者應可相信，如缺乏技術，將無法產生程式型整套執行過程和結果。然而，政客雖無法要求官僚採取行動，卻不會停止要求可行性，公共政策乃皆將具廣泛模糊性。

準此，政策既有的模糊程度，直接影響執行過程，影響主管監測能力；政策須經很多執行點，才可能被一致瞭解，因而地方系絡因素扮演顯著性角色，相關參與者在各執行點亦相當程度影響執行過程。

三、廣博的執行模式：四個向度闡述

Matland 認爲過去執行研究，缺乏對政策推介和執行環境條件的瞭解，執行某項政策先前特徵之因素分析往往不夠充分瞭解，可能政策問題早已存在，導致理論架構矛盾或失敗，政策推介自始就難以有效執行。

圖 5-2 將政策執行過程類型以模糊性低度高度爲縱軸，而以衝突性低度高度爲橫軸，進行矩陣式執行過程分類爲：行政執行（administrative implementation）、政治執行（political implementation）、實驗執行（experimental implementation）和象徵執行（symbolic implementation）。但 Matland 強調在理論建構上是連續的漸進過程，當某項政策漸漸轉向另一向度，如由低度衝突轉向高度衝突，執行過程是期待增進地顯現典範向前的特徵，反之，漸漸地顯現典範轉移的特徵。執行類型轉移間並無臨界點，然而，

模糊性 ＼ 衝突性	低度	高度
低度	**行政執行** 資源 個案：天花根除	**政治執行** 權力 個案：反種族隔離巴士
高度	**實驗執行** 系絡性條件 個案：啓智計畫	**象徵執行** 聯盟強度 個案：社區行動機構

圖 5-2　Matland 的「模糊性—衝突性」矩陣：政策執行過程

資料來源：Matland (1995): 160.

縱使輕微轉移都可能造成激進的執行類型移轉。

每一執行類型論述皆基於：（一）影響執行結果的核心原則（the central principle）；（二）敘述強調政策模糊和衝突執行過程，以及執行過程「由上而下」或「由下而上」適用性。

（一）行政執行：低度政策模糊和低度政策衝突

1. 核心原則：政策目標和手段對於解決現存問題皆相當明確，此即 Simon 所稱之「程式化決策」，政策資源決定政策結果。中央政府（central authority）擁有資訊、資源和懲罰能力制定可欲政策，執行過程權威由上而下，層層節制，權責分明，這是 Max Weber 的理想型官僚組織。低度模糊意指執行者依據「標準作業程序」執行，技術透明（transparency of the technology），所需資源皆運用於執行過程，幾乎隔絕外在環境因素的影響。
2. 由於執行過程低度模糊和衝突，此類型成功與否須視 Etzioni（1961）三項順服機制在執行過程中運用而定：規範機制、強制機制和補償機制。規範機制是指決策者和執行者對政策目標互相瞭解；強制機制是指對不順服目標對象，進行懲罰；而補償機制則包括實物誘因，以吸引標的對象順服。由於行政執行過程低度衝突，規範機制具有充分有效性，所有行政法令具合法性，而少爭議。補償機制只爲引進外在資源。至於強制機制更少用上，因執行手段明確，而易於監測。主張執行活動過程必須依賴技術來處理現存問題，包括法令規章及其結構性裁量權。執行失敗乃是技術問題：執行機構勉強運轉（sputters），而未能集中力度。問題在於誤解、協調不足、資源不充分、時間不夠、缺乏有效監測策略和懲罰越出常軌行爲。溝通網絡亦經常被扭曲，其因爲標的對象認知限制未能全盤瞭解，而只是選擇性認知，成功執行機率不高。

3. 行政執行類似傳統「由上而下」途徑，亦即 Wilson 的政治和行政分立傳統，政策是高度共識，手段明確。執行成功應是順服和追蹤技術問題，文中以「世界衛生組織」（WHO）消滅天花爲例，進行個案分析。

（二）政治執行：低度政策模糊和高度政策衝突

1. 核心原則：這個向度爲標準決策政治模式。執行者皆有明確既定目標，惟這些目標並不相容，乃引起雙方爭論。執行結果是由有實權決策者來決定，執行常須訴諸討價還價方能達成共識。這類型的政策執行，標的對象不會主動地順服方案執行。因主要資源掌握在外來執行組織，持懷疑態度參與者或持反對意見參與者。這類型顯然深受環境影響。執行方案包括獲取握有重要資源之參與者，以及確定執行過程不受政策反對者阻撓。
2. 由於執行過程必須得到對政策目標不同意者合作，成功執行乃基於是否握有重要權力者，迫使他人接受其意志，或者是擁有充足資源者能運用手段；討價還價使達成共識意見，因此，強制和補償機制是爲有力的執行工具。強制機制對於可欲結果易於監測，而主要決策者控制另一機構的主要資源，當爲最有效工具。

然而，當非營利組織與政策執行者並無直接隸屬關係，強制機制往往不成功。以美國政府而言，許多參與者皆有獨立權力基礎，就會拒絕參與某方案執行過程，而不至於威脅其任務達成；例如，縱使聯邦政府補助款本有相對強制懲罰機會，在此情況下，執行活動只要達成「討價還價」的一致行動即可，目標一致性不一定必要，而行動手段一致即可。

上述討價還價行爲進入立法階段，立法聯盟的參與者皆是短暫結盟，因此就會產生「滾木」（logrolling）立法現象，以回應政治壓力，或只是爲了一些比較敏感政策。大多支持者認爲在執行階段沒有既得利益，縱使有損失亦不大，就可能採取偶爾的支持策略，而造成政策無法執行（no implementation of policy）。美國軍工業管制的衝突就常發生在執行階段，而不是政策立法階段。

3. 近來的「由上而下」途徑比較接近執行過程的政治本質（Mazmanian and Sabatier, 1989），早期「由上而下」則不認爲政治因素是爲執行障礙。另就「由下而上」爭論而言，這是個體層次，如不考量強制機制，當會導致低度模糊，而高度明晰的政策制定，使得順服監測相對容易，企圖顛覆或破壞上級政府懲罰措施將是相對易於達成。
4. 學校種族融合運輸政策（busing）就是美國聯邦決策，地方沒權力拒絕的典型案例。

（三）實驗執行：高度政策模糊和低度政策衝突

1. 核心原則：假如某項政策是具高度模糊性，而低度衝突，執行結果將大多決定於參與者積極投入與否，蓋這類型的政策執行，將是系絡條件掌握整個執行過程。執行結果高度依賴個體執行環境之資源和參與者，也將因地而不同，政策結果呈現變異性。這類執行型態和「垃圾桶」模式（Garbage Can Model）形成過程相類似，參與者、問題、答案和選擇機會所結合成的「匯流」（stream），使得政策結果難以預測。在此模式中，選擇機會往往爲「問題偏好」（problematic preferences），亦即模糊目標，不確定技術（無預先決定的正確作爲）和流動性參與。就定義而言，實驗執行界定執行的案例是指執行者偏好問題技術之不確定，而參與者是否積極投入，決定於他們感覺的密度，其他需求如何，決策地點是否鄰近地理優勢（physical proximity）可是以及其他主要變數。

政策目標模糊的結果，執行方案因地而異，結果引來參與者群聚參與，施加壓力，對於政策認知大不同，可用資源和可能的程式活動，或因不同政策背景有所差異。然又因低度衝突造成利益競逐競技場，因缺乏資源，而有機會可顯著地修正政策目標和內容，這就開啓「官僚企業家」（bureaucratic entrepreneurs）可爲處理地方需要而去「創造」政策（to create policies）。

此類型因此比其他類型更受環境的影響。方案變動乃因在不同環境，不同機構執行不同政策。這些變動可視爲自然固有實驗，並給予政策設計者在政策領域內，增進變動過程的知識，即強化「形成性評估」（formative evaluations）。相對地，如果目標明確，當可進行「總結性評估」（summative evaluations）以瞭解執行過程是否達成目標。而政策目標不明，就應進行「形成性評估」，以瞭解執行過程和在沒有一致或不一致情況下，達成政策結果方式爲何。簡言之，政策目標和手段不明確，以及政策目標受支持而執行手段不明確，皆須以實驗執行來分析。至於許多政策目標明確性，達成這些目標手段亦不明確，這類型的執行應能強制運用技術（can be technology-forcing），而全面性地發展新的執行能力，如汽車加裝觸媒轉化器或家庭計畫的保險套。另者，模糊政策衍生出有限責任，亦可創造爲個別利益，而參與和領導者對談（the creation of minifiefdoms）。

當評估執行過程可能出現陷阱，強調把某項政策作爲實驗，而重複觀察就很重要，因過程中產生學習，比成功結果是如何來得重要。政策運作常缺乏足夠資訊去建構程式型執行，或因果關係也難連結，模糊性應視爲學習新方法和新目標的機會。但有兩個陷阱必須避免：（1）執行過程不可受制成爲人爲受限形式，方案要求一致性可能引來地方執行者假性順服，也難瞭解被隱藏之重要訊息，並使基層官僚能力受限，而不能使他們的知識被應用；（2）執行過程應要求有意識地認知「學習是目標」（learning is the goal）。如果 50 個地點得到 50 個不同結果，而每個執行地點如不蒐集或比較，學習就會隨機發生，評估和反饋則成爲有效學習的組成要素。

2. 在此類型的執行過程，「由下而上」顯然優於「由上而下」的論述，強化地方層級參與者出現機會，在執行過程中就顯得非常重要，忍受模糊性也比「由上而下」高，「由上而下」顯然強調命令、控制、一致性體系，未能考量執行過程固有的多樣性。
3. 1965 年美國推動的「啓智計畫」（Headstart），是爲本類型的分析個案。

（四）象徵執行：高度政策模糊與高度政策衝突

1. 核心原則：公共政策常蘊涵高度模糊和高度衝突，而能喚起高度顯著符號（stmbols）的模糊政策常造成高度衝突。因此，象徵性政策扮演確定新目標的重要角色，或再確定就目標或強調重要價值和原則。高度衝突的重要乃在將使解決方法結構化，高度模糊所造成的結果，乃因地方有意。因此，象徵執行的核心原則就是地方參與執行的強度聯盟（coalitional strength）常決定政策結果，亦控制可用資源。

當政策目標只是參考性，不同層次的參與者將發展轉譯抽象目標爲工具性行動。由於固有模糊性將導致詮釋複雜性，競爭隨即高過於正確願景。參與者緊盯著特定政策利益，同樣的競爭聯盟也會因地而不同，強度也因之而差異。地方層級的系絡條件透過聯盟強度，獲取可欲結果。政策結果因而受限，缺乏多樣性，與實驗執行情節相近，蓋反對派聯盟雖不能決定政策內容，卻能有效限制政策執行。尤其，當政策目標未能提供資訊給政策設計者有所依循，在法令尚未頒布前，符號就可創造顯著反對立場，以免使政策意涵存在決策者和執行者的連結關係，這也是 Edelman（1977）所稱「政策不執行」（no implementation of policy）的象徵政治。

儘管如此，專業人員是可能對象徵性政策執行扮演重要角色，蓋其本身專業訓練正可提供一套規範去合理化執行活動和有效解決問題行動當面對模糊性目標和方案行動時，專業人員正可快速地提出計畫書，對競爭者聯盟的對方提出攻擊，和不同的標準方案。重分配性政策是最符合這類的政策執行。政策目標對政策設計者計畫的資訊不多，但符號卻可在制定前創造顯著的反對立場。美國詹森總統所提出的「反貧窮作戰」就是典型象徵性執行類型。

象徵執行過程具衝突性，因而和政治執行相近。參與者高度參與，意見分歧則透過強制或議價，參與者影響力繫乎其於聯盟強度的力道，兩者不同在於象徵執行在個體層次決定執行結果。當政策內容顯示參考性目標和模糊手段，就運用象徵執行，而如模糊性減少就移向政治執行。然而，當模糊性降低，無論是政策目標明確化或可能的手段具體化，就出現促使中央決定者宣稱某些控制和影響力機會。再當政策更明確，總體層次參與者就能運用相當程度的控制，而成爲政治執行案例。

2. 就象徵性執行而言，個體系絡因素影響地方聯盟間的競爭，是爲正確解釋政策結果核心。當政策出現實質衝突和模糊性，「由上而下」或「由下而上」途徑都不能正確描述執行過程。蓋因政策模糊性而使「由上而下」總體執行者權力逐漸降低，而難以監測執行行動和構造在地方的執行行動。惟中央參與者仍可透過提供資源和誘因影響議題領域（issue area），另者，亦因高度衝突，執行過程就可能高度政治性，但也掌握在地方執行者手上。「由下而上」模式應適合這種政策情節，但卻不強調執行者間互動的強烈政治本質。

3. 1964 年，美國聯邦政府資助地方政府成立社區行動機構（Community Action Agency），執行社區行動方案（CAP），即為典型轉移至地方之案例。

總之，Matland 引用組織決策理論，考量模糊性和衝突性對政策執行的影響，建構一理論堅實的執行研究途徑，而可進行驗證假設和預測。惟文中的政策模糊性並不意指政策有缺點，亦無認可規範價值，兩個學派皆為政策執行研究的重要核心，而可能是衡平政策制定者與立法者間關係之必要概念。

第三節　第四代政策執行理論

Peter deLeon（1999）在檢視和批判三十年來政策執行研究文獻後，針對三項研究途徑和三世代理論之方法論與理論內涵（皆已見諸前述各章節，茲不贅述），就認為不應將執行描述為不可能的畫像，而應是每一層級政府每日例行工作，只有偶而是被鄙視的失敗。惟執行主要問題是在某些事情（something）和理想事情（idealized thing）間之差別，常是一種「玫瑰色期待」（rose-colored expectation）。Sabatier（1986）曾宣稱「累積性執行」（cumulative implementation）之概念，主張就長期而言，政策執行者最後將「確定作好事情」（get it <finally> right），而不必訴諸「達爾文演進」（Darwin）觀點。執行可能是長期、艱鉅而不確定的過程，但都是公務人員每日的生活。基本上，偏好「失敗模式」（failure mode）者，理論是有缺陷的建構。準此，執行研究並未陷入「知性之盡頭」（intellectual dead end），而是可再活化和振興的研究領域。

Peter deLeon 總結以上分析，歸納出三項觀點：

一、對於整合「由上而下」和「由下而上」途徑之世仇陣營，並未得到「合理管道」紓解。前者企圖以演繹邏輯，進行預測執行結果，在規範概念上是更民主，政策選擇在民選公職人員手上；相對地，後者則以歸納邏輯，企圖建構「一般理論」來解釋執行結果，在規範概念上是由地方官僚，以精巧（craft）手段來執行運作。因此，研究者應脫離這些傳統論點，而走向「權變模式」，諸如：Berman（1980）、Ingram（1990）和 Matland（1995）。

二、Yin（1980）指出過去研究者將結果（outcome）和過程（process）視為兩個相反層面，而如 Ingram（1990）所稱：執行分析主要差異在於首要關注政策結果，而不是結構或過程。因此，執行過程未併合政策制定和方案評估做包含性考量，而後兩者也未造成成功執行過程的障礙。事實上，樂觀的先行者 Thomas Smith（1973）和 Linda deLeon（1995），皆認為三者是處在和諧路徑狀態。

三、過去幾年，政策研究出現「公共政策參與民主」（the democratic, participatory component of public policy）和朝向「後實證或詮釋分析之研究脈絡」（a movement towards more research of a post-positivist or interpretive vein），這種趨勢都和「由上而下」執行研究相反的概念基礎，而直接影響政策執行走向重新研究方向（Dryzek and Torgerson, 1993; Schneider and Ingram, 1997）。deLeon 並未堅持政策執行走向後邏輯實證論的極端認識論。然而，至少在政策執行發動前，被影響之標的群體和相關團體，可經審議過程達成某種共識，而免被「突擊」（onslaught）。這就是「第四代政策執行理論研究」（a Fourth-Generation of Implementation Research）的理論基礎。

壹、公共參與的議題

為因應審議式民主思潮發展，Peter deLeon 和 Linda deLeon（2002）指出「民眾之聲」（vox populi）方是指引執行研究「可往何處去和如何選擇到達」（where they are going and how they choose to arrive）之論證基礎。執行研究分析的民主取向和「對談論證」（discursive）成為第四代執行理論焦點，企圖矯正過去執行分析偏離「民主參與」（democratic participatory）和以市場效率為首要價值（a value primus inter pares）之缺失。因而，在方法論上，「相互增強」（mutually reinforcing）概念促使公共政策研究走向「後邏輯實證論」（post-positivist）或「詮釋脈絡」（interpretive vein）。Peter deLeon 認為各類政策分析，逐漸回歸 Lasswell 的民主參與，而 Schneider 和 Ingram（1997）更認定政策就是培育民主參與」（to identify policies that foster democratic participation）。

根據上述政策執行民主途徑的發展，應可推斷「由上而下」途徑是比「由下而上」途徑（基層官僚），較少民主取向。此因 Matland（1995）的論述忽略直接與間接參與問題。Jane Mansbridge（1980）認爲只有直接和地方性之參與民主，才是民眾所迫切支持之需求。「由上而下」的執行失敗應是發生於權威性政策決定者和民眾的距離，就如主張政策放權的「政府再造」之父 Osbone 和 Gaebler 也都堅決反對政策執行的參與（由上而下），蓋將使執行過程更爲曲折冗長。Matland 的規範性觀點，還是強調基層官僚對選民不具正式（formal）責任。相對選民而言，基層官僚是受到公務員法規、工會和有限責任（limited liability）的保護，選民只有在「合產」（coproduction）型態之服務傳送時，才對基層官僚有所影響。Lipsky（1980）形容這是「共同依存症」（Codependence）：

對這項關係，選民是無助的。基層官僚是依賴選民。但選民擁有許多資源，而能強力要求低成本付出。此乃因基層官僚必須獲得選民順服，尤其是當基層官僚之工作績效是根據選民的行爲。

兩氏認爲 Matland 忽略與世隔絕者，應是州議會和聯邦政府官員，而非基層官僚。綜之，這並不意味「由上而下」贏得規範性民主賽事，而是和參與民主途徑更爲同調。

貳、舊酒裝新瓶：公共行政的面向

公共行政對於民眾參與公共政策及方案行政，已建立公認的架構，即行政合法性問題（the problem of administrative legitimacy）：法規無法完全駕馭行政作爲，每一項法規皆須經過詮釋，然而行政官員之詮釋決定，必須具合法性，民主也因此須經被統治者同意。

Dwight Waldo（1948，引於 Peter deLeon and Linda deLeon, 2002: 481）在「行政國」（The Administrative State）一書中，強勢促使公共行政理論必須與政治理論並行，如無條件接受「行政管理」（administrative management）的假設前提，將構成對民主價值之抵制，「由上而下」是一種組織思想的權威性偏誤。然而，Waldo 並不強力主張民眾直接參與政策執行過程，而認爲行政官僚專業主義應該被信任，來保護民眾利益。

然而 1970 年代，行政官員之專業主義和政治領導者之超敏感性（supersensitivity），遭到「新公共行政」（the New Public Administration）的挑戰。Michael Harmon（1971，引於 Ibid.: 482）的論述基礎爲民主體制決策不應僅在立法過程，而行政官僚應同時參與，蓋行政官僚，不會因捍衛公共信任而表現出自私和不負責任行爲。George Frederickon（1997，引於 Peter deleon and Linda deleon, 2002: 481），更強調行政官員都具足才能界定公共利益，行政官員和民意代表皆能接近民眾。Frank Marin 從新公共行政的積極角色（proactive role）觀點（引於 Ibid.: 481-482），認爲「對抗行政」（confrontation administration）和標的對象取向的行政官員（client-focused bureaucracies），皆能代表社會弱勢階層，並強力支持民眾在行政活動中的「最大可行性參與」（maximum feasible participation）。

參、第四代政策執行的理論建構

根據 Peter deLeon 和 Linda deLeon 的觀點，應將批判學派（主要是 Jurgen Habermas）的「溝通理性」（communicative rationality）和「對談民主」（discursive democracy）引進政策執行過程作爲論證基礎。第四代政策執行研究之理論基礎應建立在溝通理性上，蓋政府和民眾間的衝突往往來自「系統性扭曲溝通」（systematically distorted communications），一方的合理化說辭只會惡化溝通理性或治理共識基礎，對談民主的執行策略旨在消除壓制（suppression）、貶抑（debasement）或欺騙（deception）等溝通扭曲。在 Habemas 看來，決策者爲運用政治權力以達目的，當採行對談策略，使標的對象透過社會對談和政策學習，形塑民主價值，這種審議式民主過程無論在政策制定或執行過程，方能讓民眾了然政策目標和策略。此一研究途徑當然需延續採行第三代執行研究的多元調查和研究方法，在策略上可運用如下的溝通策略：小眾會議（mini-populous）、公民陪審會議（citizen juries）、中介談判（mediated negotiations）和城鎮居民會議（town meetings）等。換言之，決策者在政策執行過程，不能僅限傾聽專家和利益團體的專業意見，民眾參與雖然耗時費力，惟成爲減輕執行阻礙之最適策略。就批判角度來看，deLeon 和 deLeon 的第四代執行理論架構，應是著重於研究途徑和方法論，並未見「執行對象和實體」驗證與論述，所幸 O'Toole Jr.（2000）的堅持不懈似可彌補上述兩氏理論不足之處：

……由上而下和由下而上的辯證，是基於不同的民主概念。尋求一項對談民主之規範性理論，將產生吸引人的研究議程，但事實上，（執行研究）對於民主理論至今皆未被忽略。

Davis Bobrow 和 John Dryzek（1987，引於 Peter Deleon, 1999: 327）中肯地描述，批判理論概念化本質是在消除溝通扭曲，研究調查者就應感覺民眾的需求和匱乏，這是將認識論的「後實證取向」導入政策執行。然而，「後實證主義」謂指執行者須與受影響的相關團體，包括幕僚和標的群體，在執行前端上使達成共識，即納入政策形成的活動。但在運用上述溝通策略前，應先知覺溝通者或中介者之基本價値，並防止他們排除憲法議題。準此，民眾參與和中介活動表面上的相似（similar），實務上兩者則不相同（not identical）。這些「對談模式」當比傳統和相互作用的執行模式，可能阻止溝通扭曲，誠如 Susskind 和 Cruikshank（1987，引於 Ibid: 329）所言，這些模式和策略雖非通則性答案，確可至少在執行層面上提供不同的動態情境。

其次，執行研究不宜以意外失敗（exceptional failure）爲焦點，而應以平時例行工作爲焦點。Nelson Polsby（1984，引於 1999, Ibid.）研究政治創新皆從多數成功的政治創新著手，惟政策執行研究卻走向 Bovens 和 'tHart（1996, Idem.）所稱「政策完全失敗」（policy fiascoes）。我們應觀察與學習執行雙面性的變異，而不可僅從執行失敗案例來觀察，何況各大學商學院的「個案研究」，成敗與否皆增進學習者甚多實務經驗。

再者，後實證研究可彌補「預測能力」和「學術男性氣概」（academic machismo）（一種防衛的機制）之間的連結，致使傲慢的學術界對執行複雜情境能有基本瞭解，企圖運用寬鬆理論和量化研究方法，預測未來執行過程與結果，以實際理解其間的系絡情境。後實證的質性研究法可能比較適當，諸如 Ingram（1990）和 Matland（1995）運用高或低的衝突和資訊成本，反可獲得對系絡情境更完全理解。Ann Chin Lin（1998，引於 Ibid.: 330）研究指出，建構良好的質性研究是可檢定歸納的理論假設。最後，Ferman 和 O'Toole（Idem.）指出，執行期望目標與達成目標是難以比較良窳。公共政策或方案不需設定在特定時間，完全實現期望目標，現有的政策執行研究途徑，已可令人接受「次好」（good），而不必要「最好」（best），其實也並未傷害他人的利益，合理化或實際性之執行標準才是政策社群所能接受的重點。

綜之，執行研究的民主取向，結合後實證論的研究方法，實務地評估執行傳送予標的群體，第四代執行研究當可給政策社群處理政策傳送關鍵階段，更好的研究途徑，這也就是所謂政策執行研究的「文藝復興」（renaissance）。進言之，決策者不應隨意認定國家安全、危機事件和政治緊急事件等的執行處理，可消除民主程序。第四代執行途徑焦點就是民主導向策略。政策執行通常都是「多元團體」活動（a multigroup activity），必須面對多元條件，政策制定階段的「蠻幹」（foolhardy）並專斷式的決策，實無法保證在執行階段，執行者不改變心意，縱使堅持 Habermas 的「司法救濟措施」（injunctions），民眾尚須提出正當理由，至少亦如 Ostrom（1998）所設計的「機制」（institutions）以促進或保護「社會討論」（social discussions）。第四代執行途徑的主軸，是爲政府每日作爲如何匯聚社會大眾的偏好和選擇，並無空間出現「執行詭辯」（implementation legerdemain）。

第四節　統合性公共治理

壹、政策網絡（Policy Networks）理論

1980 年代，由下而上研究途徑學者莫不將網絡分析作爲主要的執行過程分析工具。惟建構較爲周延的「政策網絡」理論用來分析（英國）各項公共政策者，應爲 the Rhodes 模式（Marsh and Rhodes, 1992）。該模式的主要內涵爲：一、政策社群網絡（功能性參與者的垂直相互依賴和有限度的平行利益匯集）；二、專業網絡（特定專業人員的垂直相互依賴）；三、政府間網絡；四、生產者網絡（政府與生產者利益關係）；五、議題網絡（公私部門透過資訊交流建立議程，發展彼此可接受的規則以降低交易成本），這項理論廣爲各國學者驗證各項公共政策的規劃與執行。迨至 1999 年，Derick W. Brinkerhoff 更運用「國家－民間社會網絡」架構，提出「民主治理」（democratic governance）的參與者連結關係，以探討公共政策的執行過程，強調公民角色、非營利組織、私部門和社區組織等，與各級政府的組織間關係，治理與民主的連結將使公共事務管理更爲透明、參與和課責。Brinkerhoff 從開發中國家觀點認爲影響政策執行過程應可有四項情境變項：

一、政權型態（regime type）係指不負責任的國家角色，公民社會難以建立，就無法回應人民的需求。

二、信任程度（level of trust）係指網絡參與者如對政府不信任，政府的政策監測則常被視爲「未獲保證的干預」（an warranted interference）。

三、當不負責任的國家無法獲得網絡參與者，對法規制度的支持，限制性法規往往加深民間社會不信任。

四、政策執行的本質，諸如專業技術程度、時間幅度、利益受影響程度和分配結果，皆莫不影響此一網絡結構的運作。

在筆者看來，Brinkerhoff 的模式雖然簡約，並僅限於非洲國家案例，但所提出的民主治理連結關係，顯然爲 1990 年代政策執行研究之少有實證研究，應可視爲千禧年後執行研究的主要理論根源和概念之一。

貳、治理與網絡管理（Governance and Networks Management）

Laurence J. O'Toole Jr. 在「Research on Policy Implementation: Assessment and Prospects」（2000）一文中，強調執行研究在當時「流行品牌」（fashionable labels）下，是活化又生氣勃勃（alive and lively）。當然亦因執行研究轉向更廣泛問題，研究議程更爲複雜，這就是 O'Toole 所說，已有相當多執行研究，對公共方案績效影響愈多元行動和多元層次，更多研究轉向更廣泛主題，來探討治理系統如何傳送相關政策方案影響問題（to consider the more comprehensive subject of how systems of governance deliver policy relevant impacts）。這種廣泛概念化不是要與執行研究對立，而是要將「多元行動層次」（the multiple levels of action）和影響績效的各種變數（kinds of variables）納入更廣泛架構。

治理具有現代政策行動多元特性（the multivariate character of policy action），並可找出對政策結果影響相關的變數。就研究範圍而言，治理比政府更廣，可考量政策行動設計、操作、結構和過程，治理乃可和制度主義（institutions）相輔相成。再者，治理強調由「語言深層結構規則所支配」（rule-governed understandings）的多元層次結構系絡（the multi-layered structural context），再加上由多元社會參與者在談判、執行和服務傳達。O'Toole 更引用以治理爲焦點的政策執行研究，來證明上述論點。Stoker（1991）運用 Stone 的「政權架構」（regimes framework）來研究「政府間關係」的執行，及「博弈理論」，以區別不同執行情境，尤其是參與者間多少都涉及衝突的棘手問題。Stoker 認爲其理論不僅可結合「由上而下」和「由下而上」，成爲有條理地以政府體系爲基礎之研究途徑。Stoker 顯然整合執行問題方式，是將執行放在一個更廣的治理架構。

其次，被 O'Toole 引用的是 Edward Weber（1998）運用博弈理論的「合作途徑」（cooperative approaches）來探討環境問題解決，並闡述制度論和其他途徑的先決條件。就理論而言，Weber 的政策焦點研究，實植根於治理主題和研究政策執行直接涉及政策執行理論和實務。Lynn et. al.（2000）則評估很多相關文獻及許多組合變數，尤其和治理及政策執行研究，並排列出更複雜模式，來解釋政策方案績效。事實上，這種執行治理，正提供建構執行研究的發展方向。

另位政策執行的重要學者 Bardach（1998），迴避建構普遍性理論，而採用實務取向的「機構間連結」（inter-institutional linkages）來探討對兩個或兩個以上組織或單位共同合作，而成功達到這種以執行為背景而引發注意跨機構界線的行動（attention to concerted action across institutional boundaries）。1990 年代間，美歐國家的政策執行研究，皆避開「執行焦點」（implementation focus），而幾乎由「網絡分析」（network analysis）說法取代，這可有實證和理論層面理由：

一、就實證層面而言，Lynn（1996）認為那年代學者相當多數主張「網絡途徑」應是瞭解和增進公共管理的最重要分析工具。尤其是新公共管理採取許多政策工具（譬如委託經營）引發「國家空洞化」（hollow state）危機。因此，公共方案管理必須運用更多監測和網絡文件的技術，但有些學者還是堅持執行特性，而跨國性比較公共政策亦是以執行為導向。

二、就理論層面而言，Meier 和 O'Toole（1999）將公共方案運作進行「模型檢定」，以瞭解管理和結構系絡影響，在操作定義上，層級結構或網絡就是分析單位，Provan 和 Milward 則將網絡特徵和績效結合。然而，網絡和公共管理研究是從執行理論流派對於執行質疑，尤其績效是經由治理來傳送政策結果（performance via governance in the delivery of policy results）。進言之，公共管理網絡和治理與制定分析是具重疊性，這是「多元參與者網絡型態」（multiactor networked patters），但並不強調理論途徑的整合。

O'Toole 認為過去大多數的執行研究為歸納研究，而忽略理性選擇途徑之博弈理論和 Hans Bressers et.al. 的工具理論（instrument theory）等演繹研究。因此，難以建立預測模式。所謂工具理論是指探討影響執行過程變數，需結合多元參與者和標的團體之網絡背景來觀察，即將政策設計理論連結政策執行過程，以推測影響執行變數。

綜之，O'Toole 對未來執行研究展望仍以其早年「組織間執行研究」為基礎，而運用理性選擇途徑引申至治理、網絡管理和執行過程關係之探討，證諸當時其他執行研究，是有整合，亦有創見。

參、後國家治理

2000 年，英國政府的「經濟和社會研究委員會」（the Economic and Social Research Council, ESRC）贊助英國 Aston 大學，由 Jill Schofield 和 Charlott Sausman 主持 5 次「執行公共政策：互相學習」研討會（Implementing Public Policy: Learning From Each Other），並將會中主要論文刊載於 2004 年的 Public Administration 期刊，其中有執行理論模型和實證案例研究，對於執行研究的再活化應有其貢獻。今舉述其要旨如下：

一、**Schofield 和 Sausman** 在該專刊導論中，提及「第三條路」（Third Way）政治意識型態的主要概念為：社會包容（social inclusion）、社區責任（community responsibility）和機會均等（equality of opportunity）。這些意識型態對公共政策的影響，即為要求區域和部門（包括第三部門）間的「平等主義」，而產生「整合政府」（joined-up government）概念。同時，在系絡上不僅國家內資源交換，更應擴及國際資源交換，歐洲各國國家角色應從層級的政治責任轉向「後現代分割化」（post-modern fragmentation），即指各種型態的治理，結合政策執行的後續影響責任。以上論點對於傳統政策執行研究造成以下三項系絡性變遷：

（一）後國家治理（post-national governance）

所謂後國家治理是指國家管制角色應包含第三部門和準自主性政府機構，以及國家角色的結束，進言之，超國家（如歐盟）和次級國家與區域機構的成長將使國家虛空，無論歐洲和美國，這項變遷因素將使彼此間協調和議價更為複雜，對政策執行的強制行為更為困難。

（二）網絡治理的公共服務組織結構和管理新形式，此項論點和上述政策網絡理論相近。

（三）政府和民眾的連結變遷

這項變遷是指「社會資本」（social capital）和「社區民主」概念，促進公民社會發展與社區民眾直接行動，強化民眾直接介入政治系統，而形成統合性公共治理（corporate public governance）或策略性治理（strategic governance）。這項論點對政策執行的挑戰可有：

1. 政策結果的不可預測性，蓋由下而上的積極主義，往往修正原先政策設計，而使政府減少政策學習機會。
2. 社區組織、壓力團體和執行者皆有同等機會和途徑參與網絡管理，然而，壓力團體必然運用掮客和遊說方式，要求支持其政策，因而不能假設執行者是爲公共管理者，以實現公共價値爲己任。
3. 準此，公共服務傳送變成分割化（fragmentation），此即 Rhodes「分化政體」（differentiated polity）和 Dunsire「優質治理」（good governance）的概念，這項概念對政策執行最大挑戰爲：透明化、責任化、參與、眞實（true）、守法、共識、內外在審計。
4. 執行爲符合執行績效，將放棄其專業知識，尋求次適答案（a sub-optimizing solution），使政策意圖和實情脫節。

二、**Mark Exworthy** 和 **Martin Powell** 在「**Big Windows and Little Windows: Implementation In the Congested State**」文中，提出兩個理論方向和運用實證調查方法，探討英國公共衛生政策執行的不公平問題，並以 Skelcher 的「壅塞國家」（congested state）作爲概念架構：

（一）兩氏首先認爲 Kingdon 的議程設定理論中問題流、政策流和政治流，所結合的政策之窗（policy windows），開啓重大政策議題是屬政策成功的大視窗（big windows），比較適合運用於中央政府的政策執行。

（二）兩氏認爲 Skelcher 的「擁塞國家」可用以探討傳送服務處理棘手問題。而此項概念涉及治理的多元性；多層次性和組織間的網絡關係，比較適合於地方政府的政策執行，可稱之小視窗（little windows）。同時修正 Kindon 和其他議程設定理論（如 Webb and Wistow 的政策流），提出「政策、過程和資源」流之結合理論，用來探討傳統「中央—地方」垂直治理、「中央—中央」及「地方—地方」的水平治理網絡關係。所謂政策流是指政策目標和目的，過程流程是指議題因果關係、技術可行性和政治可行性，而資源流程則指適當資源以及人力資源（人員、時間、權力、聲望等）。換言之，成功的政策執行可能應具明確政策目標，並配合技術和資源運作，方能竟功。

三、**Jill Schofield 在「學習型執行模型」「A Model of Learned Implementation」**文中，認爲大多數政策執行文獻都假設公共管理者不在乎行爲、認知或技術需求，皆可執行新的政策。Schofield 透過英國健保財務投資個案資料分析，結合六項組織過程變項，提出關於政策執行的知識和能力學習型模型，得到下列理論內涵：

（一）官僚人員能被鼓勵將運作策略化爲運作行動，則公共政策是可執行。

（二）官僚人員的上述策略轉化是因獲得技術和程序知識，知識則應記載於任務說明手冊。

（三）政策執行過程的變化將視協助者數目和知識學習限制因素而定。

（四）官僚人員動機價值是爲專業責任和組織課責的函數。

（五）官僚人員詮釋新政策、設計操作手冊和裁量運用皆爲正面激勵因素。

（六）官僚人員學習隨時間增加，專業能力亦漸符合政策需求，則執行問題解決乃可例行化。

簡言之，Schofied 所提出的學習型執行模式，爲大多數執行文獻所缺，強化執行者的知識和能力學習，雖屬微觀因素，卻是執行人員心理意向最重要變項。這就是「實證實務」或「實證本位實務」（evidence-based practive）在政策分析上的運用，強化研究和技術在政策過程的重要性，實有創見。

四、**Laurence J. O'Toole, Jr. 在「The Theory-Practice In Policy Implementation Research」**文中指出，將政策執行理論運用於執行實務並不多見，其主因當是實務者的行爲多元化，然 O'Toole 更指出對於執行知識應用的三項規範問題：（一）將政策理論轉化爲執行實務是有意義，但如不探討體制危機（regime crisis）則將如在鐵達尼號甲板上的椅子跳舞，是更爲危險；（二）新保守主義公共政策之所以出現失望和缺失，就在政策方案過於複雜和不可控制環境，但仍須不斷地探討政策方案失敗原因，方能找出政府應有的角色；（三）然而過於著重執行問題可能產生系統設計或再設計的偏差，而無法因應政策創新。爲達成執行理論和實務連結，

O'Toole 認爲應運用多元迴歸和多變量分析的統計方法、反向邏輯（即Elmore 的向後追蹤邏輯）、博弈理論與方法和系絡互動理論（contextual interaction theory）。所謂系絡互動理論是指政府所採用的政策工具適合執行者和標的團體間的社會過程，即將彼此相關變數結合，以形成策略互動。

五、**Soren Winter**（2006）在檢討過去執行文獻，並對丹麥的環境及移民政策執行進行實證研究認爲，政策執行研究應採廣面的分析架構——**「治理邏輯」**（**logic of governmence**），其主要論點爲：

（一）Winter 借用 Lynn、Heinrich 和 Hill 的治理定義：治理爲法規、司法判決和行政措施等限制公共財貨的提供，因而應將政策產出結果視爲環境因素、標的對象特徵、行政措施、結構與管理的角色與行動等之函數關係。

（二）Winter 認爲應將執行研究的依變項從目標達成引申至行爲績效變項，即應探討執行行爲與標的團體反應的因果連結關係。

六、**2007 年，Helga Pulzl 和 Oliver Treib 於「Implementing Public Policy」**一文中，引用 Falkner 等人對歐盟 15 個會員國和 90 個個案研究，發現不同會員國的「法規遵守」文化（culture of law- abidingness）各有差異，而無法解釋整套的執行型態（implementation pattern）。準此，兩氏認爲應採新的方法論策略（跨國比較分析）和更多的統計分析，以及從比較政治角度建立執行理論，引用歷史制度主義、博弈理論或文化途徑，來促進執行研究社群的溝通，而這將有賴前述Yanow的詮釋學派方法論，不再贅述。在理論建構層面，兩氏認爲歐洲，尤其是德國，在 1960 和 1970 年代，政策執行理論是採取「政治規劃途徑」（political planning approaches），政治領導者的願景目標，必然從上到下由國家機器去執行，不會產生執行問題。然而隨著新統合型態社會結構的發展，各自主次級系統已形成一個新而非層級的網絡系統，而參與政策執行，這是「協合式民主」（associative democracy）的治理網絡執行模式。

肆、多元治理架構（Multiple Governance Framework）

2001 年，美國紐約世界貿易中心雙子星大廈遭恐怖分子炸毀的 911 事件不僅影響美國外交政策，更使福山（Fukuyama, 1992）肯定民主自由主義爲普世價值的意識型態遭到挑戰，迫使各國政府必須採取適當行動鞏固國家安全，Gary（2007）將這項意識型態轉變稱爲從「新自由主義」（Neo-Liberalism）到「新保守主義」（Neo-Conservatism），即政府不能忽視自由市場所失去的美德，尤是在公共政策領域。準此，公共行政研究取向必然受到影響，而由新公共管理轉向**「治理典範」（Governance Paradigm）**。網絡理論雖提供各種組織（包括公部門）間的相互連結，以瞭解執行過程，但治理更關切公共行政與代議制體制、官僚政治控制和權力分立機構的民主正當性問題。治理概念之運用使以政府爲中心（government as a locus）轉爲政府和私部門、非營利組織所採取的相關行爲型態（relevant forms of action aimed at governing），擴展執行過程各參與者的水平互動。

Michael Hill 和 Peter Huppe 於 2002 年引用 Kisor 和 Ostrom 的「行動的三世界」（three worlds of action）作爲後設概念，提出治理三個分析架構：憲政結構、行爲指導層次（level of action directive）和操作層次（operational），再將政治社會關係界定爲「政治一行政系統結構」、「機制系統層次」（institutional relations）和「第一線基層層面」，而建構出運用於政策執行的系絡化架構。再者，Hill 和 Hupe 進而將操作層次的執行活動分爲政策過程管理、組織間管理和內外在接觸管理，並引入強制、績效和合產（co-production）等三項管理作爲，而形成執行管理（managing implementation）實際運作活動。在筆者看來，兩氏的分析架構脫離總體個體二分概念，更將基層執行活動明確界定實際操作變項和行爲，可說是結合治理和政策執行的最傑出理論建構。

2009 年，Hill 和 Hupe 再將上述的執行治理架構，**修正爲「多元治理架構」（Multiple Governance Framework, MGF）**，而操作層次的執行活動內涵維持不變。茲舉其要旨論述如下：

如表 5-2 所示，MGF 將治理行爲層次（action level）分爲制度性治理（constitutive governance）、指導性治理（directional governance）和操作性治

理（operational governance），而將行爲規模（action scale）分爲系統、組織和個人：

表 5-2 Hill 和 Hupe 的多元治理架構

行為層次／行為規模	制度性治理	指導性治理	操作性治理
系統	制度設計	一般法規環境	過程管理
組織	系絡關係設計	任務規劃	關係管理
個人	價值和規範內在化	規章運用的情境限制	接觸管理

資料來源：Hill & Hupe, 2014: 130.

一、制度性治理

（一）**制度設計（institutional design）**：此面向對執行過程影響，可分爲五個層次：

1. 憲政制度：無論是英國議會內閣制壓榨地方政府自治權，或美國聯邦制基於權力分立所形成與地方政府之議價關係，都影響政治議程和整體執行，前已論述甚多。
2. 政治行政型態（political-administrative styles）：此層次引用 S. Richardson 的概念，分成四類不同執行型態：預期和尋求共識；預期和強制決策；互動和尋求共識及互動和強制決策。後兩者的型態顯然比前者較爲容易解決執行問題。
3. 社會經濟體制（social-economic regimes）：此層次引用 Esping-Anderson 的概念，認爲自由市場社會、保守社經體制和北歐的統合社經體制，對於經濟活動的執行必然出現不同類型。前者往往訴諸明確法制規範，而後兩者可能採修正執行（fine tuning of implementation）的微調形式。
4. 執行體制（implementation regime）：此層次引用 Van Warrden 的研究，除了不同政策類型需不同管制型態，各國公務員在不同政治、司法和行政制度運作，公務員選訓制度與專業認同，以及政治文化、社會基本價值與規範等都是影響執行因素。其重要研究發現之一是，權力均衡愈高度的國家，公務員「依法行政」常爲推卸執行責任的保護傘。

5. 權宜機制與執行：此層次引用 O'Toole 的內外在變數觀點（core and external cicumstances）。前者指執行者的客觀性、資訊力和權力，後者指外在變數影響執行者價值的改變，兩氏認爲此即 Scharpf 所稱之權變途徑。

（二）**系絡關係設計（designing contextual relations）面向**：此面向係指特定政策制定的垂直和平行關係設計。前者指政府間或府際關係（中央—地方），但亦包括參與設計的顧客組織等利害關係人，後者則指地方政府間的關係，但亦包括政黨、社會組織、民眾及其他利害關係人。換言之，此亦即如「由下而上」途徑之執行結構關係。

（三）**執行者價值和規範之內在化（internalization of values and norms）**：此面向指公務員或基層官僚對於傳送政策產出的責任感，認同本身專業以解決民眾需求的能力，亦即如 Lipsky 的基層官僚理論。

二、指導性治理

（一）**一般法規環境（general rule setting）**：此面向係指政府行爲的規範，這些規範包括法治制度正當性，能否維護公平、平等和正義等的公共價值；民主制度是否定期舉辦選舉，維護公共價值。上述規範亦包括有所爭議的福利國家制度，透過社會交換，以實現民眾的最小利益和適當繁榮水準等。

（二）**任務規劃（mission formulation）**：此面向係指以全球化趨勢下的「改革意識型態」（自由民主主義、社會干預主義、新保守主義）等爲後設政策概念，決定何者應爲和什麼是爲，譬如面對全球文化個人主義社會趨勢如何控制、跨國媒體公司應否合併等，這不僅涉及政治意志，更關乎司法規制能力。

（三）**規章運用情境限制**（situation bound rule application）：此面向指執行者必須採取特定系絡（specific context）相關的適當作爲，而這些作爲不僅受改革意識型態、社經趨勢影響，也受時間和空間影響。換言之，執行者雖可運用其知識思考，然仍將受制於命令去行動（under an imperative to act）。

三、操作性治理

如表 5-3 所示，操作性治理是借用 Etzioni 的強制、獎賞和規範等三種強制機能作爲執行模式（mode），再根據各種不同操作治理活動，採取不同的執行作法：

表 5-3　Hill 和 Hupe 運作治理模式

	模式類別		
運作活動	強制	績效	共同生產
政策過程管理	明顯指令	創造介面	承擔責任
組織關係管理	職掌責任明確、充分資源	增進遵守契約	實現夥伴關係
個人間關係管理	促進動機和內在化、對標準作業程序順服、領導風格、在職訓練	增進和維持服務取向、獎賞順服標的	增進專業能力、組織性回應
中央政府管理機制	法規	契約	信任

資料來源：Hill & Hupe, 2014: 187.

（一）強制執行模式（enforcement mode）

此模式是指在政策管理過程中，對特定政策賦予何時何地完成的明確責任，而這些責任皆應明示於政策形成、法規制訂和政策方案。對於組織間關係的管理應是職掌分明。至於基層官僚，應確實遵從標準作業程序，展現領導風格，提升執行者的動機和內化價值，並提供在職訓練以增進專業能力。此模式的中央政府治理機制就是依法規（rules）執行。

（二）績效執行模式（performance mode）

此模式是指在執行管理過程中，採交易治理方式創造接觸面（interfaces），著重產出的績效。對於組織間關係的管理，應採適當政策架構（如誘因）提高契約執行順服度。至於基層官僚與標的對象互動管理則應提升服務品質，以確保標的對象順服。中央政府對此模式的管理機制就是依契約（contract）執行。

（三）合產執行模式（co-production mode）

此模式是指在執行治理中，採授權自由裁量和共同參與方式，以建立執行夥伴關係，來管理組織間關係。至於基層官僚則應提升專業能力，使顧客服務制度化，建立同僚評鑑制度和員工申訴程序，並有組織地反應民眾需求（organizing response）。中央政府對此模式的治理執行就是依信任（trust）和說服（persuasion）執行。

在研究方法上，Hill 和 Hupe 採用「第三代執行理論」的「網絡管理」研究方法，質化和量化方法並用，單一與多元組織和單一與多元案例皆為分析單元，這是混合的研究途徑。

綜之，兩氏在 1999 年就呼籲執行研究並非「昨日議題」，而於 2002 年提出「三層次治理」執行模式，隨即於 2009 年再修正為「多元治理執行模式」，可說更周延、更廣博。在筆者看來，雖顯繁雜，亦缺多元實證研究成果，然仍可稱為在公共治理理論中，在概念上、方法上最具解釋力的理論模型。

第五節　新公共治理與執行研究

1980 年代以來，行政國基本假設受到兩個因素的挑戰，並開始合流。一是支持小政府和少干預的政府，即減少對人民管制和財務負擔，減少法令管制，尤其是減稅，減少預算支出，要求減輕對土地開發、環境、職業安全、衛生和就業管制。並強調私部門、NGO 提供政府服務更有效率，這是使民主更安全的哲學信仰。另一因素是挑戰行政國的可行性，認爲美國聯邦政府債務逐漸增加，州政府和地方政府的衛生醫療和退休年金支出，逐年上升，將會使政府走向破產。這兩項運動皆質疑政府解決社會問題的能力，前者即稱爲新公共管理，理論意涵已如前述，後者則爲新公共治理。

新公共治理（New Public Governance, NPG）一詞是由 Toonen 和 Larsen 分別於 1998 年和 2008 年提出，而持續地被運用來敘述「新治理結構和過程」（new governing structures and process）包括「政府間機制設定」（intergovernmental arrangements）、公部門、私部門和非營利組織間的夥伴關係，以及促進共同利益的新政策工具（Morgan and Shinn, 2014: 12）。

Morgan 和 Shinn 強調提供公共服務的共同協作（collaborative approach）以及上述夥伴關係的重要性。NPG 的模式旨在作爲與 NPM 市場模式的溝通橋樑，兩者並非相斥，只是不同策略，以減少規模、成本和政府的無效率。NPG 著重「實質的政治價值」（substantive political values），其理論要旨如下：

一、NPG 是價值取向，政府的目標應爲促進更大公共利益，即 Mark Moore 的「公共價值途徑」，也是 Stoker 所稱之「集體偏好途徑」（the collective preference approach）。政府整體活動就在推進公共價值，而不僅是增進效率、效能或執行方案的課責性。因此，政策執行的績效測量目標就包括公共服務的產出、滿意度、結果，以及實質性政治價值（民眾信任感和政府作爲的合法性與正當性）。

二、NPG 強調創造政府過程是要使廣泛利害關係人，達成「可執行共識」（implementable agreements）。這些利害關係人可能不同意政府產出最大化公共價值行動。此乃因 NPG 所要追求的是民眾認爲之集體偏好，而將政治視爲中介集體偏好表達，亦即政府績效應視爲眾多利害關係人的政治中介過程。這些利害關係人對於公共價值，有許多合法合理偏好，並要確認對廣大公共利益或財務，保持始終如一作法。因此，政府職責所在，就在創造各種新政策工具，議價過程共識和可能的績效衡量。

三、NPG 主要特徵在創造公共財應是合產過程，結合民眾、市場和 NGO。此模式主張政府角色不僅只是管制、分配或再分配公共利益，而應作爲催化劑，投資私人和 NGO 利害關係人，以共享公共財所有權。這類政策執行較爲簡單，如社區警察；也有較爲複雜，需要多元參與者和權威結構者，如流域管理。藉此執行手段，NPG 相信可增進地方組織能力，以作爲建立公民社會基礎結構和全面性社區能力的自我設計與生產（to be self-authoring）。

1980 年代末期起，NPG 將政治體系內的績效，視爲公部門、私部門和 NGO 共同合作而貢獻不同形式政治社群的有機體。因此，與前述執行研究不同的是，NPG 以「政體」（polity）或政權（regime）爲分析單元，來瞭解績效、政治變遷、治理和領導力發展。這個概念架構旨在理解地方行政人員角色，建立各部門與組織間平臺，促進更大公共財，以衡平最大資源的可能性。

綜之，NPG 的理論焦點將使垂直組織結構變成平行結構，而尋求各類參與者的「合作協議」（cooperative agreement）。次而，認定和調解衝突價值，需視不同的政策工具，在不同層級結構中應用。Salamon（2002）的政策工具，依不同典範的組織和權力，運用不同工具，從前國家建立（preclassic nation building）、古典公共行政、NPM 至 NPG，依序爲（一）機構和方案依政策工具需求不同，去創造「網絡共識」（network agreement）；（二）組織從層級節制至網絡結構；（三）從公共部門對私部門變成「公私部門」；（四）從全力控制和指揮變爲議價和說明；（五）管理取向變成賦能（enablement）。

NPG 的重要結果就是沉入 Bellah 和 Sullivan 美國對談文化的「第二語言」（the second language），這些「第二語言」使用是植根於「公民共和主義」（civic republican tradition），並高度強調公民參與以及公民與社會自願組織，來持續促進民主治理，更能透過教育和中介者角色，緩和利益團體利益及意識型態的衝突，來達成「以價值爲基礎」的績效（value-based performance）。

就理論脈絡而言，NPG 需「治理理論」（theory of governance）來導航，以解決行政工作的價值衝突，成爲只是解決實用性衝突，如此成效只能說是協議，而不是民主價值的「協議結盟」（the alignment of the agreement）。危險的是，在 NPG 外表下，這些新創的治理安排（governing arrangement）可能無法給予社區個別政治認同（political identifies）。NPG 認爲「法治系統」（rule-of-law systems）特別重要，蓋依據法治架構建立政府與私部門、私部門與公民社會的界限，所有保護人民團體和組織權利，應是奠基於他們的信仰（beliefs），這才能發揮公共服務的有效性輸送。

NPG 行政官員必須遵循美國憲法架構，注意公共議題的歷史根源和系絡，不應只是考量狹義的技巧和工具性效率和效能。唯有公共價值以價值爲基礎才能維繫有意義的公共機構，缺乏這項核心價值，就是 2007-2008 金融大海嘯的主因，蓋缺乏監理機制，以回應民眾的公共利益。NPG 企圖將政治引導回流至公共行政工作，這樣所形成的「價值─政治─核心」途徑（a value-and-political-centered approach）就可以適用至全球和跨國文化不同國家之治理研究。

其次，NPG 策略性成功的先決條件是，地方實體（local entities）和公部門、營利和非營利部門之間的「相互連結」和「關鍵」角色（the interconnected, critical roles），方能增進公共財。地方治理實體不可寄望於地方民意代表，願意擔任「審議式責任」（deliberative responsibilities）的角色，而執行方案審議過程正是 NPG 夥伴協議的核心精神。

惟政府的夥伴們並非皆有相同的可靠能力，並因地方社區文化樣貌逐漸多元化，需運用「公民契約或約定」作爲審議式策略。因此，地方行政官員需協助評估潛在網絡的參與者，使之持續承諾和發展引導力，以在共享權力世界能有效運作。然而，受限於資源，「信息孤立社區」（a siloed community）往往不能相互操作連結系統，但政府和其他公民社會部門，卻逐漸增加「沒有需求」的社區（unmet needs of the community）。爲此，美國聯邦政府訂定「美國國內稅收法」（Internal Revenue Code）第 501(c)(3) 條款，列出許多非營利組織享受 26 種減免「聯邦所得稅法」的所得，並可成立公益性機構（entity），作爲「控股公司」（holding company），提供服務給其所轄的公益團體。儘管如此，NPG 的主要涵義在提升這些「政治組織領導者」（polity leaders）應認清自身角色，在參與審議式過程，發揮影響「軟實力」，而非法定權威結構「硬實力」。

再者，爲達上述目標，領導者必須具備整體性思考和應付複雜、模糊和不確定的環境，建立維持核心價值、機構和法律原則的「網絡治理系統」（networked governance systems）。Brian J. Cook（Ibid., 2014: 10）主張 NPG 的「新領導規範理論」（a new normative theory of leadership）：（一）行政過程將動態社會生活轉換爲知識，作爲審議式立法的資訊；（二）公共利益核心爲保存政體審議型機構；（三）民主治理應作爲行政實務運作的定錨角色（anchored in practical wisdom）。

綜合所述，NPG 的假設前提爲：

一、NPG 要求行政官員需熟悉參與價值的仲裁（arbitration）過程。

二、NPG 的價值仲裁使其核心工作具政治性。

三、行政人員應使 NPG 視爲既定政體的政治基礎與價值，而非只是超越科學管理原則。

四、NPG 要教育公共服務領導者，擁有領導權力共享的世界，確認民主課責、遵守美國憲政治理（constitutional governance）的法治界限。

第六節　治理與行爲科學

壹、執行科學（Implementation Science）

就美國研究文獻來說，在醫療照護（medicine and care）或教育政策領域中，執行科學幾乎和前述各章所論述的政策執行理論典範平行發展。執行科學亦都以政府政策干預爲標的，而運用「以實證資料爲依據」（實證本位）或「循證」（evidence-based）的實務資料，來瞭解如何促進醫療照護的品質和效果。

執行科學研究途徑是以「創新擴散」（innovation diffusion）爲導向，探討執行者如何傳送創新理念，價值或需求評估，使標的團體能理解，並易於接受甚至模仿政府的政策干預。創新擴散架構旨在強調標的團體可在執行過程中，顯著地造成標的行爲變遷。因此，該架構常須進行內在效度高和一定期間的「實驗設計」（experimentation），藉此瞭解政策干預之因果關係。換言之，執行科學係以政策評估的實驗設計來探討這些政策干預措施效果如何、哪些因素呈現正面效果和影響因素的規模大小。然而，政策執行過程畢竟是政治權威運作過程，普及理論如何跨過這項困境找出成功政策干預因素，又如何說服執行者的配合意志？

一、Carl May 認爲「標準化過程理論」（normalization process theory），界定

相關和有意義的變數後，將日常工作標準化，可強化執行者的能力和執行技巧。

二、Trisha Greenhalh 則探討 500 份學術期刊和 13 項醫療照護實地服務個案，提出「整合性架構」（integrative framework），界定出超過 500 個變數可預測成功之執行效果，即類似 Mazmanian 和 Sabatier 的「由上而下」理論架構。

三、2012 年，美國預防醫學期刊（the American Journal of Preventative Medicine）運用執行過程的擴散理論，界定出政策干預 61 個行爲變遷的決定因素。

四、Duncan Meyers 則整合 25 項執行架構提出「品質執行架構」（quality implementation framework），同時運用「標準化評比工具」（standardized rafting tool），將執行過程分成爲 14 項標準化步驟，以逐步瞭解執行障礙所在。

準此，這些執行科學學派企圖以客觀的評量工具，來評估政策干預的執行效果，實與傳統策略規劃過程幾乎呈現一致性，對執行過程創新擴散理論運用是有其貢獻。然而，缺乏政策環境思考和現代科學介入運用，只強調內在信度和努力，並無法體認複雜的政策執行過程，蓋執行過程仍必須考量複雜的人性本質和經濟行爲，亦即政策干預的人性向度。

貳、行為經濟學（Behavioral Economics）

任何公共政策或方案執行過程和結果，無不設想標的對象行爲是可被改變，而達成政策目標。然而，這些標的對象或群體卻常常難以符合政策決策者或方案管理者的內心假設、偏見和主見。行爲經濟學結合心理學，就在研究分析人的行爲偏誤，以深入瞭解這些決策者、執行者和標的對象的行爲經驗，並以最少成本達到最大政策效益，進而設計政策干預，俾使政策參與者，呈現正向行爲改變。

2017 年諾貝爾經濟學獎得主查理・塞勒（Richard H. Thaler）和法律學者凱斯・桑斯坦（Cass R. Sunstein）於 2008 年「推力」（Nudge）一書中提出「選

擇設計師即規則制定者」（choice architect）的概念，認爲決策者或執行者只需以簡單和輕輕地往某種方向推（nudge），雖不足以使標的對象之行爲完全改變，但卻可於關鍵時刻，無形中產生創造性作用而明顯影響結果。選擇設計師（決策者或執行者）制訂規則影響參與者，改善其決策，限制或形塑其經驗，以非侵入方式，可創造標的對象朝向正面之行爲變遷。

這項行爲經濟學對人性假設的挑戰，不認爲決策者或執行者個人決定是理性的行爲。1940 年代，賽蒙（Herbert A. Simon）就已提出「有限理性」，對理性決策提出批判。至 1970 年代，心理學家特斯基（Amos Tversky）和卡尼曼（Daniel Kahneman）的研究指出，個人決策往往陷於主觀和偏誤，常以同樣經驗面對不熟悉情境，更在不瞭解整體系絡情境，做出缺乏理性的決策。

行爲經濟學家認爲行爲科學家的見解，可輔助經濟理論的解釋和預測，並可觀察人的行爲。因此，不僅適用在研究上，同樣亦適用於執行過程之應用。政策和方案因而是可設計，而執行過程亦可設計，甚至可透過槓桿作用使謬誤和偏見反而具有效性。

這些選擇設計概念就是政策或方案的干預（interventions），使參與者在特定政策系絡中，改變其默認的選擇。就經濟學觀點而言，政府政策干預是因市場失靈，而爲矯正消費者和供應者間資訊不對稱，以創造兩者間對話機制，及提供無偏誤和完全資訊。在 Sandfort 和 Moulton 的實證研究看來，這些共同行爲偏誤是可避免的，諸如經驗法則（rules of thumb）、迴避損失／風險、維持現狀偏誤、未來貼現（future discounting）和太多選項（too many choices）等，正是行爲經濟學可提供政策設計和執行者，進行干預政策的參數。然而，兩人亦指出行爲經濟學家對政策設計和執行，似乎忽略標的群體行爲之困難度、缺少公共責任感（public accountability）、環境系絡因素和制度因素等，而使行爲經濟學在政策選擇設計和執行過程，並不太樂觀。

儘管如此，筆者認爲「推力」的概念和作法，對政策執行雖非廣博性理論架構，惟仍具高度可行性，可作爲政策工具設計之重新思考：

一、Thaler 的「不當行爲」（Misbehaving: The Making of Behavioral Economics）一書中之發現，諸如稟賦效應（endowment effect）、心理帳戶（mental accounting）、自我控制，過度自信和人對公平的感受等，皆可來重新理解社會現象。

二、Sunetein 於「剪裁歧見：訂作民主社會的共識」（Conspiracy Theories and Other Dangerous Ideas）一書中，再提出 10 種重要的「推力」：（一）預設規則，促使民眾主動選擇；（二）簡單化，可利民眾對於政策方案的參與；（三）運用社會規範，可減少犯罪或有害行為，強調大多數人會去做某件事；（四）增加容易度和便利性，有利降低民眾抗拒改變；（五）揭露、公開大量資料，可使市場和政府都更乾淨；（六）警告、圖示等作法，會吸引民眾注意力；（七）使用預先承諾策略，可引發民眾的積極行為；（八）提醒，可確保民眾收到訊息會立即行動；（九）誘發執行意願，比較利於民眾去執行；（十）告知民眾過去選擇的本質和結果，如美國的「聰明揭露」（Smart Disclosure）和英國的「公開資訊計畫」（Midata Project），可讓市場運作得更好。

第七節　策略行動場域與政策執行

壹、基本概念

2015 年，Jodi Sandfort 和 Stephanie Moulton 合著「實務的有效執行：公共政策和管理之結合研究」（Effective Implementation in Practice: integration Public Policy and Management）一書，可說是 2010 年來，首將政策執行理論與實務結合的經驗性著作，蓋兩人皆具有第一線工作經驗（the front lines），而以之作為政策論證基礎，該書亦如前述著作，先檢視過去四十多年來的主要研究途徑，再歸納出**「策略行動場域」（Strategic Action Fields, SAF）**的政策執行理論架構，並自認是政策執行研究新方向（a new perspective for implementation）。

「策略行動場域」概念係借自公共政策、社會學和組織理論等學科架構，認為執行操作系統中政策場域（policy fields）、各別組織（organizations）和第一線執行者等三個層次（three levels），都分別有獨特制度的環境因素（unique-institutional setting），而 SAF 乃在提供集體行動環境，使參與者在互動關係的系絡下，執行核心方案（core programs）或政策干預措施（policy interventions）。惟每一層次的執行結構系統皆有可滲透性界限（act as permeable boundaries），「政策場域」的理念和作法，可透過層次間的過濾孔道，嵌入並擴散至各層次，利用管理技巧、法令規章與規範，設定「限制性網絡」（bounded networks），形塑參與者意向、想法和行動，並限制執行者對備選方案的選擇，結果乃形成「路徑依賴」（path dependence）現象，執行者不斷重複某些作法，缺乏創新性思考，導致執行能力受限，執行效能反而難以達成預期目標。

核心方案或干預措施可界定為在某些情境下，對標的對象或群體之執行作為。但方案和干預措施的專業知識並不保證可解決問題以有效執行，常見的情形是方案內容（content）可稱周延，惟執行系統各自為政，再加上執行人員怠惰，主管和管理者雖提出「以事實為基礎或循證」（或實據本位）（evidence-based practive）實務資訊進行再設計和整合，甚而再精煉方案措施內容。惟在這些資源限制的結構動態環境下，執行者仍以自我解釋方式告知實務上並不可行。要言之，每一層次的社會結構和文化都會影響每一執行方案或干預措施的內容，有些結構和文化較為鬆散者，就比較易於接受內容和作法，有些較為緊密者，則不易受滲透，政策內容和作法就常常受到阻撓，各級主管和管理者的導航能力就成為關鍵要素。

進言之，SAF 的執行架構旨在有效地促進標的對象行為之創新性改變。舉例而言，一位失業單親母親的政策方案問題，可從經費補助、教育訓練、社會支持團體到節制教育（如戒酒）。但每一方案都有其社會結構的特定資源，參與者和方案執行經驗，仍須在執行組織內部上下協商才能提出各項政策方案。再以失業單親母親而言，就需以技術步驟和調適性挑戰（technical and an adaptive challenge）來瞭解執行系統和運用行為與社會變遷技巧，才得以分析和呈現整體執行過程，因而首要步驟就在解開執行核心方案（core programs）或干預措施的各項操作要素（operational elements）。

貳、核心方案的操作要素

政策執行的主要課題就在界定「如何創造標的團體行爲的可欲變遷方向與結果」，亦即在 SAF 中如何找出施行方案的操作要素，彼此間之投入產出的鏈結關係，這可能是——邏輯模式、工作流程圖或方案計畫。準此，政策執行研究者，乃在此領域興起研究時，即將「方案技術」（program technology）認定爲瞭解執行結果的重點。誠如 Pressman 和 Wildavsky（1983）在**「執行」**一書再版時，所強調政策能否改變而影響行爲、組織或環境條件，須視所運用的技術改變標的團體範圍和行爲改變程度而定。

職是之故，方案技術不能簡化爲高度或低度，而是應進行思考如何在 SAF 中組合方案技術和執行者，以瞭解在不同環境中爲何同一方案會造成不同結果。核心方案動態的執行過程，可分解爲三項重要活動：設定可行方案（establishing viable options）、認定改變邏輯以及造成結果的協調作爲（coordinating activities）。

一、設定可行方案

設定可行性旨在確認哪些問題可處理？欲期達成哪些目的？能否適當地處理問題？然而，在 SAF 的架構中，這些執行技術的運用，則需這些執行參與者彼此討價還價，以達成可欲的影響結果。因此，在方案執行系統中，核心方案乃會在政策場域、組織和第一線各層級間，再界定和面對不同的詮釋，愈具高度共識性，交易成本愈低，當爲可行方案。

在 SAF 架構中，不同的政治意識型態（political ideology）應是塑造公共問題的潛在要素，蓋其可先設定執行條件。然而，經驗和現有組織結構亦是組織內和彼此間影響問題與解決方法的因素（即沉沒成本）；再者，執行者的知識和能力，對標的團體的認知亦必然成爲有效干預措施（effective interventions）的可行性要素。

二、認定變遷的邏輯關係

就方案的投入產出間連結而言，認定方案所導致變遷，即 Pressman 和 Wildavsky 所稱之「因果邏輯」（causal logic），這項關係所涉及問題即是：標的群體變遷範圍？標的群體行爲如何變遷？執行者對方案內容的假設前提爲何？而這因果邏輯當然視所採取的執行技術而定，有些技術比較簡單，譬如對單親母親來說，發放食物券或現金券，就直接能購買食物，溫飽家人。但如提供就業訓練課程，則須視其改變行爲態度和能力而定，相對較爲複雜。因此，因果邏輯確定性應和政策問題本質複雜程度有關，而影響因果邏輯可有兩項重要因素：

（一）執行技術需要改變標的對象行爲，在執行上就較爲複雜，如僅是透過電腦化程序，就直接能接受服務的控制過程，行爲改變較爲容易，但如必須透過道德評價、專業判斷和標的對象自身投入等「接近民眾的技術」（people-processing technology），則只能儘量將這些複雜技術標準化。

（二）然而，往往有些政策問題複雜性才是決定可執行性關鍵，這就是 Sabatier 和 Mazmanian 所稱的「問題可處理性」（tractability of the problem）。標的對象行爲變異程度愈大愈複雜，執行過程就愈不確定，結果乃不易達成可欲目標。另者，標的對象行爲動機和不同個性，亦將影響政策干預的效能性。

三、協調作爲或活動（coordinating activities）

協調過程是指如何協同各項活動以達成目標，而所有行政服務或技術、工作流程或夥伴組織皆視爲政策干預，並與方案本身複雜性相關，亦即爲權變理論的要旨，譬如行政組織各層級間皆需專業化，惟高層管理則更需人際關係的互動行爲，長照服務就是更需複雜程序和協調作爲，工作困難度因之而生。

再者，資產特殊性（asset specify）當亦更增加協調作爲技術困難與實質投資所需服務的複雜性。常見於公共服務的委託外包，即是因技術困難和投資複雜性而引發交易成本問題，但會考慮公共事務外包就不只是爲考慮成本，而是使在協調上更有利的政治可行性。同時，政府機關內部因結構上層級節制、工作流程、法令規章、獎懲辦法、政策目標不一致和成員間的互信基礎等因素，所造成面對面協商契合度問題。要言之，就不僅是成員間的溝通管道和方式，更需爲有能力的領導者運用有價值資訊，使這些協調作爲能有效結合。

四、核心方案的整合

以上核心方案的三項要素整合過程，將直接影響政策方案在 SAF 中的不同執行型態。就政策問題本質和運用技術而言，例行性方案是比較易於執行，相對地，複雜性方案需更多共識和有效干預，蓋因涉及參與者更多價值判斷，勢將造成執行困難度。

再者，一般看法和誤解的是，總認爲問題（problems）、答案（solutions）和參與者（participants）是在理性直線式的傳統執行模式中，依設計過程和協調結構來運作，而有效地達成政策目標。然而，公共政策和法令規章制訂卻是在不同意識型態和政治妥協下的結果，亦即公共議題往往是「垃圾桶模式」中問題、答案和參與者互動造成的選擇機會（choice opportunities），是一拼裝的藝術過程（an artistic process of bricolage）。進而言之，核心方案的執行分析就是每一 SAF 的社會結構，正式組織法令規章和有形資源等都是分析要素，但非正式層面的社會系統和參與者價值信念（values），則更是難以界定的分析要素。

參、解構社會結構和動態情境

每一 SAF 執行過程的社會結構和價值信念，都涉及權力和文化動態移動，權力動態是指合法性權威（legitimate authority）決定資源分配和行政規章的運用，這是前述「由上而下」研究途徑之邏輯理念。文化動態是指核心方案執行過程，係基於參與者信念和價值。惟兩者同時皆受「市場條件」（market conditions）、法規實務（legitimizing practices）和「個人價值」（individual values）的影響。

一、政治和經濟權威：強制和競爭（coercion and competition）

（一）政治權威

政治權威是指在法制和規章的強制執行環境，如能設定明確目標、任務和適當資源，將可達成可欲結果。然而，一項政策很少能達成特定化目標，蓋任何政策方案執行常受不同或其他政策影響，有些更是具相互衝突的競合性。但這並不意謂法規不重要，反而應是方案執行支持的基礎要素。然而，這些法規可遵行的干預範圍常是法規人員主觀的解釋，乃形成在 SAF 中，各執行者間討價還價行為，完善而可行法規就更顯其重要性。因此，除了標準化行政流程外，具熟練技巧的實務執行者，就能使標的群體更能接近公共服務，亦能增進標的群體之順服性。儘管如此，上述論點有些過度簡化，因如何藉減少公文文牘主義（green tape），以促進平等或服務品質的公共價值目標達成，尚須這些實務執行者不可堅守「依法行政」（I don't have any leeway）原則，而出現獨斷和任性的行政行為。再者，法令規章對於執行者角色功能與課責機制，常缺乏明確界定，致執行過程須視協調行為和結果，是否可相互接受而定。然而，法制設計在既定政策場域中，往往由掌控更大政治權威的主要機關（lead agencies）扮演主導角色，使其他機關執行人員專業技術或經驗無從發揮。

（二）經濟權威

經濟權威是指市場條件常和政治權威並列為規範執行活動的政策工具。惟市場機制是比法令規章快而有效反應公共服務的需求。尤其美國政府在執行政策和方案時，市場機制是扮演重要角色，民營化雖亦常發生市場失靈結果。然仍為主要政策工具，期整合法規環境之變遷邏輯，而促進政策執行有效性。在 SAF 政策治理架構中，執行參與者是否願意「共同合作」（collaboration），將取決於合作條件；但又同時可透過「相互競爭」（competition），減少政府的行政成本。惟兩者並非相互抵銷關係，當政府財政資源較為充裕時，採取共同合作策略，將使參與者更有自主的選擇，而預算有限時，採取相互競爭策略，當可激發參與者的能力、意念和尋求聯盟，以利完成政策方案目標。

（三）文化規範與價值

文化規範與價值是指政策或方案「確實可執行」（really work）的反射文化，須從質性思考感受執行過程動態情境，缺乏實務執行經驗人員，難以領會第一線工作者對執行理解，此乃是人類學家（Clifford Geertz）所稱之「人們間拉成絲狀的特定網絡」（webs of significance spun by humans）。因此，縱係符合規章（legitimacy）的執行行為仍有其限制，而難以解釋。這些反射文化透過職掌、資源和環境交互連結的非正式管道，來影響方案之因果關係，而形成執行人員間對「要做什麼」和「應該做什麼」的共同理解，並增進強烈承諾感和動機。這些無形行政文化，可分成兩項影響政策執行機制：法規應用實務問題（legitimizing practices）和共同信念與價值。

1. 法規實務問題

法規實務問題是指當執行機關間出現「組織同質性或共構（isomorphism）現象時，雖可有效減少執行過程不確定性變遷邏輯，但同質性文化卻往往造成缺乏效率性的政策結果。縱使實據本位或循證所訂定的「黃金準則」（gold standard），也因此在不同執行機關，仍然出現不同結果。惟如法規適用過程能使執行人員，對適法性產生高度信任感，仍可有效地促進協調結果，並可增強執行人員道德課責感，政府法規當可更有效地執行。尤其涉及不同組織文化的公私夥伴共同執行政策方案時，可自我節制法規適用範圍，而顯現執行法規彈性，政策執行乃更具合法性和正當性。

2. 共同信念與價值

SAF 架構的共同信念與價值是為政策方案執行最主要影響機制。Sandfort 和 Moulton 將共同信念與價值界定為認知架構、引起感知的手段（a means of sense making）、減少模糊性和使政策執行世界更具知識性。政府相關中高層主管、中層管理者和第一線執行者，皆透過此一執行系統來瞭解標的群體、方案運作策略和參與者感知以達成政策目標。

人類行為信念是為形成行為變遷的主要參數，而信念如能促成人際間信任感、執行者能不推脫責任和能提供高品質服務，而獲標的群體之支持等問題，法規獎懲的控制手段則屬次要因素。再者，有效政策干預因執行者「專業社會化」（professional socialization）不同，彼此間對方案的設計，隨專業偏好和經驗不同，對引起感知以應對立法者和標的對象，就必然出現對方案或干預措施不同的詮釋和作為。共同信念亦是方案執行協調活動要素，這涉及執行者對共同信念瞭解的聚合與差異程度，蓋方案問題解決、成敗界定和不同執行環境等在組織中垂直與水平協調，具共同詮釋，方可竟其功。

職是之故，共同信念與價值文化對執行機構面對「共振性集體認同感」（resonant collective identity）時，就更顯重要。然此時同時也會出現「反文化」（countercultures）現象，將使位低權輕的執行人員在執行機構的社會系統中創造團結機會，而成為主要組織文化，反社會弱化整體的執行過程。但此時亦會出現另一分析工具，無論是「故事敘述」（stories）、隱喻（metaphor）和詮釋（interpretations）也皆會對 SAF 中差異化信念與價值，提供更具預測性和創新的機會。儘管如此，組織中卻會產生多種組合的小團體，每一組合皆擁有資源與企圖建立權威，對政策問題提出解決問題或可行方案，必然形成競爭狀態，反而使 SAF 執行過程呈現動態且未能預測的結果。

肆、SAF 架構之個案研究：美國「個人生涯發展儲蓄互助方案」

一、建構執行研究之新架構

2017 年，Moulton 和 Sanfort 在「策略行動領域架構對政策執行研究」（the Strategic Action Field Framework for Policy Implementation Research）一文中，將她們的 SAF 架構運用於「個人生涯發展的儲蓄互助方案」（the Individual Development Account（IDA）Matched Savings Program）研究。首先，她們提出一個新的 SAF 架構，引用 Fligstein 和 McAdam（2012）之「複雜社會系統的變遷驅動者」（the drivers of change in complex social system）概念，俾深入探討「公共服務干預」（Public Service Interventions, PSI）執行，以瞭解其增強的必要性。同時，她們的架構著重比較「狹窄」焦點（a narrower focus），而非政策過程或制度化分析，就如 Weimer（2008）的看法，更緊密

的焦點（特定政策干預）探討，可產出與政策實務更有相關性的結果。

如表 5-4 所示，SAF 對執行研究新架構共有三項構成要素（three components）：PSI 的變遷過程（process of change）、多層次策略行動分析以及透過社會技巧（social skills）活化各種權威資源，以提供 PSI 變遷和穩定量能。在每一構成要素，各提出有關任何 PSI 執行的核心假設，此乃基於「場域理論」（field theory）並可包括複雜性理論（complexity theories）、組織理論、經濟理論和人類行爲理論（theories of human behavior）。這些假設可作爲運用此一架構，發展對特定政策執行的特定研究問題。

表 5-4　策略行動領域（SAF）的執行架構

組成	要素	變異舉例
方案介入	變遷過程	例行化複雜程度步驟的數目，或可預測性，標的變遷和過程
	協調方法	依賴技術專家的程度，工作程度（可程序化，共用，互相依賴）強制、指導、自動化和能見度之工具運用
	系統操作變遷	媒介使用過程的變異（效率、可接近性），每日實務介入整合程度（例行化）
	標的團體行為或條件變遷	標的團體經驗變異和行為或條件變異
分析規模	政策領域（聚集）	使用、歷史關係、新領域結構的類型
	組織（操作化）	介入和其他方案過程和技術校準的程度
	第一線（法規）	工作人員自由裁量的程度和對標的團體承諾的態度
變遷和穩定性的驅動者	權威的來源	政治權威、經濟權威、規範信仰和價值的影響程度
	社會技巧	詮釋、設計、調解和協調的影響程度
	外生的衝擊	穩定或不穩定的程度；經費、法規或參與者的變遷程度

資料來源：Moulton and Sandfort, 2017: 148.

（一）公共服務干預（PSI）和結果

SAF 理論基本原則是場域的界限並非固定不變，而是依據情況和議題利害關係隨之變動。爲分析執行動態，PSI 則爲界定具利害關係議題，並提供不同場域參與者對該議題反應的角色理解。干預（intervention）意指一組複雜的協調過程和方法之組合，以轉變輸入成輸出；PSI 則指一組至少部分被政治權威機構授權，以有利於公眾的干預措施，而公共服務是基於民主意念的志願力「去服務公眾」（to be in service to the public），不只限於「以服務爲基礎」（service-based）的干預措施。

在組織背景下，他們的新架構是依循 Anthony Giddens（1984）之結構化理論（Structuration Theory），而提出一個「技術結構模式」（a structuration model of technology）。此模式認知技術具有雙元特性，可作爲自變數影響組織結構和過程，並可作爲依變數即由執行者實施工作過程所形成和調適的結果。同樣地，他們的研究途徑是指 PSI 可獨自影響執行的動態，亦可作爲嵌入 SAFs 的產出。此一模式將 PSI 分爲兩項要素：1. 變遷過程連接輸入和輸出以產生預期的結果；2. 物質、技巧和結構等條件以協調工作進行。

1. 第一項要素是基於執行者的各種知識和詮釋，皆處於因果邏輯之複雜性（complexity），每一個 PSI 皆於 SAF 內形成集體性的理解。這項「目的—手段」複雜性的連鎖關係，並非政策範圍（domain）或問題所特有，而是在 SAF 內環繞特定干預的反射性理解。
2. 第二項要素之協調方法是演化自 SAF 內的動態關係，亦即縱使同一政策範圍，州和地方政府的參與者仍須調整政策工具，以適應當地環境。此乃組織權變理論所稱調整組織結構以符特定任務或環境的需求，換言之，在實務上結構是被視爲在政策領域內的法定參與者。

要言之，企圖使 PSI 造成變遷，常必須造成干預過程和協調方法變遷，而成功變遷是指那些被嵌入干預內的 SAFs 所作制度性懲罰。就時程而言，過程和協調結構成爲制度化，不再視爲是新的部分，而是成就變遷工作的一部分。執行科學研究的焦點，是在探討哪些因素將導致成功整合新的「以事實證據」爲基礎之 SOP。惟雖然這是執行的重要結果，但仍然有其他 PSI 的公共價值結果，諸如：公共投資的效率和透明或分配資源給標的對象之品質和公平。

總的說來，PSI 的成功當依賴干預措施達成外在標的團體的可欲變遷，然而應注意不可減少何者改變干預的顯著性，亦即將系統要素視爲提升或降低的槓桿，以產出好的結果。政策執行學者亦常批評政策分析人員或評估者，常過度簡化變遷過程，以改進標的團體之結果。Moulton 和 Sanford 認爲她們的 SAF 架構可以整合執行研究多元面向的結果。準此，她們演繹出本文個案研究的**第一項假設：執行研究起始點是一項 PSI 圍繞的集體行爲，而可能造成外在標的團體和系統之變遷。**

（二）多層次的系統（Multilevel Systems）

就執行複雜性分析而言，SAFs 很少單獨存在，而是在多層次系統內形成鑲嵌式的關係。大型組織內單位皆各有其獨特操作領域，並共享某些相似性，但擁有各自權力、資源或主導的文化詮釋。誠如 Fligstein 和 McAdam（2012）所言，領域能在組織內和組織間跨越，SAFs 可垂直性鑲嵌，也可平行性連結資源依賴和不同的權威資源。

相對於「多元治理架構」，她們認爲 PSI 是在策略行動不同層次的決定，每一層次皆有其 SAF，而參與者擁有各種權力，擔任特定角色，並共享廣泛的詮釋性架構，以引導領域內的行動。本架構亦如其他多元層次架構，高層次所運用的法規，可以限制和賦予鑲嵌式低層次法規和行動動能。本架構將這些系統分成三個層次：政策領域、組織和第一線層次。

1. 政策領域是指限制性的組織間網絡，以實施一項實質性政策或特定地區的方案。任何地區都有一群組織機構，諸如：公部門、廠商、倡議性團體、慈善組織、各種公會和志工團體。組織機構間的資源和理解，皆可透過平行網絡或由上而下組織間關係。因此，政策領域是爲執行系統內總體層次內的 SAF。

   在這總體層次，決定影響 PSI 的組合，理念則被考量爲使其邏輯關係能創造標的群體的變遷，並認定可行或可欲的過程。在此層次，「以事實爲基礎」的政策分析實務和結果可普及擴散和辯論。但如領域能力和可欲結果出現差距，當可動員相關資源進行彌補。譬如，領域參與者可運用政策工具去協調聯合行動和傳送直接補助、競爭性契約或補助券等干預措施予標的群體。
2. 組織層次是有關干預措施的操作性決定。組織爲執行系統的手段層次（the

mezzo level），作爲政策領域和第一線工作者和組織內重要決定的制度性連結。在與政策領域重疊部分，參與者可採取被授權的行動去協調干預措施，對於政策領域政策理念要素，如績效標準或課責法規，就需由組織在執行組織內的 SAF 動態情境去調和。甚至基金會、非政府組織和志願組織也會採取調和行動，以應對州政府和地方政府的權威性指導。

至於和第一線工作者重疊的部分，組織應將干預措施操作化，以成爲例行工作。組織負責發展工作流程，給予方案參與者，確立工作品質準則和指示文件，以執行干預措施。假如組織現行作法符合干預措施的變遷邏輯，並擁有必須的技術和結構，執行當可相對順利；反之，組織或政策領域就需再尋求新知識、資源和意願，來遂行其假設邏輯。

3. 第一線工作者是執行系統的個體層面，而和標的團體、消費者和一般民眾，面對面互動，同時需要運用線上註冊或通知中心（call centers）。第一線工作者應是「主要問題解決者」，以決定政策變遷成功的標準。在 SAFs，第一線工作者是包含在大的組織系絡，而有時也在治理的操作層次。然而，對 PSI 而言，第一線工作者和標的群體參與者是有不同的動態領域。第一線工作者分享理念、評估可行方案和調適政策指令對特定情境的不適當性，而可透過結構和社會技巧，以解決基層官僚理論的通則性限制。至於干預措施的過程，第一線工作者常建構標的群體的信念，以使干預更有效率，並可遵循法定的程序。干預措施的焦點乃就在個人行爲變遷和相關文件的差異，使第一線工作者更能將干預措施例行化。準此，Moulton 和 Sandfort 乃以領域動態架構，演繹出本個案研究的**第二項假設：在多層次複雜執行系統中的 SAFs，可限制和使 PSI 運作的行動，而造成法定措施的變異性。**

（三）活化法定權威以促進執行作法（activating legitimate authority to shape implementation practice）

任何正式和非正式規章和資源無法絕對獨自運作，蓋須權威的支持，即由具合法性的實體或個人發布指令。在任何領域皆有多元、相衝突的權威資源。Elinor Ostrom（2011）的「多元核心」（polycentricity）就是體現不同管轄範圍或領域交互運作所形成，指引人員行爲的法令和規範。在此 SAF 架構下，這項概念是指參與者以其社會技巧啓動、解決和詮釋各種權威資源，以創造集體理解圍繞 PSI 的行爲。

Moulton 和 Sandford 提出在執行系統中有四項權威資源：政治權威、經濟權威、規範權威和信仰與價值權威。這四項權威資源之內涵，請參閱本章的第七節，茲不贅述。這些權威係依在一個特定情境，符合其他複雜系統理論的應用，而演繹出第三項假設：**在每一政策背景，各種權威的可能資源，能提供領域參與者，實施實務的理論基礎**。

任何特定權威資源的顯著性，皆依其如何在特定系絡內的詮釋而定。在有些系絡中，一項擁有資金的指令，往往會使執行者放棄關於服務品質的專業規範，而在另一系絡中，同一指令促使管理者去爭取補助金或發展倡議策略以反對該項指令的權威。如果缺乏客觀顯著性，權威資源可能被領域參與者活化、執行或濫用，以促進集體行動。因此，在任何層次系統中，執行參與者是可積極地共同創造（cocreate）在 SAFs 內的條件，使執行活動可被實證。

至於共同創造的機制是如何？權威資源如何被活化或濫用？他們在此架構，強調社會技巧的顯著性，以提供圍繞一項特定干預執行，爲何變遷或穩定解釋。基於人群社交性（human sociability）的假設，社會技巧可作爲潤滑劑。Fligstein 和 McAdam（2012）認爲規章和資源是爲執行的基石，但如無具社會技巧的執行者去詮釋這些規章和動員這些資源，應不可能竟其功。換言之，合法權威並不是外部因素決定，而是在執行系統內特定領域的內生變項。

精熟社會技巧的參與者通常不至於明示，如何使他人或標的對象可能瞭解是被強迫地接受，而是使他們認知對權威的相對要求是存在於領域內。蓋因參與者在執行系統皆有其不同的優越地位或優勢，這些參與者就會持續反應出競爭合法性要求。在此情形下，這些精熟社會技巧的參與者，將會運用對於標的團體的瞭解，去發展似合理協議，以向前執行。這些參與者不外訴諸以下條件：對事件的詮釋、架構行動的選擇、和標的團體約定行動議程和提出利益的條件。這些精熟社會技巧的參與者乃扮演中性和掮客角色，使標的團體分享執行任務。其次，他們扮演「跨界活動者」（boundary spanners），帶引理念和權威從一系統層次（如第一線工作者），至其他系統層次（如政策領域），或在最近的領域間，轉換理念和權威（如二個組織在同一政策領域）。此外，他們的直接經驗、詮釋象徵，以及協助在行動領域內調和競爭性的權威要求。

然而，外在因素震撼會改變執行系統內的權威來源。經濟危機或重大事故皆有改變標的團體意圖或干預的可欲結果。但 Moulton 和 Sandfort 的新架構，強調重要事件震撼的影響仍可避免。執行需要調和紛爭與介入，使標的瞭解變遷邏輯和實施干預協調。上述過程是使 SAFs 通則化的社會過程，也動態性地要求維持現狀或促進變遷，以符合新的權威要求。因此，兩氏演繹出**第四項假設：政策領域參與者利用社會技巧，再構成 PSI 使其察覺權威的運作，衡平在新的方式下權威運作，創造權威另外來源，或利用外在震撼以創造行動的新權威**。

綜合言之，本新架構的三項要素提供一個變遷和穩定之方式，而使 PSI 在多元層次執行系統內運作。SAFs 在政策領域、組織和第一線運作。SAFs 在每一層面都是執行研究的分析單元。在每一層次，精熟社會技巧的參與者，利用權威資源創造界限，使合法行動以被認爲和干預有關，但這些界限都處於動態情境。

PSI 行動造成變遷邏輯和運用於協調活動的物質和結構，而成爲決定結果的因果顯著性。兩氏指出執行活動有雙方結果：系統運作變遷和外部標的群體行爲或條件變遷。惟更應進一步瞭解的是，在何種條件結果的意識（awareness of results）下，可協助精熟社會技巧參與者的行動，定錨在執行系統，這些發現可助促進 PSI 跨向政策領域和背景的執行。

二、個案分析：IDA 儲蓄互助方案

（一）個案背景

1990 年代，美國對於「所得支持方案」（income-support programs）的運作，引起相當大的論戰，學術界認爲貧窮不只因勞務所得不足，也受限於資產（assets）的缺乏。由於當時大多數政策，皆鼓勵透過租稅系統，結果引發國會對於「資產政策」（asset-based policies）的累退稅率（regressive nature）不滿，因對低收入戶造成負面結果。美國迄今至少 44 州，採行效能類似針對低收入戶的直接補助、儲蓄誘因、教育補助，IDA 只是其中之一。

IDA 是一項 PSI，旨在提供方案參與者財務互助補助（通常是 1 比 1），即撥給在銀行儲存相對一定數額的低收入戶。在一定期間後，這項資金可用

來支付高等教育、購買房產或小型企業創業基金。然而，IDAs 雖大多由聯邦和州政府提供，也有將近半數資金，來自私人資金，譬如「企業發展公司」（Corporation for Enterprise Development, CFED）。CFED 評估調查顯示，超過 1,100 個地方在運行 IDAs，所得符合資格者，開戶數已達 100,000 帳戶。

（二）焦點：公共服務干預（PSI）

將 SAF 架構應用至 IDA 案例，應可解釋 PSI 及其可能的變異情況。首先，互助儲蓄帳戶（干預）是提供給符合資格的中低收入戶（標的群體），而其目的在促進資金或資產累積，以購買房地產、企業創業或高等教育學費（標的團體行爲變遷）。然而，其他面向則有爭議，譬如互助額度由 1 比 1，2 比 1，3 比 1，6 比 1 甚至 7 比 1。又如創造變遷的過程，有的提供額外服務，包括符合資格者的諮詢限制和不符資格者退場的處罰。再者，協調方法也有不同，有的是高度仰賴現有銀行體系，有的則靠非營利組織夥伴去收繳儲金或管理退場。以上這些變異情況是可影響 IDA 干預措施的可行性和符合資格者之受惠內容。

對於 SAFs 架構而言，這些變異情況要素就變成本研究之自變項和依變項，對於瞭解干預措施變異不同的干預措施因素，則有下列問題：在何種情況下，哪些過程（如高或低的互助金額）可以運用？在何種情況下，採取哪些協調方法，諸如：自動轉帳系統或仰賴非營利組織的服務網絡？哪些問題是調查結果所要考量：如何將互助金額整合至政策領域或組織，或符合資格者的儲蓄與金融知識，對方案要素的影響結果如何？

在研究架構方面，干預措施的要素是爲被 SAF 影響的依變項，也是影響符合資格者的自變項。在質化分析方面，則採取詮釋分析途徑（interpretive research），以瞭解一項干預措施如何發展；在量化分析方面，則採取量化準實驗設計（quantitative, quasi experimental designs），以解開系統效果和如何導致干預措施對標的群體影響結果。

（三）規模：多元層次的 SAFs

在 IDA 案例，一群參與者在政策領域運用方法，促進協調各州政府不同的型態。例如，約有三分之一的州是以集權式的網絡結構和政府其他機構，發放款項給地方非營利組織。在某些州，非營利團體舉辦定期會議和發布最佳實務信息以促進協調。另在其他州，並無正式全州的協調或基金結構，個別方案直接向當地組織、基金或捐款單位申請補助款。以上這些不同的資源方配方式和集體決策過程，反應法定解決方案，在特定地區不同干預措施，組合方式的不同。

惟各州政府雖已有政府機構和協調機制，在組織層次仍有相當變異會影響 IDA 的干預措施，蓋各組織任務職掌和技術運用皆有不同，致使必須調適 IDA 干預措施，以配合組織的工作。再者，第一線層次亦會實質影響標的群體之經驗和結果。譬如，第一線工作者必須調整其內部工作流程以同意或否決標的對象的儲戶申請，有些案例尚須個別諮詢，有些則以電話或 email 來進行申請過程。這些不同作法，將使第一線工作者運用「應付策略」（coping strategies）去處理繁重的工作。

兩氏的新架構要素必須注意「分析規模」（scale of analysis），即研究人員亦須特別在特定層次，採取發生於干預措施週邊的行動。例如，研究人員必須比較各州的不同政策領域認定不同的歷史關係、資源和影響 IDA 干預措施結果之參與者技巧。另一面向的「分析規模」，研究人員須比較服務機構的主要任務（住房補助、就業協助、減輕貧窮），以探討每天運作的方案過程整合。同時，研究者也應調查多元層次間系統之鑲嵌層級。要言之，無論「分析規模」，研究者應體認，各領域的限制和決策，如何在其他相近層次，形成執行方案和完整的執行系統。

（四）穩定和變遷：權威和社會技巧

新架構的最後要素爲干預措施的穩定和變遷，即透過社會技巧觸發不同資源的權威。IDA 的所有四項權威資源都被活化在不同時間和分析規模。某些州就立法使「互助比率」（matchrate）和「收入來源」（revenue sources）以確認政治權威。再者，政府也常監督法規的發展，以引導 IDA 的執行。當政治支持補助金減少，具精熟技術的工作者就會進行槓桿作法，使政治上更能被接受。至於經濟權威則透過個別所得稅和企業營業所得稅，來塡補不足的 IDA 收入。

除了上述正式權威外，IDA 的執行也反映出「規範」（norm）影響執行系統內部的運作。美國華盛頓大學的「社會發展中心」（the Center for Social Development, CSD）就是當地技術援助和評估的主要來源。CSD 的精熟社會技巧人員，就是架構策略和提供執行工具給州政府，使其方案可達規模，引導跨領域的方案標準化程度。相反的，有關參與者貧窮原因和儲蓄能力的不同信念，就會呈現跨區域的不同干預措施。細究之，如儲蓄不足是因缺乏財務知識，就應強化財務教育，但如是所得不足，則應強化就業訓練和所得支持方案。

研究者可將變遷和穩定的驅動者，視爲自變項，因其可有助於干預措施的差異。實際上，在不同層次的精熟社會技巧工作者，可動員權威來源，以引介或阻撓變遷。這些驅動者亦可視爲依變項，而受限於場域的動態情境。然而，這些社會技巧的應用條件則需進行更深入質化分析。

三、SAF 架構在執行研究上的運用

上述的個案研究可知，SAF 架構顯然可應用於對一個特定干預措施之研究調查。同時，如 O'Toole（2004）所稱這項分析架構對社會科學研究，引發新方向與運用於實務新可能性。兩氏認爲 SAF 已適合研究調查之一般學科領域：

（一）爲何一項干預措施可被跨背景或區域（州、縣、地方機構）採用，而可創造標的群體，相同的行爲或條件可欲的變遷？這項架構可使研究者，引證現有執行系統的既存社會結構（規章和資源），並可使精熟社會技巧的參與者，引起變遷或增強現狀，包括特定權威來源或對系統的外衍衝擊。

（二）如果將 SAF 內的過去和當前條件，在一定時間去影響整合新或修正干預措施，成爲 SOP？一項 SAF 的何種特徵，會影響參與者願意參考，關於干預措施的研究「實據資料」？兩氏認爲新架構可引導研究者，去考量現行創造變遷過程，及運用於不同執行系統的協調方法。進言之，權威的潛在來源也可能動員來支持或反對已認定的新作法。

（三）哪些因素是影響參與者界定問題、形塑理解和指導他人在執行 PSI 所運用的社會技巧？這些技巧運用須視系統的層次，和權威來源是爲例行性，或外生衝擊的顯著性？當參與者跨越不同領域時，如何分析這些新的背景和調

整他們的技巧和相關權威來源知識？干預措施的複雜性，是否和造成權威來源相關？

在兩氏看來，新架構對這些問題研究指出，應該採用「混合方法」（mixed methods）。研究設計應和這些問題、系絡、可用資料等相關。資料來源應有不同形式：問卷調查、實地訪問、政府資料、影音和手稿資料。蒐集資料方法可從電郵到問卷調查、單一至團體觀察、單一來源或結合政府資料、焦點團體、訪談。分析方法包括逐步迴歸模型、歸納分析、多元代理人系統或代理人模型（agent-based modeling）。當然，更應協同實務工作者，使 SAF 更具地方性知識，深化執行的知識。

總之，此一新架構和其他執行研究不同，Moulton 和 Sanfort 將架構焦點，集中於一項特定 PSI 干預措施的行動和結果，而分析單元不僅限於正式法制權威而是擴及至影響，干預措施執行的多元權威來源。最重要的是，本新架構可使研究者集中於管理和政策間的相關結果，即執行系統變遷和外在標的群體行爲或條件變遷。準此，行爲科學和組織理論，似又再回到政策執行的研究領域。

第八節　「由上而下途徑」再起：政策制定和執行關係再檢視

2007 年，美國總統 George W. Bush「否決」（veto）一項「兒童健康保險普及方案」（Popular Children's Health Insurance Bill），在經紐約時報報導後（同年 10 月 4 日），Peter L. Hupe 和 Michael J. Hill（2016）於「'And the Rest is implementation' Comparing Approaches to What Happens in Policy Processes beyond Great Expectations」一文中，指稱這項白宮決定，顯現政策制定和政策執行的「由上而下」關係，仍廣爲被接納。「由上而下」涵指一旦政策目標決定（如否決），執行就被視爲一項「非政治行政活動」（an a-political administrative activity）：But having gathered the advice, you know, I (Bush) say, "This is what we're going to do." And it's, "Yes, sir, Mr. President." And then we get after it, implement policy. 兩人認爲「由上而下」關係不僅實務上多見，政策執行研究也是持續地進行。

然而，Hupe 和 Hill 卻持「不一致的執行論點」（incongruent implement），而認爲「由上而下」的解釋力是受限制，這關係只是有其特殊性：一、政策意圖先於行動；二、兩者是線性因果邏輯關係，目標決定工具，工具決定結果；三、層級固定，政策制定比執行重要，執行跟從政策。Pressman 和 Wildsky 的經典之作「Implementation」（1973）就是持這種看法。兩氏從「執行涵義」（meaning of implementation）觀點，將執行當作是「政策過程的研究」（studies of policy processes），亦即旨在認定和分別「政策制定」和「政策執行」間關係。換言之，兩者關係被視爲一方面是「制定而決定」的政策，另一方面則視「執行」爲最後政策目標實現。兩人的假設爲：不同而特定觀點的執行（policy-in-practice）是與不同政策被執行（policy-on-paper）觀點視爲相互關聯。準此，政策／執行關係是爲政策目標被實證檢驗的結果，這種方法可使評估處理政策過程增加多元面向特性（multi-dimensimal character），因而，可認定爲「符號性政策過程」的現象（the phenomenon of symbolic policy processes）。

壹、公共政策和執行：執行不只是一個階段（beyond implementation as a stage）

Wilson（1887）的模式將政策制定（政治）和政策執行（行政）分立而由不同參與者分工，除了「政策過程」階段論體現外，更使兩者陷入「由上而下」和「由下而上」的爭論。然就整體執行研究理論來看，當然這是一種誤解（Barrett and Fudge, 1981; Hill and Hupe, 2014）。Sabatier（1986）認爲兩種途徑優點，是基於實證事實的推力，而提出兩項有利論點：一、兩者區分使得難以分辨民選官員和公務人員相對影響力，因而排除民主課責和官僚自由裁量分析；二、將政策過程視爲無接縫網絡，而無決策點，那將排除政策評估和政策變遷的分析。Sabatier 的第二論點，正說明決策者認定問題，即多數政策分析家所關注論點：**決策是採取結構性行動後所發生的問題**。

當代政府對這問題研究是採較爲實用觀點，即關注「如何在政策過程認定決策點」。Pressman 和 Wildavsky（1973）就認定自身爲 Wilson 的傳統政治行政兩分立觀點的支持者，主張政策已先存在，而視政策執行爲政策過程的「階段」（stages）。Hill 指稱這種看法可能使他們陷入「語言性陷阱」（linguistic trap of their own making），且具爭議性。其他具影響力學者，如 Lindblom 則不主張鮮明二分法，而認爲本質上，政策過程是漸進的過程。Lindblom 和 Woodhouse 的「政策制定過程」（The Policy-Making Process）一書中，就很少討論執行議題，因一旦企圖執行政策就幾乎將新的問題呈現在議程（agenda）上。執行步驟和議程建立關係就瓦解，兩人認爲某一步驟被稱爲政策必須「被決定」（policy must be decided），說法並不正確。

Simon（1957）亦持同樣看法，認爲執行是「不間斷的決策」（continual decision making）：**行政理論不應關注於決策過程和行動過程的相提並論議題。這項說法可能忽略決策是受限於全面性政策制定。反面而言，當組織的普遍目的（general purpose）已決定，決策過程就不能只達成某一目的（an end）。決定（deciding）的任務已遍及全部行政組織，去做（doing）的任務也已差不多遍及全部組織。兩者已密切相關地整合在一起。**顯然地，Simon 是批評決策是政治，而決策外是行政。他認爲特定政策過程導致既定政策目標是「政策設計」和「政策決策」的相互作用，而相互作用的結果是「推理和權力」（Reason and Power）的關係，而稱之爲「政策形成」（policy formation）。因此，各種價值和利害關係就會涉入，公共政策過程成爲各方利益的競技場，而公共政策結果就是世界觀和信仰系統相互衝突的結果。簡言之，從規範性觀點來看，可將執行視爲「分立階段」（separate stage），實證結果雖顯現決策（decisions）是持續存在政策過程，縱使基層亦然。而和執行間的關係就不能認爲理所當然。

準此，Hupe 和 Hill 在文中假定：**執行和「政策被執行」（policy-as-to-be-implemented）具相互關聯性**。因此，可透過實證方法來檢證兩者間的無止境關係，實證方法不採量化分析，而是以代表性和特定性期刊爲分析單位。準此，就可瞭解研究者對兩者間不同關係途徑（approach）的看法，這就須比較彼此間潛在「關係參數」（relevant parameters）。本文設計兩個比較面向：一、期刊文獻已認定兩者關係（the policy/implementation nexus），惟這兩者關係如何特定化，其範圍又如何？（to what extent and how has the relationship between implementation and policy been specified？）二、假如有存在關係，又如何將政策過程固有的多元面向引起研究者注意？

公共政策過程本質是具政治性，政策制定者也朝向此一視角來處理實際問題，執行政治面向已普被執行研究者所接受。Matland（1995）的「模糊一衝突」概念是爲著例，而 Peter May 和 Ashley Jochim 運用「政策政權」觀點（policy regime perspective）進行執行分析，而關注政策制訂者的理念，如何透過機制安排以強化政策凝聚感，並瞭解引起支持或反對者之利益。以上這些面向可作爲政策過程多元特性的指標，亦即諸如「模糊一衝突」政治面向，被認定爲政治過程固有特徵之範圍是如何？

貳、政策／執行關係的途徑

一、類型 1——技術性途徑（technical approach）：政策爲清晰界定的指示性「輸入／執行」的關係

這類型在說明執行機構將集體決策轉化爲政策績效，此乃 Torenvlied 和 Akkerman（2004）所稱之「執行標準模式」（standard model of implementation），其涵義和 Sabatier 的實證結果相符合：在大多數情況下，政策制定和政策執行是可分離的。Jenkins（1978），Hogwood 和 Gunn（1984）也都將「執行」列在每一項政策過程之後。Knoepfel 和 Weidner（1982）更提出一項政策過程的層次模式：

（一）正確界定政策目標。

（二）界定操作要素，包括「工具」，使政策更有效。

（三）「政治一行政安排」可使執行政策的職責分配特定化，當然預算和其他資源需充分配合。

（四）程序要素（法令規章）須應用於政策的執行。

這種傳統途徑的優點在接受「中斷點」（cut-off point）的概念，政策制定

在之前就已完成。這項途徑亦可運用於大規模研究，不同機構執行同一政策的比較，但「中斷點」的時間點要注意主要和次要倡導聯盟（AFC）的長期和短期執行時間幅度（Sabatier, 1986）。綜之，這類型是確定政策制定和政策執行是分立，而諸如「模糊—衝突」政治面向是沒有角色。

二、類型 2——規範性途徑（a normative approach）：政策爲廣泛可欲的「結果／執行」實現理想

無論哪種政策文件，執行結果就是將「被執行政策」，運用談判和相互拼博，將之轉化爲「妥協」，這其間需要詮釋說明以利被執行。這可由 David Marsh 和 R. A. W. Rhodes 所編撰的「Implementing Thatcherite Policies」（1992）一書得知。這本書的個案研究，正說明作者們如何詮釋他們的信念，因政策意圖（policy intentions）和後續作爲皆在政策上游。該書是關於政策變遷和變遷範圍來自不同政策議程和立法方案。然後再經論壇和學術對談，這些學者接受語言用法的變異性和他們自身的涵義。然事實上，Thatcherite 政策變遷是先經議程確定，並經過國會、內閣和執政黨，而產生的過程，兩人亦承認這已包含整體政策過程相當大的部分。

Hupe 和 Hill 認爲很多情況很難區分政策制定和政策執行，譬如政府授權中央銀行，就是顯著的例子。蓋這種總體經濟政策就是由經濟學家討論對經濟情況和可能後果，而決定執行，即「自我執行」（self-implementing），實難以截然區分制定與執行。當然，也有不是上述極端的情況，那就是 Pressman 和 Wildavsky 的「執行」，對於（華盛頓）聯邦政府與 Oakland 地方政府間互動，就涉及「冗長的決策鏈」（a lengthy decision chain），完全體現美國聯邦體制的理想憲政特性。

儘管如此，第三世代以來的執行研究者，則能另闢研究蹊徑。Goggin et. al.（1990）等人以歷任美國總統的「聯邦公報」（Federal Messages）所能祭出的誘因和限制爲例，導出每項信息的假設，俾使州及地方政府順服。蓋這些信息除法規命令外，總統及其重要幕僚的威信可靠度和關注度，皆能達到可欲執行結果。R. P. Stoker（1991）則運用「治理」描述如何使不情願參與者，在執行過程變成爲夥伴合作者。May（2014）的研究指出，Obama 的「可負擔健保

法案」（the Affordable Care Act）能順利推動主因，是在於聯邦和州政府間「協商的安排」（negotiated arrangements），實質上是為該項政策制定的延伸。

美國聯邦主義亦可見諸於歐盟（the EU）的政策執行，及各會員國對歐盟政策反應，尤其是強制性和損害補償的政策指令。兩者間之關係，實屬「準層級節制的順服關係」（a clear quasi-hierarchical expectation about obedience），即為政策演進所期待之關係，亦或如政府間關係相互調整型態。

Hill 和 Hupe（2003）將這種政府間層級的連結關係，認定為合法政策共同制訂者（policy co-formation），此為政策制定和政策執行想當然關係。因此，這種類型也缺乏如「模糊和衝突」的政治面向，政策失敗主要當是政策執行者的課責。

三、類型 3——控制性途徑（control approach）：政策為受限於採行立法者意圖的分歧

Torenviled 和 Ackerman（2004）引用「多層次政策制定系統」（multilevel policy-making systems），來作為「相對自主層次決策」（relatively autonomous layers of decision making）的存在特徵。這樣決策系統常產出非強制的「軟性」政策（soft policies），諸如：推介（recommend actions），資訊行銷活動（information campaigns）和行動計畫（action plans）等。他們運用「最先進創新模式」（the state of the art model）概念，進行調適性執行研究，認為：**執行（模式）是根據交互性和政策一致性以結合「相對自主層次決策」的因果機制**。

再者，Oosterwaal 和 Torenvlied（2012）研究政策制定階段的政治衝突，而以「政策分歧」作為依變項，來測量政策決定價值和執行機構行為之絕對差異，俾瞭解政策制定過程和執行機構間的政策衝突。

軟性政策和政策分歧可視為不同議題，但有時是相互關聯。換言之，軟性政策有時是政策一致性產出，但有時是審慎承諾的委任裁量，反面言之，「硬性」政策（hard policy）就可能在政策制定中，出現衝突情境。準此，上述「指示性輸入」途徑就可進行評估執行差距（implementation gap）或政策失敗。同時，軟性政策可觀察政治衝突，在執行階段的政策不一致（policy dissensus）。

四、類型 4——制度性途徑（an institutional approach）：政策爲採行制度性先決條件的指令／執行

Gunn（1978）舉述指令性執行之「由上而下」設計垂直行政體系，是爲使參與者在高層人物指揮下達成執行目標。然而，制度性指令執行研究在聯邦主義下，卻難以順服作爲達成命令的目標。因此，May（1993）提供一項特定發展途徑，即制度性指令執行不應只是一套目標或標準的宣示，而應是透過各種誘因、系統變遷和能力建構等方式，這乃可視之爲「由上而下」的延伸。如果執行失敗，其因當是忽略特定可欲行動，以促進執行的績效。

進言之，May 認爲指令性執行應該是隱含彈性的「委託—代理人」關係（principal/agent）。這關係不是上級機關對下級機關關係，而應是「協商順服」（negotiated compliance）形式。1995 年，May 利用對澳洲和紐西蘭的管制性環保政策研究，提出「強制性」和「合作性」之指令性執行型態：

> 合作性政府間的政策設計旨在增進地方政府利益以達成政策目標。地方政府作爲管制受託人，以尋求適當手段達成績效標準。合作性政策規定規劃或過程要素以有所遵循（政策指令形式），但他們不對地方政府下達命令，爲達到可欲管制結果，所應採取的特定方法。合作性指令強調透過財務和技術協助以建構執行能力。藉著各種爲使促其順服誘因，他們也建立對政策目標承諾。假如地方政府不承諾這些指令計畫過程，將受懲罰。但爲地方發展，可有更廣的應對餘地。

由上可知，類型 4 強調政策制定和政策執行的關係界限，並未產生「模糊和衝突」和內在政策過程的政治面向。

五、類型 5——比較途徑（a comparative approach）：政策爲執行實際產出，可進行比較性衡量

從政策傳送（policy delivery）端的角度，政策執行研究仍須從「由下而上」面向來看，蓋公共政策資源還是來自上級機構。Elmore（1979）引用柏拉

圖的「高貴謊言」（noble lie）迷思，描述政策制定者控制影響執行的組織、政治和技術過程。因此，「向後追蹤」（backward mapping）就將執行過程當成是政策制定者面向。Elmore 的論點聲稱，「向後追蹤」係著重政策產出和何者爲決定因素，這顯然對基層工作者投射同情的瞭解，即「執行赤字」（implementation deficits）。Elmore 和 Lipsky（1980）皆認定基層工作者的世界都承受多重壓力，「向後追蹤」研究乃可能被認爲，是強調基層工作者每天都在形塑新的政策，政治衝突就無從避免。

然而，Winter（2006）則從「分析論證」（analytical argument）觀點，強調應從特定政策實際產出，而不從政策目標和目標達成之關係著手，認爲政策輸入應被視爲自變項而有不同影響。以上兩項不同類型觀點差異爲：

（一）被界定爲輸入的政策，著重政策差距研究。

（二）被界定爲產出的政策，著重爲何不同時期或不同地方研究。

就第（二）類型來看，政策制定和政策執行關係已經翻轉，在基層工作者執行政策時，模糊的衝突實際就發生在政策制定階段。

參、政策制定和政策執行間關係之類型比較分析

綜合以上兩者間關係的五種類型，Hupe 和 Hill 運用一、關係特定化（specification of the relationship）和二、政策過程的執行政治情境（模糊和衝突）等爲縱座標，進行五種類型比較分析。

如表 5-5 所示，技術型和規範型是雙重關係，都缺乏關注兩者關係特定化的困難度，亦忽略政策過程多元面向。執行被視爲技術事務、行政事務，遠離「由下而上」的政治視角。其他三種類型皆具相當程度的解釋力，並關注「哪些因素決定政策過程的產出？」這當然是深受「向後追蹤」的影響，即除了執行者行爲外，還有哪些影響因素？但在三種類型中，比較類型所提出的「政策被執行」是爲決定特定政策執行的重要因素。

表 5-5　政策制定和政策執行間關係之類型比較分析

類型指標	技術型	規範型	控制型	制度型	比較型
關係特定化	低	低	高	高	高
執行政治強度	不高	高度	中度	中度	高度

資料來源：Hupe 和 Hill, 2016: 115.

然就方法論的角度，Elmore 的思考隱含獨立變數的特定化，並不涉及政策意圖。因此，可能消除執行差距概念，而不一定澄清政策意圖。但是執行績效的衡量沒有根源是有技術困難問題。單一執行機構比較不涉及產出衡量，惟政策執行往往涉及多個機構，如何解釋不同機構不同產出是應考量的問題。

爲衡量支出而將輸入視爲有其獨立性或個別性，則有兩種涵義：一、Winter（2006）強調不以「結果」（outcome）爲獨立變項，因這必須處理執行者行爲，可是執行又獨立於政策過程其他階段，但如是「軟性」政策可採「結果目標」，以使執行者決定達成目標的特定手段，產出就可除外而不列入；二、控制和制度途徑涉入相當多的「模糊和衝突」，如皆採取政策輸入作爲績效指標，將可視爲在組織內的評估解釋。然而，Oosterwaal 和 Torenvlied（2012）認爲可能後者內部不一致，卻反映前者內部不一致現象。May 更進一步闡釋，一個上級政府對下級政府的指令，會有三種情況：一、中央政府對比較大的地方政府之議價會有別於較小的地方政府；二、另外是可能下級政府呈現層層排列權威，形成「準聯邦制度」（quasi-federal arrangements），如西班牙；三、中央政府對於地方政府處理態度會有不同，即對地方政府被包容性強的政黨所控制，必然比受反對黨控制的地方政府，會比較有利。

肆、結語

Hupe 和 Hill 指出，假如將政策執行視爲目標達成的剩餘項目（residual），那當代公共行政學界，仍須進行更廣泛的實證研究。不是所有高層決策者都可能有如小布希總統對政策的認知情境。然而，研究者實應瞭解近來在世界各國蓬勃發展的「執行科學」（implementation science），將有可能使理性科技專家再興起，而**顯現當代對「要求控制」治理思潮的忍受**。同時，這項治理思潮的發展並不是要消除執行和環境關係，而是執行科學會和政策執行研究相互學習。**要言之，「由上而下途徑」再起，亦符合當代「民粹主義」（Populism）正在興起的風潮**。

第九節　結語：治理時代的政策執行

2018 年，Harald Saetern 和 Peter L. Hupe 於「政策執行在治理時代」（Policy Implementation in an Age of Governance）一文中，運用「文獻計量學資料」（bibliometric data），將過去政策執行研究的 50 年文獻，進行趨勢分析，以瞭解半世紀間，政策執行理論和研究發展轉移之發展方向。在架構上仍以「研究世代」（research generations）爲分析工具。根據「科學網絡」（Web of Science）至 2016 年止，共約 124,000 篇以「執行」（implementation）爲篇名的論文，約 32,000 篇以「執行中」（implementing）爲篇名的社會科學期刊，這其中包括以醫療衛生、心理學等爲主的「執行科學」（implementation science）。本文針對政治學、公共政策、公共行政與管理等主要期刊，並以「執行」和「執行中」的篇名，共篩選出 1952-2014 年間的 752 篇爲樣本，以電子期刊爲主要分析對象。

壹、第一代政策執行研究：1970s 至 1980s 初期

這時期研究主要內容已見諸本書第二章，請逕行參閱。兩氏認爲這時期研究者的主要貢獻爲，將政策執行概念化爲複雜和動態過程，而使多元參與者涉及廣泛地詮釋權威性決策。研究資料約有 69% 爲單一地區和單一政策研究，而有 79% 研究對象爲北美地區，84% 爲質化分析，97% 爲非統計方法的研究。

貳、第二代政策執行研究：1980s

這時期研究主要內容已見諸本書第二章和第三章，請逕行參閱。兩氏認為這時期研究者主要貢獻為，實證取向論文持續成長和提升應用研究方法論，個案研究相對較少，已下降至 40%。比較研究比第一代少約 33%，但統計分析則從第一代 0% 升至 12%，質化分析降至 63%，惟數量分析和混合方法則升至約 30%。這時期研究者的主要貢獻為，理論分析架構的建立，除從個案研究的強而有力歸納研究取向外；在概念架構上，皆已包括鬆散連結的假設和重要變數認定，可說在這時期已出現政策執行研究領域的理論。研究區域仍以北美地區為主（69%），但歐洲學者的研究，出版論文已占有 25%，而這些歐洲學者主要貢獻則為「網絡取向形式」（network-oriented form）的政策執行研究。惟 1980 年代中期後，出版論文已出現下降趨勢，政策執行研究的黃金時期已有逐漸中止跡象。

參、第三代政策執行研究：1990s 和以後

這時期研究主要內容已見諸本書第四章和第五章，請逕行參閱。兩氏認為 Goggin et.al. 的第三代政策執行理論（1990）並未比較 1980s 研究，核心期刊的數量分析研究，減少約 33%。但運用統計分析（多變量迴歸分析）驗證導出假設，卻增加一倍。執行研究運用質化分析降至 55%；個案研究也降至 32%。比較和長期性研究，比較 1980s 也沒變動，北美地區研究降至 61%；而歐洲地區也仍在 25% 左右。然而，在這期間，政策執行研究者，皆曾致力「由上而下」和「由下而上」的整合型理論研究架構（Sabatier, 1986；Matland, 1995）。

然至 2000 年代，比較 1990 年代，政策執行研究則出現不同和很大的差異。就數量而言，期刊論文又回到 1990 年代，並有停滯現象。這些論文運用高級統計分析，也減少 5% 至 6%，大部分仍還是質化分析。就地區而言，歐洲從 1990 年代的 23% 提升至 43%；北美和加拿大地區則反而從 61% 減少至 48%。

至於 2010 年至 2014 年間，執行研究則呈現與以前有另一種差異。一、高級統計分析和質性分析的應用，幾和 1990 年代相同；二、就數量而言，比較前 10 年，研究論文增加超過 50%。然以第三代指標來看，單一個案研究從 50% 降低至 35%。北美地區研究論文數量，只有 28%；而歐洲地區則上升至 50%。

肆、研究發現

一、本文的研究發現應已實質足夠證明，1990 年中期以後，執行研究已轉向第三代研究典範（Goggin et.al. 1990）。對於高級統計方法的應用，北美地區顯然最多（28%），但歐洲及其他地區也有一定比例增加（14% 和 7%）。其他的研究方法也都有增加。第三代研究方法的應用，三個地區皆有增加趨勢，彼此間的差距，亦呈現縮小趨勢。

二、然而，在這趨勢下，爲何並未建構出明顯的政策執行理論？在這期間（1970s-1980s），執行研究雖未現理論聚合，然事實上，無論是組織理論，公共行政和管理，以及公共政策，多少已呈現理論建構和假設的實證檢定。1990 年代和以後，執行研究已出現理論建構，並提供驗證，兩氏認爲可說是**接近執行理論（we are closer to an outline of a theory of implementation）**。O'Toole（1986）就曾綜合各家研究而歸納爲五項執行研究變數：（一）政策特徵；（二）資源；（三）執行結構；（四）執行人員的態度、認知和行動；（五）標的團體特徵。這些變數連結「由上而下」和「由下而上」研究途徑，形成路徑地圖，引導各方學者的執行研究。進言之，這些變數或許權重不同，但卻可提供如何在何時、何地和何種情況下，進行比較分析，並建立內生變數和外生變數的似眞實詮釋範圍。惟比較研究本身在選擇分析單元，實有難度，不能以教科書式的準則，而應更強化實用準則（pragmatic criteria）。

三、1990 年代中期以來，歐洲的執行研究呈現穩定而指數型成長，公共行政和管理的論文數爲 51%（1953-1995 爲 33%），而公共政策論文爲 31% 和政治學論文爲 19%。兩氏認爲這種現象反應出歐洲學者，對於歐盟政策議程的擴張，而將研究旨趣，不僅集中於如何制定更轉向如何執行。研究論文至 1990 年代中期增加至 13%，1953-1995 年只有 2%。再者，在 Goggin et.al.（1990）和 Palumbo 與 Calista（1990）等兩本重要政策執行理論外，Michael Hill 和 Peter Hupe 所出版的「執行公共政策」（Implementing Public Policy）（2002, 2009 和 2014），被譽爲政策執行的標準教科書。另有 Peters 和 Pierre（2003）所編的「公共行政指南」（Handbook of Public Administration），亦有多篇論文有關執行研究。同期間，重要的期刊，如「公共行政」（Public Administration）（2004），「公共管理評論」（Public Management）（2012）、「公共政策和行政」（Public Policy and Administration）（2014）和「比較政策分析」（Journal of Comparative Policy Analysis）（2015）等期刊，皆有歐洲學者參與，國際學術會議皆有政策執行研究論壇，2010 年以來 EGPA 每年會議，皆設有執行研究團體論壇。

伍、執行研究的未來方向

綜之，Saetren 和 Hupe（2018）對 21 世紀政策執行研究的發展，提出以下結論：

一、執行研究之父 Pressman 和 Wildavsky（1973），已指明政策設計和政策執行分離爲謬誤，兩者關係也已被 Van Meter 和 Van Horn（1975），Mazmanian 和 Sabatier（1983）和 Winter（2012）等理論建構過程所重視。但這些早期研究在往後理論研究，除了 Mazmanian 和 Sabatier（1989）的「法規明確性」建構外，並未受到相當關注。準此，如何建構政策設計和執行的動態相互關係（dynamic interrelationships），是爲未來研究方向。

二、近幾年來，已有研究者，對於 Lipsky（1980）的理論，進行進一步的理論整合，即企圖運用多層次系絡組織和制度因素，以詮釋透過行政裁量的政策最後決策者（基層官僚）之策略性角色，整合出更簡約的理論途徑（Hupe et.al. 2015）。

三、千禧年以來，政策執行研究已呈現指數型成長，尤其是歐洲地區，而其他地區亦正興起，如 Bangladesh 的 Khan（2016）和 Morocco 的 Signe（2017），正可彌補北美地區成長緩慢的不足。儘管如此，如前述的 Morgan 和 Shinn（2014）及 Sandfort 與 Moutlon（2015, 2017）都是美國當代重要執行研究著作。因此，這些研究成果至少出現正向結果：**公共政策執行研究之範圍與焦點，和公共行政與公共管理應並列為一門獨立學科**。

第六章　結論

第一節　政策執行的學科定位與發展

綜觀過去 50 年來，就政策執行理論典範之發展趨勢而言，政策執行不是昨日議題，也非過時議題，而是持續獲取動力邁向未來的學科：

壹、政策執行無疑地是一科際整合的學科

不同理論系絡背景皆受當代政治和公共管理思潮發展的影響，而每一研究途徑和每一世代理論皆形成一個理論典範，不斷演進，新典範接續舊典範，形成完整的政策執行理論。就方法論來說，無論是個案研究、理論建構和實證驗證，及詮釋解構政策執行過程，雖未臻周全，然已涵蓋實證和後實證研究方法論。同時，在實質理論層面，各階段政策執行，賡續得自公共行政、社會學、組織理論、公共選擇理論、行爲科學、政治學等理論結構系絡，而更趨周延廣博。在公共政策研究領域已然形成 Hill 和 Hupe 所稱之「主流執行研究」（mainstream implementation studies）。

貳、「多元層次治理」

「多元層次治理」（multilevel governance）再成爲政策執行理論建構重要概念架構。以歐盟爲例，跨越行政層級治理更使傳統的政策制定和政策執行重新建構，超國家權威所訂定共同規範，使各會員國間必須共同協商，以確保各自國家主權，而影響各會員國家治理和政策變遷，這種傳統議題在當前政治思潮趨引下，Hill 和 Hupe 認爲應可稱爲「新執行研究」（neo-implementation studies）。但在筆者看來，對國家內的治理，在執行機制建構上，多元層級內的跨不同行政層級治理，雖爲權力集中，仍然更具整合功能。

Hill 和 Hupe 贊同 Kettl（2000）和 O'Toole（2000）的看法，認爲執行研究可具廣泛價值層面，更能促進新觀點的發展，運用新知識。美國政策執行理論研究者，已對政策執行提供「理論一實證」（theoretical-empirical）研究貢獻，所累積的知識已可成爲「公共政策執行研究之學科」（discipline of Public Policy Implementation Studies）。蓋這些研究已達成廣博的「巨型理論」（grand theory），已形成連結大量資料的簡約正式理論（formal models）。新公共管理革命的「公共服務績效」（public service performance），評估政府行動績效，即爲著例。另者爲 Sabatier 的 ACF, Herweg、Zaharidais and Zehlnhofer（2018）的「多元匯流架構」（Multiple Streams Framework）和 Ostrom 的制度選擇理論等，在兩氏看來，這些成就已從「公共管理轉成爲政策研究層次」（not from a public management but from a policy studies perspective）。

時序進入 21 世紀，Hill 和 Hupe 認爲「政策一執行」典範（Policy-implementation paradigm）因受政治思潮轉變影響，而轉移至「治理典範」。Hill 和 Hupe 的「三層次治理」（the trial gubernandi）被認爲是治理典範的最重要概念之一，其後設架構分爲憲政治理層次、指導治理層次和操作治理層次。Toonen 和 Larsen 的「新公共治理」和 Sandfort 與 Moulton 的 SAF 更是這階段具關鍵性的理論建構。前者著重公共價值，而後者則再將行爲科學導入政策執行研究，引用「多元層次系統」概念，加上實務經驗，爲未來執行研究，引導至理論和實務的併合架構。然而，Hill 和 Hupe（2018）再界定政策制定和政策執行的關係，認爲「由上而下」治理關係，無論在實務上多見，在理論上亦持續地進行，而這理論典範轉向正是和世界各主要國家民粹主義興起有關，則是筆者深入探究之由。

第二節　民粹主義與國家治理趨勢

這是一個治理典範的時代，治理邏輯影響全球治理、超國家治理和國家治理，甚至區域治理。尤其 1990 年代民粹主義接續 1980 年代的新右派和新進步主義，逐步推向右派民粹主義，影響當代國家治理趨勢甚鉅。

2016 年 11 月，川普當選美國第 45 任總統，高舉「美國第一」（America first）、「美國再次偉大」（Make America Great Again），川普重新評估二次戰後以來，美國的全球性角色，首揭保護主義和重商主義（Mercantilism），反對所謂「自由主義的國際秩序」（the Liberal International order），反對全球化，就任後立即退出「跨太平洋夥伴協定」（the Trans-Pacific Partnership, TPP），並重新談判「北美自由貿易協定」（the North American Free Trade Agreement, NAFTA），於 2018 年 11 月 30 日改簽訂爲「美墨加貿易協定」（United States-Mexico-Canada Agreement, USMCA），並和歐盟重新談判「跨大西洋貿易及投資夥伴協議」（the Transatlantic Trade and Investment Partnership, TTIP）。並對「世界貿易組織」（WTO）的運作表達強烈不滿，提出去勢主張（emasculation），甚至揚言不惜退出 WTO，大力批評將中國列爲發展中國家，使美國的貿易蒙受重大損失。對外貿易政策轉向雙邊自由貿易協定，例如：美韓自由貿易協定（US Korea Free Trade Agreement）（2018 年 9 月 25 日簽訂），又如於今（2019）年 6 月 4 日，川普赴英國進行國是訪問時稱，在英國脫歐後，將簽屬內容廣泛的「美英自由貿易協定」。2019 年 7 月 11 日，美國亦擬與由巴西、阿根廷等南美國家組成的「南方共同市場」（Mercosur）簽訂自由貿易協議，正顯現川普的雙邊自由貿易主義主張。同年同月同日，川普對法國參議院所通過對美國 Amazon、Facebook、Google 與 Apple 等美國科技大公司課徵 3%「數位稅」（又稱 GAFA 稅），秉持保護主義的意識型態，下令對這稅負展開 301 條款調查，全球貿易戰更趨激烈，這是典型的保護主義！

川普強烈譴責國際自由貿易搶走美國人製造業工作，2000 年迄今，美國製造業工作下跌約 600 萬至 700 萬個機會。尤其自動化和人工智慧（AI）的運用，更使美國中等收入工作呈現下降，數位經濟興起造成低收入所得減少，而高收入薪資增加，進而惡化所得分配。準此，川普透過提高關稅，啓動反傾銷稅，矛頭指向中國、德國和日本等主要貿易國家，結果是引發美中貿易大戰，並威嚇與美國貿易廠商至美國設立工廠，要求製造業供應鏈回流美國。川普力主終結與中國間不公平貿易的關係，要求中國改變產業結構，保護智慧財產權，不得強制外商技術轉移，撤除非關稅壁壘等結構性改革，雙方皆須設立實際監理的執行機制，並制定懲罰措施，解禁雲端市場，取消雲端服務商持股 50% 上限，減少對美國科技公司發展限制。再者，中國必須開放玉米、大米和小麥市場，且不得補貼玉米和水稻生產者，美國並遣返竊取美國大學研究機構、企業和國家安全等機密資訊文件的中國人。

雙方自 2018 年 7 月起，互徵 25% 進出口貨物關稅，川普更於今（2019）年 5 月 19 日援引「國際緊急經濟權力法」（International Emergency Economic Powers Act），以國家安全爲由頒布「保護資訊科技與服務供應鏈」行政命令，禁止美國企業採購對國家安全造成威脅的外國電信廠商設備。中國的「華爲」和 70 家附屬事業列入美國貿易黑名單（The News Lens，5 月 19 日）。中國隨即於 6 月 2 日發表「關於中美經貿磋商的中方立場」白皮書，並將建立「不可靠實體清單」，習近平和俄羅斯總統普丁並於 6 月 7 日在聖彼得堡論壇共同抨擊美國霸權主義，惟美國國務院資訊辦公室表示，美國對 5G 電信網路禁止「華爲」的決定將持續堅持。

惟今（2019）年 6 月 28、29 日在日本大阪舉行的 G20 會議，中美已達成貿易協議，美國不新加徵 3,250 億關稅，中國則大量採購美國農產品，「華爲」的禁令亦可望解套，但不可涉及國家安全科技問題。可見兩位國際領袖皆能展現大國氣度，重啓新貿易協商。然而，有些論者仍認爲川普並不瞭解習近平的中國在先天上就存在不容易改變的障礙，而都擔心雙方也有可能走向第 17 個修昔底德（Thucydides）陷阱，而注定一戰（Allison, 2017）！因此，這場 G20 高峰會所發表的「大阪宣言」，雖主張「實現自由、公平、無歧視、具透明度、可預測且安定的貿易及投資環境」，並儘速進行 WTO 改革。但國際專家普遍不認爲新貿易協議就能促進美中公平貿易。降低全球經濟危機，尙需後續發展，有論者還是認爲科技戰仍將繼續，因中國面臨國內民族主義浪潮，而美國則有 2020 總統大選的壓力。然而，7 月 30、31 日在上海舉行的第 12 輪雙方貿易談判，並無任何進展。8 月 1 日，川普隨即宣布，自 9 月 1 日起，對中國進口商品的 3,000 億美元加徵 10% 關稅，包括蘋果 iPhone 手機和平板等。8 月 7 日，中國亦隨即讓人民幣匯率貶破 7 元，再宣布停購美國農產品；美國亦隨之將中國列爲貨幣操縱國。惟 9 月 5 日，美國與中國共同宣布，將於 10 月進行第 13 輪貿易協商，美國白宮顧問庫德洛稱：若從歷史長河來看，我不認爲 18 個月是非常漫長的時間（自由時報）。川普稍早於 8 月 24 日，在法國舉行的 G7 高峰會上，推文又說，他可以動用 1977 年的「國際緊急經濟權力法」（IEEPA），中國則回應「準備過苦日子」。雙方皆展現「強人強國之姿」！

再者，川普改變歐巴馬的「亞洲再平衡戰略」（Asia Rebalance）爲「印太戰略」（Indo-Pacific Strategy），並將太平洋列爲優先戰區，似對中國形成「新圍堵」（New Containment）戰略。這些政策措施，再加上反對移民（尤其是美墨邊境）作法，川普爲實現建造美墨邊境圍牆（the Wall）的競選承諾，不惜拒簽預算案，導致聯邦政府停擺 35 天。後雖於 2019 年 2 月 14 日通過新的預算，但邊境安全經費（13.75 億美元）仍遠低於川普要求（57 億美元），川普遂於 2 月 15 日宣布南方進入「國家緊急狀態」（National Emergency），以及調度軍事建設、打擊毒品、災害補助等經費。惟眾議院隨即於 2 月 24 日，參議院於 3 月 14 日通過撤銷川普的「國家緊急狀態」決議案。但是，川普立即於 3 月 15 日行使「否決權」（Veto），否決參眾兩院的決議！並於 2020 年度預算，將這項經費提高至 86 億美元，顯現反全球化、致力本土化（nativism）和國家主義（nationalism），這是典型的「右派民粹主義」（right-wing populism），而 G20 大阪宣言再次刪除「反保護主義」，顯見川普的意識型態未變。至於造成民粹主義和保護主義的經濟性原因，劉遵義（2019：190）在《共享：中美貿易戰及未來經濟關係》一書中的觀點爲：

民粹主義、孤立主義、民族主義和保護主義思潮在美國及世界各國泛起，同樣會給國際貿易和投資（及移民）帶來顯著影響。這些情緒不是川普總統所創造的，但被他極大地挖掘和利用。問題的根源在於，雖然經濟全球化（和創新）給世界各國都帶來了好處，中國和美國亦不例外，但每個國家內部的經濟收益並沒有被普遍分享，導致了不同的贏家和輸家。從原則上說，有足夠的整體收益可供分享，沒有人必然受損，可是自由市場本身無法也不會實現這一結果。所以在過去的 2、30 年甚至 40 年裡，有些人被拋在後面，生活水平沒有得到改善。與此同時，每個國家的收入分配都變得更加不平等，部分原因是發達經濟體的各家中央銀行造成極低利率。受損者認爲政府和精英階層辜負了自己，急於嘗試其他出路，而且不計好壞。很容易把責任歸咎於全球化或者說外國人，變成孤立主義者和保護主義者。因此，安撫好本能和天然地反對經濟全球化與自由貿易的國內受損者，是每個國家政府的責任。

川普對於國內經濟政策則採雷根總統的「新右派」經濟主張，進行租稅改革、基本建設投資和去管制化（尤其是環境保護政策）。在租稅改革方面，訂定「減稅和工作法」（the Tax Cuts and Jobs Act, 2018），調降公司稅（corporate tax），自 2018 年起，由 35% 降至 21%，全面降低綜合所得稅，最高級距由 39.6% 降至 37%。川普認爲環保法規阻礙企業發展，應增產化石燃料（石油），主張能源自主政策不依賴再生能源，強調運用能源生產支持公共建設投資，並訂定「美國第一能源計畫」（America First Energy Plan），退出 2015 年 12 月 12 日，聯合國在巴黎舉行締約的「聯合國氣候變化框架公約」（巴黎協定）（the Paris Climate Accord），認爲氣候變遷是假議題，是溫室氣體效應不是人爲因素。2018 年 9 月 25 日，川普在聯合國大會演說中，強調美國是一主權國家，是美國人治理的美國，拒絕「全球主義的意識型態」（the ideology of globalism），而主張「愛國主義」（doctrine of patriotism），恣意煽動其支持者不滿情緒，使美國自 1960 年代以來，呈現最分裂、狂熱而憤怒的社會，川普這場宛如美國電視連續劇「冰與火之歌」的權力遊戲（Season Two）已對美國政治文化造成嚴重的影響（Zanny Beddoes, 2018）。

James Goldaeier 和 Elizabeth N. Saunders（2018）稱川普是一位「不受約束」的總統（the Unconstrained Presidency），縱使向來被認爲陰暗的「深層集團」或「國中之國」（deep state）（執行機構、法院和國家安全機構的組合）以及廣大而優秀的聯邦政府官僚，似乎都如退出比賽般，難以影響川普。美國引以爲傲的權力分立而制衡憲政結構，亦因實際政治運作結果，造成民主和共和兩黨「極化」（polarization）黨派政治現象。總統權力擴張雖不時引起議論，惟無論於一致性政府（unified government）或分立性政府（divided government）期間，國會的監督效能不斷地被侵蝕，尤其 911 事件後，權力更集中在白宮。川普秉其「交易的藝術」（The Art of the Deal）和「重新獲勝的藝術」（The Art of the Comeback）的價值觀，將 Nash 均衡賽局（equilibrium game）理論和運作，發揮得淋漓盡致！合縱連橫改變全球政經秩序，對於國家治理則以放權州和地方政府，減少干預，雖改革 Obama Care 未能成功，但對於重大醫保改革的「醫療補助計畫」（Medicaid）則放權地方政府。川普運用高科技手段，以推特（Twitter）直接與民眾交流，試圖「找回美國」，論者稱之爲「Trump 革命」，Jacob G. Hornberger（2019）稱川普爲「治理的偉人理論」（the Great Man Theory of Goverance），對全球治理和美國國家治理都造成重大影響。

在大西洋的另一端，英國首相卡麥隆（2010-2016）爲兌現競選承諾，於 2016 年 6 月 23 日舉行「脫離歐洲聯盟」公民投票（Brexit），簡稱脫歐公投，結果 51.9% 贊成脫離，48.1% 贊成保留。2018 年 6 月 26 日，「退出歐盟法案」（European Union Withdrawal Act, 2018），由英國女王簽署後，英國訂於 2019 年 3 月 29 日退出歐盟。2018 年 7 月，卡麥隆辭去英國首相和保守黨黨魁，由同黨梅伊接任，繼續推動英國切割與歐盟關係的脫歐公投。Fred Hu 和 Michael Spence（2018）稱脫歐代表「反全球化」、「本土主義」和「國家主義」的勝利。顯然地，這是受到民粹主義影響，而產生的保護主義，並充滿反移民意涵，也反應英國人的身分認同，脫歐公投後所發生的種族歧視和暴力事件、刺激新納粹精神等問題已日益加劇。

雖然脫歐原因複雜，有其歷史因素，但有論者認爲是大英帝國輝煌年代懷舊情感，所持續存在的孤立主義和現實主義，惟其實自 1979 年柴契爾夫人接任首相，反對歐元捍衛英鎊，相對歐盟來說，即具保護主義色彩，這就是她著名的「NO！NO！NO！」演講。梅伊對「世界主義菁英」（cosmopolitan elite）提出以下批評，當意即在維護國家主義和保護主義（Appiah, 2019: 20）：

> 今天許多有權威地位的人其行爲就如國際菁英，而非街頭路人、他們的員工和在路上遇見的人。但你如相信仍是世界公民，你就是在任何地方都不是的公民。你不會瞭解公民身分的意義。

梅伊不認爲常飛行穿梭於世界各地的人，會透過雲端去關心他的同胞。但 Kwame Anthony Appiah（2019: 20-26）認爲世界主義的人們是具有「蜂巢式的身分」：一個家庭、一個鄰居組織、多重認同團體的身分，並可螺旋式包含所有人類活動，而提出「全球認同」觀點，認爲世界主義者可觀察遠近事務，而促進政治體制爲「在地人」或「忠誠追隨者」（loyalists）謀求利益，Gideon Rose（2019）認爲這是「新國家主義」（The New Nationalism）。然 21 世紀以來，移民、難民、共同承擔歐盟債務和救債（指歐債危機）、邊界、國界和主權等問題。在民粹主義潮流下，工黨執政 10 年，更加惡化，這些全球化問題終致走向脫歐。然而，兩年來英國政府的處理手段，其實是使「情節變得更複雜」（the plot thickens），而宛如「東方快車謀殺案」（Murder on the Orient Express）。歐盟的不具彈性立場，分裂的英國，加上一位缺乏想像力的首相（unimaginative prime minister），使得英國脫歐一再失去重大機會。但無論「有協議」或「無協議」（no-deal）脫歐，或延後脫歐，或新首相接任，仍皆是保護主義、右派民粹主義思潮影響的結果。

對國家治理來說，脫歐對英國首當其衝的是脫歐大臣（如 Dominic Raab、Karen Bradley、David Davis），和高級文官（如 Simon Fraser 爵士）等，對於脫歐的無知和無能，及脫歐法案對於關稅影響評估和邊境管理議題皆付諸闕如，公務人力嚴重缺乏。由於英國過去對於貿易條約、經濟管理以及資訊數據管理經驗不足，因此在過去兩年來，英國中央政府呈現混亂、能力欠缺和引以爲傲的帝國文官能力逐步下滑。最有名的例子，當屬「疾風世代」（Wind Generation）移民問題的認定，這些移民是 1948-71 年間自加勒比海搭乘疾風號「HMT Empire Windrush」移民英國。但這 52 萬名左右的移民，在身分上是屬於英國，惟卻沒有工作、醫療等公共服務的權利，無法領取福利救濟，在野黨批保守黨沒人性，大英國協外交官聯合抗議。準此可見，反移民問題是爲脫歐的核心議程，當然多少仍有大英帝國殖民主義的懷舊餘緒。這些國際屬性的內政事務，勢無法交由「執行機構」管理，必須強化具有公權力的行政機構，「權力更集中」勢爲英國政府的必然治理結構。

惟時任首相梅伊缺乏「超人魅力」（charismatic leadership）權威，黨內和國內政治聲望低落，終於抵擋不住，於2017年提早舉行國會大選所形成的「懸峙議會」（Hung Parliament）處境。國會三度否決「May 版的脫歐草案」，下議院於今（2019）年 3 月 25 日通過象徵性決議，解除梅伊在脫歐過程中的主導權，指示梅伊內閣在脫歐談判中應採行的方向（新新聞，2019，1677 期）。英國和北愛爾蘭邊境自由流動的「擔保方案」（backstop），亦未能達成協議，歐盟和國內又不希望「無協議脫歐」（no-deal departure）。有鑒於此，歐盟「原則上同意」脫歐可延至 10 月 31 日，歐盟也在 6 月 3 日前後「審查確認」英國首相的脫歐協調進度，梅伊亦首度表示，「梅伊版草案」如再被拒，將撕毀先前對保守黨內的「交棒協議」，再尋求連任。歐盟和梅伊的「君子協議」似成爲梅伊的賽局籌碼，梅伊版的民粹主義（對抗歐盟的決策）能否脫困，英國能否拿回經貿政府主導權，英國、歐盟和世界各國間的貿易和外交關係，將進入新的里程碑或混亂局面，至遲10月31日就可揭曉。然而今（2019）年5月2日的地方選舉，選民以選票表達對執政黨（保守黨）和工黨的抗議，近9,000個地方席次，保守黨減少1,269席次，工黨減少84席次，自由民主黨獲704席，綠黨獲194席，無黨籍則獲215席，後三黨皆要求對脫歐舉行二次公投。這項選舉結果，顯然對梅伊來說已是「非常艱難」，並於6月7日辭去保守黨黨魁。Boris Johnson（July 2019～）接任，宣稱10月31日無協議脫歐（Brexit on October 31），「沒有如果，也沒有可是」（ no ifs or no buts）。Johnson準備10億英鎊脫歐，增加500名邊境檢查員，設置全新基礎建設和港口設施。惟後因Johnson將國會開議延至10月14日，距離脫歐最後期限只剩17日，遂引起各界對此「憲政暴行」之爭議，反對黨嗆「占領國會」，矢言發起「公民不服從」運動。同時（9月6日），英國國會通過阻止10月底脫歐法案，Johnson可能需延後脫歐至2020年1月。

歐洲大陸國家中，最親歐盟的國家元首之一，就是2017年5月14日當選法國總統的馬克宏。馬克宏就任以來，在領導作風上，採取體現權威的帝王風格（imperious leadership style），認爲法國人希望他們的總統，應該超然爲羅馬神話天神的「朱庇特」（Jupiter）。馬克宏自認是親歐的自由主義，勝過民粹和民族主義，在經濟上採行數位領導的親商改革派，出身銀行家，顯然是重商主義。但對社會問題則採左派作法。就職後，馬克宏似給法國人、歐洲和世界顯示新而樂觀的景象，年輕、有知識和滿懷施政理念，帶給法國人更公開、動態和願意清理財政問題（以往對財政紀律不作爲）。馬克宏對英國的「吊橋懷舊之情」（the draw-bridge-up nostalgia）、美國川普以及東歐的專制政體，皆強力反駁，自認爲「激進中間主義」者（the radical center），類似約翰．甘迺迪的理念。馬克宏肩負廣大的改革重任。這位「共和國前進」黨（Em Marche）領袖，強力運用社會媒體同時贏得國會大選，被稱爲「馬克宏革命」。

論者認爲馬克宏自我神格化，不知民主政治須持續地累積共識，但傲慢性格卻逐步地累積破壞性行爲，2017年6月29日在凡爾賽宮（the Palace of

Versailles）召集國會議員，講出蔑視一般民眾為「失敗的人」（people who are nothing!）。馬克宏為顯現有別於保護主義和民粹主義，強調進步自由秩序，對抗國家主義，他必須拉攏中間偏右的德國總理梅克爾。馬克宏就職後，從事勞工政策改革，透過行政命令予資方更多空間與勞方談判，改革 35 小時的工作時間，週休日也可上班，俾使失業率可降至 9.1%，教育改革授予廣大民眾主導權，但卻對非歐洲的外籍生提高大學學費，並為配合歐盟財政改革，使符合馬斯垂克條約規定不高於 GDP 的 3% 負債；但卻堅持取消富人稅，財政紀律不足，馬克宏也將致力改革承擔不起的年金制度，走向福利國家以穩定勞工不穩定工作環境，延長青年的工作契約期限，這些做法其實是魚與熊掌不可兼得。民粹主義虎視眈眈，反對移民與難民問題仍是一大變數。尤其是 2017 年的大選，馬克宏獲得 24.01%，而「右派民族陣線」的勒龐（the Nationalist Right）則獲得 21.30%，馬克宏雖於第二輪獲得 66.10%，但將近 4 成右派和左派的選民仍在反對陣線上！

然而，由於馬克宏持敵對性執政態度，為期實現「巴黎協定」（Accord de Paris）的節能政策，於 2019 年 1 月 1 日起調高燃料稅。終於 2018 年 11 月 17 日引發法國自 1968 年以來，最激烈街頭示威的第一次「黃背心運動」（gilets jaunes），持續 4 個多月，席捲全法國，威脅馬克宏的政治生涯。整個活動演變為民眾對社會貧富差距的不平憤怒，右翼分子側身其中，論者指出 5 年後，可能勒龐會挑戰馬克宏，右派民粹主義正影響法國的政治、經濟和社會情勢，這當然是和馬克宏的國家治理宛如「自由派強人」（liberal strongman），並採「由上而下」領導方式有關。在民粹主義時代，民眾抱持反菁英態度，主政者必須能說服普羅大眾，協助增進民眾生活福祉。總結 18 個來超過 52 萬人響應「黃背心運動」，馬克宏的治理，偏向資產階級的結果，反成其政治夢魘！年輕有活力，誓言捍衛歐洲民主政體的馬克宏，仍不敵黃背心，於 2019 年 1 月 15 日，不得不發表「告法國國民書」以回應黃背心運動，邀全民「辯論」2 個月，主題包括稅制與公共支出、國家組織與公共服務、民主與公民權、各級政府、社區、公民或網路平臺皆可舉辦。由此可知，燃油稅只是導火線，法國人對政府整體稅制及改革不滿，才是問題所在。總理菲利浦宣布暫緩調降燃油稅 6 個月，冬季期間暫緩調漲電費及瓦斯費，但連續第 18 個抗議周末（3 月 16 日），黃背心再現，巴黎香榭麗舍大道滿地破碎玻璃，情況依然緊張，顯然黃背心民眾對馬克宏的全民辯論結果不滿。尤其在 4 月 15 日巴黎聖母院（Notre Dame）大火後，法國富豪翌日即捐款達 6 億歐元，更再引發貧富差距的相對剝奪感。

馬克宏於 4 月 25 日再正式回應，承諾爲低收入和普通收入者，減稅 50 億歐元，承諾調高窮人退休金，每月最低工資增加 100 歐元，2,000 歐元退休金免調漲社會普攤稅（CSG），和減少公共支出等政策改革措施，並減少國會席次和放寬公投限制。惟法國人必須延長工時，仍拒絕再課富人稅和對資產超過 110 萬英鎊的人恢復課徵財產稅，「富人總統」和「傲慢」標籤仍揮之不去！4 月 27 日，仍然有 23,600 人「黃背心」在史特拉斯堡的歐盟議會大樓前示威，惟是 11 個月以來，全國次低的紀錄，黃背心運動進入第 24 個周末。5 月 1 日，「黃背心」支持者結合無政府組織「黑群」（Black Bloc）在巴黎進行示威，聯合行動代號命名爲黑與黃（Noir of Jaune），雖已暫時停歇，但這位「都市菁英」總統，仍困於左右派民粹主義的影響！爲突破此困局，7 月 20 日馬克宏提出「年滿 64 歲退休計畫」，可領全額退休金，這是「黃背心」示威暫停 9 個月以來，恢復改革第一槍，預計 2025 年生效。將 42 種退休金方案整合爲一種，是對弱勢者有利，但全國總工會已號召 9 月 24 日罷工，可能又會出現新的「黃背心運動」！

法國的移民問題一直是國家治理和歷屆選舉的政策議程，惟近來對中東難民問題處置得宜，並未成爲馬克宏的施政棘手問題。然而，德國則因安置難民問題，以及和川普的外交戰略不同調等因素，而引起德國內部政黨結構的改變，使自 2005 年擔任 4 任德國總理計 13 年的梅克爾終將走下政治舞臺。梅克爾堪稱爲歐洲最具影響力的國家領導人，被稱爲德國「鐵娘子」。惟 2017 年 9 月德國聯邦議院大選，梅克爾的「基督教民主聯盟」（基民盟）（Christian Democratic Union Party, CDU），雖仍保住最大黨地位，得票率爲 32.93%，德國「社會民主黨」（SPD）爲 20.51%，中間偏右的德國「另類選擇黨」（AFD）爲 12.64%，成爲第三大黨，席次增加 94 席，梅克爾歷經 171 天協商，才與「社會民主黨」組成大聯合政府。這項選擇結果顯示，梅克爾於 2015 年支持迎入 100 萬難民，雖可增加德國的勞動力，但並不被德國選民接受，而反移民的右派「另類選擇黨」乃隨之竄升。

接著，2018 年 12 月 14 日，德國巴伐利亞邦議會選舉，梅克爾的盟友「基社黨」（CSU）只贏得 37.2%，比上次地方大選，大幅度下跌，「另類選擇黨」和「綠黨」各獲 10.2% 和 17.5%，右派政黨首次進入議會。同時 12 月 28 日，德國黑森邦議會選舉，CSU 得票 27.4%，比上次地方大選下跌 10%，而「另類選舉黨」則進入 16 個邦議會。顯見，德國民眾反傳統主流政黨，極右和極左政黨興起，這種政治潮流的轉變，梅克爾雖仍可擔任總理至 2021 年，但梅克爾帶領的「基民盟」將德國改造由前總理柯爾（Helmut Kohl, 1982-1998）時代的中間偏右路線，逐漸往左靠攏，而終因難民政策、同婚合法化、激進的能源政策和最低工資（約 270 萬勞工領不到）等政策問題，只有交出 CDU 的黨魁，由克朗普凱倫鮑爾 Annegret Kramp-Karrenbauer（簡稱 AKK）接任。AKK 雖有 Merkel 2.0 之稱，但在政策取向上，則有不同，諸如：禁止接收有犯罪紀錄的難民，不贊同同婚合法化等。AKK 認爲應多與反對黨溝通，並將基於 CDU「基督社會、自由開朗、保守」的三大價值理念，尋求改變梅克爾的路線，當然首要課題就是如何因應「巴黎協定」、脫歐以及德國人所幻想的「東西等距離」（fantasies about German "equidistance" between East and West）等重大政策議程，以及如何因應川普威脅對外國汽車課徵關稅的保護主義。

Francis Fukuyama（2018: 72）認爲俄羅斯的普丁在 2000 年當選爲總統後（連任四屆），即運用俄羅斯民粹主義、國家主義、反美以及拯救世界的「彌賽亞」（Messiah）精神，誓言要使俄羅斯再起；烏克蘭政治素人 Zelansky 的「人民公僕黨」於 2019 年 3 月 31 日，以 73% 得票當選總統，主張擺脫政治僵化，整肅貪污，雖然上任 5 天就有 5 萬人連署要他下臺。匈牙利現任總理奧班維克多的青年民主黨於 2018 年 8 月贏得國會大選，亦屬右翼政黨，限制移民權力和鞏固國家主權爲其重要政策議程。普丁和奧班的主要支持者皆來自中下階層、學歷低和郊區民眾。再者，2017 年 12 月 18 日，年僅 31 歲極右派人民黨（DVP）黨魁 Sebastian Kurz 就任奧地利總理，並選擇極右派自由黨組成奧地利聯合政府，Kurz 排外、反穆斯林，並致力遏止非法移民，採取減稅措施，每天使用 Twitter 和 Facebook，反抗歐盟中央集權化，並喊出「奧地利優先」。爲支持川普，Kurz 批判中國的不公平貿易行爲、智財竊取問題及進入中國市場障礙，目標在促進全球的公平貿易。惟其聯合政府的自由黨爆發「通俄」醜聞只得尋求今（2019）年 9 月重新大選。

另一個更屬右翼政黨的國家就是土耳其，總統 Recep Tayyip Erdogan 的「正義與發展黨」（AKP）在連續執政 17 年後，於 2018 年 6 月 24 日，Erdogen 以過半席次當選「新制總統」，將「議會總理制」改為「總統制」，將立法、預算、內閣任命及緊急命令權等併入總統職權，成為「超級大總統」，支持者也是大多數來自中低階層、回教徒和郊區居民等，此為 Fukuyama（2018: 74）所稱利用民粹主義，使具民主的合法性。惟今（2019）年 6 月 23 日，土耳其首都（伊斯坦堡）市長第二次重選，仍由反對派 Imamoglu 獲勝，市民「守護民主」的危機感擊敗 Erdogan，主因為不滿移民政策。2019 年 4 月 28 日，西班牙國會大選，仍由中間偏左派「社會黨」，以 29% 得票率，取得籌組執政聯盟。然而，極右派的「聲音黨」（Vox）取得 24 席，為 1975 年來，極右派首度進入國會，這是全球化帶來的移民和國際貿易不平衡等問題，使得傳統政黨式微，又一由極左、極右和民族主義者等所組織的國會。

荷蘭雖是一個柱狀結構社會（pillarization），又是 Arend Lijphart 所稱「共識民主」（consensus democracy）國家。因此，執政聯盟往往是跨左右光譜的大聯盟，各黨皆有機會參與政治議程的設定，而不利極端政黨執政。2017 年荷蘭下議院選舉中右翼政黨自由黨（PVV）黨魁 Wilders 雖獲有 18 席，但因次於自民黨（VVD, 33 席）和基督教民主黨（CDA, 25 席），未能獲得組閣權，乃由 VVD 的馬克．呂特組閣（全部席次為 150 席，Rutt 是少數政府）。儘管如此，懷爾德斯的排外、反移民、民族主義和反建制主張，在競選期間引發極右勢力崛起，選民愈發右傾，呂特還揚言，移民要行為正常（act normal），要麼就滾出去（or get out）。這是回應右派民粹主義的風潮，對於國家治理型態是逐漸走向極化，部分選民漸以不寬容方式捍衛荷蘭式寬容，蓋穆斯林衝擊荷蘭人自由寬容的核心價值（端傳媒，2017-03-16）。

北歐的瑞典於 2018 年 9 月 9 日舉行國會大選，中間偏左聯盟（以社會民主黨為首）取得 144 席，而在野中間偏右聯盟（以瑞典民主黨為首）取得 143 席，兩個聯盟皆未過半，全部席次為 349 席。但於 9 月 25 日，瑞典右翼政黨聯手通過對社會主義黨總理斯特凡．勒文不信任案，此亦因反難民移民問題，導致政府意識型態轉向右派民粹主義。持反移民立場的瑞典民主黨成為國會第三大黨，並要求減稅和脫歐全民公決。惟現在仍由勒文擔任看守內閣，至下次國會大選。2019 年 4 月 14 日，芬蘭舉行國會選舉結果中間偏左的「社會民主黨」以一席之差險勝極右派的「芬蘭人黨」，奪得組閣權。「芬蘭人黨」的政見爲「反移民」、「捍衛邊界」，成功獲得年輕選民和民族主義者青睞。丹麥於今（2019）年 6 月 5 日舉行國會大選，社會民主和其他左派 4 個政黨共獲 179 席，極右派丹麥人民黨總理承認敗選，但對社會福利和移民政府政策，左派政黨間仍陷分歧。

南歐的義大利、西班牙與希臘在意識型態度上比較溫和，還有傳統左派政黨生存空間，但對難民、減稅等問題，仍偏右派民粹主義。義大利在 2018 年國會大選中，聯盟黨與力量黨等右派民粹主義組成的右翼聯盟獲得 37%，成爲第一大黨，五星運動黨得票 32%，排名第二，但右翼聯盟中的聯盟黨得票 18.24%，落後於五星運動黨。幾經波折，最終由「中間偏左」的朱塞佩．孔蒂組閣，提出「溫和變革」的政府，將與歐盟進行對話，增加福利支出、實施減稅、設立基本收入制、改革退休金制度、減少移民數量及財政支出，並將遣返 50 萬非法移民。惟今（2019）年 8 月 8 日「聯盟黨」主席薩爾維尼（Matteo Salvini）挾其歐洲議會選舉的勝勢，宣布退出執政黨聯盟，要求提前舉行大選，隨後孔蒂請辭總理，迫使義國總統進行各主要政黨政治協商。8 月 28 日達成共同組閣至 2023 年舉行大選，並仍由孔蒂續任總理。2019 年 7 月 7 日希臘舉行 2015 年嚴重金融危機以來，首次大選，由高舉「改變希臘」（Change Greece）的右翼新民主黨領袖基里亞科斯．米佐塔斯基獲勝，承諾吸引外國投資並實施減稅政策。

2019 年 5 月 27 日，5 年一度歐洲議會大選合格選民數達 4 億 2,700 萬人，投票率創下 20 年來新高，達 50.5%，歐洲議會共有 751 席次，主導歐盟政策走向，歐盟許多法案需透過歐洲議會的表決。這項選舉議題包括移民，英國脫歐，經濟和氣候變遷，選舉結果頗受世界各國關注，在全球反建制浪潮下，中間選票裂解，脫歐黨（Brexit Party）、綠黨和民粹主義崛起，法國「國民聯盟」（前民族陣線）的瑪琳．勒龐強勢勝出。雖「歐盟統合派」仍占多數席次，然各地中間派的傳統黨團皆遭重挫，顯現「左右分歧」之複雜局面。這次大選可有如下重點：（自由時報電子報、轉角國際、中時電子報、中廣新聞網、中央社、The Washington Post）

一、中間偏右的「歐洲人民黨」（EPP），雖贏得最多席次，拿下 180 席，但遠低於上屆 216 席；中間偏左的「社會與民主進步聯盟」（Socialists and Democrats）獲得 145 席，上屆為 185 席，顯然雙方皆呈現退敗結局。所幸馬克宏加入親歐的第三大黨團自由派「歐洲自由民主聯盟」（ALDE）共取得 109 席。總括計算歐洲統合派共有 430 席，仍可穩住統合路線。相對地，「國民聯盟」（National Rally）和義大利反移民聯盟黨（League）等組成的「民主和自由歐洲」（Europe of Nations and Freedom），席次躍升至 58 席，民粹主義（EFD）增加至 54 席，極右派勢力崛起合計後成為第四大黨團。

二、英國奈吉爾・法拉奇領導的「脫歐黨」成為最大贏家取得 31.5% 選票，獲有 29 個席次；自由民主黨則獲 21% 選票，工黨和保守黨分得 15% 和 9% 選票，而反脫歐的綠黨則獲 12% 的選票，排第三名。

三、德國梅克爾的「基民盟／基社盟」（CDU/CSU）僅獲 28% 選票，而綠黨（Greens）則躍升為第二，擠下中間偏左的社會民主黨（SPD），得票率達 25%，成為第二高得票率，「另類選擇黨」（AfD）獲得 10.5%，德國的政黨結構，將呈現左派更左，右派更右，「社民黨」可能遭到裂解。

四、法國馬克宏雖然選前透過 YouTube 強力催票，喊出「二戰以來，最迫在眉睫的時刻」，結果「共和國前進黨」獲得 22.41%，輸給勒龐「國民聯盟」的 23.33%，雖只是些微差距，但對馬克宏追求重建歐洲價值的雄心實為一大重擊，對於勒龐重整法國極右派，實有極大的政治意義。惟馬克宏在今（2019）年 7 月 7 日，提名德國的馮德萊恩（被認為是對中國強硬派）擔任歐盟執行委員會主席，和法國的拉加德為歐盟中央銀行總裁，可望增加馬克宏在歐盟的話語權。

五、義大利馬泰奧・薩爾維尼領導的「聯盟黨」拿下歐洲議會 29 席次，其國內的得票率占 34.26% 與 2018 年 3 月國會大選的 17.35% 相比，支持率躍升兩倍，除將改寫義大利政局，加上「兄弟黨」6 席，可成為歐盟議會的具有影響力黨團。

六、綠黨和挺歐盟極左派支持率驟增，各國綠黨席次與上屆相比，倍增至 20.5%，取得 69 席次，成為第 5 大黨團。綠黨的崛起，瑞典 16 歲少女格蕾塔・桑柏格於 2018 年起發起「週五未來而戰」的氣候保護行動，實功不可沒。桑柏格裡的聲勢席捲全歐洲，對未來歐洲議會積極討論氣候變遷政策有重大影響。

七、綜之，本屆歐洲議會選舉結果顯示，歐盟選民並未拋棄歐洲統合派，但是英法義德民粹政黨席次躍升，綠黨異軍突起，未來歐洲議會運作可能面臨本國民族主義利益高於歐盟整體利益的政策發展問題。

至於中南美洲，2018 年 10 月 29 日巴西極右派新任總統雅伊爾．波索納洛則是一位狂熱國家主義者，誓將巴西從「社會主義和政治正確」解放出來，打擊貪污、犯罪和經濟問題。巴西沒有中東難民問題，但因中國的「一帶一路」政策，主要對巴西投資爲原油、礦業和能源產業，尤其是鐵路、港口等基礎建設，引發波索納洛不滿，一再警告不允許中國擁有巴西土地和重要產業（如電力公司），反中國色彩鮮明，被稱「巴西的川普」（中央通訊社，2018.10.29）。巴西的民主政治開始轉向右派民族主義，將影響南美洲的政治風向，由於波索納洛持反環保政策立場，可能會退出「巴黎協定」。今（2019）年 8 月 23 日，法國總統馬克宏在 G7 高峰會上，呼籲將亞馬遜雨林大火列爲國際危機。但卻引來波索納洛批評馬克宏是殖民主義心態，是爲獲取個人的政治利益，顯現右翼民族主義色彩。

2018 年 7 月 2 日，中美洲的墨西哥選出第三勢力的總統羅培茲．歐布拉多（AMLO），所屬政黨爲「國家復興運動黨」（MORENA），在意識型態上介於右派與左派之間，Angel J. Torres（2018）將羅培茲稱之爲「後現代民粹主義」（Postmodern Populism），並無特定價值，然卻將全球化取向政策轉向國家主義經濟議程。羅培茲的方濟會謙虛的美德（Franciscan virtue of humility）將是墨西哥走向「第四次轉型」（the fourth transformation）的關鍵人物。「第四次轉型」共有四項政策目標：一、塑造經濟民族主義，與全球經濟脫鉤，尤其是石油工作減少外人投資；二、強力打擊貪污；三、再造聯邦政府；縮減預算支出；四、預計進行 5 千億披索的移轉性支付，直接撥給弱勢族群（青年、老人等）。羅培茲亦配合川普的反移民政策，成立執行美墨協議的委員會，期透過遏止無證移民湧入，換取美國暫緩課徵關稅，並同意加強南部邊境安全。

這場墨西哥總統大選正是反映全球的民粹主義運動，即匈牙利總理奧班．維克多所稱「不自由的民主」（illiberal democracy），就如同普丁，波蘭的雅洛斯瓦夫．卡臣斯，菲律賓的杜特蒂，土耳其的艾爾多安，義大利的孔蒂，印度的莫迪和巴西的波索納洛等，但亦可稱爲「新民粹主義」，Francis Fukuyama（2018）稱之爲「自認平等和自認優越的融合形式與精神」（the mixture of two forms of thumos: isothumia and megalothumia）（引於 Torres, 2018）。

在亞洲，Fukuyama（2018: 83）最擔心的是日本、韓國和中國。在過去 10 至 15 年當中，所觀察到的是，他們會教導他們的年輕人必須能夠更加去捍衛民族主義……，這不是由從下而上的草根政治運動，而是由統治階級爲鞏固統治正當性所採取的手段。因此，亞洲國家與歐美國家，因爲右派政黨崛起而出現民粹主義是截然不同的。這些國家中以中國最是典型，蓋以國家力量支持各部門建設，受惠於全球化，成爲與美國並列的「G2」國家！

2018 年 9 月 21 日，日本首相安倍晉三，再度榮任第三任首相，擔任首相任期可至 2021 年，爲日本戰後在任最長久的首相。安倍是一位徹底的保守主義者（a conservative through and through），爲挽救日本國內經濟衰退，他提出安倍經濟學（Abenomics）的三支箭：積極的金融政策、靈活的財政政策和促進發展民間投資。在政治上，安倍主張採取強硬路線，配合三支箭，安倍進行「安靜的寧靜革命」（quiet revolution），在促使日本經濟結構的轉型，並同時進行塑造對日本社會的願景，期使日本成爲「美麗之國」！

安倍是全球化倡議者，主張應透過世貿組織（WTO）的多邊自由貿易規則與競爭。因此，在美國退出 TPP 後，2018 年 12 月 30 日在東京，安倍隨即主導成立「跨太平洋夥伴全面進步協定」（Comprehensive and Progress Agreement for Trans-Pacific Partnership, CPTPP）。該協定除由日本主導外，另有墨西哥、新加坡、紐西蘭、加拿大、澳大利亞、越南、馬來西亞、汶萊、智利和秘魯等 11 國成員國，主張支持亞太區域自由貿易與經濟整合，未來將撤銷區域內農產品及工業產品逾 95% 品種的關稅。再者，今（2019）年 2 月本與歐盟簽署雙邊的「經濟夥伴關係協定」（EPA），目標在希望美國重返 CPTPP，更將提高對中國的影響力，力爭將 CPTPP 規則打造爲世界標準。

然而，安倍雖將封閉的日本社會，開放給全世界，但對國家治理則採鷹派作風（hawkish conservative），主張採取強硬政治路線。4 月 7 日日本舉行地方選舉，自民黨和公明黨大贏，雖輸掉大阪市長和大阪府知事（兩者有意推動合作後，升格爲大阪都），但拿下北海道等 10 個地區的行政首長，議會贏得過半數席次。安倍早已成竹在胸，4 月 3 日，迎接「令和」新時代的第一憲法紀念日會議中強調，2020 年實施新憲目標不變，將在憲法中包括自衛隊，使合憲化。安倍主張將「自衛隊」明確列入和平憲法第 9 條之 2，並將修改「防衛計畫大綱」，創造一個使自衛隊能高度自信完成任務的環境，擔負「活在當下的政治家責任」。爲強化民主行政綜合治理能力，安倍第二次組閣後，繼承中曾根康弘的「戰後總決策」路線，試圖重新使日本成爲「正常國家」。而未修憲前，推行道州制，強化中央集體，行政區域擴大，期能提高經濟效率，吸收人才和資金，俾可與東京經濟圈相抗衡。「關於推行道州制改革的基本法案」如能獲國會通過，勢必引發日本選舉制度和官僚體制重大變革，進而影響日本的外交政策（人民網《日本 7 日談》趙剛專欄）（2014 年 8 月）。2019 年 5 月 1 日日本新元號「令和」產出過程，更見安倍的「操作」鑿痕，雖然開罪保守派，但選出「日本優先」意義的「令和」，則使安倍內閣支持者率上升。由此可看出，安倍能長期執政，與能樹立價值、安內攘外、遇事不拖延、不被基本教義派綁架及關鍵時刻分化反對黨等政治技巧有關，正是日本民眾所要的穩定領導形象（新新聞，2019 年 16 期）。

其他亞洲國家，在意識型態上並不反對全球化，移民和難民問題不多，因此，早有 ASEAN、RCEP，上海合作組織等自由貿易協定。但是在國家治理上，絕大多數具有強烈國家主義，對國際協定皆會出現不同型態的強烈反應。

綜之，誠如 Fukuyama（2018）所言，自由主義的國際秩序已受到嚴重威脅，反全球化、反菁英、保護主義、左右派民粹主義等意識型態已在改變自由主義的國際秩序，多極政經體系已被 G2 雙極體系所取代，但卻隱現「民主美國」與「威權中國」的冷對抗。可惜的是，美國呈現「否決政體」（vetoracy），而中國貪腐依然，其他各國也都出現相似現象，民主似無法讓民眾變得更好，Joshua Kurlantzick（2015）所提出「民主在退潮」似得到合理解釋。然幾乎所有文獻論著，都把希望寄託在國家的民主治理能力，國家競爭力和政策執行力的提升。然這有待世界各國建立一個有效能的現代政府，在國家機器與法治、問責制度間找到適當平衡，而符合廣泛的公民利益（Francis Fukuyama, 2015）（下卷：541）。

第三節　對我國國家治理之啓示：重建臺灣區域治理的執行機制

基於當前國際間民粹主義思潮的發展趨勢，及各國國家治理皆冀望強人領導或非建制派領袖，以期強化國家競爭力及政策治理能力。準此，臺灣如何重建國家治理之執行機制就成爲國家和公共治理的主要課題。誠如前述，「由上而下」政策執行途徑，仍爲大多數國家所運行的治理型態，蓋可促進較高政府效能的執行力。然因各國憲政制度迥異，領導者又可能操弄政治權力，而往往走向極權或硬性威權統治，偏離公共價值，國家政體的集權和分權依然成爲棘手問題。

Tom Christensen 和 Per Lsegreid（2007）認爲這是「仍然分裂政府或中央（集權）再主張」問題（still fragmented government or reassertion of the centre），這也是許多政治系統現正嘗試去重建國家機關（to rebuild the state）或至少在國家體系內，創造更大中央（政府）治理能力。這是轉換途徑（the transformative approach）的概念，可有二項過程：一爲國家的「政治一行政」歷史、文化、傳統或政府型態；另一則爲國家政體的特徵，包含憲政和行政結構因素。Jong S. Jun（2008）將後新公共管理（Post-NPM）的主要理念歸納如下：

一、透過結構調整減少（政府機構）分裂化

二、主張（政府機構）再集權和再管制

三、創建整合型政府或結合型政府

四、消除角色模糊和創造明確的角色關係

五、公私合作的夥伴關係

六、增進集權化，（政府）能力建立和協調

七、強化中央（政府）政治和行政能力

八、考量環境、歷史和文化因素

儘管 Jun 先以現象學和俗民方法論（ethnomethodology）觀點，認爲公私部門參與詮釋各種既定情境的文化經驗，所顯現涵義皆有不同，多元角色關係和複雜網絡組織是不可避免。再者，再集權化和增進集權化勢必影響民主治理的理念，政治自主性將受到限制，有違審議式民主所揭櫫的參與精神，尤其是地方治理。然在筆者看來，就因各國民主治理倡議至今，反而產生階級化、再菁英化、恩庇化和無效率化，爲間接導致各國民粹主義領袖湧上世界政治舞臺的原因。

臺灣的國家治理亦面臨相同問題，尤其是如何提升政策執行力一直是民主治理的關鍵政策議程，如以 Hill 和 Hupe 的「多元治理架構」來看，臺灣面臨的治理層面應是制度性治理問題，而可分成憲政制度和系絡關係設計。就前者而言，英國的議會內閣被認爲壓榨地方政府自治權，而美國聯邦制基於權力分立，形成與地方政府之議價關係，日本則困於和平憲法而難以執行正當國家的「防衛權」，而我國在憲法未能修改前，則受限於總統和行政院長間只能以「政治信任關係」運作，影響政治議程和整體政策執行。就後者來說，係指政府間關係（中央一地方）的垂直設計與地方政府間的平行設計。

日本係單一制國家，結構上本易造成強幹弱枝的中央和地方政府間關係，尤其近 20 多年的經濟停滯，加上少子化、超高齡化以及財政資源過度集中於東京圈、大阪圈和名古屋圈，使在現行都道府縣制度下的部分縣級行政區，面臨重大財政危機，乃有「道州制」的行政改革倡議。安倍晉三於 2006 年和2012 年兩屆組閣，皆強勢推動「道州制」，各種方案以「9 道州案」、「8 道州案」和「13 道州案」爲主力提案。如以「9 道州案」爲例，即將日本 47 個行政區，整併爲北海道、東北州、北關東州、南關東州、中部州、近畿州、中國 · 四國、九州和沖繩。惟安倍第三次和第四次內閣以來，道州制誘發美國聯邦制的疑慮、劃分區域不易、選舉制度和官僚制度重組等問題，改制法案仍在國會提案討論，其實應是與安倍「集權中央」理念有差距之故。同時，2014 年日本開始出現「地方消滅論」和地方經濟衰退等社會問題，安倍內閣乃開始制定「地方創生」綜合戰略，制定新的輔助金和稅制，企圖振興地方經濟，提升地方經濟活力和創造就業機會。然而 2016 年日本 NHK 調查結果顯示，僅有 4 成地方事業達成目標，失敗案例頻傳，此一日本地方治理新模式仍面臨考驗。

臺灣的行政區劃和地方治理等執行系絡問題，幾乎和日本相近，行政院於 2018 年 2 月宣布「行政區重劃、財政收支劃分法修正、地方創生」三大施政方向，並以 2019 年爲「地方創生」元年，期望達成「均衡臺灣」的政策目標。然而，筆者認爲，國情與環境條件還是不同，實應從結構面引發的問題著手。2010 年臺灣「6 都 16 縣市」行政區劃實施結果，已出現 Robert K. Merton 所說的「馬太效應」（Matthew Effect），結果出現「大都小縣」、「富都窮縣」、「一等公民」和「二等縣民」之紛爭。就平均每戶可支配所得（按區域別）來看，2017 年，最高所得縣市（臺北市、新北市和新竹縣）平均爲 1,299,853 元（新臺幣），而最低所得縣市（雲林縣、臺東縣和花蓮縣）平均爲 749,925 元，差距爲 549,928 元，相差爲 1.73 倍；而以 2011 年，最高所得縣市（臺北市、新北市和新竹縣）平均爲 1,167,381 元，而最低所得縣市（雲林縣、臺東縣和嘉義縣）平均爲 656,598 元，差距爲 510,783 元，相差爲 1.7 倍。換言之，2011 至 2017 年間，最高和最低可支配所得縣市差距是逐漸擴大，已接近兩倍（2017 年臺北市爲雲林縣的 1.8 倍）。再以 6 都來看，除了臺南市外，其餘 5 都的可支配所得都是名列前茅。

以上的實證資料可能是經濟成長的必然結果，但亦可能是 Thomas Piketty（2014）所分析財富所得主要差距，乃因「資本報酬率」高於整體「經濟成長率」，臺灣 6 都的可支配所得中，長久以來資本利得恆高於小縣和窮縣，這是生產要素的扭曲，已非跨域治理或區域治理平臺的運作，所能使全臺民眾的勞動所得合理均等化。普羅大眾對於區域失衡感日益增長，2018 年地方大選，高雄市長選舉結果，正反映區域的「老窮現象」。全球化對臺灣來說，雖是挑戰亦是機會，臺灣不能走向保護主義，反而應以臺灣的人力資源、社會資本和科技水準，與全球化自由貿易接軌，縮短區域發展失衡及城鄉落差，地方創生政策可促進地方經濟發展，但更應以**「區域治理」**來發揮擴大和聯合效應。

依據後新公共管理論述要旨，爲減少政府機構分裂化，**國家治理應自集權至分權後，又強調分權中再集權趨勢，強力提升治理效率，這是區域治理的基本概念架構**。臺灣行政區劃的爭議，歷經二十餘年，但皆有趨同結論，即依各縣市的行政區傳統、財政自主與努力和人口數的經濟規模等因素，將我國行政區整合爲 7 個行政區，袪除直轄市的「特殊需要」迷思，使每個區域皆具「直轄市」地位。無論是縣市合併爲蔡英文總統主張的「大臺北」（臺北市、新北市、基隆市和北桃園）、桃竹苗（南桃園、新竹縣、新竹市、苗栗縣）、中彰投（臺中市、彰化縣、南投縣）、雲嘉嘉（雲林縣、嘉義縣、嘉義市、臺南（溪北））、南高屏澎（臺南市（溪南）、高雄市、屏東縣、澎湖縣）、東部（宜蘭縣、花蓮縣、臺東縣）和金馬（金馬地區）等 7 個區域，或依完整行政區來分（柯三吉，2011；柯三吉等，2013）：北北基、桃竹苗、中彰投、雲嘉嘉南、高屏澎、宜花東和金馬。就人口數（2017 年 7 月）來看，臺北市、新北市和基隆市合計約 704 萬人（香港約 739 萬人），臺中市、彰化縣和南投縣合計約 457 萬人（新加坡約 561 萬人），而高雄市、屏東縣和澎湖縣合計約 371 萬人（挪威約 415 萬人）。換言之，這七個區域治理組織，乃能建立一個足以支撐市場經濟規模及消費人口，並具備國際競爭力的治理範圍，而臺灣幅員小，不會出現安倍晉三的「聯邦制」疑慮。

至於憲政層次的執行面問題，在難以如各界所議論的「最適」修憲前，當以「總統與行政院長」間關係爲核心議題。蓋依過去 3 次政黨輪替的經驗，無論是一致性政府或分立政府皆出現憲政實務運作的磨合問題。2016 年 10 月 3 日起，總統府召開「執政決策協調會議」，期提升執政決策效率，該會議中，總統和行政院長是爲重要成員，其他成員亦爲執政黨及政府重要官員，如能常態機制化，對於總統和行政院長間關係應可強化彼此間的政治信任關係。這項國家最高行政決策會議，應可從 1997 年修憲背景、精神和總統、行政院長間的關係來瞭解。

首先，九七憲政體制是以法國第五共和憲法爲基礎，惟 1997 年主導修憲的國民黨，在內部第一次修憲小組會議，由修憲主筆小組所提出的修憲版本，就沒有設計總統主持行政院院會。換言之，理論上九七憲政體制的總統確實無法比擬法國總統藉由部長會議（我國爲行政院院會）來主導政府政策，法國每週三的部長會議是由總統擔任主席。

然而自 1996 年總統直選以來，強大的普遍民意都是國家政治權力運作之最重要影響因素，總統任命行政院長不必經過立法院同意，行政院長失去間接民意基礎，而總統命令又不須經行政院長副署，再加上立法院雖可對行政院長提出不信任案，但卻有行政院長呈請總統解散立法院的制衡模式（恐怖平衡），立法院無法直接制衡總統，只能對行政院長表達政策異議與不滿。這種憲政設計，雖仍保有行政院爲國家最高行政機關的政府與行政角色，行政院長實難不接受總統的政治與政策領導，我國行政院長並不是議會內閣制的總理，也不是法國半總統制的總理。然而，因此項制度設計，九七憲政體制竟成爲「超級總統制」，三任民選總統將憲政權力發揮得淋漓盡致！總統透過個人魅力和政黨運作，雖皆任期屆滿，但也都因離民意越來越遠，而三度政黨輪替，還被譽爲西方民主在華人世界實施的典範。

蔡英文總統爲彌補這項憲政設計的缺點（筆者合理推斷），乃於 2016 年 10 月 30 日起固定召開「執政決策協調會議」，其論述基礎應是，總統和行政院長的憲政關係應爲一元化，代表國家行政權的行使，與立法院、司法院相互制衡，三權明確而分立（考試爲行政權，監察爲司法權）。總統站在第一線，體現「直接」對立法院負責的架構，這項會議中所做之決議，更在全民監督下有權亦應有責。這項會議就公共政策和政府制度治理而言，當是最高決策會議（國家安全部分，仍須經國家安全會議）；與會者不能再進行過多理論論證，原則上再經公平正義、經濟效率、民眾最適利益、政治時機和價值倫理等因素綜合考量，就必須做出決定，如不可得就須由行政院重新規劃。陳水扁總統和馬英九總統都曾召開類似會議，惜未機制化。

由於自民選總統以來，中央高層決策屢遭社會各界非議，「執政決策協調會議」雖非憲法所明定，美國和法國又無總統職權行使法可供參考，這項會議應是現行憲政體制下的最高限度權宜設計。憲法是政治性法律，制度總是漸進成長，誠如美國前總統杜魯門所言：**總統的權力在很大程度上是要大家做那些本不必經其要求而應該做的事**。因此，這項會議機制應使之定期或定時機制化（應訂定設置要點），總統的治國理念，乃可藉此發揮應有的政治影響力，遂行強而有力的領導。行政院長可在最高決策會議授權下，強化政務領導和執行力。該項會議雖已於 2017 年 2 月以後停開（不知爲什麼？），但筆者認爲此項機制仍爲現行臺灣國家治理的關鍵憲政機制，應可彌補九七憲政體制的缺失。根據張佑宗（2009）的研究指出：臺灣的民主政治結構，將近 6 成以上的群眾具有民粹式民主傾向，而只有不到 2 成的民眾具有自由民主取向。至今雖有時間落差，惟合理的推斷，具自由民主取向民眾應不到 3 成，我國憲政體制之運作需要正向中間偏右派民粹主義總統！

然而，2020 年中華民國第 15 任總統大選戰鼓頻催，有候選人主張恢復立法院同意權行使，強化行政院長行政權，立法委員擔任部會首長，當可考慮。然如前述，總統直選的強大民意基礎，反而過度政治分權化，憲政體制實難以運作！有候選人主張內閣制，惟臺灣在缺乏議會內閣制之歷史文化和憲政運作背景下，勢必透過間接選舉選出「虛位總統」，選舉方式可能由立法委員和各級議會選出，這位「虛位總統」的民意基礎，將不次於上述行政院長的同意權，憲政學者可能需深入探討德國總統（國會和各級議會選出，且有東西德統一的背景），和新加坡總統（全民直選，候選人須為無黨籍）的角色和功能。

再者，臺灣的經濟成長率自 1970 年代以來就一直在下降，1970 年代平均為 9.7%，1980 年代平均為 8.5%，1990 年代平均為 6.61%，陳水扁政府期間（2000-2007 年）平均為 4.86%，馬英九政府期間（2008-2015 年）平均降為 2.83%，而蔡英文政府（2016- 年）平均為 2.43%（2019 年採 IMF 的預估值為 2.5%）。換言之，臺灣經濟成長自 2000 年來就一直處於停滯狀態，而落入「高收入陷阱」！原因很多，但關鍵因素仍為「技術進步邊際報酬率」遞減和產業附加價值下降之故。儘管如此，GDP 則從 2000 年的 14,941 美元增加至 2008 年 18,341 美元、2016 年 22,592 美元和 2018 年 25,026 美元，近 20 年來，臺灣的 GDP 增幅是近一倍。

1985 年，美國、日本及各主要國家簽訂「廣場協議」（Plaza Accord），促使日圓快速升值，我國央行則介入使新臺幣匯率緩升，再加上臺積電和聯電開始生產出口，尚能使 1980 年代維持高成長率；可是 R&D 占 GDP 比例，直到 2010 年都在 3% 以下，政府部門執行研發支出比率亦逐年下降，2015 年比 2006 年下降 7.4%；所幸，國內研發支出（含企業及其他部門）在這期間成長近 1.93 倍，僅次於中國和南韓。瑞士 IMD 對主要國家創新能力評比，臺灣整體表現雖沒有很突出，但算不差，只是評比分數是有點退步。

另就民生經濟來說，臺灣工業及服務業每人每月經常性薪資自 2001 年的 34,489 元（新臺幣）至 2018 年的 40,935 元（新臺幣），**平均增加率為** 1.01%，顯然臺灣的企業主長期忽視勞動力報酬，直至 2018 年才達新臺幣 4 萬元（40,935 元）。2019 年，初任員工每月經常性工資為 27,583 元（新臺幣），實在偏低！縱使計算臺灣歷年平均實質薪資（計入非經常性薪資），**平均年增率仍只有** 0.10%，亦可作同樣的解釋。企業主總是認為補助勞保和健保等社會性支出，無法提升經常性支出，然其實是因臺灣對中國經濟依賴度過高，而造成「生產要素價格均等化」（Factor Price Equalization）之故。這個定理是古典國際貿易重要理論，是 1948 年由諾貝爾經濟學獎得主 Paul Samuelson 提出，亦即「The Stolper-Samuelson Theorem」：某一商品相對價格上升，將導致該商品密集使用之生產要素（如工資）價格或報酬提高，而另一種生產要素的實際價格或報酬則下降；國際貿易會提高該國豐富要素所有者的實際收入，降低稀少要素所有者實際收入，兩國產品相對價格差異會縮小，並最終達到均等。然而，就「國際自由貿易」的實際情況因運輸成本、非貿易障礙和生產技術不一致，兩國生產要素是可能均等化，但就會有一國的生產要素價格停滯不前（MBA 智庫）。

再從「依賴理論」（Dependence Theory）來看，因臺灣受限兩岸關係，難與各國簽訂 FTA，導致與中國形成「核心—邊陲」新依賴關係，核心中國工資不斷提升，臺灣工資就不可能因要素秉賦而提升，反而乃停滯不前。根據經濟部核准資料，臺灣對中國投資在李登輝政府時期，1991-2001 年爲 198.9 億美元，陳水扁政府時期，2000-2007 年爲 504.2 億美元，馬英九政府時期，2008-2015 年爲 900.6 億美元，蔡英文政府時期，2016-2019 年 4 月爲 288.8 億美元，而 2018 和 2019 年則因中美貿易大戰，對中國大陸投資呈現負成長。1991 年至 2019 年 4 月累計爲 1,838 億美元，馬英九政府時期最高，依前述理論假設，馬英九和陳水扁總統主政期間的兩岸政策，當是臺灣經常性工資可能停滯不前的主要原因。今（2019）年由於中美貿易大戰，部分臺商回流臺灣，政府稱今年會超過 5,000 億美元，就可能對勞動力報酬提升有所助益。準此，新南向政策似乎獲得支持的實證基礎。

然而，政府爲鼓勵臺商返臺，致力解決「五缺」問題，甚至動用國發基金補貼銀行委辦手續費 1.5%，雖無可厚非。但這如只是降低臺商生產成本，而忽略追求轉型升級的廠商，這是扭曲生產要素價格，恐會影響臺商和臺灣在地廠商提升創新研發的附加價值。誠如上述，臺灣正迫切需要的是創新驅動的新經濟模式（吳榮義、吳啓禎，2014；新新聞，1658 期），進言之，這些臺商資金如能加入五加二產業，當可有效提升勞工的經常性工資，而可縮小最高和最低工資的差距。

綜而言之，過去二十年來，臺灣的政經發展處於停滯狀態，執政者皆無法卸責，而爲「展望未來」，筆者認爲本書對於政策執行理論典範的發展探討，可給臺灣的國家治理很大啓示，當前如難以改變現行傾向總統制的「雙重首長制」（柯三吉，2002）或半總統制的「總統議會制」（王業立、蘇子喬，2018），應該恢復「執政決策協調會議」機制運作。同時，並重建區域治理的執行機制，進行行政區劃的大變革，6 都 16 縣應再度合併，停止鄉鎮市和村里長選舉，以減少選舉的社會成本，使臺灣地方政治正常化，並仿照日本市町村平成大合併（1999-2010），進行鄉鎮市、區村里合併。依遠見雜誌（2019年2月）報導，全臺3分之1鄉鎮區（134個）人口嚴重外流，這些鄉鎮區大都集中於中南部、東部等非六都，土地面積占全臺66.5%，但人口卻僅占11.6%，低收入戶與中低收入戶數占6.6%，約爲全臺平均3.5%的一倍。至2050年，約有73個鄉鎮區人口將銳減3成以上，其中高雄市田寮區和甲仙區、臺南市左鎮區和新北市平溪區目前人口4,666人，至2050年將降至2,424人，平溪區望古里5年內沒有嬰兒出生。這種現象有如2014年日本政治家，前任日本總務大臣增田寬也（Hiroya Masuda）編著的「地方消滅」一書，所指出日本在2040年前將有896個市町村消失的現象相類似。筆者認爲唯有如此「極限施壓」的創新作爲，而使符合九七修憲的「二級制」政府精神，「由上而下」啓動「遷都中部」，加上現正推動的「地方創生」大戰略作法，提供誘因，促使臺灣內部住民遷移，達成均衡臺灣，庶可提升國家政策執行力，而強化臺灣全球競爭力。

參考文獻

一、中文

王業立、蘇子喬

（2018）　「從憲政體制與選舉制度配套的角度論我國憲政改革的方向」，公共治理之國際經驗與啓示學術研討會論文，中央研究院歐美研究所主辦，臺北：南港。

日本野村總合研究所，曾心怡譯

（2015）　日本大轉型。臺北：月旦文化。

水島治郎著，林詠純譯

（2018）　民粹時代：是邪惡的存在，還是改革的希望？臺北：先覺。

Graham Allison 著，包淳亮譯

（2018）　注定一戰？中美能否避免修昔底德陷阱。臺北：八旗文化。

吳榮義、吳啓禎

（2014）　我們的經濟政策主張—以創新驅動與進步價值建構臺灣新經典範。臺北：新臺灣國策智庫。

李允傑、丘昌泰

（2009）　政策執行與評估。臺北：元照出版有限公司。

John B. Judis 著，李隆生、張逸安譯

（2017）　民粹大爆炸。臺北：聯經。

林鍾沂

（1994）　政策分析的理論與實踐。臺北：瑞興圖書公司。

長風文教基金會編

（2018）　從歷史的終結到民主的崩壞：法蘭西斯福山講座。臺北：聯經。

柯三吉

（2013）　「當代政策執行研究途徑之發展趨勢（1970-2010）：歷史脈絡分析」，行政學報，26，10月：1-34。

（2011）　「我國政府組織改造的展望：區域治理的整合」，T&D 飛訊，130：1-18。

（2011） 「我國區域治理制度之變革：2016大轉型」，開南大學第六屆全球化與行政治理：中華民國建國百年學術研討會論文，5月7日。臺灣：桃園。
（2010） 「當代政策執行研究典範之發展趨勢：文獻脈絡分析」，開南大學第五屆全球化與行政治理國際學術研討會論文集，5月7日。臺灣：桃園。
（2009） 「考試院擬訂之「聘用人員人事條例」草案對現行公務人員體制影響之研究」，文官制度季刊，1，2：91-118。
（2009） 「美國政府激進公務員制度之改革（1990s-2010s）：以喬治亞州、佛羅里達州和國土安全部為例」，文官制度季刊，4，4：1-34。
（2008） 「我國國家公務員選用制度變革之策略性議題：美英日三國改革經驗與啓示」，考銓季刊，54：1-13。
（2000） 「憲政制度與政策現實之間：法國半總統制與我國一九九七憲政體制比較分析」，李文志、蕭全政主編，社會科學在臺灣。臺北：元照，頁219-250。
（1993） 「行政革新：振興經濟和國家發展」，研考月刊，17，5：94-101。
（1990） 政策執行：理論與臺灣經驗。臺北：時英出版社。
（1988） 跨向二十一世紀公共行政新典範：臺灣經驗的個案分析（上、下）。臺北：時英出版社。
（1988） 公共政策：理論、方法與臺灣經驗。臺北：時英出版社。

柯三吉、衛民、黃國宬、李有容
（2013） 「從後新公共管理觀點論析我國區域治理與行政法人：一個臺灣地區的實證研究」，國家與社會，14：173-222。

柯三吉、李有容
（2011） 「專家代理機制與公眾參與：審議式民主的臺灣實踐」，第六屆全球化與行政治理：「中華民國建國百年」學術研討會，開南大學公共事務管理學系，2010年5月6日。臺灣：桃園。

柯三吉、衛民、黃國宬、李有容
（2011） 以行政法人作為我國區域治理平臺之做法，行政院經濟建設委員會委託計畫，未出版。

柯三吉、陳啓清、賴沅暉、張執中、張惠堂、李有容
（2010） 我國環境風險評估之公眾參與和專家代理機制探討，行政院

環境保護署委託計畫未出版。
法蘭西斯・福山著，林麗雪譯
（2015） 政治秩序的起源（下卷）。臺北：時報文化。
陳俊宏
（1988） 「永續發展與民主：審議式民主理論初探」，全球化挑戰與臺灣社會研討會論文，東吳大學文學院主辦，1998 年 4 月，臺北市。
曹俊漢
（1988） 公共政策。臺北：三民書局。
Thomas Piletty 著，詹文碩、陳以禮譯
（2014） 二十一世紀資本論。臺北：衛域。
張四明、胡龍騰
（2013） 「後新公共管理時期政府績效管理的公共價值意涵」，公共治理季刊，第一卷第一期，3 月：73-82。
張佑宗
（2009） 「搜尋臺灣民粹民主的群眾基礎」，臺灣社會季刊，75：85-113。
劉遵義著，余江譯
（2019） 共赢—中美貿易戰與未來經濟關係。臺北：時報文化。
劉建忻
（2010） 「縣市合併後的治理難題—借鏡日本市町村合併經驗，」羅致政編，地方政府治理的新局與挑戰。臺北：新臺灣國策智庫，頁 117-136。
劉宜君
（2010） 網絡管理的理論與實務之研究—以臺灣醫療觀光政策爲例。臺北：商鼎。
趙剛
（2014） 人民網〈日本 7 日談〉，8 月 。
（2014） 「推行道州制前景及日本行政改革探析」，東北亞學刊，11，6：26-31。
魯炳炎
（2005） 「政策執行研究典範之網絡治理觀點」，公共行政的變遷與挑戰學術研討會論文，國立臺北大學公共行政暨政策學系，臺北市。

二、英文

Abrams, Elliott

(2019) "Trump Versus the Government: Can America Got Its Story Straight ?" *Foreign Affairs* (Jan/Feb): 129-137.

Alexander, Ernest R.

(1982) "Implementation: Does a Literature Add Up to a Theory?" *Journal of the American Planning Association*, 48: 132-135.

(1985) "From Idea to Action: Notes For a Contingency Theory of The Policy Implementation Process," *Administration and Society*, 16: 403-426.

Anderson, J. E.

(1975) *Public Policy-Making*. New York, N. Y.: Praeger.

Appiah, Kwame Anthony

(2019) "The Importance of Elsewhere: In Defense of Cosmopolitanism," *Foreign Affairs* (Mar/Apr): 20-26.

Austin, David M.

(1983) "The Political Economy of Human Service," *Policy and Politics*, 11, 3: 343-359.

Bardach, Eugene

(1980) "On Designing Implementable Programs," in Giandomenico Majone and Edward S. Quade, (eds.) *Pitfalls of Analysis*. (pp.138-158), New York, N. Y.: John Wiley & Sons.

(1976) "Policy Termination as Political Process," *Policy Sciences*, 7: 123-131.

(1977) *The Implementation Game*: *What Happens After a Bill Becomes a Law*. Cambridge, Mass.: The MIT Press.

Barrett, Susan and Colin Fudge (eds.)

(1981) *Policy and Action*: *Essays on The Implementation of Public Policy*. New York, N. Y.: Methuen.

Barrett, Susan M.

(2004) "Implementation Studies: Times For A Revival? Personal Reflections On 20 Years of Implementaton Studies," *Public Administration*, 82, 2: 249-262.

Barrett, Susan and Michael Hill

(1984) "Policy, Bargaining and Structure in Implementation Theory: Toward an Integrated Perspective," *Policy and Politics*, 12, 3: 219-240.

Baum, L.

(1981) "The Influence of Legislatures and Appellate Courts Over The Policy Implementation Process," in Daniel A. Mazmanian and Paul A. Sabatier (eds.) *Effective Policy Implementation*, Lexingtion, M. A.: Heath.

Benson, Kenneth J.

(1975) "The Interorganizational Network as a Political Economy," *Administrative Science Quarterly*, 20, 3 (September): 229- 49.

Berman, Paul

(1978) "The Study of Macro- and Micro- Implementation," *Public Policy*, 26, 2 (Spring): 157-84.

(1980) "Thinking About Programmed and Adaptive Implementation: Matching Strategies to Situations," in Helen Ingram and Dean Mann. (eds.) *Why Policies Succeed or Fail*. (pp. 205-207), Beverly Hill, Calif.: Sage.

Bernstein, Richard J.

(1976) *The Restructuring of Social and Political Theory*. University of Pennsylvania Press.

Birkland, Thomas A.

(2011) *An Introduction to the Policy Process*: *Theories*, *Concepts and Models of Public Policy Making*. Armonk, New York: M. E. Sharpe.

Bohman, J.

(2018) "Survey Article: The Coming of Age of Deliberative Democracy," *https://onlinelibrary.wiley.com/doi/pdf/*10.1111/1467-9760.00061.

Bowen, Elinor R.

(1982) "The Pressman-Wildavsky Paradox: Four Addenda or Why Models Based on Probabitity Theory Can Predict Implementation Success and Suggest Useful Tactical A Dvice for Implementers," *Journal of Public Policy*, 2, 1: 1-22.

Bowman, Ann O'M

(1984) "Intergovernmental and Intersectoral Tensions in Environmental Policy Implementation: The Case of Hazardous Waste," *Review of Policy Research*, 4, 2, Wiley Online Library. *https://doi.org/10.1111/j.1541-1338.1984.tb00209*. x(November): 230-244.

Brigham, J. and D. M. Brown

(1980) *Policy Implementation*: *Penalties or Incentives*? Beverly Hill, Calif.: Sage.

Brinkerhoff, Derick W.

(1999) "State-Civil Society Networks For Policy Implementation In Developing Countries," *Policy Studies Review* (Spring), 16, 1: 123-147.

Brodkin, Evelynz

(1989) "Implementation as Policy Politics," in his Public Policy 316 class, Second Packet (Fall 1989): The University of Chicago.

Brown, Don W.

(1980) "Incentives and Penalties in California's Transportation Policy: The Impact of Three Programs on How People Travel," in John Brigham and Don W. Brown, (eds.) *Policy Implementation*. (pp. 27-47), Beverly Hill, Calif.: Sage.

Brone, Angela and Aaron Wildavsky

(1984) "What Should Evaluation Mean to Implementation?" in Jeffey L. Pressman and Aaron Wildavsky. *Implementation*. (pp. 181-205), Berkeley, Calif.: University of California Press.

Browne, Angela and Aaron Wildavsky

(1984) "Implementation as Mutual Adaptation," in Jeffey L. Pressman and Aaron Wildavsky. *Implementation*. (pp. 206-211), Berkeley, Calif.: University of California Press.

(1984) "Implementation as Exploration," in Jeffey L. Pressman and Aaron Wildavsky. *Implementation*. (pp. 232-256), Berkeley Calif.: University of California Press.

Browning, R. F., D. R. Marshall and D. H. Tabb

(1981) "Implementations and Political Change: Sources of Local Variations in Federal Social Program," in Daniel A. Mazmanian and Paul A. Sabatier (eds.) *Effective Policy Implementation*, Lexington, M. A.: Heath.

Brudney, J. L.

(1985) "Coproduction: Issues in Implementation," *Administration & Society* (Nov): 243-256.

Bullock, C. S.

(1981) "The Office for Civil Rights and Implementation of Desegregation Programs in the Public Schools," in Daniel A. Mazmanian and Paul A. Sabatier (eds.) *Effective Policy Implementation*, Lexington, M. A.: Heath.

Bunker, Douglas R.

(1972) "Policy Sciences Perspectives On Implementation Processes," *Policy Sciences*: 71-80.

Burke, J. P.

(1987) "A Prescriptive View of the Implementation Process: When Should Bureaucrats Exercise Discretion?" *Policy Study Review*, 7, 1: 217-231.

(1980) "Implementation: A Theoretical Perspective," in Walter D. Burhnam and Martha W. Weinberg (eds.) *American Politics and Public Policy*. Cambridge, Mass.: The MIT Press.

Calista, Donald J.

(1986) "Linking Policy Intention and Policy Implementation," *Administration and Society*, 18, 2: 263-286.

(1987) "Employing Transaction Costs Analysis as a Theory of Public Sector Implementation," *Policy Studies Journal* (Mar): 461-480.

(1987) "Resolving Public Sector Implementation Paradoxes Through Transactions Costs Analysis: Theory and Application," *Policy Studies Review*, 7, 1, (Autumn): 232-245.

(1994) "Policy Implementation," in S. Nagel (eds.) *Encylopedia of Policy Studies*. (pp. 117-155), Westport, Connecticut: CRC Press.

Chase, Gordon

(1979) "Implementing A Human Services Program: How Hard Will it Be?"

Public Policy, 27, 4, (Fall): 385-435.

Cheema, G.S. and E. Rondinelli, (eds.).

(1983) *Decentralization and Development: Policy Implementation in Developing Countries*, Beverly Hills, C. A.: Sage.

Christensen, Tom and Per Laegreid

(2007a) NPM and Beyond: Leadership, Culture, and Demography." *Stein Rokkan Center for Social Studies*. Working Paper 3-2007.

(2007b) "The Whole-of-Government Approach to Public Sector Reform," *Public Administration Review*, 67, 6: 1059-1066.

(2007c) "Introduction-Theoretical Approach and Research Questions," in Per Laegreid and Tom Christensen (eds.) *Transcending New Public Management: The Transformation of Public Sector Reforms*. (pp. 1-16), Aldershot: Ashgate.

Cleaves, Peter S.

(1980) "Implementation Amidst Scarcity and Apathy: Political Power and Policy Design ," in Merilee S. Grindle (ed.) *Politics and Policy Implementation In The Third World*. Princeton, New Jersey: Princeton University Press.

(1974) *Bureaucratic Politics and Administration in Chile*. Berkeley, Calif.: University of California Press.

Clune, Wiliam H. III and R. E. Lindquist

(1981) "What 'Implementation' Isn't: Toward a General Framework for Implementation Research," *Wisconsin Law Review*: 1044-1116.

Cothran, D. A.

(1987) "Japanese Bureaucracy and Policy Implementation: Lessons For America?" *Policy Studies Review*, 6, 3 (February): 439-458.

Craig, A.

(1975) "Functional and Dysfunctional Aspects of Government Bureaucracy," in E. Vogel (ed.) *Modern Japanese Organization and Decision-making*. (pp. 3-32), Berkeley, Calif.: University of California Press.

Crecine, John P.

(1981) *Research in Public Policy Analysis and Management: Basic Theory,*

Methods and Perspective, Greenwich, Connecticut: JAI Press, Inc.

Crotty, P. M.

(1981) "The New Federalism Game: Primacy Implementation of Environmental Policy," *Pubtius*, 17: 53-67.

DeLeon, Peter

(1999) "The Missing Link Revisited: Contemporary Implementation Research," *Policy Studies Review* (Fall/Winter), 16, 3/4: 312-338.

(1997) *Democracy and the Policy Sciences*. Albany, New York: State University of New York Press.

DeLeon, Peter and Linda DeLeon

(2002) "What Ever Happened to Policy Implementation? An Alternative Approach," *Journal of Public Administration Research and Theory*, 12, 4: 467-492.

Derthick, Martha

(1972) *New Towns In Town*. Washington, D. C.: The Urban Institute.

(1979) *Policy-making for Social Security*. Washington, D. C.: The Brookings Institution.

Downs, A.

(1967) *Inside Bureaucracy*. Boston: Little, Brown.

Downing, Paul B and Kenneth Hanf (eds.)

(1982) "Cross-national Comparisons in Environmental Protection: Introduction To The Issues," *Policy Studies Journal* (September): 39-43.

Dror, Y.

(1984) *Policymaking Under Adversity*. New Brunswick, N. J.: Transaction Books.

Dryzek, John S.

(1983) "Don't Toss Coins Into Garbage Cans: A Prologue to Policy Design," *Journal of Public Policy*, 3: 345-367.

(1990) *Discursive Democracy: Politics, Policy and Political Science*. Cambridge, UK: Cambridge University Press.

Dunn, William N.

(2008) *Public Policy Analysis: An Introduction*. Englewood Cliffs, N. J.: Prentice-Hall.

Dunsire, A.

(1978) *Implementation in a Bureaucracy*. Oxford: Martin Robertson.

Durant, Robert F.

(1984) "EPA, TVA and Pollution Control: Implications for a Theory of Regulatory Policy Implementation," *Public Administration Review* (July/August): 305-315.

Dye, Thomas R.

(1978) *Understanding Public Policy*. Englewood Cliff, N. J.: Prentice Hall, Inc.

Easton, D.

(1965) *A Systems Analysis of Political Life*. New York, N. Y.: Wiley.

The Economist

(2018) "Macron's Nightmare," *The Economist* (December) 8th-14th: 11.

The Economist

(2018) "The Best Way Out of the Brexit Mess," *The Economics*, (December) 8th-14th: 12.

Edelman, Murray

(1977) *Political Language: Words That Succeed and Policies That Fall*. New York, N. Y.: Academic Press, Inc.

Edwards, G. C., III

(1980) *Implementing public policy*. Washington, D. C.: Congressional Quarterly Press.

(1984) *Public Policy Implementation*. Greenwich, Connecticut: JAI Press, Inc.

Edwards, George C. III and Ira Sharkansky

(1978) *The Policy Predicament*. San Francisco: W. H. Freeman.

Elkin, Stephen L.

(1985) "Regulation as a Political Question," *Policy Sciences*, 18: 95-108.

Elmore, Richard F.

(1978) "Organizational Models of Social Program Implementation," *Public Policy* (Spring) 26, 2: 185-228.

(1979-80) "Backward Mapping: Implementation Research and Policy Decisions," *Political Science Quarterly* 94, 4 (Winter): 601-616.

(1982) "Backward Mapping: Implementation Research and Policy Decision," in W. Williams (ed.) *Studying Implementation*, Chatham, N. J.; Chatham House.

(1985) "Forward and Backward Mapping: Reversible Logic in the Analysis of Public Policy," in K. Hanf & T. A. J. Toonen (eds.), *Policy Implementation in Federal and Unitary Systems*. (pp. 33-70), Dordrecht: Martinus Nijhoff.

(1987) "Instruments and Strategy in Public Policy," *Policy Study Review*, 7, 1: 174-200.

Exworthy, Mark and Martin Powell

(2004) "Big Windows and Little Windows: Implementation In The 'Congested State'" *Public Administration*, 82, 2: 263-281.

Farazmand, Ali

(2009) "Building Administrative Capacity for the Age of Rapid Globalization: A Modest Prescription for the Twenty-First Century," *Public Administration Review* (Nov/Dec): 1007-1020.

Fischer, Frank

(2003) *Reframing Public Policy: Discursive Politics and Deliberative Practices*. New York: Oxford University Press.

Fox, Charles J.

(1990) "Implementation Research: Why and How to Transcend Positivist Method-Ologies," in Dennis J. Palumbo and Donald J. Calista, (eds.) *Implementation and The Policy Process: Opening Up The Black Box*. Connecticut: Greenwood Press, Inc.

Friedlander, A. F.

(1978) *Approaches to Controlling Air Pollution*. Cambridge, MA :MIT Press.

Friedlander, Walter A. and Robert Z. Apte

(1980) *Introduction to Social Welfare*. Englewood Cliffs, N. J.: Prentic-Hill, Inc.

Ghemawat, Pankaj

(2017) "Globalization in The Age of Trump," *Harvard Business Review*, (July-August): 112-123.

Gill, Martin and Michael Thrasher

(1985) "Problems in Administrating Community Policing: Some Lessons from Implementation Analysis," *Policy and Politics*, B, l: 37-52.

Goggin, Malcolm L.

(1986) "The Too Few Cases /Too Many Variables Problem in Implementation Research." *Western Political Quarterly*, 38: 328-347.

(1987) *Policy Design and The Politics of Implementation*: *The Case of Child Health Care* in *The American States*. Knoxville, T.N.: University of Tennessee Press.

Goggin, Malcolm L. et. al.

(1990) *Implementation Theory and Practice*: *Toward a Third Generation*. Glenview, Illinois: Scott, Foresman/Little.

Goldgeier, James and Elizabeth N. Saunders

(2018) "The Unconstrained Presidency: Checks and Balances Eroded Long Before Trump," *Foreign Affairs* (Sep/Oct): 144-156.

Grindle, Merilee S., (ed.)

(1980) *Politics and Policy Implementation in The Third World*. Princeton, New Jersey: Princeton University Press.

Hall, Richard and Robert E. Qunn

(1983) *Organizational Theory and Public Policy*. Beverly Hills, CA :Sage.

Ham, Christopher and Michael Hill

(1984) *The Policy Process in the Modern Capitalist State*. Thetford, Norfolk: The Thetford Press Ltd.

Hamett, S. and C. Fudge (eds.)

(1981) *Policy and Action*: *Essays on the Implementation of Public Policy*. London: Methmen.

Hanf, K., and F. W. Scharpf (eds.).

(1978) *Intergovernmental Policy Making*: *Limits to Coordination and Central Control*. Beverly Hills, CA: Sage.

Hanf, Kenneth

(1982) "Regulatory Structures: Enforcement as Implementation," *European Journal of Political Research*, 10: 159-172.

Hansen, S. B.

(1983) "Public Policy Analysis: Some Recent Developments and Current Problems," *Policy Studies Journal* (September): 12.

Hargdrove, Erwine

(1975) *The Missing Link: The Study of The Implementation of Social Policy*, Washington, D. C.: Urban Institute.

(1980) *The Search for Implementation Theory*. Nashville, TN: Vanderbilt University, Institute for Policy Studies.

Hawkins, K.

(1982) "Bargain and Bluff: Compliance Strategy and Deterrence in The Enforcement of Regulation," *Law and Policy Quarterly*, 5,1 (January): 35-73.

Hill, Michael and Peter Hupe

(1997) "Implementation Theory: Yesterday Issue?" *Policy and Polictics*, 25, 4: 375-385.

(2002) *Implementing Public Policy*. Thousand Oaks, California: Sage.

(2009) *Implementing Public Policy*. Thousand Oaks, California: Sage.

(2014) *Implementing Public Policy: An Introduction to the Study of Operational Governance*. London: Sage.

Hjern, Benny

(1983) "Implementation Research-The Link Gone Missing," *Journal of Public Policy*, 2, 3: 301-308.

Hjern, Benny, and D.O. Porter

(1981) "Implementation Structure: A New Unit of Administrative Analysis," *Organization Studies*, 2/3 (July): 211-27.

(1980) *The Organization Society and Organization Analysis*. International Institute of Management Science Center, Berlin, Discussion paper 80-48.

Hjern, B., K. Hanf & D. Poter

(1978) "Local Networks of Manpower Training in the FRG and Sweden,"

Interorganizational Policymaking. London, England: Sage.

Hjern. B. and C. Hull,

(1982) "Implementation Research as Empirical Constitutionalism," *European Journal of Political Research*, 10: 105-15.

(1985) "Small Firm Employment Creation," in D. Hanf & T. A. J. Toonen, (eds.) *Policy Implementation in Federal and Unitary Systems*. Dordrecht: Martinus Nijhoff.

Hofferbert, R. I.

(1974) *The Study of Public Policy*. Indianapolis: Bobbs-Merrill.

Hogwood, B. W., L. A. Gunn and S. Archibald

(1984) *Policy Analysis for the Real World*. Oxford: Oxford University Press.

Hogwood, B. W. and B. G. Peters

(1985) *The Pathology of Policy*. Oxford: Oxford University Press.

(1983) *Policy Dynamics*. NewYork: St. Martin's Press.

Honadle, George and Rudi Klauss (eds.)

(1979) *International Development Administration*: *Implementation Analysis for Development Projects*. New York, N.Y.: Praeger Publishers.

Hood, Christopher C.

(1976) *The Limits of Administration*. London: John Wilcy & Sons.

Horowitz, D. L.

(1977) *The Bureaucratic Experience*. New York: St. Martin's Press.

(1977) *The Court and Social Policy*. Brookings Institution, Washington, D. C.

Hucke, J.

(1998) "Bargaining in Regulative Policy Implementation: The Case of Air and Water Pollution Control," *Environmental Policy and Law*, 4: 109-115.

Hu, Fred and Michael Spence

(2017) "Why Globalization Stalled: And How to Restart It," *Foreign Affairs*. (Jul/Aug): 54-63.

Hull, Christopher J. and Benny Hjern

(1987) *Helping Small Firms Grow*: *An Implementation Approach*. London: Croom Helm.

Hummel, R.

(1997) *The Bureaucratic Experience*. New York: St. Martin's Press.

Huntington, S. P. and J. M. Nelson

(1977) *No Easy Choice: Political Participation in Developing Countries*. Cambridge, Mass.: Harvard University Press.

Hupe, Peter L., Michael Hill and Aurlien Buffat (eds)

(2015) *Understanding Street-Level Bureaucracy*.Bristol,UK: University of Bristal.

Hupe, Peter L. and Michael J. Hill

(2016) " 'And the Rest is Implementation,' Comparing Approaches to What Happen in Policy Process and Great Expections," *Public Policy and Administration*, 31, 2: 103-121.

Huttman, Elizabeth Dickerson

(1981) *Introduction to Social Policy*. New York, N.Y.: McGraw-Hill Book Company.

Iglesias, Gabriel, (ed.)

(1976) *Implementation: The Problem of Achieving Results*. Manila: EROPA.

(1980) "Appraising Administrative Capability for Coordinating The Implementation of Regional Development," *Philippine Journal of Public Administration*, XXIV, 3, 219-232.

Ingram, Helen.

(1990) "Implementation: A Review and Suggested Framework," in Naomi B. Lynn and Aaron Wildavsk, (eds.) *Public Administration: The State of the Discipline*. (pp. 462-480), Chatham, New Jersey: Chatham House Pub., Inc.

Jones, Charles, O.

(1984) *An Introduction to the Study of Public Policy*. Monterey, California: Broods/cole.

Jun, Jong S.

(2008) "The Limits of Post-New Public Management and Beyond," *Public Administration Review*, 69, 1, 61-165.

Kaine, Tim

(2017) "A New Truman Doctrine: Grand Strategy in a Hyperconneted World,"

Foreign Affairs (Jul/Aug): 36-53.

Kettl, Donald F.

(2016) *Escaping Jurassic Government: How to Recover America's Lost Commitment to Competence*, Washington, D. C.: Brooking Institute Press.

Khan, Anisur Rahman

(2016) "Policy Implementation: Some Aspects and Issues," (January), https://www. researchgate.net/publication/320549262-policy-implementation-some-aspects-and-issues.

Khan, Anisur Rahman and Shahriar Khandaker

(2016) "A Critical Insight into Policy Implementation and Implementation Performance," *Public Policy and Administration*, Vol. 15, No. 4: 538-548.

Kluth, Andreasjbess

(2019) "The Epiphany of German Weakness," *The World in* 2019, The Economist: 73.

Lane, Jan-Erik

(1983) "The Concept of Implementation," *Journals. lub. lu. se*: 17- 40.

Linder, Stephen H. and B. Guy Peters.

(1990) "Research Perspectives on the Design of Public Policy: Implementation, Formulation and Design," in Dennis J. Palumbo and Donald J. Calista (eds.) *Implementation and the Policy Process: Opening Up The Black Box*. New York, NY: Greenwood Press.

Lughans, F. and R. Keritner

(1985) *Organizational Behavior Modification and Beyond: An Operant and Social Learning Approach*, Glenview, IL: Scott, Foresman & Co..

Lynn, Laurence E. Jr.

(1980) *The State and Human Services: Organizational Change in Political Context*. Cambridge. MA: MIT Press.

(1987) *Managing Public Policy*. Boston: Little, Brown.

MacLennan, B.W.

(1981) "Politcal Power and Policy Formulation, Implementation, and

Evaluation," in Daniel J. Palumbo and M. A. Harder (eds.) *Implementing Public Policy*. Lexington Books.

Majone, Giandomenico & Aaron Wildavsky

(1984) "Implementation as Evolution," in Jeffrey L. Pressman & Aaron Wildavsky, *Implementation*. (pp. 163-180), Berkeley, CA: University of California Press.

March, James G. and J. P. Olson

(1983) "Organizing Political Life: What Administrative Reorganization Tells Us About Government," *American Political Sciences Review*, 77: 281-296.

March, J. G., and H. A. Simon

(1958) *Organizations*. New York.: Wiley.

Marsh, David and R. A. W. Rhodes. (eds.)

(1992) *Policy Networks In British Government*. Oxford: Clarendon Press.

Marsh, David (ed.)

(1998) *Comparing Policy Networks*. Philadelphia, PA: Open University Press.

Martin, P. Y., R. Chackerian, A. W. Imershein and Allen W. Imershein

(1983) "The Concept of Integrated Services Reconsidered," *Social Science Quarterly*, 64, 4: 747-763.

Master. Steven M.

(1986) "The Structure of Government: A Transaction Costs Approach," in Donald J. Calista (ed.) *Bureaucratic and Governmental Reform*.(vol. 9), *Public Policy Studies: A Multi Volume Treatise*, Greenwood. CT: JAI Press.

Mashaw, J. L.

(1983) *Bureaucratic Justice*. New Heaven, CT: Yale University Press.

Matland, Richard E.

(1995) "Synthesizing The Implementation Literature: The Ambiguity-Conflict Model of Policy Implementation," *Journal of Public Administration Research and Theory*, 5, 2: 145-174.

Mautani, Hiroshi

(2018) "An Understated Legacy," *Nikkei Asian Review*, (Sept.17-23): 8-14.

May, Judith V. and A. Wildavsky (eds.)
(1979) *The Policy Cycle*. Beverly Hills, Calif.: Sage.
Maynard-Moody, Steven and A.W. Hebert
(1989) "Beyond Implementation: Developing on Institutional Theory of Administrative Policy Making," *Public Administration Review*, (March/April): 137-143.
Mayntz, Renate
(1976) "Environmental Policy Conflicts: The Case of the German Federal Republic," *Policy Analysis*, 2: 577-587.
(1980) *Implementation Programme: Empirische For Schungsberichte*. Athenaum, Konigstein, FRG.
(1983) "The Conditions of Effective Public Policy: A New Challenge For Policy Analysis," *Policy and Politics*, 11, 2: 123-143.
Mayntz, R.and F. W. Scharept
(1975) *Policy-Making in The German Federal Bureaucracy*. New York: Elgevier.
Mazmanian, Daniel and Jeanne Nienaber
(1979) *Can Organization Change*? Washington, D. C.: Brookings.
Mazmanian, Daniel and Paul A. Sabatier
(1979) "The Conditions of Effective Implementation: A Guide to Accomplishing Policy Objective," *Policy Analysis*, 10: 481-504.
(1980a) "The Role of Attitudes and Perceptions in Policy Evaluation by Attentive Elites: the California Coastal Commissions," in H. M. Ingram and D.E. Mann (eds.) *Why Policies Succeed or Fail*. (pp. 107-136), Beverly Hills, CA.: Sage.
(1980) "A Multivariate Model of Public Policy-Making," *American Journal of Political Science*, 24, (August): 439-468.
(1981) *Effective Policy Implementation*. Lexington, MA: D. C. Heath.
(1983) *Implementation and Public Policy*. Glenview, IL.: Scoff, Foresman.
McClintock, Cynthia
(1980) "Reform Governments and Policy Implementation: Lessons From Peru," in Merilee S. Grindle. (ed.) *Politics and Policy Implementation*

in The Third World. Princeton, New Jersey: Princeton University Press.

Means, Robin

(1982) "Some Ethical and Practical Problems in The Construction of Policy Recommendation From Implementation Research," *Policy and Politics*,10, 2: 205-215.

Meltsner, Arnold J.

(1976) *Policy Analysts in the Bureaucracy*. Berkeley, California: University of California Press.

Menzel, Donald C.

(1981) "Implementation of the Federal Surface Mining Control and Reclamation Act of 1977," *Public Administration Review*, 41, 2 (March/April): 212-219.

Montjoy, Robert S. and Laurence J. O' Toole

(1979) "Toward a Theory of Policy Implementation: An Organization Perspective," *Public Administration Review* (Sept/Oct): 465-476.

Moore, S. T.

(1987) "The Theory of Street-Level Bureaucracy: A Positive Critique," *Administration & Society*, 19 (May): 74-94.

Morgan, Douglas F. and Craig W. Shinn

(2014) "The Foundations of New Public Governance," in Douglas F. Morgan and Brian J. Cook (eds.) *New Public Governance*: *A Regime-Centered Perspect*. Armonk, New York: M. E. Sharpe.

Moulton, Stephanie and Jodi R. Sandfort

(2017) "The Strategic Action Field Framework for Policy Implementation Research," *The Policy Studies Journal*, 45, 1: 144-169.

Mulford, Charles L. and D. L. Rogers

(1982) "Definitions and Models," in David L. Rogers and David A.Whetten, (eds). *Interorganizational Coordination, Theory, Research and Implementation*. Ames, IA: Iowa State University Press.

Mueller, Kelth J.

(1984) "Local Implementation of National Policy," *Policy Studies Review*, 4, 1 (August): 86-98.

Murnane, Richard J.

(1983) "How Clients Characters Affect Organization Performance: Lessons from Education," *Journal of Policy Analysis and Management*, 2, 3: 403-417.

Murphy, J. T.

(1971) "Title 1 of ESEA: The Politics of Implementing Federal Educational Reform," *Harvard Educational Review*, 41, 1: 35-63.

Myrtle, R.

(1983) "A Managerial View of Policy Implementation," *American Review of Public Administration*, 17, 1: 17-32.

Nagel, Stuart

(1984) *Public Policy: Goals, Means and Methods*. New York, NY: St. Martins.

Nakamura, Robert T.

(1987) "The Textbook of Policy Process and Implementation Research," *Policy Study Review*, 7, 1: 142-154.

Nakamura, Robert T. and Dianne M. Pinderhughes

(1980) "Changing Anacostia: Definition and Implementation," *Polity Studies Journal*, 8, 7: 1089-1101.

Nakamura, Robert T. and Frank Smallwood

(1980) *The Politics of Policy Implementation*. New York, NY: St. Martin's Press, Inc.

Nixon, J.

(1980) "The Importance of Communication in The Implementation of Government Policy at Local Level," *Policy and Politics*, 8, 2: 127-144.

(1982) "Communication, Coordination and Implementation," *Policy and Politics*, 10, 2: 139-161.

Nilsen, Per, et. al.

(2013) "Never the Twain Shall Meet? -a Comparison of Implementation Science and Policy Implementation Research," *Implementation Science*, 10, (June): 1-19.

O'Toole, Laurence J. Jr.

(1983) "Interorganizational Co-operation and the Implementation of Labour

Market Training Polices: Sweden and the Federal Republic of Germany," *Organization Studies*, 4, 2 (April): 129-150.

(1985) "Diffusion of Responsibility: An Interorganizational Analysis," in Kneneth Hanf and Theo A.J. Toonen (eds.) *Policy Implementation in Federal and Unitary System*.(pp. 201-225), Dordrecht, Holland: Martinus Nijhoff Pub.

(1986) "Policy Recommendations For Multiactor Implementation: An Assessment of The Field," *Journal of Public Policy*, 6: 181-210.

(1993) "Applying Rational Choice Contributions To Multiorganizational Policy Implementation," in James L. Perry. (ed.) *Research In Public Administration*.(pp.79-119), Vo1. 2, Greenwich, Connecticut: JAI Press, Inc.

(2000) "Research on Policy Implementation: Assessment and Prospcets," *Journal of Public Administration Research and Theory*, 10, 2: 263-288.

(2004) "The Theory-Practice Issue In Policy Implementation Research," *Public Administration*, 82, 2: 309-329 .

O'Toole, L. J. and R. Montjoy,

(1984) "Interorganizational Policy Implementation: A Theoretical Perspective," *Public Administration Review*, 44: 491-503.

Palumbo, Dennis J. and Donald J. Calista

(1981) "Implementation: What Have We Learned and Still Need to Know," *Policy Studies Review* (Autumn): 91-102.

Palumbo, Dennis and M. A. Harder

(1981) *Implementing Public Policy*. Lexington: Lexington Books.

Palumbo, Dennis

(1987) "Introduction in Symposium: What Have We Learned and Still Need To Know," *Policy Studies Review*, 7, 1 (Autumn): 91-102.

(1988) *Public Policy in America: Government in Action*. San Diego, CA.: Harcourt Brace Jovanovich.

Palumbo, Dennis J. And Donald J. Calista. (eds.)

(1990) *Implementation and The Policy Process: Opening Up The Black Box*.

Westport, Connecticut: Greenwood Press, Inc.

Parsons, Wayne

(1995) *Public Policy: An Introductuion to the Theory and Practice of Policy Analysis*. Aldershot, UK: Edward Elgar.

Pedder, Soptie

(2019) "Delivery Time: France's President Needs to Show that Reform Works," *The World In* 2019, The Economist: 75-76.

Peters, B. Guy.

(1984) *The Politics of Bureaucracy*. New York, N.Y.: Longmans.

(1986) *American Public Policy: Promise and Performance*. Chatham, NJ: Chatham House.

(2015) *Public Policy*. Northampton, Mass: Edward Elgar.

Pressman, Jeffrey L. and Aaron Wildavsky

(1973) *Implementation.: How Great Expectation in Washington Are Dashed in Oakland*. Berkerley, Calif.: University of California Press.

(1984) *Implementation.: How Great Expectation in Washington Are Dashed in Oakland*. Berkerley, Calif.: University of California Press.

Pulzl, Helga and Oliver Treib

(2007) Implementing Public Policy. in Frank Fisher, Gerald J. Miller and Mara S. Sidney (eds.) *Handbook of Public Policy Analysis: Theory, Politics and Methods*. (pp. 89-107), New York, N. Y.: CRC Press.

Rein, Martin and Francine F. Rabinovitz

(1980) "Implementation: A Theoretical Perspective," in Walter D. Burnham and Martha W. Weinberg. (eds.) *American Politics and Public Policy*. Cambridge, Mass.: The MIT Press.

Rein, Martin

(1983) "Implementation: A Theoretical Perspective," in M. Rein (ed.). *From Policy to Practice*. London: Macmillan.

Raskolnikov, Alex

(2017) "A Tale of Two Tax Plans: What Trump and Ryan Get Wrong," *Foreign Affairs* (Jul/Aug): 26-34.

Riggs, Fred W.

(1964) *Administration in Developing Countries: Theory of Prismatic Society*. Boston: Houghton Mifflin Co.

(1980) "The Ecology and Context of Public Administration: A Comparative Perspective," *Public Administration Review* (March/April): 107-115.

Ripley, R. B. and G. A. Frarlklin

(1982) *Bureaucracy and Policy Implementation*. Homewood, Illinois: The Dorsey Press.

(1986) *Implementation and Bureaucracy*. Chicago: Dorsey.

Robertson, David B.

(1984) "Program Implementation Versus Program Design Which Accounts For Policy Failure?" *Policy Studies Review*, 3, 3-4 (May): 391-405.

Rodgers, Harrell R. Jr. and Charles S. Bullock, III

(1976) *Coercion to Compliance*. Lexington, Mass: D. C, Heath and Company.

Rose, Gideon

(2019) "The New Nationalism,"*Foreign affairs* (Mar/Apr).

Ross, Lester

(1984) "The Implementation of Environmental Policy in China," *Administration & Society*, 15, 4 (February): 489-516.

Rourke, F.

(1976) *Bureaucracy, Politics and Public Policy*. Boston: Little Brown.

Sabatier, Paul A.

(1975) "Social Movements and Regulatory Agencies," *Policy Sciences*, 6: 301-342.

(1978) "The Acquisition and Utilization of Technical Information by Administrative Agencies," *Administrative Science Quarterly*, 23 (September): 386-411.

(1984) " Faculty interest in Policy-Oriented Advising and Research: The Case of an American State University," *Knowledge: Creation, Diffusion, Utilization*, 5 (June): 469-502.

(1986) "Top-Down and Bottom-Up Models of Policy Implementation: A Critical Analysis and Suggested Synthesis," *Journal of Public Policy* , 6 (January): 21-48.

(1987) "Knowledge, Policy-Oriented Learning, and Policy Change," *Knowledge*: *Creation*, *Diffusion*, *Utilization*, 8 (June): 649-692.

(1988) "An Advocacy Coalition Framework of Policy Change and the Role of Policy-Oriented Learning Therein," *Policy Sciences*, 21: 129-168.

(1990) "Coastal Land Use Planning in Britain and France: Lessons from Implementation Research," paper presented at the Annual Meeting of the Western Political Science Association, Newport Beach, CA.

(1991a) "Toward Better Theories of the Policy Process," *PS*: *Political Science & Politics*, 24, (June): 147-156.

Sabatier, Paul A. & Daniel, Mazmanian

(1979) The Conditions of Effective Implementation: A Guide to Accomplishing Policy Objectives. *Policy Analysis*, 5, 481-504.

(1980) "The Implementation of Public Policy: A Framework of analysis," *Policy Studies Journal*, special issue: 538-560.

(1983) "Policy Implementation," in Fritz W. Scharpe, Bernd Reissert and Fritz Schnabel, (eds.) *Encyclopedia of Policy Studies*. (pp. 143-169). New York,NY: Marcel Dekker.

(1978) "Policy Effectiveness and Conflict Avoid AnceinInter Governmental Policy Formation," in K. Hanf and Fritz W. Scharpf, (eds.) *Intergovernmental Policy Making*. (pp. 57-11), London: Sage.

Sabatier, Paul A. and Hand C. Jenkings-Smith (eds.)

(1993) *Policy Change and Learning*: *An Advocacy Coalition Approach*. Boulder, Colorado: Westview Press.

Saetren, Harald

(2005) "Facts and Myths about Research on Public Policy Implementation: Out-of-Fashion, Allegedly Dead, But Still Very Much Alive and Relevant," *Policy Studies Journal*, 33, 4: 559-582.

(2014) "Implementing the Third Generation Research Paradigm in Policy Implementation Reseach: An Empirical Assesment," *Public Policy and Adminlstration*, 29, 2: 84-105.

Saetren, Harald and Peter L. Hupe

(2018) "Policy Implementation in an Age of Governance," in E. Ongaro and S.

Van Thiel (eds.) *The Palgrave Handbook of Public Administration and Management In Europe*: 553-575.

Sandfort, Jodi and Stephanie Moulton

(2015) *Effective Implementation in Practice: Integrating Public Policy and Management*, San Francisco, CA: Jossey- Bass.

Sapru, Radhakrishan

(2017) *Public Policy: A Contemporary Perspective*. Los Angeles, CA: Sage.

Sato, Hajime

(1999) "The Advocacy Coalition Framework and The Policy Process Analysis: The Case of Smoking Control In Japan," *Policy Studies Journal*, 27, 1: 28-44.

Scharpe, Fritz W., Reissert Bernd and Schnabel, Fritz W.

(1978) "Policy Effectiveness and Conflict Avoidance In Intergovernmental Policy Formation," in Kenneth Hanf and Fritz W. Scharpf. (eds.), *Intergovernmental Policy Making*. (pp. 57-112), London: Sage.

Scheirer, M. A.

(1981) *Program Implementation: The Organizational Context*. Beverly Hills, Calif.: Sage.

Schelling, T

(1960) *The Strategy of Conflict*, Cambridge, MA: Harvard University Press.

Schofield, Jill

(2004) "A Model of Learned Implementation," *Public Administration*, 82, 2: 283-308.

Schofied, Jill and Charlotte Sausman

(2004) "Symposium On Implementing Public Policy: Learning From Theory and Practice," *Public Administration*, 82, 2: 235-248.

Shafritz, Jay M. and Albert C. Hyde (eds.)

(1987) *Classics of Public Administration*. Chicago, Illinois: The Dorsey Press.

Signe, Landry

(2017) "Policy Implementation-A Synthesis of the Study of Policy Implementation and the Causes of Policy Failure," Policy Paper, *OCP Policy Center*, Morocco, March: 9-22.

Simon, H. A

(1976) *Administrative Behavior*. New York, N. Y.: Free Press.

(1979) *Models of Thought*. New Heaven, CT: Yale University Press.

Smith, Thomas B.

(1973) "The Policy Implementation Process," *Policy Sciences*, 4: 197-209.

Sorg, James D.

(1983) "A Typology of Implementation Behaviors of Street-Level Bureaucrats," *Policy StudiesReview*, 2, 3 (February): 391-406.

Stone, C.

(1980) "The Implementation of Social Programs:Two Perspectivs," *Journal of Social Policy*, 36, 4: 13-34.

Thomas, Robert D.

(1976) "Intergovernmental Coordination in The Implementation of National Air And Water Pollution Policies," in Charles O. Jones and Robert D. Thomas. (eds.) *Public Policy Making in A Federal System*. Beverly Hills, Calif.: Sage Publications.

Thompson, Frank J.

(1982) "Bureaucratic Discretion and the National Health Service Corps," *Political Science Quarterly*, 97, 3 (Fall): 427-445.

Thrasher, Michael

(1983) "Exchange Networks and Implementation," *Policy and Politics*, 11, 4: 375-391.

Torres, Angel Jaramillo

(2018) "Mexico's Postmodern Populism," *American Affairs*, Nov. 20: 1-14.

Van Horn, Carl E. and Donald S. Van Meter

(1977) "The Implementation of Intergovernmental Policy," in S. Nagel. (ed.) *Policy Studies Review Annual*. Vol . 1, Beverly Hills, CA: Sage.

Van Meter, Donald S. and Carl E. Van Horn

(1975) "The Policy Implementation Process: A Conceptual Framework," *Administration & Society*, 6, 4 (February): 445-488.

Weatherly, R. and M. Lipsky

(1977) "Street-level Bureaucrats and Institutional Innovation: Implementing

Special Education Reform," *Harvard Education Review*, 47: 171-197.

Wenner, L. M.

(1978) "Pollution Control: Implementation Alternatives," *Policy Analysis*, 4: 47-65.

Whitemore, Roger

(1984) "Modelling The Policy Implementation Distinction: The Case of Child Abuse," *Policy and Politics*, 12, 3: 241-267.

Williams, Walter and Richard F. Elmore (eds.)

(1976) *Social Program Implementation*. New York, N. Y.: Academic Press.

Williams, Walter

(1975) "Implementation Analysis and Assessment," *Policy Analysis*, 1,3 (Summer): 531-568.

(1980) *The Implementation Perspective*. Berkeley, Calif.: University of California.

Wikipedia

(2018) "Deliberative Democracy," *https://en.wikipedid.org/wiki/deliberative democracy*.

Winter,Soren

(2006) "Implementation," in B. Guy Peters & Jon Pierre. (eds.) *Handbook of Public Policy*. (pp. 151-166) ,Thousand Oaks ,California: Sage.

Yanow, Dvora

(1990) "Tackling the Implementation Problem: Epistemological Issues in Implementation Research," in Palumbo, Dennis J. and Donald J. Calista. (eds.) *Implementation and The Policy Process*: *Opening Up The Black Box*. Wesport,Connecticut: Greenwood Press, Inc.

(1993) "The Communication of Policy Meanings: Implementation as Interpretation and Text," *Policy Sciences*, 26: 41-61.

(1994) "Interpretive Policy Analysis: Notes Toward a Theory," in Jong S. Jun. (ed.) *Development in the Asia Pacific*: *A Public Policy Perspective*, New York: Walter De Gruyter.

國家圖書館出版品預行編目資料

政策執行與公共治理／柯三吉著. -- 初版.
-- 臺北市：五南，2019.09
面； 公分
ISBN 978-957-763-669-0（平裝）

1.行政決策 2.公共行政

572.9 108015584

1PTJ

政策執行與公共治理

作 者— 柯三吉（486.3）
發 行 人— 楊榮川
總 經 理— 楊士清
總 編 輯— 楊秀麗
副總編輯— 劉靜芬
責任編輯— 林佳瑩、呂伊真、葉奕葮
封面設計— 姚孝慈
出 版 者— 五南圖書出版股份有限公司
地 址：106台北市大安區和平東路二段339號4樓
電 話：(02)2705-5066 傳 真：(02)2706-6100
網 址：http://www.wunan.com.tw
電子郵件：wunan@wunan.com.tw
劃撥帳號：01068953
戶 名：五南圖書出版股份有限公司
法律顧問 林勝安律師事務所 林勝安律師
出版日期 2019年9月初版一刷
定 價 新臺幣520元